装备维修保障信息化体系结构设计概论

杨拥民　钱彦岭　李磊　杜凯　多丽华　著

国防工业出版社

·北京·

内 容 简 介

　　装备维修保障信息化体系结构设计是制定公共的装备维修保障信息框架,实现信息集成、信息共享和跨部门协作的有效途径,是装备综合保障研究领域的热点。本书系统地对维修保障信息化体系结构设计问题开展研究,在分析体系结构设计的概念、原理、方法的基础上,结合装备维修保障领域业务的特殊性,论述了业务、系统、技术三视图的体系结构体系;通过总结各类装备维修保障活动的基本规律,建立了装备维修保障信息化的业务体系模型;基于处理核心业务所必需的支持系统,确定了各支持系统的构成要素和系统体系模型;提出了装备维修保障信息系统技术参考模型;介绍了该体系的经典实施案例。

　　本书可作为高等院校相关专业研究生和高年级本科生的参考书,也可供从事装备维修保障信息化的科研和工程技术人员参考。

图书在版编目(CIP)数据

装备维修保障信息化体系结构设计概论/杨拥民等
著. —北京:国防工业出版社,2012.10
ISBN 978-7-118-08133-6

Ⅰ.①装...　Ⅱ.①杨...　Ⅲ.①武器装备-维修-
军需保障-信息化-研究　Ⅳ.①E237

中国版本图书馆 CIP 数据核字(2012)第 179617 号

※

*国防工业出版社*出版发行

(北京市海淀区紫竹院南路 23 号　邮政编码 100048)
北京嘉恒彩色印刷有限责任公司
新华书店经售
*
开本 710×960　1/16　印张 18　字数 345 千字
2012 年 10 月第 1 版第 1 次印刷　印数 1—2500 册　定价 68.00 元

(本书如有印装错误,我社负责调换)

国防书店:(010)88540777　　发行邮购:(010)88540776
发行传真:(010)88540755　　发行业务:(010)88540717

前　言

　　装备维修保障信息化,是指在维修保障的工作中,通过广泛运用信息和以信息技术为核心的高新技术手段,深入开发各种维修信息资源,对装备维修作业、维修管理和供应保障等各个环节进行信息化建设和改造,改进装备维修保障工作流程,实现信息技术与现代维修技术的完美结合,以信息为主导,引导装备维修资源向待维修装备聚焦,提高装备维修的精确化和科学化水平,提高在役装备的完好率和战斗恢复率。

　　装备维修保障信息化建设是一个不断发展、持续优化的复杂、动态过程。一方面,装备类型多种多样,装备维修保障业务必须覆盖装备使用运行、日常管理、器材供应、修理作业与管理、维修训练等各个环节,客观上决定了装备维修信息化系统是一个复杂的集成系统。另一方面,随着需求的变化和信息技术的发展,装备维修保障业务也处于不断调整和优化之中,已建成的某些系统需要淘汰,新建成的系统需要不断纳入整个维修保障体系之中,维修信息处理的数量和范围也不断加大。因此,迫切需要结合当前现实需求、合理预测未来发展和可能采用的信息技术,开展装备维修保障信息化体系结构设计,使用某种逻辑结构来定义和控制装备维修保障信息化系统的接口和组件的组合,建立一个公共的装备维修保障信息框架、统一的操作规范和公共的术语,为信息集成、信息共享和跨部门捕获维修信息需求提供便利。

　　本书共 6 章:第 1 章概述装备维修保障信息化的基本概念,论述了开展维修保障信息化体系结构设计的必要性;第 2 章介绍了体系结构设计的概念、发展历程以及装备维修保障信息化体系结构设计的基本思想;第 3 章论述了装备维修保障信息化业务体系结构的概念和顶层业务概念图、业务节点连接关系图等内容,并介绍了具体应用实例;第 4 章论述了支撑业务需求的装备维修保障信息化系统体系结构,包括体系框架、系统功能活动、物理数据模型等内容;第 5 章论述了面向系统实现的技术参考模型、关键技术视图和标准体系视图等装备维修保障信息化技术体系结构;第 6 章介绍了装备维修保障信息化体系结构设计在美军地面装备综合诊断系统项目中的成功应用。

装备维修保障信息化体系结构设计技术及其应用涉及多个学科领域,许多问题尚待进一步的研究和探索。希望本书的出版能起到抛砖引玉的作用,也希望从事装备维修保障信息化的研究人员和工作者,更加关注体系结构设计的研究和应用,并将其推广到各类维修保障信息系统的建设中去。

本书是在温熙森教授的热情支持和精心指导下完成的,在此特向温熙森教授致以崇高的敬意和衷心的感谢。国防科技大学综合保障技术重点实验室陈仲生副教授和尹晓虎博士参与了第4章的撰写工作,徐永成教授为全书提供了宝贵的建议,在此表示感谢。博士生卓清琪,硕士生王磊、王南天、郑绍华等也参加了全书的编撰和整理工作,在此表示感谢。

由于理论水平和学识有限,以及所做研究工作的局限性,书中不足之处在所难免,恳请读者批评指正。

作者

目　　录

第1章 绪 论

1.1 装备维修保障信息化的基本概念

当前,随着微电子技术、网络技术、信息技术以及相关技术的发展,信息化正逐步渗透到人们的日常生活中,电子商务、电子制造、电子服务、电子政府、电子银行等等,不仅成为人们日常生活中不可或缺的重要组成部分,也在迅速地影响着世界各国的政治、军事、经济、文化环境和形势,推动着工业社会向信息社会转型。

在军事领域,以信息技术为核心的高新技术广泛运用,在世界范围内形成了新军事变革的浪潮,军事技术、作战样式和战争形态等诸方面都在不断发生深刻的变化。作为维持、恢复甚至提升装备战斗力的重要保证,装备维修保障同样需要向信息化进行转型。

所谓装备维修保障信息化,是指在维修保障的工作中,通过广泛运用信息和以信息技术为核心的高新技术手段,深入开发各种维修信息资源,对装备维修作业、维修管理和供应保障等各个环节进行信息化建设和改造,改进装维修保障工作流程,实现信息技术与现代维修技术的完美结合,以信息为主导,引导装备维修资源向待维修装备聚焦,提高装备维修的精确化和科学化水平,提高在役装备的完好率和战斗恢复率。

实现装备维修保障信息化,首先是信息化战争的要求。现代条件特别是高技术条件下的战争,是高时空、高速度、高精度、高烈度和高消耗的信息化战争。信息化战争使用的武器装备,需要具有很高的效能和作战适应性以及持续作战能力,需要优质、高效和经济的维修保障。维修保障信息化是实现这一目标的根本途径。其次,实现装备维修保障信息化也是装备发展的必然要求。高技术、高效能的现代装备结构复杂,其维修过程或活动的重点已由传统的以修复技术为主,转变为以信息获取(装备状态监控,故障检测、隔离和预测,维修资源信息获取)处理和传输并做出维修技术与管理决策为主。实现维修过程信息化,是缩短维修时间、提高维修效率、节约维修资源的关键。

1.2 装备维修保障信息化的起源与发展

战争的实践已经证明,装备维修是最终夺取战争胜利的关键因素,是维持和恢复战斗力的基本保证。现代高科技战争依靠的是高科技装备,装备战斗力的持续和恢复依靠的是科学的维修体系。在信息化条件下,科学维修体系的建设同样离不开信息化的支持。只有实现了信息化的维修体系,才有能力保障信息化作战条件下的高技术装备。因此,装备维修保障信息化历来受到外军的重视。

作为世界头号的军事强国,美军在装备维修保障信息化建设方面一直处于领先地位,研究其建设情况,对于认识和把握装备维修保障信息化的发展方向具有重要的借鉴意义。总体来看,其基本发展路线如图 1-1 所示。

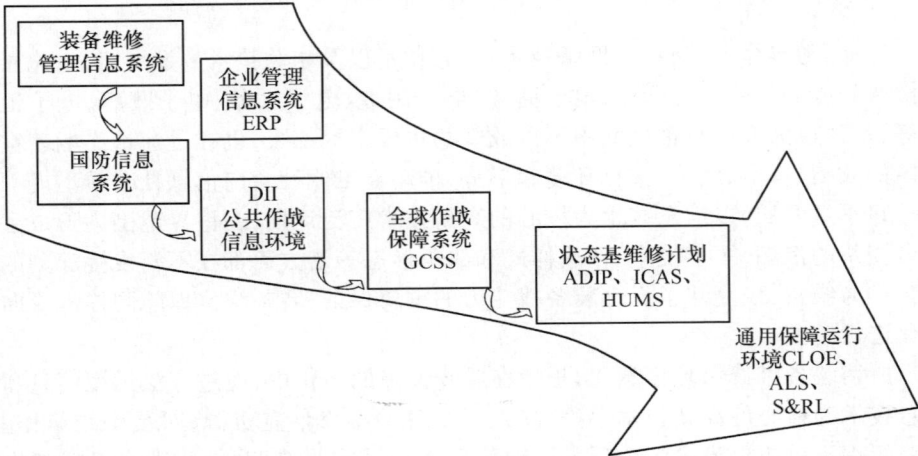

图 1-1 美军装备维修保障信息化发展路线图

美军装备维修保障信息化,可追溯到 20 世纪 80 年代早期。大致经历了 3 个发展阶段。

第一个阶段,各军兵种独立发展阶段,主要从 20 世纪 80 年代到 90 年代海湾战争前后。

在这一时期,美军在装备使用运行、日常管理、仓储供应、维修作业与管理、维修训练等诸多环节,大力开发、部署了数量可观的信息系统,如陆军的标准维修系统[1]、海军的舰员级 3M 系统[2]。一些新型维修理念和维修信息化技术开始出现,如状态基维修(Condition - based Maintenance,CBM)[3,4]、以可靠性为中心的维修(Reliability Centered Maintenance,RCM)[5,6]、交互式电子技术手册(Interactive Electrical Technical Manual,IETM)等[7,8]。

美军在这一阶段信息化建设的典型成果是大力推行计算机辅助后勤保障系统(Computer Aided Logistics System,CALS)战略。1985 年,美国国防部提出 CALS 的概念[9],强调利用计算机和信息技术,将武器装备研制生产过程中形成的大量书面数据进行数字化处理,通过关键信息的共享和使用,以缩短采办周期、降低费用和提高工作效率。1987年,CALS演变成"计算机辅助采办和后勤保障(Computer Aided Acquisition & Logistic Support)"[10],将信息技术引入武器装备采办的全过程,进一步扩大了数字化范围,纳入了设计制造阶段的数据,并通过并行工程和企业集成等方法,为以后的维修和使用提供支持。1993年CALS又演变成"持续采办和全寿命支持(Continuous Acquisition & Life – cycle Support)"[11],它是美国国防部与工业界把网络技术、多媒体技术、数据库技术等应用于整个武器装备的全寿命管理,在合同、设计、制造、培训、使用和维修的全寿命周期内,要求用户和承包单位协同工作,遵循统一的数据标准和格式,把公用数据存放在数据库中,共享数据资源;用户部门可以直接利用企业数据库,以联机存取方式代替纸质媒介数据的传输;企业之间能通过共享数据环境,分工合作、共同完成复杂产品的制造过程,实现制造链上的信息集成。

第二个阶段,美国国防部调控阶段,主要是从20世纪90年代到20世纪末。

美军这一时期的重点是在美国国防部的统一指导下,将各军种分散的信息系统的发展纳入统一规划,其标志是建设全球作战保障系统(Global Combat Support System,GCSS)[12]。

美军在推进装备保障信息化建设的早期,一般采取"谁需要谁来建"的方案,结果形成了很多信息化"烟囱",各军种相互独立,只有有限的互用性,建设、维护和使用的费用相当昂贵。据统计,美军原来建成与装备维修保障相关的信息系统有1700个,共约19000个应用软件。20世纪90年代,美军的《联合构想2010》和《联合构想2020》,明确提出了"聚焦保障"概念,着重强调实现各种异构信息系统互联、互通、互操作对保持其信息优势的重要性。随后开始建设GCSS项目,在加强顶层设计、统一技术体制和技术标准的前提下,以GCSS为核心实行各军种联合,将各个孤岛融合到GCSS中。GCSS系统的总体设想如图1-2所示。

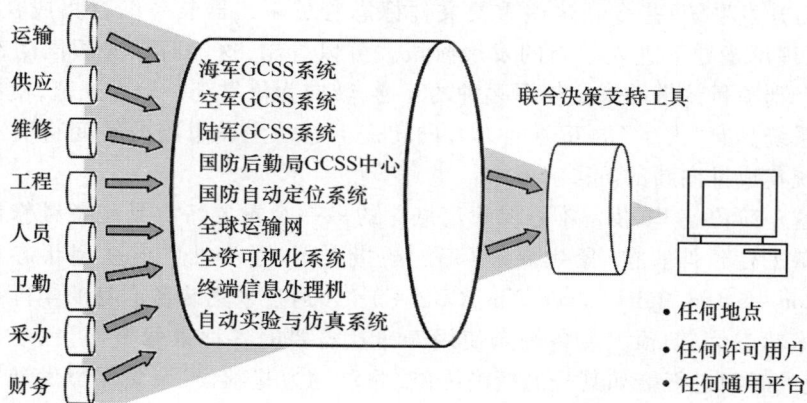

图1-2　GCSS系统总体设想

GCSS 通过建立一体化集成的信息基础设施,将分散于各种信息系统中的装备技术状态信息、保障资源信息、作战指挥信息等信息资源综合集成,为战略、战役、战术各个层次上的军事指挥人员和后勤人员提供战场保障状态的一体化动态图像,并以这些综合信息为基础,利用系统提供的联合决策支持工具(JDST)和全资可视化(JTAV),为任何一个作战节点的精确保障提供统一、全面的信息支持。GCSS 主要解决各类保障信息系统之间的数据和应用的共享与互操作难题。到2012 年前后,形成现有遗留系统和军种组合相结合的配置,保留约 10000 个应用软件,700 个系统。在随后的若干年将形成各军种组合的能够互操作的信息化环境,职能涵盖武器装备管理、财务管理、人力资源管理、器材与实物管理等,涉及作战保障、指挥与控制、维修、技术力量及其他保障业务。在阿富汗战争和伊拉克战争中,GCSS 系统的建设效益得到了呈现,美海军航空兵有超过 1000 架飞机和2200 台通用电气公司发动机在 120 个独立机场和 12 艘航空母舰上得到了充分保障,通过对装备技术状态管理、工程更改管理、寿命利用跟踪、维修规划与计划安排、电子技术手册等维修保障信息系统与机身和发动机原始制造商进行信息集成,美军战争期间海军飞机 VFA - 115 出动率达到了 97.5%;在伊拉克战争中 VFA -115 平均每天飞行 55h;基地周转时间和备件筹措时间从 90 天减少到 45 天;F404发动机的可用度从 55% 提高到 85%。

第三个阶段,依据标准发展阶段。

21 世纪以来,美军保障系统集成建设逐步进入依据标准发展阶段。美军这一时期的重点是在统一的标准规范下,发展各种"天生"能互联、互通的系统。2001年美国国防部向国会提交了《网络中心战报告》,2003 年 5 月美国国防部发布了《以网络为中心的环境下的数据战略》,2004 年 2 月美国国防部发布了《国防部体系结构框架》1.0 版,2004 年 3 月参谋长联席会议发布了 CJCSI 3170.01《联合能力集成与开发系统》指令。这些重要文件标志着美军武器装备综合集成在"网络中心战"理论指导下进入了新的发展阶段。可以看出,这一时期美国国防部从原来依靠个别项目的带动来实现军兵种的互通,转向为依靠统一标准规范,使新发展的各种系统具有"天生"的互通能力方向转变。这种建设思路的转变将美军装备保障系统集成推向新的阶段。

在这一阶段,美军装备维修保障信息化的另一个重要特点是装备维修信息逐步向装备平台延伸。在"聚焦保障"理念的指引下,逐步推广增强型状态基维修(Condition - based Maintenance Plus,CBM +)[13],通过采集装备本身的实际运行状态和技术状态信息,预测装备剩余使用寿命及需要的各种维修资源,在准确的地点、准确的时间进行恰如其分的精确维修,并以此为基础,将聚焦保障发展成为感知响应型保障(Sense & Respond,S&R)[14]。

CBM + 是美国国防部面向 21 世纪进行装备维修保障信息化转型提出的关键

倡议,并作为当前美军维修保障改革的一项重要内容予以推广,其基本设想如图1-3所示。

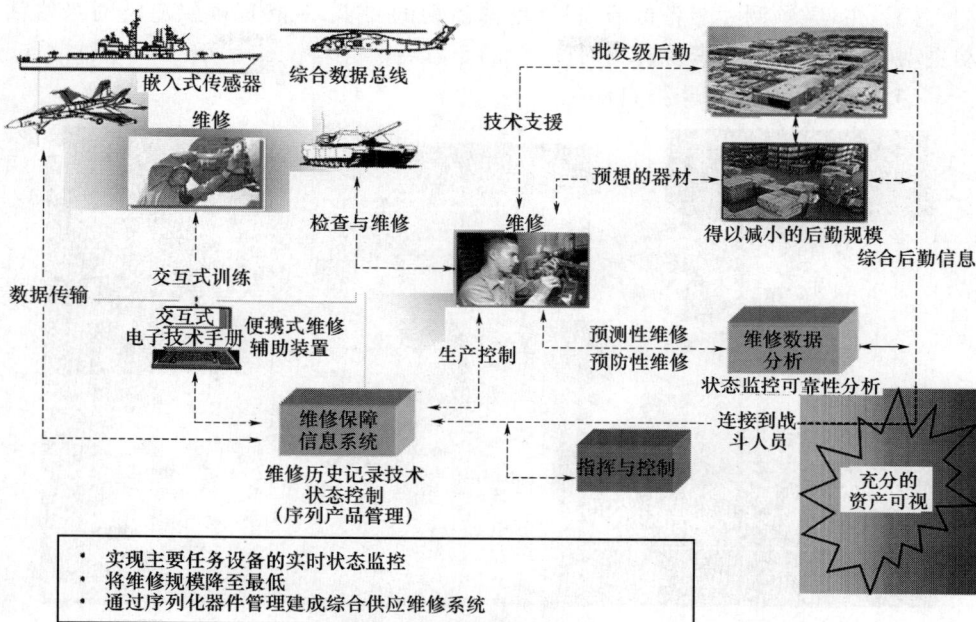

图 1-3　CBM+系统模型

CBM+最终应达到的理想状态是:当有证据表明装备需要维修时(通过嵌入式传感器和/或外部便携式测试设备获得系统的状态),由具有合适知识技能的维修人员利用合适的工具,在有利的时机进行必要的维修,使装备维修更有效率。同时,将装备维修作业活动与维修保障的其他功能环节(如器材供应和指挥控制)进行综合集成,最大程度地提高装备的作战完好性和装备物资的战备完好性,提高维修保障的响应能力。

目前 CBM+广泛应用于美军各军兵种许多武器系统和项目之中,如陆军的通用保障运行环境(Common Logistics Operational Environment, CLOE)[15]、海军的综合状态评估系统(Integrated ICAS)[16]、空军的自主保障系统(Autonomic Logistics System, ALS)[17]等。

CLOE 项目是美陆军针对"斯特瑞克"数字化示范旅开展的演示验证项目,其总体设想如图 1-4 所示。其预期目标是:开发具备自诊断能力的装备平台,使其与装备综合保障网络系统有效交联,按照装备的实际运行状态实施主动、预测型的维修保障,加速陆军装备保障流程的变革与转型。CLOE 项目建设包括:

(1) 嵌入式装备健康管理,通过在线监测装备运行状态数据,对装备的健康状

况进行准确评估;

(2)状态基维修,根据装备状态和健康状态评估结果实施必要的维修;

(3)主动、预测型装备保障,根据维修活动的要求,装备保障供应链对维修活动主动响应,减少维修资源补给时间;

(4)装备维修保障指挥自动化。

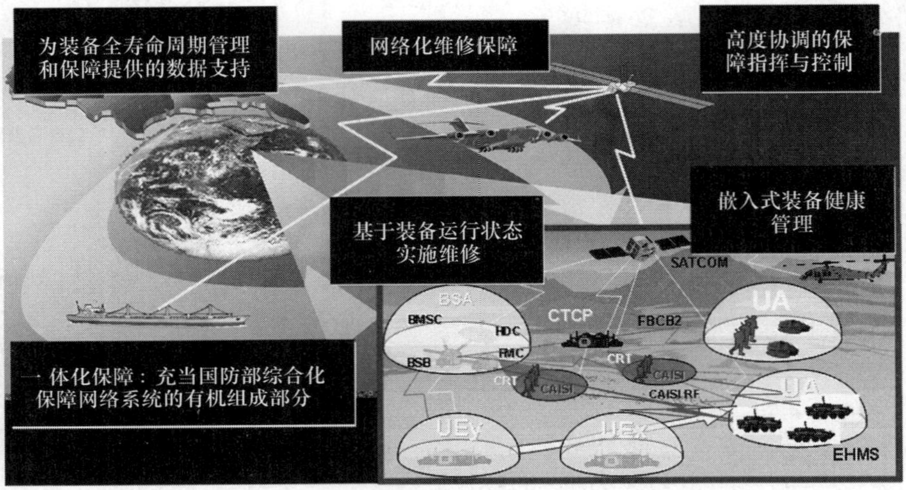

图 1 - 4 CLOE 项目总体设想图

在民用领域,装备维修保障信息化通常也被成为 e - 维修(e - Maintenance)[18,19]。作为当今社会最重要的服务业,设备或装备的维修被广泛认可为社会持续发展的一条重要技术途径,越来越受到人们的重视。特别是近年来,激烈的全球竞争、多样化的客户需求、严峻的资源能源和环境压力,迫使企业改变传统的经营策略,从需求分析、概念与功能设计,直到生产制造、销售、服务和报废的整个产品生命周期范围进行全局优化,以挖掘最大化的产品与服务利润,保证产品经济高效的运行,提供科学的维修服务逐渐成为产品制造业新的利润增长点。借助于信息技术,e - 维修能够在任何时间和地点保障用户的服务业务,并为企业、单位提供智能预测工具,通过网络监控它们的资产(设备、产品、过程等),预防其产生意想不到的损坏。另外,可通过收集到的运行与维护(O&M)数据,比较产品的性能,对产品性能衰退进行监控与预测,从而可以最大限度地利用产品的可用寿命,提高经济效益。同时,通过与电子商务(e - Business)工具集成,提供更敏捷的电子服务(e - Service)解决方案。

e - 维修的形成和发展是一个过程,它由计算机辅助维修、计算机辅助诊断和计算机辅助资产管理(计划管理、器材或备件管理、经费管理、信息管理等)开始,随着网络的应用而发生了突变,形成了维修领域的广泛创新。目前,开展 e - 维修研究方面比较著名的有欧盟的 PROTEUS 项目[20]和机器信息管理开放系统联盟（MIMOSA）的设备运行与维护集成标准（O&M EAI）[21]。

PROTEUS 项目由法国、德国和比利时的一些研究单位共同参加，主要针对有关运输、能源以及其他工业企业的维修保障领域，力图通过集成企业现有的维修保障相关的成熟产品与系统，构建一个以网络为中心的信息化维修保障体系。其体系框架如图 1-5 所示。

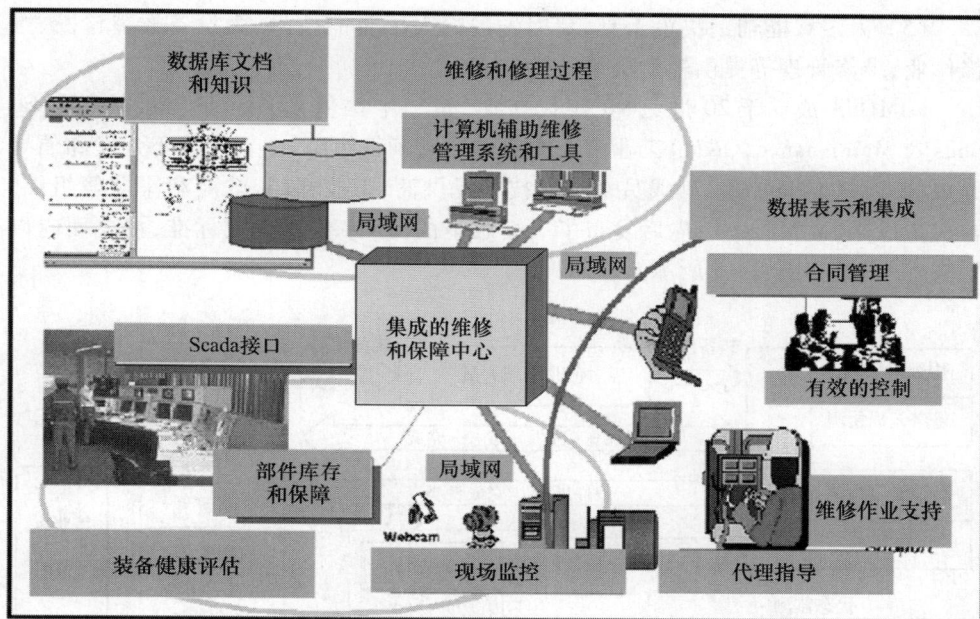

图 1-5　PROTEUS 体系框架

PROTEUS 的预期目标是：

（1）对设备/装备进行持续有效的监控，通过远程监测等手段准确收集装备的远行状态数据，分析其演化规律；

（2）优化设备维护与修理过程管理，利用改进的维修作业手段（电子化文档、维修辅助决策工具等），提高维修作业效率和准确性，降低维修费用；

（3）一体化维修保障信息视图，为不同级别的设备维修相关人员（管理人员、器材供应人员、维修作业人员等）按需提供一致的、无冲突的信息。

PROTEUS 包括以下基本构成要素：

（1）状态监控与数据采集系统（SCADA），完成装备技术状态感知和其他维修保障数据采集；

（2）计算机化维修管理系统（CMMS），集成最先进的计算机化维修管理系统，实现对设备维修过程（包括维修作业、维修计划、维修效能评估、经济性核算等）的全过程管理；

（3）企业资源规划系统（ERP），集成当前成熟的企业资源规划系统，对装备维修保障的物资供应链和人力资源进行规划和控制；

（4）电子化维修文档系统，通过对设备技术手册、维修资料等维修保障相关文档的电子化和无缝集成，为维修作业人员提供先进的辅助作业、技术支持和训练工具；

（5）人工智能辅助决策工具，利用先进的人工智能技术，为设备故障诊断、维修作业、维修管理等提供辅助决策支持。

MIMOSA 成立于 20 世纪 90 年代初期，是一个提供设备运行与维护（Operations & Maintenance，O&M）工业解决方案的非营利性组织，主要致力于开发和倡导开放的 O&M 信息标准，其成员来自于技术提供商、工业部门、政府和军队等组织。自成立以来，MIMOSA 已先后发布了 3 个版本的 O&M 信息集成标准，主要面向以下技术领域，如图 1 - 6 所示。

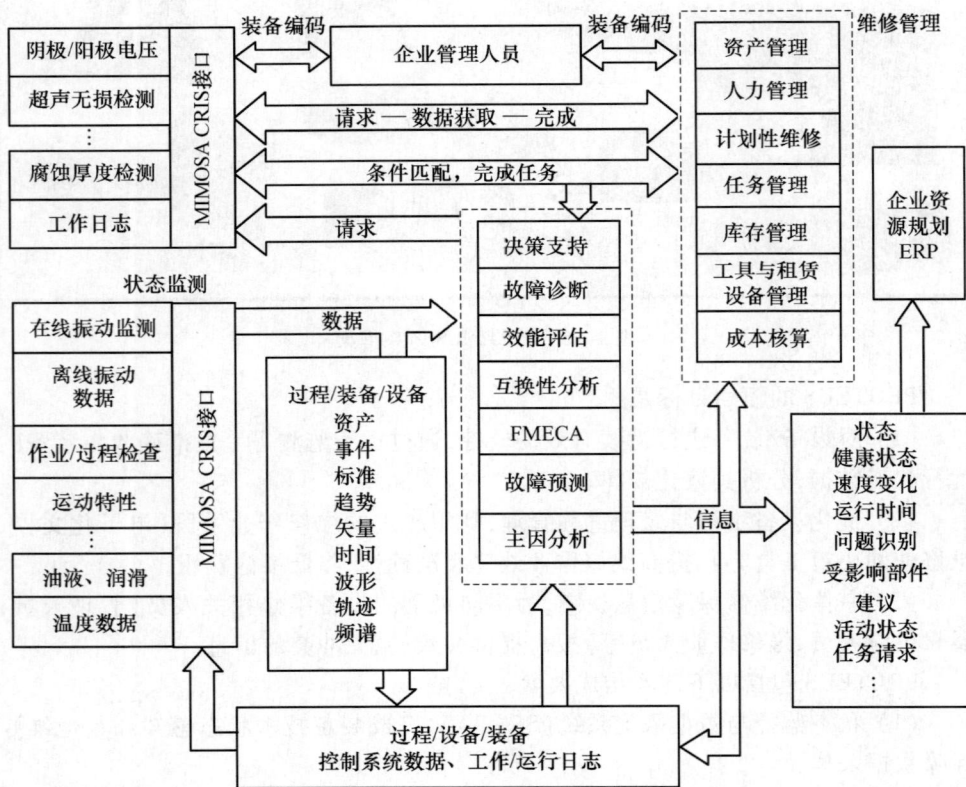

图 1 - 6 MIMOSA EAI 业务领域

MIMOSA EAI 并不试图改变和规范各个企业自身设备管理信息化建设的具体技术和标准,而是致力于提供一种松散耦合的、易于实现的数据集成和交换标准,实现不同生产企业、不同业务部门、不同设备的运行与维护集成以及数据交换标准。由于这种特性,MIMOSA EAI 3.0 非常有利于对现有装备维修保障信息系统进行综合集成,目前已得到了霍尼维尔、洛可希德·马丁等大型军工企业的支持。2004 年,MI-MOSA EAI 3.0 被美国国防部正式采纳,在其 GCSS 项目中得到了较广泛的应用。

尽管军事领域和民用领域装备维修保障信息化的研究目标和技术途径不尽一致,但仍有很多共同的特点和发展趋势,主要表现在以下几个方面。

1）主导理念强调精确化

信息化条件下,装备维修保障是体系对抗的重要组成部分。维修的目的不仅仅是为了排除故障与修复,而是要通过维修提高装备的可靠性和可用度,一切维修活动必须围绕装备的可靠性和可用性需求来展开。为此,必须综合考虑装备维修相关的所有因素,以最小的资源消耗,确定合适的维修项目和维修类型,实现精确维修。相应地,主导的维修策略应从传统的事后修复性维修、周期预防性维修向预防性维修为主的、包括各种主动维修（预测性维修、健康管理等）在内的综合维修策略转型,开展有针对性的维修。

2）维修方式呈现一体化

传统地,装备维修依靠维修人员的技艺来完成维修作业。信息化条件下,维修越来越需要跨行业、跨专业、跨军兵种、跨装备的全寿命周期的综合与集成。首先,维修要与装备研制、生产、供应、使用及全寿命的其他环节进行集成,特别强调装备的可靠性、维修性和保障性设计;其次,维修应当与其他保障工作进行集成,装备维修与订购、验收、培训、储存、供应、运输、报废处理等其他装备保障工作以及后勤保障工作,紧密结合,统一安排,才能形成、保持和提高部队的战斗力;再次,维修要实现跨军兵种、跨行业、多装备类型的集成,在对装备进行系列化、通用化、组合化（模块化）设计的同时,突破传统的装备维修管理运作模式,实现维修知识的广泛积累和共享。

3）维修资源配置全局动态优化

信息化条件下,装备功能多样、结构复杂,往往是多学科多专业综合的现代工程技术产物,全面的维护资源成为顺利实施维修作业的必备条件。除传统的人力资源、工具资源和维修人员的技能资源外,装备维修知识成为更重要的资源条件。同时,由于维修空间的变化,维修资源的分布也由相对集中转变为相对分散,因此,必须动态、全局性地规划、配置维修资源,才能获得最佳效益。

4）维修管理科学量化

伴随着装备维修观念、维修方式、维修资源的变化,装备维修管理的运作模式也必然发生相应变化。在信息化条件下,协同、联合是其发展的必然要求。因此,装备维修保障管理也必然要从相对独立向"集中管理、分散实施"的模式调整。另外，维修管理也应改变传统的粗放式管理模式，提高维修计划的准确性、维修决策的科学性，减小维修任务执行的主观随意性，实施量化的科学管理。

1.3 开展装备维修保障信息化体系结构设计的必要性与意义

纵观装备维修保障信息化的发展历程，不难看出维修保障信息化受到 3 个因素的驱动。一是受现实需求的牵引。具体地说，就是在当前计划性维修模式下，提高装备使用运行、日常管理、器材供应、修理作业与管理、维修训练等效能的现实需求。二是受未来发展需求的牵引。对军事装备来说，就是未来装备发展和作战样式改变的情况下，装备维修有哪些新的需求和变化，即在状态基维修、聚焦保障或感知与响应保障、一体化保障模式下，装备维修信息化有哪些新的需求和变化。对民用装备来讲，就是如何适应企业经营策略和制造业价值链向下游转移的变化，通过维修保障信息化，创造更大的价值和利润。三是受技术发展的推动。信息技术的发展存在 3 条著名的定律，即摩尔定律、吉尔德定律和麦特卡尔夫定律。摩尔预言，电脑微处理器芯片密度和电脑速度每 18 个月翻一番；吉尔德预言，在未来 25 年中，带宽每 6 个月将扩展一倍；麦特卡尔夫定律预测了互联网价值与网络用户数量之间的关系，认为互联网的价值与网络用户数量的平方成正比。信息技术的这种发展特点，使信息系统的更新换代速度不断加快。

受上述需求的牵引，装备维修保障信息化建设必将是一个不断发展、持续优化的复杂、动态过程。一方面，装备类型多种多样，装备维修保障业务必须覆盖装备使用运行、日常管理、器材供应、修理作业与管理、维修训练等各个环节，客观上决定了装备维修信息化系统是一个复杂的集成系统。另一方面，随着需求的变化和信息技术的发展，装备维修保障业务也处于不断调整和优化之中，已建成的某些系统需要淘汰，新建成的系统需要不断纳入整个维修保障体系之中，维修信息处理的数量和范围也不断加大，迫切需要结合当前现实需求、合理预测未来发展和可能采用的信息技术，开展装备维修保障信息化体系结构设计，使用某种逻辑结构来定义和控制装备维修保障信息化系统的接口和组件的组合，建立一个公共的装备维修保障信息框架，统一的操作规范和公共的术语，为信息集成、信息共享和跨部门捕获维修信息需求提供便利。

著名体系结构专家 S. Spewak 博士以温彻斯特堡扩建的例子生动地说明了构建体系结构的重要性[22]。最初，温彻斯特堡是一座具有 8 个房间的普通农场住房，温彻斯特先生去世后，温彻斯特夫人对其进行了长达 38 年的持续扩建，增加了很多厢房、塔楼和房间。由于温彻斯特夫人对最终要建成什么样的房子心里没数，温彻斯特堡不停地被改来改去,最终形成了一座具有160个房间、两个地下室的造型古怪的7层楼房。很多楼梯直达天花板,好多门、窗也被墙体堵住,根本打不开,走廊比房间还多。为了取暖,蒸汽、通气口、壁炉等同时使用,导致日常生活极不方便。

在国内外推进装备维修保障信息化建设的过程中,类似温彻斯特堡扩建的例子不少。由于缺乏全局性的规划和建设策略,很多系统往往从局部和方便少数人使用着手,其结果是不得不建设大量的、重复的、甚至不必要的系统,并且由于系统开发时间早晚不一,不同的技术体制并存,使得数据不匹配、系统不能互联的现象难以避免。

当前,我军装备建设正进入快速发展的时期,加快装备维修保障信息化建设,促进装备维修能力跃升已经成为人们的广泛共识。作为军队信息化建设的重要组成部分,装备维修保障信息化既有全军层面的共性问题,又有自身的个性的问题,开展装备维修保障信息化体系结构设计研究更具有重要的现实意义。综合来看,装备维修保障信息化的个性体现在以下几方面。

1)装备维修保障信息化建设的全系统问题

装备维修保障信息化具有显著的全系统特征,共包括4个方面。

(1)联合作战的全系统需求。信息化战争条件下,要求为多军种参战主体提供联合保障,不仅需为联合作战部队维修保障联合决策提供有效的、无缝的信息支持。同时,在保障力量编组编成、保障过程监控等方面,提供不同军种业务系统信息交互的能力。

(2)各级领导机关和保障力量对装备技术状态的整体、准确把握问题。目前,装备维修保障信息系统一般按照装备管理层次师团、军区、总部进行配置;而保障力量则按照基层级、中继级、基地级进行配置。必须具备上下级纵向及管理层次与力量层次横向之间的信息集成和交互能力,才能实现对全局装备维修保障态势和需求的实时准确把握。

(3)装备与保障力量的动态编组问题。为适应联合作战要求,不同装备、不同作战力量和保障力量需动态编组,装备维修保障信息系统应能适应这种经常性的"组织变化"。

(4)军民一体化保障问题。军民一体化保障是装备发展对装备保障提出的客观要求,装备维修保障信息系统应能涵盖工业部门的部分保障力量与要素,使得军民一体化保障能集成于整体装备保障体系。

2)装备的全寿命管理问题

装备维修问题贯穿于装备全寿命周期过程,装备维修保障信息系统应该考虑到全寿命管理的要求,能够有效集成全寿命各阶段的技术信息,使它们在设计、研制与使用阶段之间得以有效传递。

（1）综合保障工程对装备性能科学评价的需求。装备综合保障性能包括战备完好率、可靠性、维修性等重要指标，需要通过实际使用加以有效验证。装备使用阶段历史数据的采集、计算与反馈，需要有一体完整的信息系统加以支持。

（2）增强基层级维修能力，工业部门的技术支持问题。随着装备技术含量的提升，装备维修的技术难度增大，依靠后方和工业部门的技术支持，通过远程诊断、远程虚拟维修、综合诊断、交互式电子技术手册等技术手段推动基层维修人员能力是比较迫切的问题，要求装备保障信息系统为后方基地与前端现场维修人员间提供有效的信息通路，使得设计、研制与生产阶段的数据、基地级维修与后方专家的专家知识可以有效地支持基层维修。

3）装备维修保障模式的发展对装备保障信息系统的要求

随着电子装备比率的不断提高以及科学技术的发展对装备可靠性与故障规律的深入认识，装备的维修模式也要不断地发展以适应新的要求。基于以可靠性为中心的维修思想，适当扩大状态基维修范围，不断发展预测性维修技术的积累，推动装备维修保障向精确化、科学化发展，是符合维修保障发展的客观要求的。

（1）状态基维修的信息支持问题。状态基维修需要周期性或连续监控装备的使用情况与技术状态，基于装备真实技术状态开展科学维修。装备维修保障信息系统与装备嵌入式信息系统具有紧密的结合，具备大量技术状态信息上传与实时分析，保障需求实时触发、保障方案实时生成与监控的能力。这对装备保障信息系统有了更高的要求。

（2）故障预测与健康管理问题。随着科学技术的不断发展，基于对装备可靠性与故障规律的深入了解，根据装备的服役情况估计故障发生的时间甚至对装备的剩余寿命进行准确的估计，采用预测性维修手段科学地规划装备保障问题，已成为装备保障技术发展的热点方向。装备保障信息系统的建设应该具有足够的开发性与可发展能力，以适应未来的新型维修保障模式提出的要求。

经过多年的努力，目前我军装备维修保障信息化建设已取得丰富的成果，对提高装备的维修效益和科学化水平发挥了重要作用。随着我军装备建设的进一步推进和形势的发展，装备维修保障信息化建设仍面临不少挑战，主要表现在以下几方面。

（1）装备维修各环节信息集成问题。我军装备维修保障信息化建设有一个历史过程，多数信息系统建设立足于本部门、本专业的当时需求和技术情况来开发的，虽然在实践中不断完善，但总体上仍然存在技术体制不统一、信息孤岛林立的问题。装备的使用、管理、供应、维修、训练等各个环节相互分离，信息数据存在大量冗余和不一致，同样的信息内容，在不同信息系统中广泛存在，但编码、格式都不相同，不仅造成数据不准确，而且阻碍了装备维修业务的互动和集成。例如，根据装备实力、动用情况和技术状态，制定科学合理的维修计划，根据维修计划和器材消耗规律,辅助提出器材采购计划。

(2)装备全寿命周期的信息集成问题。装备维修保障工作贯穿于装备的全寿命周期过程。装备的技术状态先天生成于装备的研制阶段,在装备的使用保障阶段,主要任务则是通过维修,保持、恢复或改善其技术状态,装备研制阶段通过维修工程分析确定的维修保障方案和维修标准,要通过实践来检验和改善。目前装备维修保障信息系统对此支持能力仍有待提升,全寿命周期各过程和阶段仍处于割裂状态。

(3)装备维修系统的横向联合问题。对各个军兵种、军兵种内各专业的维修保障资源、能力、需求进行统一的指挥控制,从全局上优化配置和使用维修保障资源,促进横向保障联合,提高保障资源的使用效率,避免重复浪费,是信息化条件下的联合作战的必然要求。装备维修信息的采集、处理和综合应用模式都会发生很大变化。

(4)装备维修信息系统的成长演化问题。大量新装备的列装使装备维修保障的内容和模式发生变化,装备维修保障信息系统应适应这种变化,能柔性地适应新装备的维修保障要求,具备成长演化的能力。

(5)维修保障模式的变化。目前装备维修保障以计划性的预防性维修为主,随着装备技术复杂性的增加和维修保障成本的不断增加,实施状态基维修必然会逐渐增加,目前这仍是装备维修保障信息化的一个比较薄弱的环节。

围绕上述问题,开展装备维修保障信息化体系结构设计,可以起到以下重要作用。

(1)形成装备维修保障信息化建设蓝图,指导装备维修保障信息系统的开发、产品采购、部署和技术选择。在装备研制过程中,事先必须确定装备的研制图纸(机械结构、电路图、电气布线)等,有了这套图纸,才能确定系统怎么研发、采购什么产品、采用什么技术。要有效推进装备维修保障信息化建设,显然也需要首先确定类似的建设"图纸"。装备维修保障信息化体系结构,实质上就起着类似作用。通过构建信息化体系结构,可进一步界定清楚维修信息化相关的业务领域、流程、信息交换要求等,进而从总体上给出装备维修保障信息化建设所应遵循的路线图,为系统开发、部署要求和技术选择提供依据。

(2)确定装备维修保障信息化建设的能力和功能要求。装备维修保障信息化建设成果的成败好坏,最终体现在系统建设所形成的能力上。哪些系统应该具备什么样的能力,这些能力之间如何衔接配套,必须给予明确规范。这样,才能避免多头研制、系统建设功能交叉设置和低水平重复的现象,有效整合资源。构建科学、合理的装备维修保障信息化体系结构,就是要通过辨明维修保障业务之间的关系,找出维修保障业务的交集,梳理清楚装备维修保障信息化建设中的共性功能需求,形成核心能力。

（3）确定未来装备维修保障信息化建设和发展的概念框架。构建装备维修保障信息化体系结构，不仅可以直接指导当前装备维修保障信息化建设，更重要的是，它提供了一个检验未来装备维修保障信息化建设策略、政策方针、人才培训、组织机构等是否符合要求的概念框架，从而确保装备维修保障信息化建设成果的持续集成能力，保持发展的一致性和动力。

（4）确保装备维修保障信息化系统与其他信息化系统、外部环境的集成能力，保证维修信息互联互通。

构建装备维修保障信息化体系结构，可以明确不同维修保障业务之间的关系与联系，以及维修保障信息系统与其他国防信息系统、外部环境的信息交换关系，从而有助于以维修保障信息的流动为纽带，形成一体化的维修保障信息环境，为装备维修保障作业人员、器材供应部门、指挥部门提供及时、准确的信息，形成信息优势，确保维修、保障、作战等任务的顺利实施。

第2章 装备维修保障信息化体系结构设计理论基础

2.1 体系结构的产生及概念

2.1.1 概念由来

对复杂信息系统体系结构的研究,可追溯到20世纪80年代,发起于工业界的应用需求。1987年,IBM的研究者Zachman指出,随着信息系统的规模和复杂程度的日益提高,迫切需要采用某种合适的逻辑结构来定义和控制信息系统之间的接口和组件的组合关系,来保证信息系统之间的有效集成和开发部署费用[23,24]。近年来,随着企业内部及企业之间数据与信息处理的分布式特征越来越明显,企业信息系统的规模更加庞大,分布范围越来越广,预先设计一种信息系统体系结构(Information System Architecture,ISA)[25]来保持企业业务处理的一致性和集成性,逐渐成为构建复杂信息系统、控制建设风险所必需的步骤。

在公共事务领域,体系结构的研究也备受重视。随着电子政务的兴起和推广,不同政府部门之间的信息集成和互操作性逐渐成为人们广泛关注的问题。1999年,美国联邦政府提出了联邦企业体系结构框架(Federal Enterprise Architecture Framework,FEAF)[26],用以促进美国政府不同部门信息系统之间的互操作,同时规范政府公共事务的业务开发,实现信息共享。2000年,美国财政部发布了财政企业体系结构框架(Treasury Enterprise Architecture Framework,TEAF)[27],将财政部下属的多个司局看作独立运行的企业,建立一个公共的企业级信息系统体系结构框架,统一操作规范和公共术语,为信息集成、信息共享和跨部门公共需求捕获提供支撑。

可见,在商业和公共事务领域,不论是单个企业还是政府部门,由于业务处理规模的不断增大,跨部门、跨企业进行合作成为一种必然,信息系统的规模和复杂程度也相应不断提升。在构建信息系统时,设计合理的体系结构成为一种必然趋势。

在军事领域,体系结构的重要性是在C^4ISR系统的推广和逐步使用过程中发现的。C^4ISR系统,通常也称作指挥控制信息系统,是由软件、硬件、武器平台以及作战人员组成的软件密集型系统,系统规模庞大,构成极为复杂[28]。海湾战争期间,美国军方的 C⁴ISR 系统是由各军兵种独立建设的,系统体系结构不一,相互之间很难进行互联互通互操作。联合司令部每次做出对伊空袭兵力分配决策之后,必须马上派专人带上磁盘分乘两架飞机向驻波斯湾和红海的航空母舰分发作战命令[29]。由于信息不畅通,战争期间,美军运到海湾地区的 4 万个集装箱中有 8000 个总价值 30 亿美元的集装箱没有开封就重新运回国内,造成了很大的保障负担和浪费。

海湾战争后,美国军方逐步认识到原有信息系统建设模式的弊端,提高 C⁴ISR 系统的互联、互通、互操作能力,借此获取信息优势是取得战争胜利的关键要素。经过深入研究,美军认为,建立公共的、统一的、可理解的体系结构设计原则和指南,是在美国国防部(Department of Defense,DoD)范围内建设高性价比的军事信息系统、保证互联互通互操作的关键技术手段。为此,DoD 提出并制定了体系结构框架规范(Department of Defense Architecture Framework,DoDAF),并在后续信息系统的建设与改造中予以强制实施[30]。

2.1.2 体系结构概念与作用

目前,关于信息系统体系结构的定义有不同的表述。IEEE STD 610.12 的定义为“综合电子信息系统各部分的组成、各部分之间的相互联系及自始至终必须遵守的设计开发原则和指南”[31]。AUSI/IEEE STD1471 - 2000 则认为体系结构是“一个系统最基本的组织方式”,这种组织方式要通过系统构成部件、部件之间及部件与环境的关系以及系统设计和演化所遵从的原则来表示[32]。

不失一般性,可以抽象出如下的公式:

$$体系结构 = 组成部件 + 相互间的关系 + 原则和指南 \qquad (2-1)$$

就体系结构的目标和效用而言,不同研究机构或组织的认识大同小异。Open Group 组织认为,通过体系结构开发,可以对信息系统进行有效的规划,不仅能为企业的商业运营提供基础技术和流程结构,也真正使信息系统成为企业运营有价值的无形资产[33]。对企业来讲,由于客户需求的多样化和快速变化,有效管理和利用信息资源成为取得商业成功的关键,也是企业获取竞争优势的必需手段。体系结构开发有效地满足了这一需求,针对快速变化的商业环境,体系结构为企业提供了设计开发能适应这种变化的信息系统的长远规划技术。具体而言,可以获得以下好处[33]。

(1)从信息系统管理和实施的角度看,体系结构设计能进一步降低软件开发、技术支持和维护的费用。同时,使系统具备更强的应用移植能力、更新换代能力,也便于系统之间进行互联互通互操作,有助于解决企业范围内的全局性问题,如安全、综合决策等问题。

(2)从信息系统建设效益和控制建设风险角度看,体系结构设计能减少建设

16

基础设施的复杂性,更充分地利用现有建设成果和货架产品,降低信息系统的总拥有成本。

(3)从信息获取便捷性和快速性角度看,体系结构设计可以更有效地获取进行商业决策所需要的信息,并随时随地以一致的、不冲突的方式呈现,提高决策过程的准确性和快速性。

2.1.3　体系结构和体系结构框架

根据 IEEE STD 610.12 和 AUSI/IEEE STD1471 - 2000 的定义,构建信息系统的体系结构,必须对信息系统的组成部件及其相互关系进行详细描述。为保证体系结构的可比较性、可理解性,显然需要一套统一的规定和原则,对信息系统的结构属性进行分析和推理。这种规定和原则,就是体系结构框架。

对体系结构框架的定义和理解,Open Group 的观点很有代表性。该组织认为,体系结构框架可以认为是面向不同行业和业务领域开发体系结构的一种工具,是描述如何利用模块设计信息系统以及如何将模块进行有机结合的系统方法,包括一套工具、一个通用的词汇表和构造模块的一系列推荐标准和相关产品[33]。

20 世纪 90 年代初,在美国国防部内部,信息系统体系结构开发尚无可共同遵守的方法和程序,各军兵种和国防部各部门从各自的角度,采用自行定义的术语设计各自的体系结构(如空军的"地平线"[34]、陆军的"创业"[35]、海军的"哥白尼"[36]等),用来定义作战概念、确立作战需求、评估指挥过程的改进方案、指导信息系统的开发等。

由于缺乏统一的体系结构框架,不同军兵种和部门开发出来的信息系统之间仍难以进行互联互通,体系结构之间也缺乏相互比较、相互关联和相互沟通的机制,系统技术升级和信息共享也存在较大的困难。1995 年 10 月,美军把定义和开发统一的体系结构框架划入国防部的工作范围,分别于 1996 年 6 月和 1997 年 12 月颁布了 C^4ISR 体系结构框架 1.0 版和 2.0 版,最终形成了面向全军军事信息系统开发的体系结构框架 DoDAF[30]。

2.2　体系结构框架的设计方法和种类

2.2.1　系统工程、信息工程与软件工程

作为一种用于指导构建复杂信息系统的技术手段,体系结构框架与系统工程、信息工程与软件工程具有天然的相关性。为更好地理解体系结构框架的设计理念,本节简要阐述系统工程、信息工程和软件工程的相关方法和过程。

软件工程方法学认为,软件工程是遵循系统工程的过程而产生的。系统工程

不仅仅侧重于软件本身,也关注于生成软件过程中的一系列元素,关注于如何按一个系统进行分析、设计和组织这些元素,这些元素可以是任何相关的、用于信息变换或控制的产品、服务或技术[37]。当这一过程的相关环境面向商业企业时,往往将其称为信息工程[38]。

不论关注的领域是什么,系统工程包含一组自顶向下(Top – Down)或自底向上(Down – Top)的方法来定义的系统层次结构,如图 2 – 1 所示[37]。

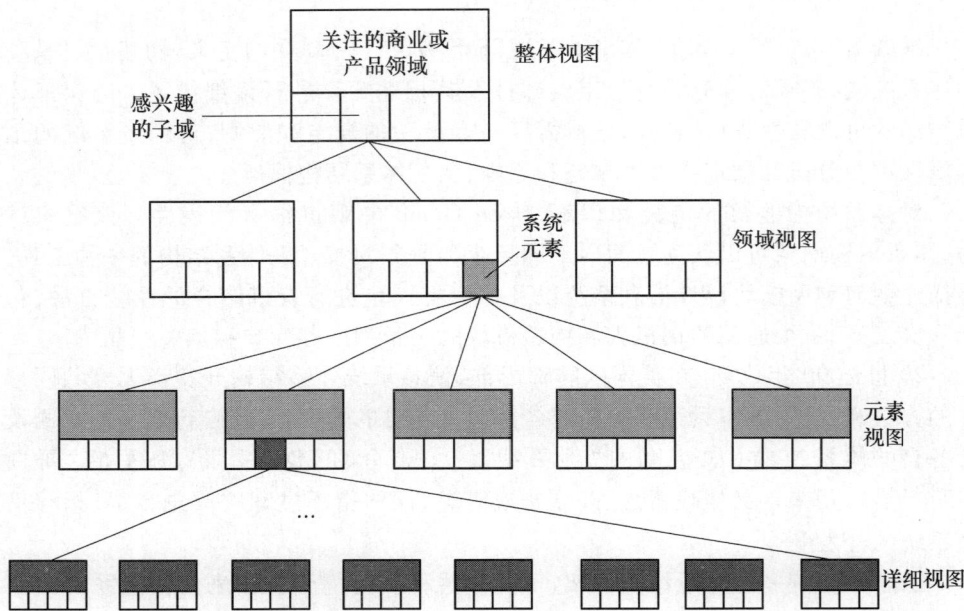

图 2 – 1 系统工程层次示意图

为得到图 2 – 1 所示的层次结构,通常从整体视图(World View,WV)开始,从全局上考察所关注的商业或产品域,建立合适的业务或技术语境。然后,细化整体视图,对感兴趣的特定域进行细致分析考察。在特定域内,分析目标系统的构成元素(如数据、软件、硬件、人员等)。最后,分析、设计和构造目标系统元素。在系统的最顶层,建立的是一个比较广泛的语境。在系统底层,确定由相关工程方法(如硬件或软件工程)完成的详细的技术活动。

上述过程,可以用形式化的方法进行描述。整体视图(WV)包含若干个领域($D_i, i = 1, 2, \cdots, n$),D_i 本身可以是一个系统族(Families of Systems,FoS)或系统的系统(System of Systems, SoS)[37],则有

$$\mathrm{WV} = \{D_1, D_2, \cdots, D_n\} \tag{2 – 2}$$

每个领域由特定的元素($E_j, j = 1, 2, \cdots m$)构成,每个元素代表完成领域功能的

18

实体,则

$$D_i = \{E_1, E_2, \cdots, E_m\} \qquad (2-3)$$

最后,刻画完成每个元素所必要的技术构件(在软件语境下,构件是计算机可持续、可复用的程序构件、模块、类或对象),则

$$E_j = \{C_1, C_2, \cdots, C_k\} \qquad (2-4)$$

需注意的是,当按照图2-1自顶向下开展工作时,系统工程师所关注的领域是越来越窄的。领域越窄,视角越窄,所关注的语境就越具体和特别。但由于WV在适当的语境内,明确地描述了系统整体功能的定义,从而使工程师能够无差别地、明确地理解该领域,并最终理解所要构建的系统。

对信息工程来说,定义体系结构的最终目标是为了在业务处理的过程中更有效地利用信息。为此,必须针对业务处理所限定的语境,对数据体系结构、应用软件体系结构和技术基础设施体系进行分析和设计。其中,数据体系结构为完成业务处理所需要的信息提供描述框架,其基本构件是业务处理所使用的数据对象,数据对象在业务功能之间流动。应用软件体系结构包含了那些为满足业务处理的需要而进行数据变换的软件构件,通常指为完成这种变换而设计的程序(软件)系统。技术基础设施为数据体系结构和应用软件体系结构提供基础,包括用于支持应用软件和数据采集、传输、处理和存储的硬件和基础软件,如计算机和计算机网络、通信连接、存储技术等,为实现这些技术而设计的体系结构(如客户/服务器)也包含在内。

为构建上述体系结构,需要定义信息工程活动的层次结构,如图2-2所示[37]。其中,整体视图通常称作为信息战略规划(Information Strategy Planning,ISP),ISP将整个企业业务视为一个整体,并对具有重要意义的、全局性的业务领域进行细分。ISP定义了企业级别内可见的数据对象及其相互关系,也定义了数据在业务领域之间的流动关系。当信息工程师对具体业务域(也称作领域视图)进行分析时,其过程和ISP类似,区别在于所关注的范围不同,仅聚焦在被分析的业务域内。当需要进一步开发信息系统时,信息工程就转变为软件工程。通过启动业务系统设计步骤,对特定信息系统的需求进行建模,并将这些需求映射到具体的数据体系结构、应用软件体系结构和技术基础设施上去。

软件工程是软件开发人员及软件工程研究人员在长期实践中总结出来的系统方法,认为软件开发一般由以下几个过程组成:软件需求分析,系统设计(概要设计和详细设计),编码,测试和维护等,如图2-3所示[37]。

(1)系统/信息工程与建模。通常,信息系统总是一个大系统(或商业)的组成部分。因此,在系统开始开发时,应首先对所有相关系统进行需求分析,并将需求分配给待开发的软件。其中,系统工程包括了系统需求的分析及部分顶层分析

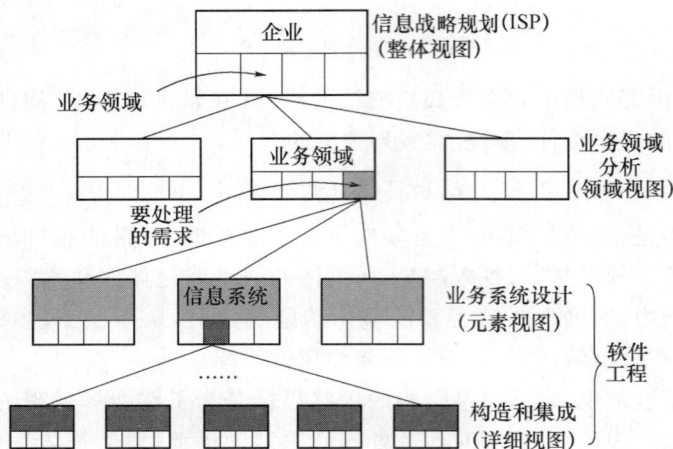

图 2 - 2   信息工程层次结构图

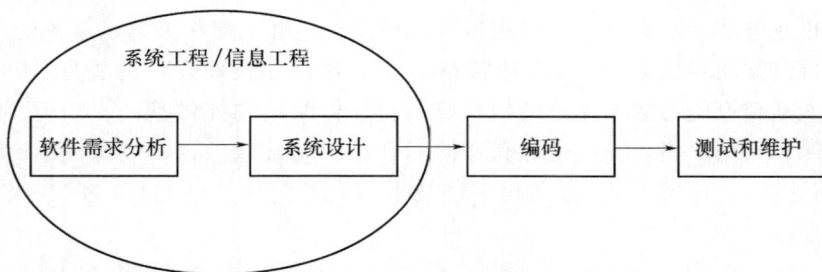

图 2 - 3   软件工程核心过程

和设计工作;信息工程则包括了在战略级和业务领域级进行需求的收集与分析。

① 软件需求分析。由图 2 - 2 所示的信息工程层次,需求分析对应于"业务领域分析(领域视图)",需要系统工程师面向特定业务领域,收集理解相关的业务流程和处理需求。

② 系统设计。一般包括概要设计和详细设计。其中,概要设计是由"需求分析"阶段所确定的业务需求驱动,在概念或总体方案层次上将现实世界的业务需求映射到信息处理过程,并设计对应的业务体系结构。详细设计基于该概念层次,进行系统级以及部件级代码设计。这两个部分工作对应于图 2 - 2 所示的"业务系统设计(元素视图)"。

(2)编码。将设计阶段产生的类/对象、模块等元素,采用自动或手动的方式编写出可执行的代码,并采用合适的技术基础设施,构建和部署可用的信息系统。

(3)测试和维护。针对部署的系统,依据业务需求,设计合理的测试方案,发现可能存在的错误,验证系统功能。

综上所述,系统工程、信息工程和软件工程是在不同的层次上刻画信息系统的一般设计过程,虽然侧重点有所不同,但都贯彻了"自顶向下、逐步求精"的基本理念及"业务驱动系统、系统依托技术"的公共设计模式。

2.2.2 典型体系结构框架分析与比较

目前,在构建复杂信息系统体系结构的过程中,有5种典型结构框架。

1) Zachman 企业体系结构框架

1987 年,John Zachman 发表了著名的 Zachman 企业体系结构框架,被认为是体系结构框架研究领域的开山之作。借鉴建筑领域体系结构的设计原则,Zachman 框架建立了一组通用的术语和视图来描述复杂企业系统,包含了有 6 个视图,即规划者、所有者、设计者、构建者、转包商和用户。Zachman 框架的第二个维度与 6 个基本的问题有关,即做什么、如何做、在哪儿做、由谁做、什么时间做和为什么做。Zachman 框架没有为顺序、过程或实现提供指导,而是关注确保所有视图是良性建立的,确保所建立系统的完整性而不管视图建立的顺序,同时,Zachman 框架没有显式的规则,因为它不是面向特定领域所撰写的。

2) DoDAF

DoDAF 是美国国防部提出的信息系统体系结构框架,基于业务视图(Operation View, OV,通常也称为作战视图)、系统视图(System View, SV)和技术视图(Technical View, TV)来构建。同时,也提供一个全景视图(All View, AV)来定义公共字典术语以及上下文、总结和系统级信息等,来融合其他所有的视图。该框架提供了最终产品的描述,并以此作为一致性的指导和规则,从而可以确保以"一种公共的标准来比较、集成系统族(FoS)或系统的系统(SoS)互操作的体系结构"。

3) 美国联邦企业体系结构框架(FEAF)

1996 年,美国政府跟随工业界定义体系结构框架的潮流,由联邦首席信息执行官局开发和发布了 FEAF。遵从 Clinger – Cohen 1996 法案,要求联邦政府机构的首席信息官(Chief Information Officer, CIO)们开发、维护和使用集成的系统体系机构,组织和推动在整个联邦政府内共享政务信息。该体系的各个部分在结构化指导下独立开发,每个部分可被看作联邦大企业中的一个小企业。

4) 美国财政部企业体系结构框架(TEAF)

美国财政部由多个分支机构组成,每个机构都相当于一个独立的企业,为了管理各机构的信息资源,美国财政部于 2000 年 7 月份颁布了 TEAF,以实现"集成、信息共享以及挖掘部门间的公共需求",TEFA 类似于 DoDAF。

5) 开放组织体系结构框架(TOGAF)

1995 年开放组织(the Open Group)基于美国国防部信息管理的技术体系结构

框架,面向使用开放系统构建的关键商业业务应用开发了 TOGAF。TOGAF 的核心元素是体系结构开发方法(Architecture Development Method , ADM),它解释了如何进行良好开发及其相关规则,而不直接提供一组体系结构设计的原则。

表 2-1 和表 2-2 分别从视图/视角和抽象层次的角度对上述 5 种体系结构框架进行了分析比较。

表 2-1　视图/视角比较

框架名称	规划者	所有者	设计者	构建者	转包商
Zachman	范围	业务模型	系统模型	技术模型	细节描述
DoDAF	全景视图	业务视图	系统视图	技术视图	
FEAF	目标/范围 (规划者视图)	企业模型 (所有者视图)	信息系统模型 (设计者视图)	技术模型 (构建者视图)	细节描述 (实现者视图)
TEAF	规划者	所有者	设计者	构建者	
TOGAF		业务体系结构视图	技术体系结构视图		

表 2-2　抽象层次比较

框架名称	What	How	Where	Who	When	Why
Zachman	数据	功能	网络	人	时间	动机
DoDAF	数据(任务)/ 逻辑数据模型	功能/可追踪 的功能效果	物理连接 + 货架产品方案	组织关系		
FEAF	数据体系结构	应用体系结构	技术体系结构			
TEAF	信息视图	功能视图	基础设施视图	组织视图		
TOGAF		决策支持指导	IT 资源指导			

2.2.3　选择体系结构框架应考虑的问题

形象地讲,可以将体系结构框架视为设计体系结构的一种抽象建模语言或工具。由表 2-1 和表 2-2 可知,Zachman、DoDAF 等 5 种框架的建模描述能力和侧重点是不同的。因此,到底该选用哪种框架,需要根据待设计体系结构进行具体分析。一般来说,应考虑以下问题。

1)体系结构框架的目标

选择设计和描述某个或某类复杂系统的体系结构框架时,首先要考虑建立的体系结构应达到什么目标。原则上,依据该框架建立的体系结构,应能使参与系统设计、开发和使用的人员容易理解,不同体系结构之间可以对比、分析和集成,从而容易升级或设计出新的体系结构,并在一定程度上能自动创建相应的信息系统。

2）视图的作用

从信息工程/软件工程的角度看,设计信息系统时的核心原则是"业务驱动系统,系统依托技术"。因此,描述信息系统的体系结构至少需要从业务和技术两个角度或视图来进行认识,如 TOGAF 框架。事实上,由于复杂信息系统本身的复杂性,上述两个视图是不够的,Zachman、DoDAF 等框架从 6 种用户、6 个抽象层次对系统视图进行了扩展,以期能更全面和准确地理解系统。当系统集成是建立体系结构的主要目标时,全景视图和业务视图是整个框架内最核心的内容,主要关注于描述领域概念、业务内容、业务之间的关系等内容,对应于图 2 - 2 所示的 ISP 和业务领域分析两个层次。至于系统的具体设计和技术实现,一般要根据这些顶层设计的内容决定,可以看作是需求和如何实现的关系。

3）视图间交互方式

在 Zachman、DoDAF 等框架中,一般采用"自顶向下、逐步求精"的典型设计模式,以逐步建立相应的体系结构产品。但在较低层次上进行系统设计或选择技术实现方式时,如果难以满足业务需求,就需要将这种约束关系传播到高层次的业务模型,即采用"自底向上"的模式对业务模型和视图进行适当调整。不管哪种设计模式,视图之间都需要进行有效的交互。在选择体系结构框架时,应充分考虑这个问题。

比较 Zachman、DoDAF 等体系结构框架,DoDAF 的规则性或强制性较强,可理解性好,视图全面且视图之间的交互式性强,可以将形成的体系结构产品的内容固化,形成相应的信息系统产品,属于偏硬的框架。相对而言,TOGAF 和 Zachman 框架只提供指导原则,发挥空间较大,是偏软的框架。DoDAF 在美军获得广泛使用,目前欧洲、澳大利亚等地区和国家均借鉴该框架,设计了各自适用的体系结构框架并予以推广,其可用性和适用性得到了充分检验。本书利用此框架,对装备维修保障信息化的体系结构进行了分析设计。因此,下面对 DoDAF 框架进行详细的介绍。

2.3 DoDAF 体系结构框架

1995 年,美国国防部成立了 C^4ISR 综合集成特别任务组,于 1996 年 6 月颁布了《C^4ISR 体系结构框架 1.0 版》,1997 年 12 月颁布了《C^4ISR 体系结构框架 2.0 版》。由于逐步认识到体系结构开发对于信息系统的构建的影响和作用,美国国防部在此基础上进一步推出了 DoDAF 1.0 版本,在参考原有框架的原则和经验基础上,拓宽了应用范围,包含了集成体系结构、国防部和联邦政府策略、体系结构价值、体系结构评估、DoD 决策支持过程、开发技术、分析技术和核心体系结构数据模型(Core Architecture Data Model,CADM)等,侧重体系结构产品的数据化。

DoDAF 1.5 版本将"网络中心战"的概念引入到体系结构设计中,升级了 CADM。DoDAF 2.0 版则向"数据中心化"发展,通过一种一致的、同时包含结构和语义的数据模型,来指导规划、开发、管理、维护和控制信息系统体系结构。本节介绍的内容以较成熟稳定的 DoDAF 1.0 版本为基础。

2.3.1 DoDAF 框架的基本内容及其设计理念

按照 DoDAF 框架,美军所有信息系统体系结构应包含 3 个体系框架视图,即业务体系视图(又称作战视图)、系统体系视图和技术体系视图,如图 2-4 所示。

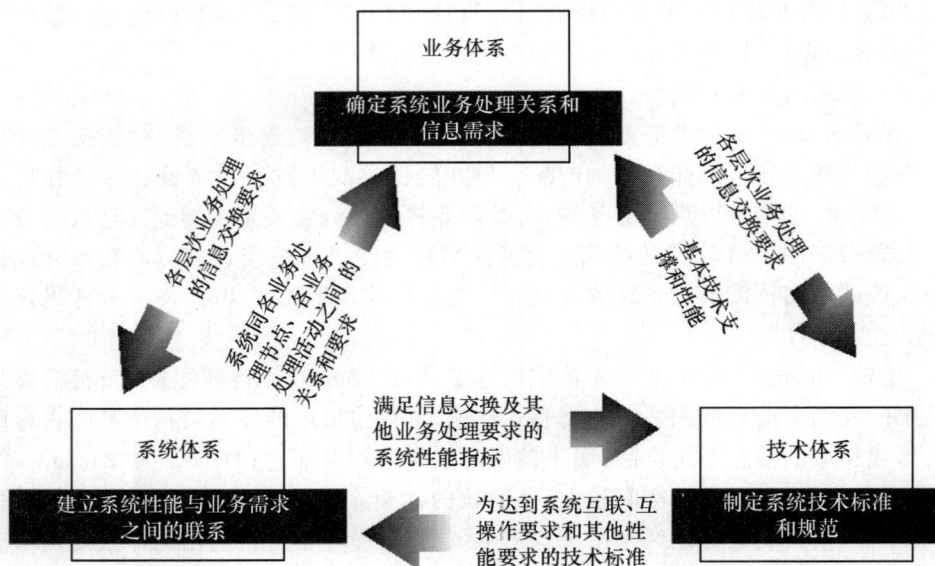

图 2-4 DoDAF 框架

业务体系框架描述系统处理的业务类型、业务活动、业务部门及其相关信息流;系统体系框架根据系统的业务要求确定系统的性能和功能要求,确定系统总体结构方案、各子系统结构方案、相互之间的接口等;技术体系框架描述为实现系统功能需采用的技术路线及解决方案等。任何信息系统都可以用上述 3 个体系框架视图进行完整刻画。这 3 种视图只是一个信息系统的 3 种不同的视图,它们"综合"起来描述一个系统,与传统上只用单一视图来描述系统相比,综合的体系结构描述通常保持与规划、项目管理和经费管理等过程更为紧密的联系,与此同时也为这些过程提供更多的可用信息。

除上述 3 个视图之外,DoDAF 还存在一个全局视图,主要定义了系统的范围、目标、针对的用户、环境描述、分析结果以及所有视图中所使用的术语进行定义的数据存储库。

24

DoDAF 的设计理念基本遵从了一般信息工程的层次。参照图 2-2,其全局视图相当于企业级信息战略规划 ISP 的层次,是企业级的整体性战略视图。业务体系视图对应于图 2-2 领域视图,即业务领域分析。系统体系视图对应于图 2-2 的元素视图,即业务系统设计,技术体系视图对应于图 2-2 的详细视图,即构造和集成部分。可见,其核心理念秉持了信息工程中的"自顶向下、逐步求精"、"业务驱动系统、系统依托技术"基本思路。

作为一种指导美军设计体系结构的指导性框架,DoDAF 还有很多独特之处。考虑到军事信息系统的一致性要求较高,框架具有明确的、强制性的规则,某些内容也具备特定性。

1) 业务体系视图

业务体系视图也称作业务体系结构,是关于任务和行动、业务要素以及为完成或者支持军事作战所需要的信息流的描述,包括业务要素、赋予的任务和行动以及支援作战人员所需信息流等。业务体系框架通常采用易于理解的图形和表格方式,规定了信息交换的类型、交换频度、信息交换支援何种任务和行动等,其详细程度由满足互操作性需求的信息交换特征来确定。一般来说,业务体系结构是建立在作战任务或者业务过程基础之上的。建立业务体系结构要遵循的原则是:

(1) 业务体系结构的主要目标是定义业务要素、行动和任务以及信息交换需求。

(2) 业务体系结构把军事条例、已分配的任务和行动结合起来,行动和信息交换的需求可能跨军队组织结构边界,如跨军种和兵种遂行任务等。

(3) 业务体系结构不依赖于实际的物理系统,描述作战行动或业务需求不按照实际组织结构或兵力编成编组结构。

(4) 业务体系结构应该清楚地确定所覆盖的时间段(如年度、"现在是"、"将是"、"基线"、"计划的"和"过渡期的"等)。

2) 系统体系视图

系统体系视图又称作系统体系结构,是关于完成业务功能需要哪些支持系统及其互联关系的一种描述(包括图形方式)。对于多个系统组成的集成系统来说,系统体系结构说明了多个系统之间如何联系及互操作的,也可能深入到某些特殊系统的内部构造和具体操作。对于单个系统来说,系统体系结构定义了关键节点、电路、网络、武器平台等的物理连接、位置和标识,规定了系统及其组成部分的性能参数。系统体系结构按照技术体系结构中定义的技术标准,将系统的物理资源及其属性与业务体系结构及其要求联系起来。建立系统体系结构要遵循的原则是:

(1) 系统体系结构的主要目标是通过使用物理资源帮助完成预定的业务任务和作战行动。

（2）系统体系结构依据系统的相关平台、功能、特性和数据元素，将系统映射到业务体系结构。

（3）系统体系结构确定系统的接口并定义系统间的相互连接以及系统性能行为的限制条件和边界。

（4）系统体系结构以技术体系结构为基础，并受到技术体系结构的约束，描述了在同一个主题域内的多个系统之间如何连接和互操作，并有可能描述特殊系统的内部。

（5）系统体系结构可以支持多个组织和使命任务；应该清楚地明确所覆盖的时间范围。

3）技术体系视图

技术体系视图又称作技术体系结构。技术体系结构是指导系统部件和要素的配置、相互作用和相互依存性的一组最低限度的技术准则，其目标是确保所组成的系统满足一系列特定的要求。技术体系结构提供了系统实现的技术指导，按照这些指导可以建立工程规范，建立通用构造块，开发出生产线。实际系统的技术体系结构是由专门的技术标准、规范、规则等构成的集合，针对特定的系统体系结构，控制着系统的服务、接口和相互关系，并与特定的业务体系结构相关联。建立技术体系结构要遵循的原则是：

（1）技术体系结构是以业务需求与其支持系统之间的结合、允许使用的技术、适宜的互操作性标准为基础构成的。

（2）技术体系结构的主要目的是定义一套标准和规则，用于指导系统的实现和系统的运作。

（3）技术体系结构定义的标准和准则应在多个实际系统中得到验证。

（4）技术体系结构应说明，在特定范围的系统体系结构配置中，不同的产生信息、使用信息或者交换信息的系统之间的跨平台和网络互联的需求。

（5）技术体系结构应该包容新技术，支持标准的发展更新，逐渐淘汰陈旧的技术。

（6）技术体系结构应该接受商业标准和发展方向的驱动，吸收最新发展成果。

2.3.2 DoDAF 体系结构产品和数据模型

体系结构产品是指在建立某个特定的体系结构描述的过程中以及描述其用途相关的特性中所开发的图形、文字和表格等项目。开发出来的这组体系结构产品就构成了体系结构的完整描述。

利用 DoDAF 框架开发的体系结构产品如表 2-3 所列。表中第一列是产品所属视图的类型；第二列表示每种产品的标示符，其中 AV（All Views）表示全局体系视图，OV（Operation Views）表示业务体系视图，SV（System Views）表示系统体系视

26

图,TV(Technology Views)表示技术体系视图;第三列表示产品的名称;第四列描述了产品的主要特性;第五列基于面向对象方法描述该产品的 UML 模型范例。

表 2 - 3　DoDAF 产品概况

适用视图	框架产品	产品名字	含义	UML 模型范例
全局体系视图	AV - 1	概论与总结	范围,目标,针对的用户,环境描述,分析结果	文本文档
全局体系视图	AV - 2	术语字典	对所有产品中所使用的术语进行定义的数据存储库	UML 模型 查询 + 报告生成器
业务体系视图	OV - 1	顶层业务概念图	对作战(业务)想定进行顶层层图形/文本描述	类或用例图
业务体系视图	OV - 2	业务节点连接描述	包括每个节点的作战或业务活动,在节点之间的连接与信息交换关系	组合结构图
业务体系视图	OV - 3	业务信息交换矩阵	在节点间所交换的信息及与交换相关的属性	UML 模型 查询 + 报告生成器
业务体系视图	OV - 4	组织关系模型	组织,角色或组织中其他的关系	类图
业务体系视图	OV - 5	业务活动模型	包括业务活动、活动间的关系、输入与输出。覆盖图可以显示成本、执行节点或其他相关信息	对象流活动图
业务体系视图	OV - 6a	业务规则模型	描述业务活动顺序与时间关系,确定约束业务活动的规则	与活动有链接的文本
业务体系视图	OV - 6b	业务状态转移描述	描述业务活动顺序与时间关系,确定响应事件的业务过程	状态机图
业务体系视图	OV - 6c	业务事件追踪描述	描述业务活动顺序与时间关系,在一个场景中或事件的顺序中追踪动作,并指定事件的时间	顺序图
业务体系视图	OV - 7	逻辑数据模型	数据需求的记录与作战视图的结构商业过程规则的记录	类图
系统体系视图	SV - 1	系统接口描述	确定系统与系统组件及其连接	组合结构图
系统体系视图	SV - 2	系统通信描述	系统节点及其相关通信的部署	组合结构图
系统体系视图	SV - 3	系统—系统的矩阵	给定的架构中系统之间的关系;可以被设计来显示所关心的关系,例如,系统类型的接口,参考已有接口的新增接口等	文本

适用视图	框架产品	产品名字	含义	UML 模型范例
系统体系视图	SV－4	系统功能描述	系统所执行的功能与在系统功能中的信息流	有对象流的活动图
系统体系视图	SV－5	业务活动到系统功能的跟踪矩阵	把系统映射到业务处理或把系统功能映射到业务活动	文本
系统体系视图	SV－6	系统数据交换矩阵	提供在系统之间所交换的详细数据	UML 模型查询＋报告生成器
系统体系视图	SV－7	系统性能参数矩阵	在恰当的时间下系统的每个硬件与软件单元的性能特征	UML 模型查询＋报告生成器
系统体系视图	SV－8	系统移植描述	把一套系统移植得更有效，或把现有系统升级到未来实施计划所需要的步骤	连接到模型单元的项目计划文档
系统体系视图	SV－9	技术发展预测	在给定的时间内有希望获得的新技术与软/硬件产品及其对体系结构可能产生的影响	文本
系统体系视图	SV－10a	系统规则模型	描述系统活动顺序与时间关系：根据系统设计或实施的一些功能剖面所对系统功能施加的约束	与系统功能有链接的文本
系统体系视图	SV－10b	系统状态转移描述	描述系统活动顺序与时间关系：系统对事件的响应	状态机图
系统体系视图	SV－10c	系统事件—跟踪描述	描述系统活动顺序与时间关系：对系统指定的关键事件的顺序与时间的精细描述	顺序图
系统体系视图	SV－11	物理数据模型	对逻辑数据模型，例如消息格式，文件结构，确定物理上的实施方式	类图
技术体系视图	TV－1	技术标准摘要	对应用于给定系统体系结构标准的摘要	与系统有链接的文本
技术体系视图	TV－2	技术标准展望	在给定的时间内能够有希望出现的、可应用于体系结构中的新技术标准	与系统有链接的文本

DoDAF 采用基于知识库的方式管理体系结构数据，设计了核心体系结构数据模型（Core Architecture Data Model，CADM）以及美国国防部 DoD 体系结构知识库系统（DoD Architecture Repository System，DARS）。

体系结构一般表示成一组图形化、表格化或文本化的产品，CADM 为将文档、表格、图形等概要性的体系结构数据转化为可供自动化工具访问的体系结构数据知识库提供了逻辑基础,而 DARS 是 DoD 存储知识库的公共系统。

图 2 - 5 给出了 DoDAF 框架中体系结构基本元素及其相互之间的关系。图中,业务节点可以是组织、组织类型、业务(人员)的角色,角色本身可以是技能、职业或职位。业务活动图包括联合作战任务列表(Universal Joint Task List ,UJTL)中定义的任务。信息和数据指由特定领域数据库提供的信息和实现这些信息的系统数据。这些信息和数据可用于定义信息交换或系统接口细节。系统节点即可以指和物理实体相关的节点,如系统、设施、平台、单元或位置等。系统包括系统族(Families of Systems,FoS)、系统的系统(Systems of Systems,SoS)或者软硬件设备等。系统功能是执行业务活动所需要的,且由一个或多个系统提供。系统性能指系统、系统功能、连接、计算机网络、系统数据交换等的性能特征。标准与技术、系统、系统节点以及数据相关,主要指用于信息处理、信息传输、数据、安全和人机界面等方面的技术标准。技术包括未来的技术以及与现有系统和标准相关的技术。

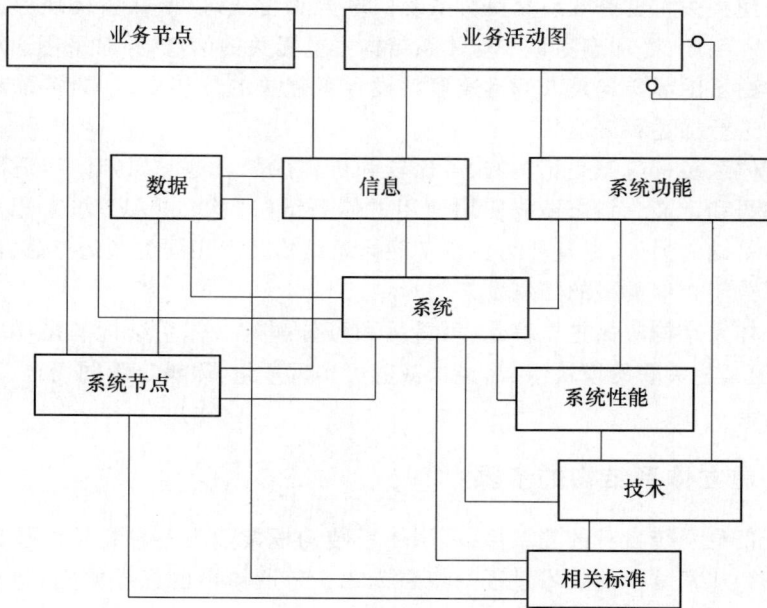

图 2 - 5　DoDAF 框架基本元素概念模型

在图中显示的关系包括:
(1)业务节点执行诸多业务活动;
(2)业务节点需要信息支持;
(3)信息与系统相关,信息的实现表现为数据,数据与标准相关;
(4)系统提供系统功能;

（5）系统具有一定的性能特征，系统和性能与系统提供的某项系统功能相关。

2.3.3　DoDAF 框架实施的一般性指导原则

一般性指导原则主要关注描述体系结构的过程。其特点是在规范描述的步骤、顺序的同时，保持了较高的灵活性，便于相关部门和人员设计自己的体系结构产品，剪裁并使之适应其独特的需求。利用 DoDAF 框架，建立体系结构产品应遵循以下指导原则。

（1）体系结构要有明确的目的性。在建立体系结构之前，要确定所建立的体系结构产品的目的，并且相关人员对这一目的要达成一致，这样才能确保在建立体系结构的过程中，提高工作效率，建成的体系结构具有实际意义。这一原则适用于开发一个完整的体系结构产品，也适用于开发体系结构中的一部分或者其中的某一个视图。

（2）体系结构应能促进人际间的交流。应按照能够快速理解，能够对发现、分析和解决问题提供指导的原则建立体系结构。总的来说，建立体系结构的一个重要目的是使相关人员更容易交换对系统的理解和看法，以便在系统顶层上取得一致和统一。因此，必须删除那些与体系结构主题无关的信息，同时采用通用的术语和定义。由于图形方式是人们迅速理解设计者想法的最佳方式，通常采用图形对体系结构进行描述和表达。

（3）体系结构应该是相关的、可比较和可集成的。这一原则同样适用于使用通用的术语和定义，而且，还应使用通用的体系结构"构造模块"作为开发体系结构产品的基础。另外，尽量要为各种不同体系结构开发相同类型的产品，以相似的格式显示关于相似类型的信息。

（4）体系结构应该是模块化、可重用和可分解的。体系结构的描述应该由相对独立、但又相关联的模块组成，经过裁剪可实现重组，以满足不同场合、不同设计目的的需要。

2.3.4　建立体系结构的步骤

由于信息系统自身的复杂性，利用体系结构框架建设某种特定的体系结构本身也是一个非常复杂的技术过程。按照 2.3.3 节所给出的指导原则，建立体系结构的基本思路如图 2-6 所示，包括以下关键步骤。

1）确定体系结构的预定用途

在绝大多数情况下，都不可能有足够的时间、经费或者资源来建立从上到下、无所不包的体系结构。因此，体系结构应该围绕一个特定的目标来建立，在开始描述体系结构之前，负责构造体系结构的责任单位应尽可能清楚地确定体系结构的目标、期望回答的问题和应用前景。同时，还要考虑需要进一步实施的分析工作和重点问题，以保证体系结构的开发工作更有效，最终形成的体系结构

① 确定体系结构
的预定用途

目的
决定性问题
目标
关键折衷
可能的分析方法

② 确定体系结构的范围、背景、环境以及其他条件　　③ 确定体系结构应具备的特征　　④ 确定要建立体系结构视图的种类和支持产品　　⑤ 收集体系结构数据并建立必须的体系结构产品　　⑥ 利用体系结构达到预定目的

地理/作战分界
时间段
功能分界
技术限制
体现结构资源/计划

所需的特征
（跨越不同视图
的相称的细节）
和性能评估

由预定用途确定的
产品和数据内容

完善的体系结构
（扩充的产品集）

谨慎的投资
改进的交易方法
增强的互操作性

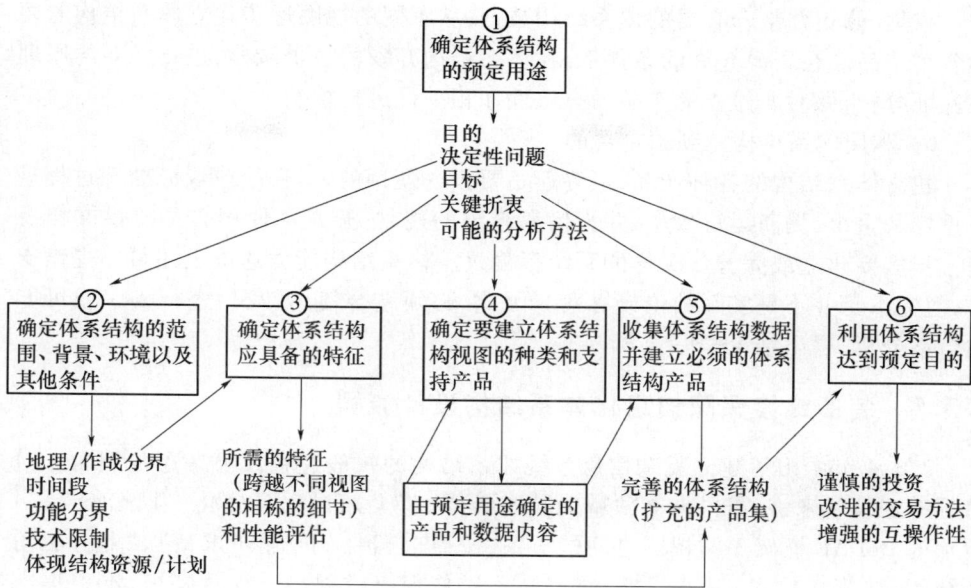

图 2-6　建立体系结构的基本思路

更适用。

2）确定体系结构的范围、背景、环境以及其他条件

一旦确定了体系结构的目的和用途,其内容也就可以随之确定了。要考虑的问题包括:体系结构的范围(行为、功能、组织机构、时间段等)、合适的详细程度、本体系结构在更大范围内的应用背景、要考虑的作战想定、形势和地理区域、项目实施的经济情况、项目的实用性、在限定的时间段内专门技术的能力水平、影响上述问题的项目管理因素等,还可以包括其他相关因素。

3）确定体系结构应具备的特征

根据体系结构的目标和用途,需要仔细研究并确定描述体系结构需要哪些特征,如果关键的、有用的特征被忽略掉了,则最后形成的体系结构可能就成了无实际用途的空洞文件。另外,如果包含了很多不必要的特征,在给定的可用时间和资源的条件下,开发出来的体系结构的可行性就要受到限制。另外,开发体系结构还应该具备足够的前瞻性,充分注意预测体系结构的未来用途,以便在有限的资源条件下,建立适应于未来扩展和复用的体系结构。

4）确定要建立体系结构视图的种类和支持产品

很多情况下,可能并不需要建立 DoDAF 框架所给出的全部体系结构视图和产品,需要根据实际问题进行必要的裁剪。

5）收集体系结构数据并建立必需的体系结构产品

收集、修正并组合必要的体系结构数据,从不同的视图逐步建立体系结构需要的各种产品。在资源允许的条件下,在体系结构开发的各个阶段,进行必要的原理性验证分析,并对所建立的产品的一致性和相关性进行检验。

6）利用体系结构达到预定目的

建立体系结构的各种产品,最终还是要投入使用的,对作战或业务处理过程进行重构和重组,提高运行效率,并为信息系统的规划、开发和使用人员提供文档及进一步需要建立或完善什么样的系统等建议。体系结构能为达成上述目的提供支撑,但它本身并不是实际结论或答案。因此,必须结合使用情况,进行人工或可能的自动分析,得出结论。

2.3.5 装备维修保障信息化体系结构设计流程

2.3.4 节给出了建立复杂信息系统体系结构的一般过程及要考虑的问题。对某一特定领域来讲,需根据本领域的技术特点,将上述过程具体化。根据图 2 - 4 所示的 DoDAF 框架 3 类视图之间的关系,按照"自顶向下、逐步求精"、"业务驱动系统、系统依托技术"基本思路,结合装备维修保障过程的个性化特征,本书提出了装备维修保障信息化体系结构构建流程,如图 2 - 7 所示。

图中,粗框节点是信息化体系结构必须要提供的视图,边框线条不同的节点方框用来表示该方框内实施的工作对信息化系统的功能、性能和互操作性等有关键性的影响。装备维修保障信息化体系结构的构建过程如下:

（1）收集装备维修保障业务处理相关部门的信息,确定完成装备维修保障任务的相关业务部门以及这些业务部门之间的组织关系,生成装备维修保障业务部门概念模型;

（2）初步确定总体体系框架,分析装备维修保障相关信息,结合业务关系,生成装备维修保障业务处理模型,形成顶层业务概念图、业务处理节点连接关系图和顶层业务活动模型;

（3）根据装备维修保障业务及相关信息,利用上述业务处理模型,进行业务重组,确定业务处理逻辑结构,包括业务处理信息交换矩阵、逻辑数据模型、业务活动序列与时序关系等;

（4）对业务体系框架进行评估审定,确定信息化性能指标,组织有关专家进行审定,熟化业务体系,分析维修保障信息化的互操作特性,生成业务体系相关文档;

（5）根据信息化的性能要求和业务体系,初步确定体系结构框架,包括各子系统及其关系,子系统对应的业务及相应功能。

（6）确定各子系统所需技术,深化维修保障信息化的体系框架,包括系统性能参数矩阵、系统接口描述、系统物理数据模型、系统运行活动序列与时序。

（7）统一对体系结构文档进行规范,形成术语字典。

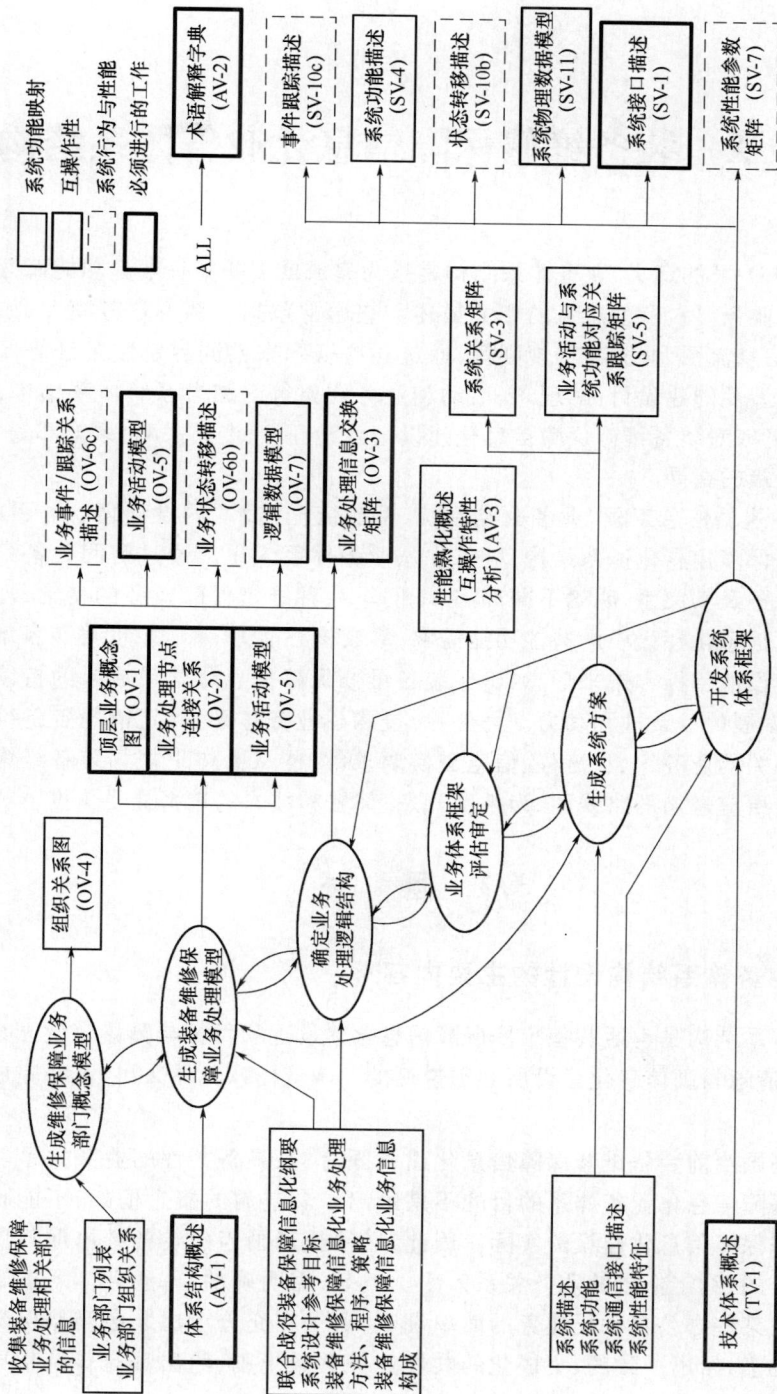

图2-7 装备维修保障信息化体系结构设计流程

33

第3章 装备维修保障信息化业务体系结构

根据 DoDAF 的定义,业务体系结构是指为完成或支持某一业务功能而必需的任务、活动、业务要素和信息流的相关描述。它通常包括一系列业务视图,如业务过程流图、信息流图、业务处理规则等,通过这些视图来共同界定装备维修保障信息化建设所涉及的建设目标、理念、活动和业务要素等。结合系统体系结构、技术体系结构,可以对装备维修保障信息化建设的系统开发、产品采购、系统部署、技术选择给出直接的指导。

DoDAF 遵循信息工程"业务驱动系统、系统依托技术"的设计理念。因此,构建装备维修保障信息化体系结构,应首先从业务体系入手。通过辨明装备维修保障的核心业务及其关系,明确不同部门、不同军兵种维修保障业务的交集,理清装备维修保障信息化建设中的共性功能需求,形成核心能力。同时,明确装备维修保障信息化建设的目标和未来形态,确保装备维修保障信息化建设成果的持续集成能力,保持发展的一致性和动力。另外,通过构建业务体系,界定清楚装备维修保障信息化相关的业务领域、流程、信息交换要求等,能从总体上规划装备维修保障信息化建设所应遵循的路线图,为系统开发、部署和技术的选择提供依据。

3.1 概 述

3.1.1 业务体系结构设计的主要内容

业务体系结构是沟通装备维修保障信息化建设远景目标与具体建设方案的重要纽带,需清晰勾画信息化建设所必须遵循的基本蓝图。具体来讲,需要完成如下工作内容。

(1)刻画当前装备维修保障信息化建设固有的、具备共性的业务关系。构建装备维修保障信息化业务体系的目的不是给出一套空洞的概念框架,不能脱离当前装备维修保障信息化建设的实际。因此,必须从刻画当前装备维修保障信息化建设所固有的、约定俗成的业务关系入手。但是,需明确的是,业务体系框架不是当前某一或某些办公自动化业务的简单翻版,而是在充分考虑装备维修保障业务规律的基础上,给出一致的、集成化的共性业务关系规则,给出具有普遍指导意义业务框架。

（2）细化装备维修保障信息化建设远景目标,刻画未来装备维修保障信息化所必须集成化的业务关系。未来装备维修保障信息化具备明显的精确化、一体化等特征。相对于当前装备维修保障运行机制来讲,未来装备维修保障业务体系会发生一些深刻的改变,构建业务体系框架应充分考虑这一需求。只有这样,才能保证使装备维修保障信息化业务体系具备足够的预见性和生命力。

为规范信息系统业务体系结构,美 DoDAF 给出了一套规范的开发流程,定义了 7 个业务体系结构产品,分别是 OV - 1 ~ OV - 7,其中 OV - 1 ~ OV - 3 是必须的,其余的则是可选的。各业务体系结构产品的基本含义和作用如表 3 - 1 所列。

表 3 - 1　装备维修保障信息化业务体系结构的基本工作内容

序号	名称	基本含义及作用
OV - 1	顶层业务概念图（High - Level Operational Concept Graphic）	对装备维修保障信息化的基础核心业务概念、业务目标以及主要的业务节点给出图像化/文本化的描述,通过刻画维修保障体系与环境之间的响应,反映出装备维修保障信息化所关注的主要内容与性质,提供关于装备维修保障信息化领域快速而全面的认识
OV - 2	业务处理节点连接关系图（Operational Node Connectivity Description）	描述参与装备维修保障的业务节点及其之间的连接关系与信息交换需求,根本目的在于刻画装备维修保障信息化体系中的主要业务角色以及这些角色之间的信息联通要求
OV - 3	业务处理信息交换矩阵（Operational Information Exchange Matrix）	刻画 OV - 2 中业务节点之间的信息交换及其属性,从中梳理装备维修保障信息化体系的主要信息,包括信息类型、信息来源、主要内容、时效性、信息格式要求等等,为进一步建立信息交换标准提供基础依据
OV - 4	组织关系图（Organizational Relationships Chart）	描述组织中的组织类型、角色以及其他关系,确认装备维修保障信息化体系的业务角色在现实编制体制中的对应组织,并为后续的业务活动图和系统体系中系统节点的描述提供指导与约束
OV - 5	业务活动模型（Operational Activity Model）	描述在实现装备维修保障任务或业务目标的过程中所执行的业务活动,主要是说明相关的业务活动、这些活动之间的关系及其输入和输出,同时表明所涉及的业务节点、业务费用、相关信息与控制等
OV - 6a	业务规则模型（Operational Rules Model）	确认装备维修保障业务活动的约束关系和限制条件,对具体活动的输入输出和控制进行说明
OV - 6b	业务状态转移描述（Operational State Transition Description）	确认装备维修保障执行过程中业务事件的响应流程,说明业务活动过程中的决策流

序号	名称	基本含义及作用
OV-6c	业务事件/跟踪关系描述（Operational Event Trace Description）	对一系列装备维修保障事件中的活动进行跟踪,从而理清业务活动执行过程中的活动转移关系以及活动中的输入输出和反馈控制等
OV-7	逻辑数据模型（Logical Data Model）	描述与业务视图相关的逻辑数据需求以及结构化的业务流程规则,确定业务体系中的主要数据实体及其基本关系,从而指导和约束系统体系中系统数据的确定和选择

构建装备维修保障信息化业务体系结构的基本思路是在合理划分装备维修保障业务领域的基础上,借鉴 DoDAF 中的业务体系结构开发方法,在粗粒度的业务领域层次上形成装备维修保障的顶层业务概念图;进一步定义与装备维修保障信息化有关的业务节点,并确认其相互连接关系;再根据装备维修保障业务节点之间的连接关系,形成装备维修保障信息化的业务信息交换矩阵;在刻画装备维修保障信息化业务活动模型的基础上,最终得到装备维修保障信息化的逻辑数据模型,最后通过与现有组织关系的映射说明业务组织关系及其适用性。

整个装备维修保障信息化业务体系结构的开发过程可以用图 3-1 来表示,这里关于业务体系结构各组成部分的描述沿用了美军 DoD 业务体系结构产品的名称,其中的方框表示开发过程中的基本步骤,输入表示相关的约束和限制,而输出则表示业务体系结构开发各阶段活动所得到产品。

整个装备维修保障信息化业务体系结构描述将由 6 个部分构成,其中顶层业务概念图 OV-1 主要刻画顶层业务领域关系;业务节点连接关系 OV-2 阐明实现装备维修保障业务的节点类型及其信息需求;业务处理信息交换矩阵 OV-3 明确业务节点间的信息交换需求;OV-5 则是刻画业务活动之间的输入/输出关系与控制逻辑,从而形成业务体系结构的逻辑数据模型 OV-7;而业务角色与组织关系 OV-4 则是通过与现有装备维修保障信息系统的组织角色映射来阐述的。这 6 个业务体系结构产品之间的关系如图 3-2 所示。

需要指出的是,所要构建的装备维修保障信息化业务体系结构是面向国内的,主要是阐明未来信息化条件下装备维修保障的业务关系。鉴于目前装备维修保障组织的设置和编制体制关系上的不统一,详细刻画不同编制内的组织关系是繁琐和不现实的,重要的是要说明与业务相关的业务组织类型或组织角色,这就要求组织关系的表示具备一定的柔性,能指代和说明一大类业务组织。同时,考虑到未来一体化联合作战条件下维修保障力量的联合/混合编组问题,在构建装备维修保障业务体系结构时即固化业务组织,是不可取的。所以,在下文的分析中,侧重于从业务角色的角度说明业务实施过程中所需的相关业务组织类型,而不具体说明编制体制

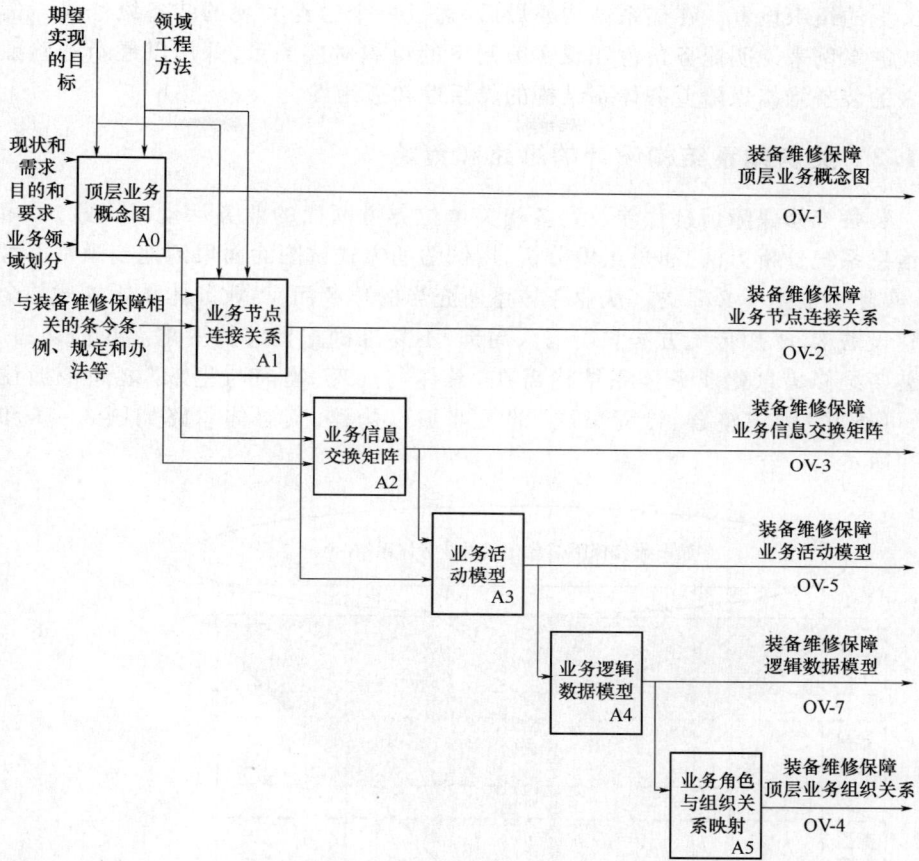

图 3 - 1　装备维修保障信息化业务体系结构开发步骤

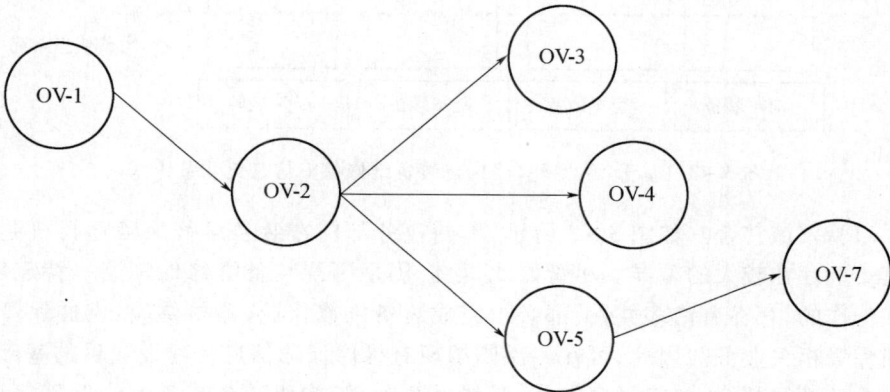

图 3 - 2　装备维修保障信息化业务体系结构产品之间的关系

意义上的组织设置。在体系结构的最后，通过一个已经实现的装备维修保障信息系统的案例来说明业务角色在现实编制下的组织对应关系，并用以展示和验证所建立的装备维修保障业务体系结构的灵活性和适用性。

3.1.2　业务体系结构设计的思路和策略

　　装备维修保障信息化涉及到各相关单位方方面面的业务活动。因此，采用传统信息系统分析方法，通过组织分析、用例图的方式试图面面俱到地刻画是不可能的，实际上也是不必要的。从业务体系所充当的角色而言，业务体系所描述的全局性建设需求，采用传统方法只能陷入局部，不易准确把握总体要求。我们认为，构建装备维修信息化业务体系结构需在"总体与局部、当前与将来"之间把握住平衡，可通过"领域整合、过程集成"的策略加以构建，其总体思路如图 3－3 和图 3－4所示。

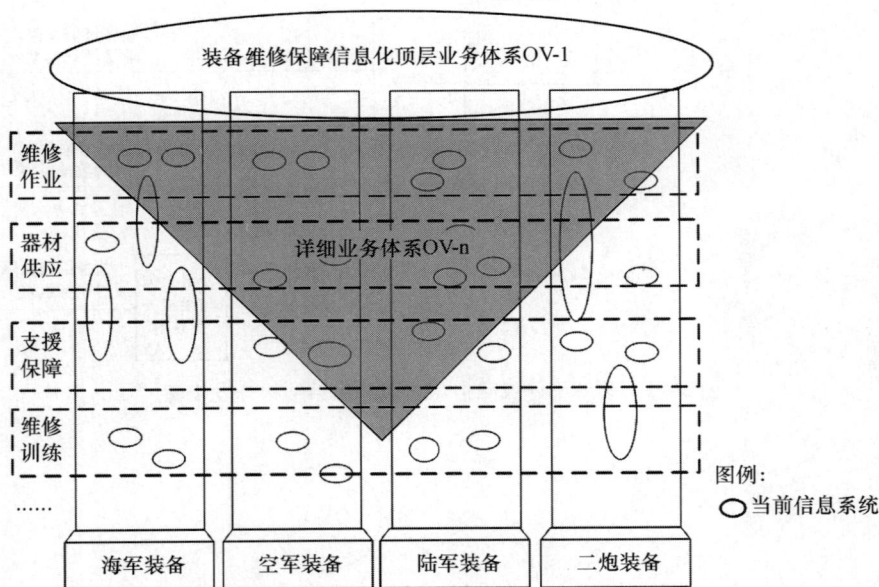

图 3－3　基于"领域整合"构建装备维修保障信息化业务体系

　　（1）领域整合。如图 3－3 所示，不同业务部门在装备维修保障运行机制、管理模式上存在较大的差异。尽管如此，他们仍是围绕装备维修保障这一特定领域开展工作的，存在着诸多共性，都必须完成装备维修作业、器材供应、支援保障、维修训练等相关业务。因此，可在广泛归纳现有维修保障信息化建设成果的基础上，进行业务领域整合，忽略局部细节，抓住主要矛盾，构建适合装备维修保障信息化业务体系。

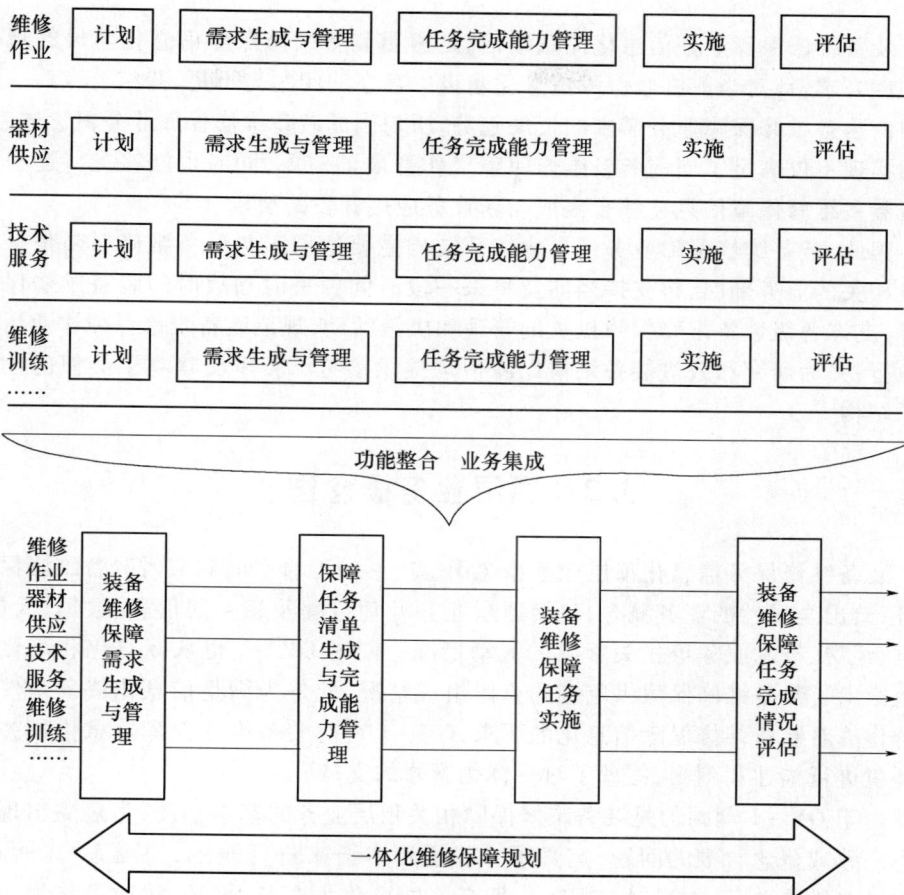

维修作业	计划	需求生成与管理	任务完成能力管理	实施	评估
器材供应	计划	需求生成与管理	任务完成能力管理	实施	评估
技术服务	计划	需求生成与管理	任务完成能力管理	实施	评估
维修训练……	计划	需求生成与管理	任务完成能力管理	实施	评估

功能整合 业务集成

| 维修作业 器材供应 技术服务 维修训练…… | 装备维修保障需求生成与管理 | 保障任务清单生成与完成能力管理 | 装备维修保障任务实施 | 装备维修保障任务完成情况评估 |

一体化维修保障规划

图 3-4 基于"过程集成"构建装备维修保障信息化业务体系结构

（2）过程集成。如图 3-4 所示，从任何一项装备维修保障的业务活动完成情况看，一般都必须经过计划、需求生成与管理实施、评估等几个基本过程。另一方面，对某一具体保障对象，完成相应的维修活动需要设备、器材、人员、技术服务、资金等全方位的支持和配合。目前，由于各项相关业务活动（如器材供应、技术服务等）基本上是相对独立的，形成由上而下、相互平行的保障通道，保障线路细长零乱、保障对象供需分离、保障能力分散，显然是与一体化维修保障的要求不相适应的。因此，单纯根据业务领域整合构建装备维修保障信息化的业务体系结构是不够的，必须在整合各领域基本功能、过程的基础上，进行维修保障过程集成，建立直达式的、集成化的业务体系结构。

3.1.3 适用范围

装备维修保障业务信息化体系结构,是遵照装备维修保障信息化建设的现状和共性需求,针对当前维修保障信息化建设中存在的问题与不足,并结合今后一段时间内装备维修保障业务需求的发展趋势,所勾画的装备维修保障业务概念体系。它的实现不仅满足了当前装备维修保障工作开展的需要,同时也能够支持进一步进行装备维修保障信息化综合集成与新业务应用开发的要求。

因此,装备维修保障业务信息化体系结构主要适用于与装备维修保障信息化建设相关的业务部门,将支持当前及将来一段时间内平时和战时的装备维修保障业务,支撑各级装备维修保障机关的管理和决策活动,规范装备维修保障作业活动的执行,并为研究和改进装备维修保障活动提供参考。美军已建立了类似的业务体系结构[39]。

3.2 顶层业务概念图

装备维修保障信息化顶层业务概念图(OV-1)综合平时和战时装备维修保障业务,给出全局性的业务概念,包括顶层业务处理过程及相关的信息、数据、人员、器材、经费、技术服务等相关资源的流动情况。同时 OV-1 也从标准化和泛化的视角给出了装备维修保障供应链的总体组成情况,此外为满足信息化战争条件下联合作战对装备维修保障信息化的要求,OV-1 还对装备维修保障信息化相关外部环境进行描述和刻画,体现了对一体化维修的支持。

由于 OV-1 刻画的是装备维修保障相关顶层业务的基本情况,为避免出现术语不一致或概念含糊的问题,定义了一组通用术语来进行表示,如图 3-5 所示。如中继级维修单元,在平时根据工作场合不同可称为车场、炮场、战时可称为伴随保障群,我们统一用"直接保障单位"进行统一描述。这样,既能充分考虑实际的业务工作习惯,又不失一般性,便于提炼共性业务单元和组件。

由图 3-5 可知,装备维修保障信息化总体上可归纳为由 3 个基本的、具有共性的业务处理节点所构成,即维修保障对象 C、直接保障单位 S1、支援保障单位 Sn。

维修保障对象 C 是维修保障活动的起点,也是装备维修需求的来源和维修保障活动所服务的对象和目标。按照修复性维修、计划性维修、主动性维修等不同维修策略,C 负责生成装备的维修需求,如备品配件需求、器材需求、人员需求等。同时,按照战时保障梯队编组或日常管理活动要求,采用一定的通信手段(如人工交互、网络传递等),向直接保障单位上报。对 C 来讲,其作用不仅仅是单纯的需求产生方,同时,它可以根据自身的器材储备(随行器材)、设备,完成必要的装备保养和修理。在现行的装备维修保障体制中,相当于基层级维修保障单元。

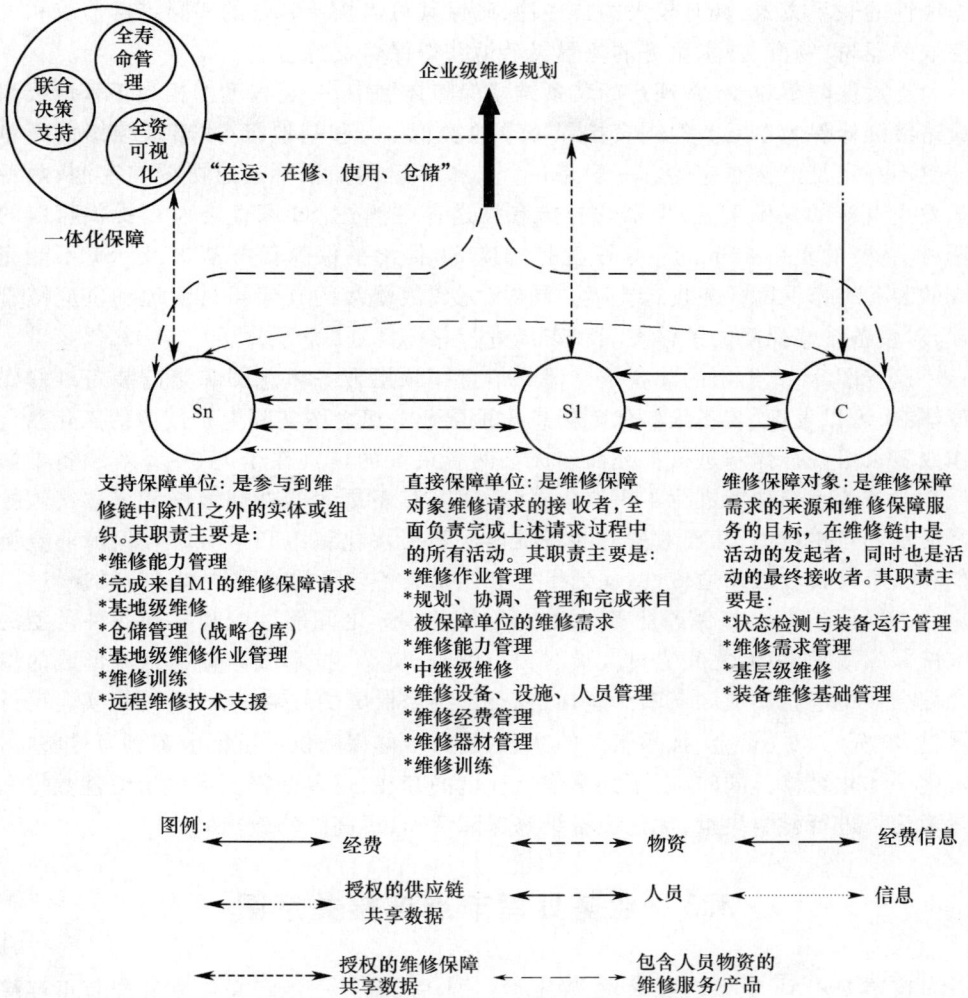

图 3 – 5　装备维修保障信息化的顶层业务概念图(OV – 1)

直接保障单位 S1 是装备维修保障需求的直接接收者,在现行的装备维修保障体制中,一定程度上相当于中继级维修保障单元。但与中继级维修保障单元不同的是,S1 负责管理为 C 提供维修保障服务的整个业务过程,包括:维修任务管理(维修任务规划、协调、指派等)、本级维修能力管理、本级维修作业管理、本级器材/人员/设备调配管理、维修技术支援服务、本级人员训练等。同时,S1 还负责与所有装备维修保障服务部门、零部件供应商、维修服务供应商的协调,以完成必要的装备维修活动。为适应未来装备维修保障的要求,S1 与这些维修保障相关部门之间的联系不一定按部门级别所规定的严格的线性层次关系进行,而是可以采取非线性的联系方式,具有较大的自主性,确保其可以按照装备的实际维修需求和可获取的器材、物资、技术服务的位置灵活地获得保障支持。

支援保障单位 Sn 在现行的装备维修保障体制中,一定程度上相当于基地级和战略级维修保障单元。但同直接保障单位类似,Sn 和基地级/战略级维修保障单元也不一定是严格对应的。一般来讲,Sn 和 C 之间如果不通过协调和控制,两者不发生直接的保障关系,但器材补给和投送存在例外,Sn 可直接为 C 提供相应的器材、物资的支持。Sn 的主要职责是响应 S1 提出的保障任务请求,对 S1 不能完成的装备维修保障任务进行支援。同时,完成战略级的仓储器材管理和供应链管理,对装备维修保障的总体发展和布局进行总体规划,等等。

比较图 3-5 给出的装备维修保障信息化顶层业务概念图和当前装备维修保障体制,可以发现,装备维修保障信息化顶层业务概念图实际上是按照信息化联合作战要求对现行体制进行扩充而形成。两者最大的区别在于图 3-5 对装备维修保障业务节点的功能进行了模块化封装,使其具备更大的处理维修请求和实施维修活动的自主能力,从而对战时装备维修保障模块化编组和平时维修保障业务调整和改革具备较强的适应性,保证了业务体系具备较强的前瞻性和适应性。

为保证装备维修保障业务处理节点 C、S1、Sn 之间能够顺利实施各种类型的维修保障活动,三者之间通过人员、器材/物资、资金、技术服务等信息流形成的综合信息环境进行集成和交联。这样,在整个维修保障供应链中,三者可以实时确认器材/物资、人员、资金、技术服务的状态,确保维修保障供应链能够得到有效整合,实施一体化维修。同时,由于共享信息环境的存在,可以获得更多的历史性数据和参考信息进行科学决策,优化装备维修保障活动,提高维修效能。

3.3　业务处理节点连接关系图

按照 DoDAF 框架的要求,在确定 OV-1 后,需进一步定义业务处理节点连接关系(OV-2),即对业务节点执行的功能及其在整个业务体系中充当的角色进行详细定义,明确各节点、任务角色之间的关系,从而对装备维修保障所涉及的信息来源、去向和用途进行明确的界定,为装备维修信息系统的开发、部署、技术选择和集成提供参考依据。业务节点可以表示业务/业务参与者,也可以表示组织或组织类型,其核心要义在于准确区分业务体系的逻辑和功能分组。在美军开发的网络中心战体系结构概念中,通常把节点定义为提供、使用和消费网络服务的实体。

根据图 3-5 给出的装备维修保障信息化顶层业务概念图,OV-1 把装备维修保障划分为 3 个基本业务处理节点,为理清这 3 个节点的关系,显然必须界定清楚各个业务节点完成不同装备维修保障任务时所充当的角色。

总体来看,装备维修保障的运行过程与装备保障的其他运行过程是类似的,归根结底是要合理地解决"供"(器材、人员、技术服务等)、"需"(装备维修保障需求)之间的矛盾,使其达到最佳的平衡。以下给出了完成装备维修保障任务必须具备的几个基本环节,如图 3-6 所示。

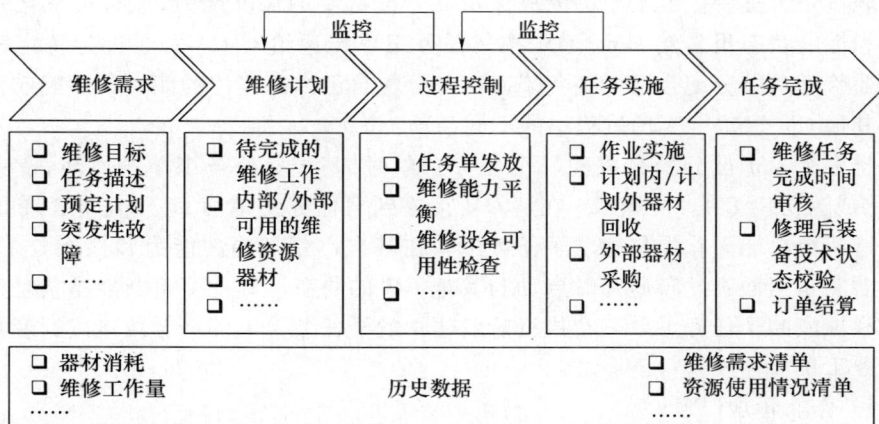

图 3-6　装备维修保障必备环节

从图 3-6 可以看出,装备维修保障一般包含维修需求、维修计划、过程控制、任务实施、任务完成等几个阶段。根据每个阶段需完成的任务,可以确定装备维修保障实施过程中的几个关键功能角色。

1)请求管理(RM)

RM 产生、验证和提交保障需求。接收来自维修对象的维修请求,并把这些请求进行排序,安排内部资源进行处理或者将其形成维修任务清单向上级提交。

2)任务工单管理(OM)

OM 计算、协调、分配维修保障任务并跟踪保障对象任务请求的实施。其主要职能是管理保障对象任务工单(从保障对象处接收请求、验证需求、将请求变成任务工单、与保障对象交互任务工单状态以及在不同的能力管理者之间分配和协调需求以推动任务的完成和实现)。当 OM 将请求转变成任务工单时,该任务工单则成为"父"任务工单,由此产生的其他任务工单则称为"子"任务工单。

OM 监督任务工单并为保障对象的利益考虑,若任务工单的某一部分和实现过程失效,则 OM 承担相应的管理责任并予以解决。

某个初始任务工单可以衍生出多个子任务工单。产品的任务工单经常同时包括产品配送的服务任务工单,而维修的任务工单则可能包括修理部件的任务工单。这些任务工单也被称之为子任务工单,且必须在父任务工单完成之前结束。这样,OM 对维修保障任务所涉及的不同业务领域进行初步整合,实现对任务工单的集成管理,从而可以为保障对象提供一体化的维修保障服务(产品和技术服务),缩短维修保障运转周期,提高保障效能。

3）能力管理(CM)

CM规划、分配和优化特定领域(库存、运输、维修等)的保障能力。该角色的主要职责是为支持任务工单的完成保留并分配必要的保障能力,保持可视化并将能力和性能状态报告给OM。OM将父任务工单传递给CM,CM通过为特定领域的作业管理功能分配合适的任务来确定并分配自己内部实体的能力和性能或者分配给其他CM以执行实现过程中的不同活动。

当多个CM被分配完成同一个任务工单时,基于父任务工单的性质,有一个CM将成为协调CM。协调CM在从OM接收到父任务工单后,基于任务工单的需求执行两个功能。首先是建立子任务工单在其自己领域内的能力和性能分配,第二个功能是当OM发布通知时启动与其他CM的协商。其他CM也会建立起分配能力和性能的子任务工单。在执行阶段建立的子任务工单都将会被连接到最初的父任务工单。

4）作业管理(PM)

PM规划、管理、控制所在领域的任务工单的执行。该角色的主要职能是为任务工单分配特定的能力和资源,保持执行状态的可视化,并将资源状态汇报给所在功能领域的CM。PM负责任务工单的全部或部分实现过程中的协调,接收任务或CM分配的子任务工单。PM将接收由OM启动的父任务工单相关的子任务,并通过CM进行分发。一旦PM接收到该任务工单,PM将会为执行功能分配任务以实现实施过程中的部分执行功能。

5）执行/实施(E)

E实施具体的维修任务并基于来自PM的指令汇报任务工单执行的情况与状态。E直接从PM处接收子任务工单,执行功能表示了具体执行所在领域内实施职责的特定资源(人员、设备、系统)。

6）企业级维修保障规划(LCP)

LCP执行所有企业级的规划和预测活动,其目的是配置维修保障体系以实现维修保障目标。维修保障体系的性能通过相关标准指标来测度,若维修保障体系没有按照已经建立的标准执行时,则调整维修保障体系以使其满足既定目标。这些企业级活动包括需求规划(Demand Planning,DP)、分发资源规划(Distribution Resource Planning,DRP)、库存规划(Inventory Planning,IP)、采购规划(Procurement Planning,PP)、寿命周期管理(Life Cycle Manangement,LCM)、维修规划(Maintenance Planning,MP)、面向供应商的规划(Supplier Facing Planning,SFP)、面向保障对象的规划(Customer Facing Planning,CFP)和网络设计规划(Network Design Planning,NDP)。LCP具有维修保障体系的全部可视化能力,并负责对体系内的能力和资产进行排序和分配,它为维修保障体系内的资产执行LCM功能,且负责体系维修保障活动的规划和分配,诸如维修保障指挥、基地级维修等。LCP 使得企业级的数据收集和维修保障体系内面向供应商和面向保障对象的规划和预测成为可能。同时 LCP 也是负责维修保障网络设计的主要责任人,它提供了所有企业级规划活动的最顶层的规划和预测。

(1)寿命周期管理(LCM):LCM 是涵盖武器系统和主要的终端设备从概念开发到报废的全过程,业务体系结构并未覆盖武器系统的采购过程,但是包括了维修保障体系的企业级维修规划以及支持工业部门的维修性设计所需的信息交换需求。

(2)配送资源规划(DRP):包括配送需求、能力和性能分析与权衡的过程以及企业级的产品和服务配送的规划和预测的全过程。配送规划在整个维修保障链内都存在,且是基于召回和/或报废导致资源供应或补充所需的采购规划而形成的保障链的不可分割的一部分。

(3)维修规划(MP):MP 是 LCM 在保障链规划层次上的一段过程,它确定企业内所有正在开发中的和已经列装的所有资产的维修需求,通过准确的维修和修理部件预测,维修规划可以以较低的费用增加资产的可靠性。MP 还包括武器系统早期开发阶段的内容以实现对系统寿命周期内的维修性和可靠性的最大影响。维修规划过程的结果是通过设计和准确计划的预防性维修来减少修复性维修活动,该方法将确保在装备寿命周期内的最高的装备可用度。

(4)需求规划(DP):DP 是规划和预测企业级的产品和服务的消耗量的过程,贯穿于整个体系/企业的保障链规划的全过程,并与中长期的保障作业规划、预测和需求分析一起协同工作。

(5)采购规划 PP:PP 是建立增加能力或提供资源来源以满足企业目标的策略的过程。PP 将通过开放的和公平的竞争为企业提供高质量的产品和服务,确保最佳的采购手段和恰当的协议与合同来推动采购过程中产品和服务的快速实现。

(6)面向保障对象的规划(CFP):CFP 是 LCM 规划、管理、评估保障对象的保障需求和消耗量的过程,它与保障对象一起协同工作并建立起与评价指标相一致的服务级别协议 SLA。它是在保障链最高层的保障对象这一端执行的,目的是优化为保障对象提供的保障。CFP 包括企业级的需求规划过程,在此过程中利用所有可用数据对产品和服务的需求进行了预测。它驱动着企业级的库存和能力规划过程,从而使得 LCP 可以在战略层次上确定资源位置。这一过程的结果是供应链前段的高效率,使得预测更为准确、交付时间减少,改善后勤保障。

(7)面向保障供应商的规划(SFP):SFP 是 LCM 规划、管理、评估维修保障供应商的过程,是在保障链最高层的供应商这一端进行的,目的是在维修保障对象和其供应商之间建立起互惠的关系。SFP 的使命是驱动协作,有效可视化和降低保障链的费用。SFP 使用相关标准来为供应商建立起清晰的目的、目标和性能要求。

测度的目的在于确定供应商能在何种程度上满足期望,为供应商提供反馈和推动过程的标准化与改进。

(8)网络设计规划(NDP):网络设计是 LCP 规划、管理维修保障基础设施的位置、能力、性能的过程。保障网络是产品和服务提供给保障对象的物理通道,执行 NDP 的目的在于配置或重新配置保障网络中的节点和资源,从而优化网络的效率和效能使之满足既定的性能指标。NDP 包括规划其部署作战区域内的保障设备和基础设施以及其他基础设施资源的优先顺序与分配。企业级节点在企业层执行 NDP,整个维修保障体系的维修保障网络是大型且复杂的,管理保障网络中的不同产品和服务产生了各种不同的专用规划、存储、处理和运输需求。标准化是确保保障网络有效和高效地满足保障对象需求的关键,从而对保障网络中的产品和服务流进行测度和管理是十分必要的。NDP 促成了响应式的、效费合理的保障网络的形成,从而可以支持全维的维修保障对象,包括保障军事组织实体和单个的作战人员。

按照图 3-5 所划分的装备维修保障任务执行节点,上述六大功能角色分布的层次是不一样的。直接保障单位 S1 在整个维修保障体系信息流中起着承上启下的作用,它是维修保障对象进入维修保障链的唯一入口,同时也是支援保障单位 Sn 与维修保障对象之间发生联系的中介。基于这样的信息关系,要实现精确、高效和优质的维修保障,就必须优化维修保障的需求和供应关系,在维修保障对象、维修保障服务供应商以及整个维修保障体系的 3 个层次上对维修保障实施过程中的各阶段活动进行有效的管理和控制。上述各业务角色是实施维修保障管理和控制的主体,基于直接保障单位 S1 在整个维修保障体系中的地位和作用,我们将 S1 作为维修保障执行过程中的参考界面,从面向整个维修保障体系的作业以及面向 S1 对实施对维修保障对象 C 的维修保障服务过程的管理和控制两个剖面详细刻画上述诸业务角色之间的业务连接关系。图 3-7 是装备维修保障信息化的顶层业务角色关系图。

图 3-7 从整个装备维修保障体系的角度刻画了装备维修保障体系的业务节点 C、S1、Sn 中相关业务角色之间的关系以及维修保障信息化体系与整个军事信息化领域其他业务体系之间的关系。该图在图 3-5 的基础上加进了各业务节点上所涉及的相关业务角色,其中的 RM 是由维修保障对象 C 中的相关组织承担的,而 OM、CM、PM、E 则是 S1 中具备相应能力的组织角色的功能。从为维修保障对象 C 提供维修保障服务的角度来说,Sn 与 S1 是完全相似的,因而有关业务角色的设置和功能的分配也是一样的。图 3-8 展示了装备维修保障业务过程以及相关活动功能在 S1 和 Sn 以及装备维修保障的企业级规划之间是如何分配的。

图 3-8 是以 S1 为中心,刻画装备维修保障业务处理节点之间的连接关系。在保障对象角色内,产品和服务需求与请求管理功能 RM 通信,RM 检查该需

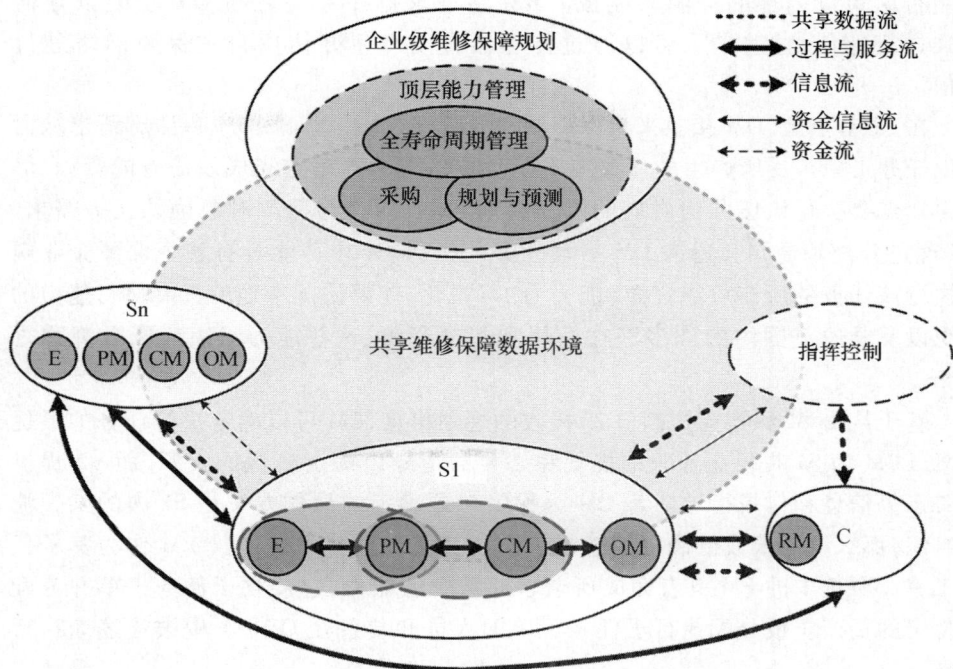

図 3 - 7 装备维修保障信息化顶层业务角色关系图

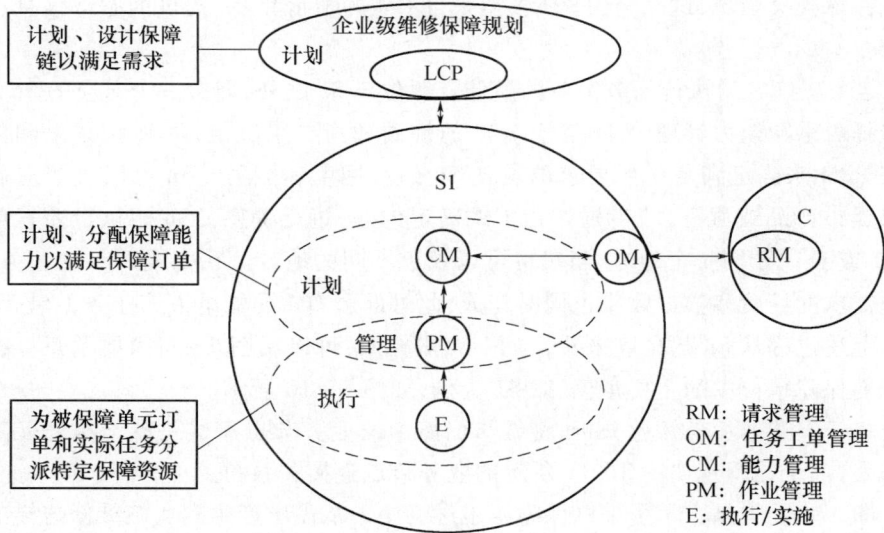

图 3 - 8 以 S1 为中心的业务角色图

求能否由单位内部的资源来完成。RM 将请求排序并将之与 OM 功能以任何方式进行通信,这些请求可以通过传感器自动产生并使用自主保障网络进行通信。

在 S1 节点上,OM 接收来自保障对象的请求,通过验证、排序和注册请求从而产生任务工单。受所产生的任务工单类型的驱使,OM 确定完成该任务的资源,然后通知需要执行该任务的对应的能力管理 CM。通过与保障对象确认任务需求,OM 通过分配和通知合适的 CM 启动任务的执行。CM 功能具有整个保障企业内可执行该任务的所有可能资源(能力)的可视化,能够访问本地的具有执行能力的组织以及全球范围内的许多潜在商用和军事资源,这些能力组织或资源都称之为 Sn。

基于从 LCM 和指挥控制(C2)接收的规划信息,CM 可以确定执行任务的最优方案,LCM 为 S1 提供企业级的规划和必要的指导以确定最优的资源,而 C2 提供有关态势信息和作战指导。若 CM 为保障对象确定的最佳方案是 S1 内的某一能力组织,那么该需求或已确定的这样一份任务工单就将被传递给 PM 作为其子任务工单。所选中的 PM 具有完成所请求的需求的能力,它接收子任务工单并分配给特定的资产。被分配执行子任务工单的人员和装备在 OV - 1 中被描述为执行要素。

E 执行由 PM 功能确定的分配给它的任务,当其完成后 E 通知 PM 任务已完成,PM 再通知 CM,然后 CM 通知 OM。执行要素可以位于保障对象内部或者处于战斗保障支援区域,这完全由 PM 根据来自 CM 的指示和 C2 提供的态势信息进行决定。

若 CM 确定的执行任务工单的最佳资源位于 S1 之外,即有一个对应的 Sn。Sn 的选择由采购能力管理 PCM 基于 LCP 的规划和指导来决定,PCM 指派采购作业管理 PPM 来确定满足任务要求的最佳 Sn 的可用度和能力。Sn 可以直接向保障对象提供产品或服务,或者通过由 CM 确定的 S1 进行提供。Sn 的执行要素可以与 S1 或 C 位于同一个地方,当然也可以处于不同的地方。在完成每一个任务后,任务需求的经费和数据收集也同时完成,此时即由 OM 功能结束该任务工单。

上述过程从 Sn 的角度来看,与 S1 大体相似,可以用图 3 - 9 简要示意。执行维修的保障单位中的主要角色,以 S1 为例,如图 3 - 10 所示。

基于上述的业务角色分析,将维修保障中的业务节点看成是参与维修保障的业务实体,于是得到如图 3 - 11 所示的业务节点连接关系图。

图 3 - 11 中只表示了维修保障实施过程中的从需求产生到实施维修这样的一个信息流程,但并不意味着信息流动是单向的。根据前面对于业务角色和能力的说明,可以看出,任何两个业务节点之间的交互都是双向的,这样的信息交互关系

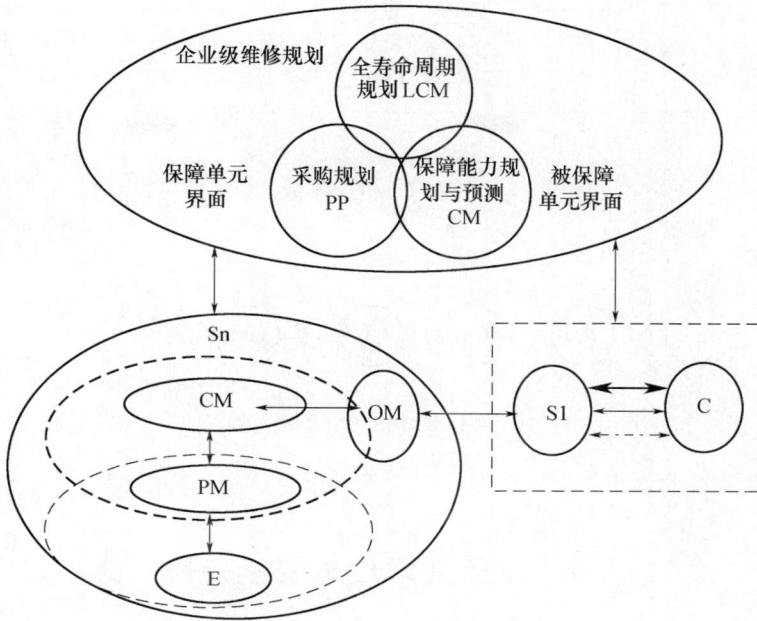

图 3 - 9　以 Sn 为中心的业务角色图

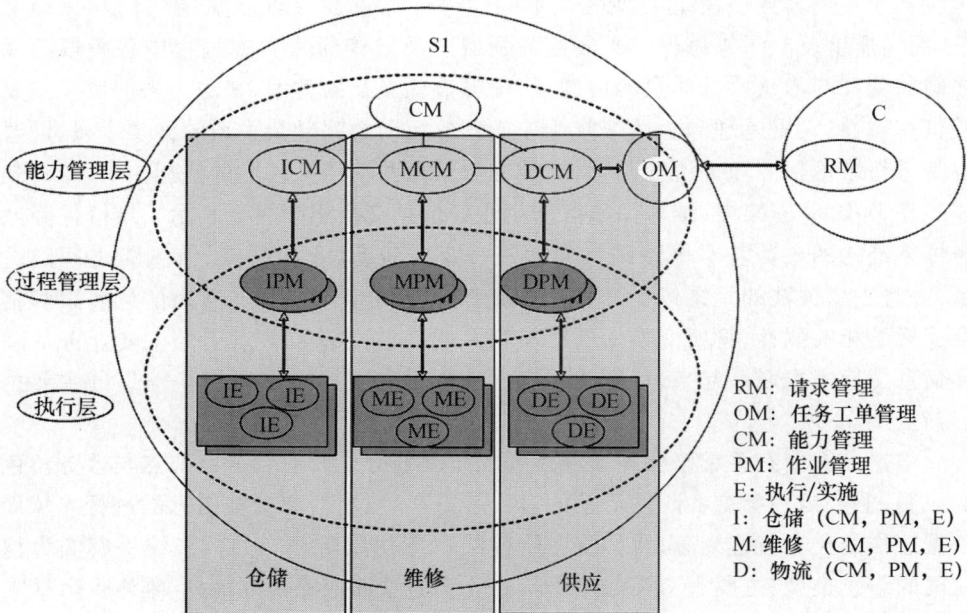

RM: 请求管理
OM: 任务工单管理
CM: 能力管理
PM: 作业管理
E: 执行/实施
I: 仓储 (CM, PM, E)
M: 维修 (CM, PM, E)
D: 物流 (CM, PM, E)

图 3 - 10　保障单位中的主要角色

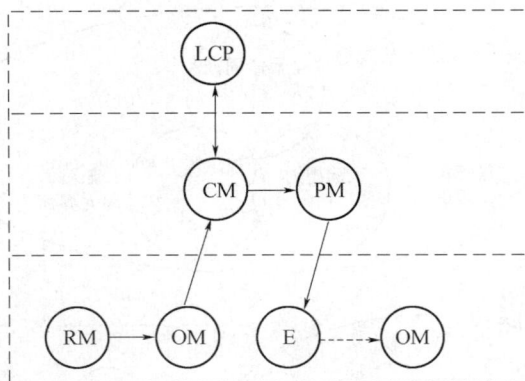

图 3 - 11 维修保障业务节点连接关系图

产生了信息交换的需求。

3.4 业务处理信息交换矩阵

作为 DoDAF 框架中规定的 3 种主要业务体系结构产品之一,基于已经建立的业务节点连接关系即可确认业务处理信息交换矩阵(OV - 3)。上述维修保障信息化业务节点的连接表面上表现的是不同维修保障业务节点之间的协作与依赖关系,而实质上反映了维修保障不同业务领域以及维修保障实施过程中各阶段活动之间的互动与渗透。从信息的角度看,理解信息交互的类型、来源与去向以及主要的信息属性,无疑是理顺上述维修业务或业务活动之间复杂关系的必要手段,同时也是进行维修保障业务流程整合、构建维修保障共享信息环境的依据。

在 DoDAF 框架中,维修保障信息化业务信息交换矩阵主要表示了维修保障业务体系结构的 3 种基本体系结构对象——业务活动、业务节点、信息流之间的关系,并且主要关注的是维修保障的信息流和信息内容。它通过确认信息要素和信息交换的相关属性,将所交换的信息与相关业务节点以及节点上的主要业务活动和信息交换需求联系起来,从而确认信息的来源和去向以及所交换信息的主要内容与类型。

根据前文中有关维修保障实施过程的阶段划分以及有关业务节点与业务角色的说明,业务角色参与各阶段活动的过程就是产生、消费和处理信息的过程。从而依据这样的业务流程划分,我们将各阶段的业务功能所涉及的信息统一归类为粗粒度的信息类型,主要有 7 类信息,即:企业级的维修保障规划信息、维修保障请求信息、维修保障任务信息、维修保障能力信息、维修保障作业管理信息、维修保障作业执行信息,分别对应于维修保障实施过程中的 LCP、RM、OM、CM、PM、E 过程以及有关的指挥控制信息。

鉴于信息流关系已在业务节点连接关系图 3－7 中表示,在此不再赘述,以下仅介绍上述信息类型的主要信息内容,如表 3－2 所列。

表 3－2　装备维修保障信息化的业务信息交换矩阵

信息编号	信息类型	信息要素描述		
		信息名称	信息内容	信息范围
1	企业级维修保障规划信息	装备寿命周期信息	维修性及维修性设计信息	装备研制设计生产时的维修性要求以及维修性参数
2		配送资源规划信息	配送需求、配送能力和性能要求、折衷的规划方案	涵盖整个维修保障体系内维修服务/产品配送的规划和预测的全过程
3		维修规划信息	维修需求、维修和修理部件预测、维修费用预测、预防性维修	涉及装备寿命周期管理过程中企业级维修保障规划阶段的内容,和装备研制设计时的维修性设计等内容
4		维修资源需求规划信息	企业级的维修保障服务/产品的消耗量预计和规划	贯穿于整个维修保障实施过程,需要与维修作业规划、预测和需求分析一起协同工作
5		采购规划信息	能力需求、资源提供策略、采购协议	贯穿于整个维修保障实施的全过程
6		面向维修保障对象的规划信息	维修保障对象需求和消耗量、维修保障评价指标、服务级别协议	贯穿于整个维修保障实施过程,但是在维修保障对象这一端实施的
7		面向维修保障单位的规划信息	有关维修保障服务供应商的规划、管理、评估信息	贯穿于整个维修保障实施过程,但是在维修保障单位这一端实施的
8		维修保障网络设计规划信息	维修保障基础设施的位置、能力、性能等的规划、管理、评估	涉及所有的维修保障对象和维修保障单位,贯穿整个维修保障体系和全部的维修保障实施过程
9	维修保障请求信息	维修保障请求	维修保障需求,包括产品/召回/服务等,及其验证审核信息	覆盖请求产生到形成任务工单的过程
10	维修保障任务信息	维修保障任务工单	包括任务的需求、约束、验证、审核、实施状态等	涉及在维修保障能力和效能之间的需求协调与分解,以及任务状态的汇报

信息编号	信息类型	信息要素描述		
		信息名称	信息内容	信息范围
11	维修保障能力信息	库存能力信息	包括库存量、库存标准、库存使用计划、库存使用需求以及补充需求等	包含所有支撑产品实现需求所需的库存能力管理决策
12		维修能力信息	维修能力的需求、类型、数量、位置、时效、约束与其他限制等	覆盖维修规划和需求规划中确定预期维修能力而进行的规划，以及所有类型的维修能力
13		维修能力管理信息	维修能力的安排、分配、调度、管理、控制信息等	涉及为维修需求分配和管理维修能力的过程
14		配送模式信息	配送需求、配送运输方式、运输资源的配置等	仅限于配送能力管理过程
15		运输编组信息	运输资源的编组、费用和所需的服务级别	仅限于配送能力管理过程
16		配送能力信息	当前能力和预计能力需求、能力位置和控制参数等	仅限于配送能力管理过程
17		配送能力管理信息	配送能力的安排、分配、调度、管理、控制信息等	涉及为维修保障需求分配和管理配送能力的过程
18		采购能力管理信息	与维修保障需求有关的采购能力的安排、分配、调度、管理、控制信息	仅涉及采购能力的分配
19		维修保障对象服务信息	有关维修保障对象需求及其解决方案等的查询信息	维修需求、维修保障任务等的查询
20	维修保障作业管理信息	库存作业管理信息	与维修保障需求的实现有关的库存能力的分配、安排、以及与相关反馈有关的调整/修改	涉及完成维修保障需求所需的库存作业管理决策
21		维修作业调度信息	与完成维修保障需求有关的维修保障任务的分配、安排、调度、控制等信息	与维修保障需求实现有关的调度
22		维修作业管理信息	与完成维修保障需求有关的维修保障资源的分配、安排、调度、控制等信息	与维修保障需求实现有关的调度
23		配送作业管理信息	与完成配送需求有关的资源的分配、安排、调度、控制等信息	与配送任务需求实现有关的调度
24		采购作业管理信息	与完成采购需求有关的资源的分配、安排、调度、控制、训练、调整等信息	与采购任务需求实现有关的调度

信息编号	信息类型	信息要素描述		
		信息名称	信息内容	信息范围
25	维修保障实施信息	仓储出入库信息	物资的出入库记录、验收和差异的记录与汇报	涉及库存物资的流入/流出
26		维修作业实施活动信息	维修作业活动的实时信息以及相关资源消耗与需求情况	涉及维修作业的实施
27		配送作业实施活动信息	配送作业活动的实时信息以及相关资源消耗与需求情况	涉及配送作业的实施
28		采购作业实施活动信息	采购作业活动的实时信息以及相关资源消耗与需求情况	涉及采购作业的实施
29	指挥控制信息	维修保障指挥控制信息	与维修保障有关的作战、指挥、控制信息	涉及维修保障作业实施的全过程

以上所列 7 类共 29 种信息是维修保障信息化体系中最主要的信息,大致说明了维修保障过程中的核心基础业务过程,从而可以根据信息分类和信息内容以及相关业务进一步梳理维修保障的业务活动。

3.5　业务活动模型

业务活动模型(OV-5)描述的是在实现业务使命或业务目标的过程中所执行的业务活动,主要是描述相关的性能、业务活动以及活动之间的输入/输出和控制等。具体的维修保障业务总是通过分解为一系列的维修保障业务活动来实现的。因此,维修保障信息化的业务活动模型应该包括两方面的内容:一方面应描述业务活动的层次关系,说明业务活动的层次关系及其背景;另一方面还要有业务活动流程图,刻画细粒度的业务活动之间的顺序关系与约束。

维修保障信息化的业务活动模型可以采用过程流模型来表示,以下用顶层业务活动图来说明维修保障业务活动的层次及其应用背景,同时通过细化分解的业务活动流程图来说明不同业务活动的执行过程及其相互之间的交叉和交互关系。

3.5.1　顶层业务活动图

维修保障信息化业务体系结构介绍了不同维修业务领域之间以及维修保障执行活动之间相互交错的功能和过程,并通过建立必要的协作和集成来实现一体化的保障。鉴于业务过程和业务活动之间存在的复杂交互,要实现有效的过程集成和整合,就更需要理清维修保障业务活动的层次、理顺不同业务活动之间的关系。因此就有必要从最高层次上、从整体上确认和把握与维修保障任务有关的业务活动及其关系,从而提供对维修保障业务领域活动的总体认识。

在前文的分析中,通过对维修保障业务流程和活动阶段的划分,利用 LCP、RM、OM、CM、PM、E 6 项功能过程将整个维修保障体系集成起来。基于规划、管理和执行这样的阶段划分,维修保障的实施可以分 3 个层次进行,各层次上的业务活动如图 3 - 12 所示。

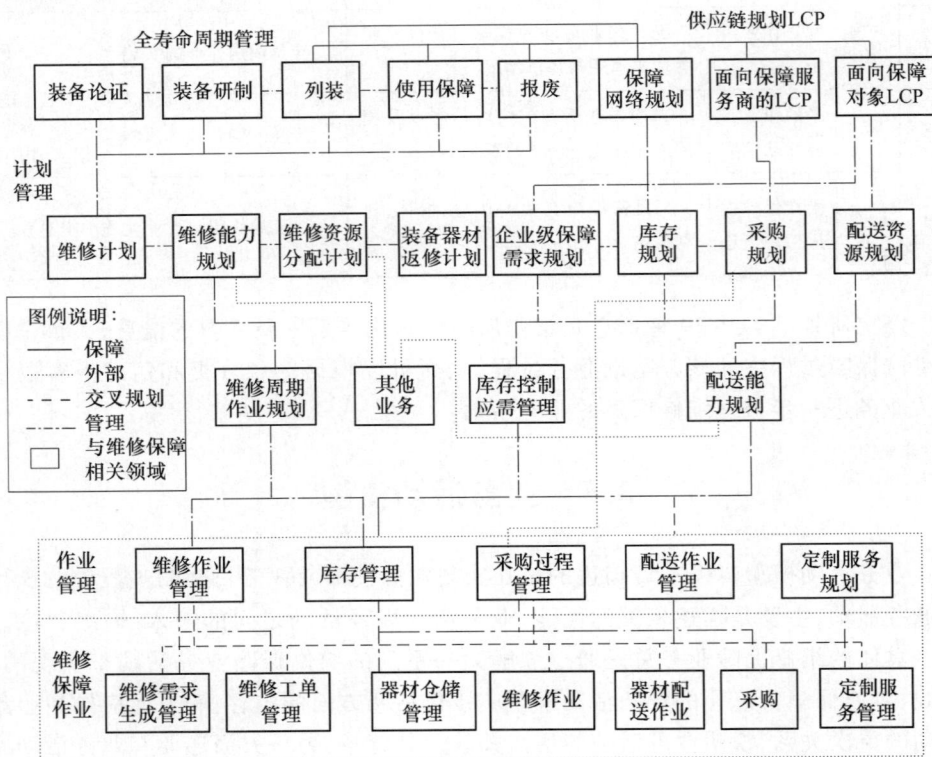

图 3 - 12　装备维修保障信息化的顶层业务活动图

按照从高到低的顺序,图 3 - 12 将维修保障的实施划分成 3 个层次,即计划管理层、作业管理层和维修保障作业层。

在计划管理层面上,维修保障信息化的业务活动涉及装备的全寿命周期管理以及企业级的维修保障规划。从全寿命管理的角度而言,维修保障是全寿命管理周期中介于装备列装和装备退役报废阶段的活动,除此以外的全寿命周期管理活动不属于维修保障的范畴,但相互之间存在着信息交换,装备全寿命管理活动的有关信息是进行维修规划/计划的重要依据。在企业级的维修保障规划中,最主要的活动是维修保障网络的设计规划以及分别面向维修保障对象和维修保障服务供应

54

商而进行的维修保障链规划。上述规划中均涉及维修保障需求、库存、采购、配送、维修能力和维修资源的规划、管理、控制等活动。

在作业管理层面上,主要是维修作业和维修资源的管理活动。维修作业管理主要是维修保障实施活动的管理,涉及维修保障任务的分配、维修保障资源的使用、调度、补充等。维修资源的管理活动,涵盖了资源的采购、配送和保存过程。除了上述两个方面的管理之外,根据一些特殊的需要和规定的作战任务/目标/要求等,还可以对特定维修保障对象定制的维修保障服务进行规划。

在维修保障作业层面上,具体的维修保障作业活动包括维修需求的生成与管理、维修任务/工单的生成与管理以及具体维修工艺的执行。维修保障的作业过程是使用和消耗资源的过程,于是在维修作业过程中,还存在着维修保障资源(器材)的使用/保存记录(出入库管理)、采购和配送等活动以及相关定制的维修保障服务的管理。

以下各节将对维修保障过程中的主要活动及其流程按照 LCP、RM、OM、PM 和E 的功能和角色划分进行分析和说明。为便于理解和方便描述,在下列的维修保障业务活动说明中,将会使用到一些图例,如图 3 - 13 所示。

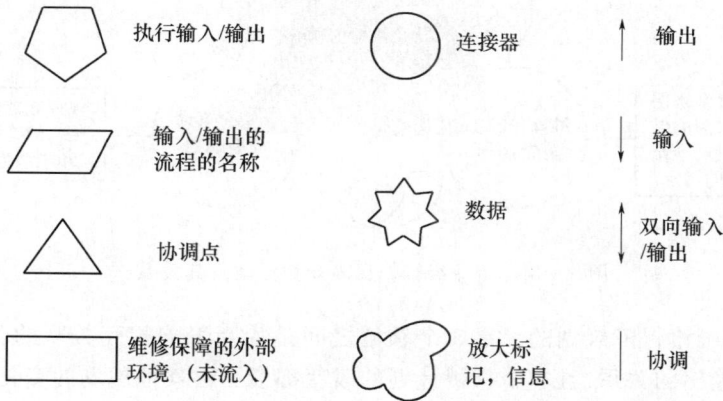

图 3 - 13　装备维修保障信息化业务活动模型中所采用的图例

3.5.2　维修保障规划活动模型

维修保障规划(LCP)是从整个维修保障体系的角度出发,在整体上规划和预测维修保障需求,并为之建立和优化维修保障产品和服务的供应链的过程,主要是以下 3 个方面的内容:面向维修保障对象的规划、维修保障供应链规划和装备全寿命周期规划。

这 3 个领域表示了整个装备维修保障体系的能力规划和管理过程。面向维修保障对象的规划是规划中面向维修保障对象的内容,关注的是基于保障对象的维修请求预测维修需求以及建立与被保障对象的维修保障协议。维修保障供应链规划包括维修保障供应网络的设计和面向维修保障服务供应商的规划。维修保障供应网络设计主要是建立维修保障资源的库存和配送管道,而面向维修保障服务供应商的规划则是将整个维修保障体系当作一个整体来规划并建立相应的维修保障力量布局(战略级和基地级维修、后备的民间维修保障力量等)。装备全寿命周期规划包括规划武器系统和装备的维修保障需求并将其集成到武器装备的采购、一体化保障过程中。这三者之间的关系如图 3 - 14 所示。

维修保障业务体系结构的规划功能

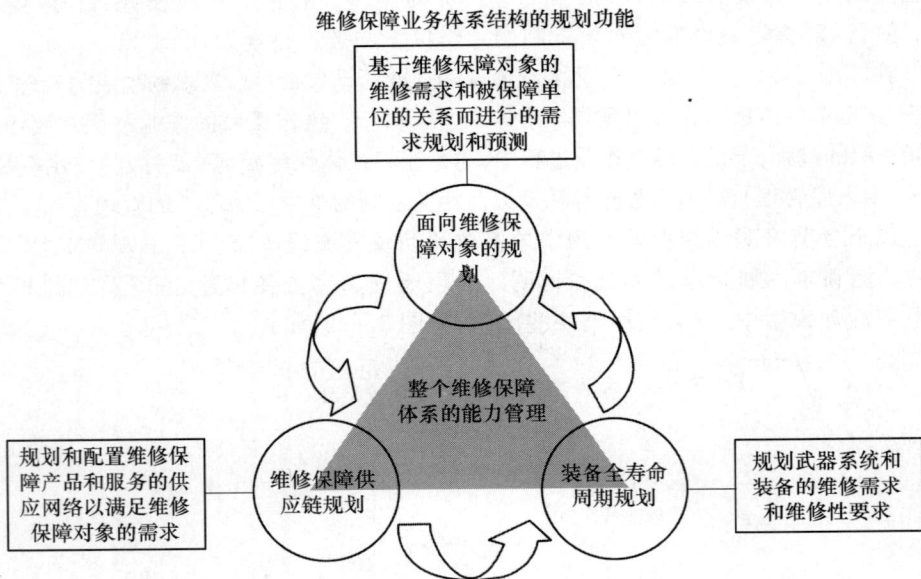

图 3 - 14　企业级维修保障规划活动及其关系

企业级维修保障规划的上述 3 个领域之间是相互影响相互关联的,其结果相互为输入/输出的关系,且单个领域计划的改变都会引起其他规划的变化或触发其重新规划。这种相互影响关系如图 3 - 14 的箭头所示,图 3 - 15 将规划功能放到整个维修保障体系大背景下,突出展示了上述一体化规划现象。此外,在需求供应管理的功能中,通过与真实需求的对比可进行有关计划的评估。

企业级维修保障规划的实质是预计维修保障需求并以最可能有效的方式建立起维修保障供应链网络来提供所需的维修保障产品和服务。为实现这一能力,信息化条件下的维修保障业务体系必须聚焦于以下几个方面。

(1)模块化保障:传统的维修保障模式一般是按照三级保障体制进行的,未来的维修保障必须具有灵活性,能够根据保障对象的任务、状态,采用模块化编组的方式遂行一体化的维修保障。

(2)定制化保障:能根据维修保障需求和保障对象的作战任务,定制不同的维修保障供应网络,不仅考虑供应链的效率,更要考虑维修保障的效能。

装备维修保障企业级规划过程

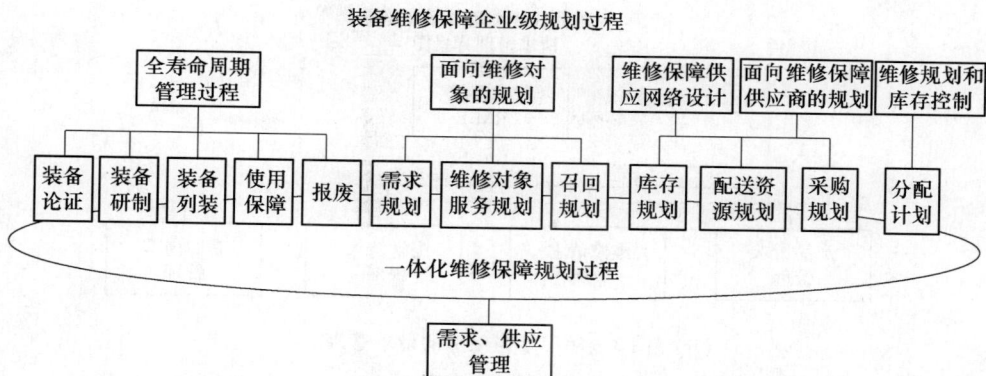

图 3 - 15　企业级维修保障规划过程

（3）实时化保障：能通过完善的检测和监控网络及时获取维修保障需求、维修保障对象状态和任务等，以集约化的方式预测和优化资源分配，并采用商业上成熟高效的库存管理方法，在改善为维修保障对象提供的维修保障服务质量的同时，减少库存和不必要的浪费。

（4）区域化保障：根据维修保障对象遂行作战任务时的位置分布与分散情况，合理确定维修保障产品和服务的供应商，从而形成与保障对象遂行的作战任务级别相一致的维修保障策略，并可根据物资需求的重要性建立不同的维修保障供应链。

（5）协作化保障：通过与不同保障单位之间的紧密协作，建立起松散耦合但能快速响应维修保障需求的维修保障网络，在降低维修费用的同时增加维修保障的效能和效率。

（6）帕累托优化：有效的维修保障网络追求的不是局部的效率最优或最大化，而是追求整体效能与局部效能、全局效应与集中效应、整体稳定性鲁棒性与局部灵活性适应性相一致的协同演进优化。

具体的维修保障规划业务活动流程参见附录 A。

3.5.3　维修保障请求管理活动模型

请求管理（RM）是产生、批准、验证和提交产品和/或服务需求的过程，通常是在维修保障对象这一级执行的。"请求者"被定义为任何确定产品和服务需求的实体，并且通常是营及营以下单位。"请求管理者"通常是在营这一级，被定义为接收请求、验证、批准和排序请求并将它们与其他请求合并在一起（如有必要）的实体，它首先尽可能的安排内部资源来完成这些请求，否则将其提交给任务工单管理者。

在维修保障业务体系中，有 4 个请求管理过程流，分别是产品请求、维修请求、配送请求和召回请求，如图 3 - 16 所示，每个请求管理流本质上是一样的，不同的是每种请求所交换的信息是不一样的。

请求管理的业务内容是指验证保障对象需求（在单个装备层次和全体装备层

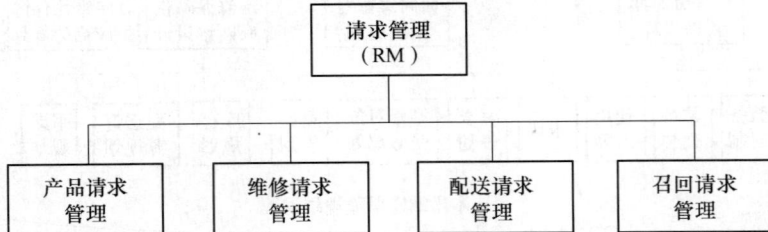

图 3 – 16　维修保障的请求管理

次上），为所需的装备保障生成维修保障请求，包括从保障对象接收需求、按重要程度进行排序、为维修需求分配内部资源或将其转变成外部保障请求并以任务工单的形式提交。

请求管理的目的是收集单个装备或全体装备的维修保障需求，验证并理解保障对象需求，评估和确认完全实现保障对象请求时需要的潜在的保障规模。

请求管理过程涵盖了早期需求的确认到向任务工单管理功能提交请求的过程，并不是所有的请求都会成为任务工单，但这些请求都需获取并记录。

请求管理过程启动任务工单管理过程和产品和/或服务的实现，对产品的请求产生产品的任务工单，服务的请求管理过程产生服务任务工单。请求管理的过程是按照请求的到达顺序串行响应的。

维修请求管理活动的基本流程如图 3 – 17 所示。

3.5.4　维修保障任务管理活动模型

维修任务工单管理（OM）负责接收请求，将其处理成维修保障任务工单，为其进行维修路径分配、任务协调和执行过程跟踪，向保障对象提供反馈并协调相关保障服务。

OM 的业务内容是接受保障对象请求并生成任务工单，并启动相关维修保障服务的实施。维修保障任务工单从接收到完成的过程中，OM 在装备保障单位的能力和维修效能之间进行协调和分解，推动任务工单的顺利完成，同时，向保障对象通报任务工单完成的状态。

OM 在直接保障单位 S1 执行。OM 的角色是保障对象与整个装备维修保障链的唯一接口，它负责接收并处理保障对象的请求，将任务工单分发至合适的作战保障能力管理者，并与其协调任务的实现，同时将任务工单的状态反馈给保障对象。

OM 分为 4 个基本类型，分别是器材清单、部件召回、修理工单和配送工单，其差别仅在于特定任务工单所交换的信息不同。

生成请求
(RMP)

指挥控制

| 确认需求 RMP-1 | → | 验证需求 RMP-2 | → | 产生请求 RMP-3 | → | 授权/批准请求 RMP-4 | → | 1 |

指挥控制

经费

| 1 | → | 提交请求 RMP-5 | → | 接收请求 RMP-6 | → | 处理请求 RMP-7 | → | 请求生效 RMP-8 | → | OMP |

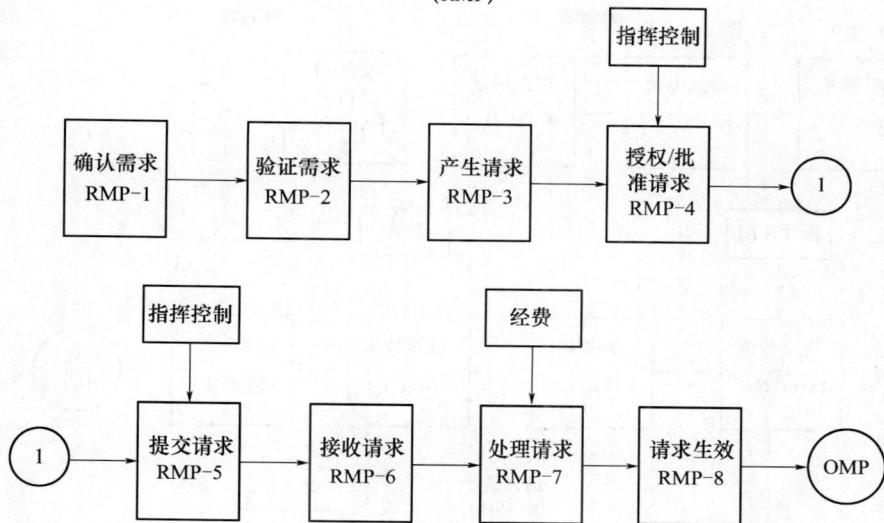

请求返回结果
(RMRL)

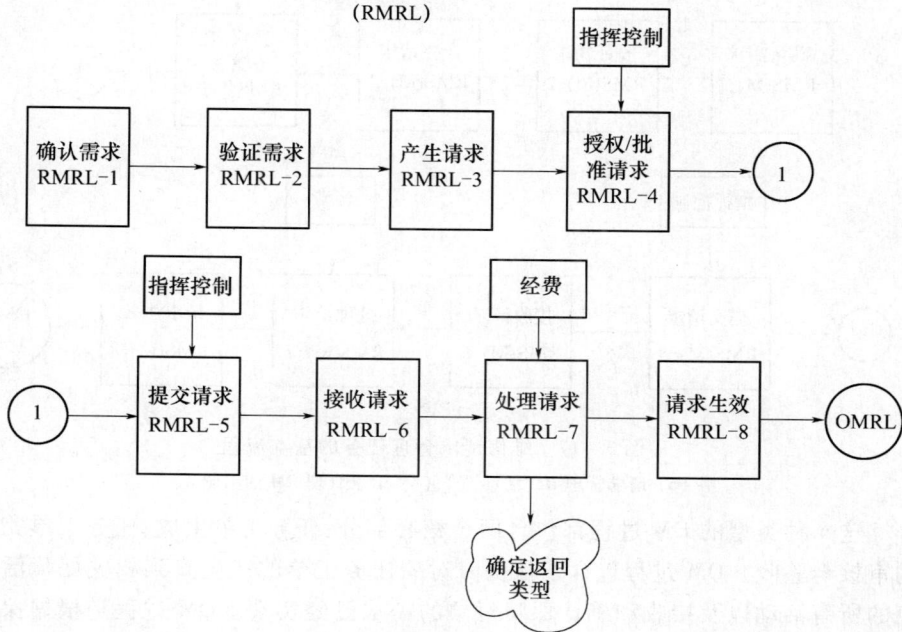

指挥控制

| 确认需求 RMRL-1 | → | 验证需求 RMRL-2 | → | 产生请求 RMRL-3 | → | 授权/批准请求 RMRL-4 | → | 1 |

指挥控制

经费

| 1 | → | 提交请求 RMRL-5 | → | 接收请求 RMRL-6 | → | 处理请求 RMRL-7 | → | 请求生效 RMRL-8 | → | OMRL |

确定返回类型

(a)

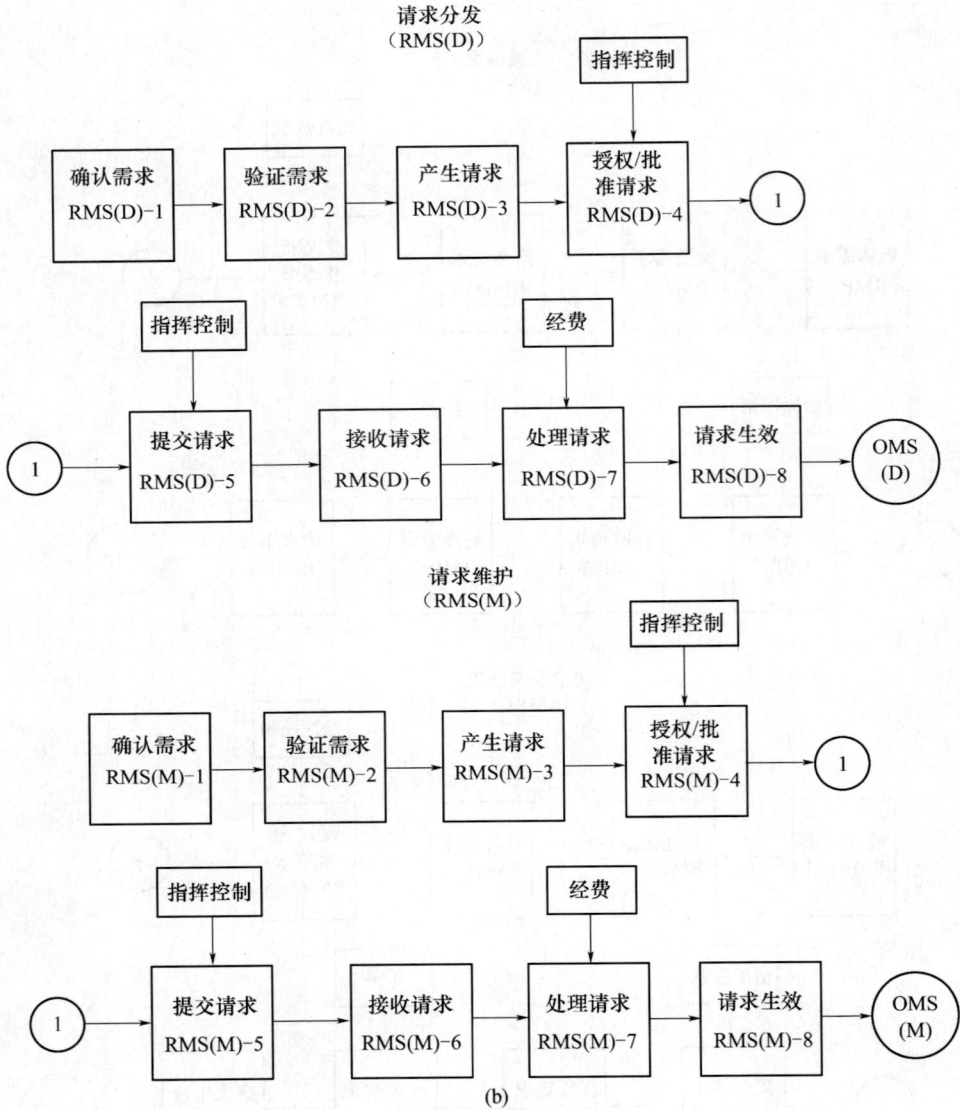

图 3-17　维修请求管理任务的基本流程

（a）请求管理 RM 活动图 1；（b）请求管理 RM 活动图 2。

这 4 种类型的 OM 过程都包含两个核心部分:任务工单生成;任务工单完成后的审核与验收。OM 过程包含了从保障对象任务工单的产生直到相关保障活动结束的所有活动以及接收和确认保障对象的需求已经实现。OM 过程是根据保障对象请求的到达顺序串行响应的,4 种 OM 活动模型分别如图 3-18、图 3-19、图 3-20、图 3-21 所示。

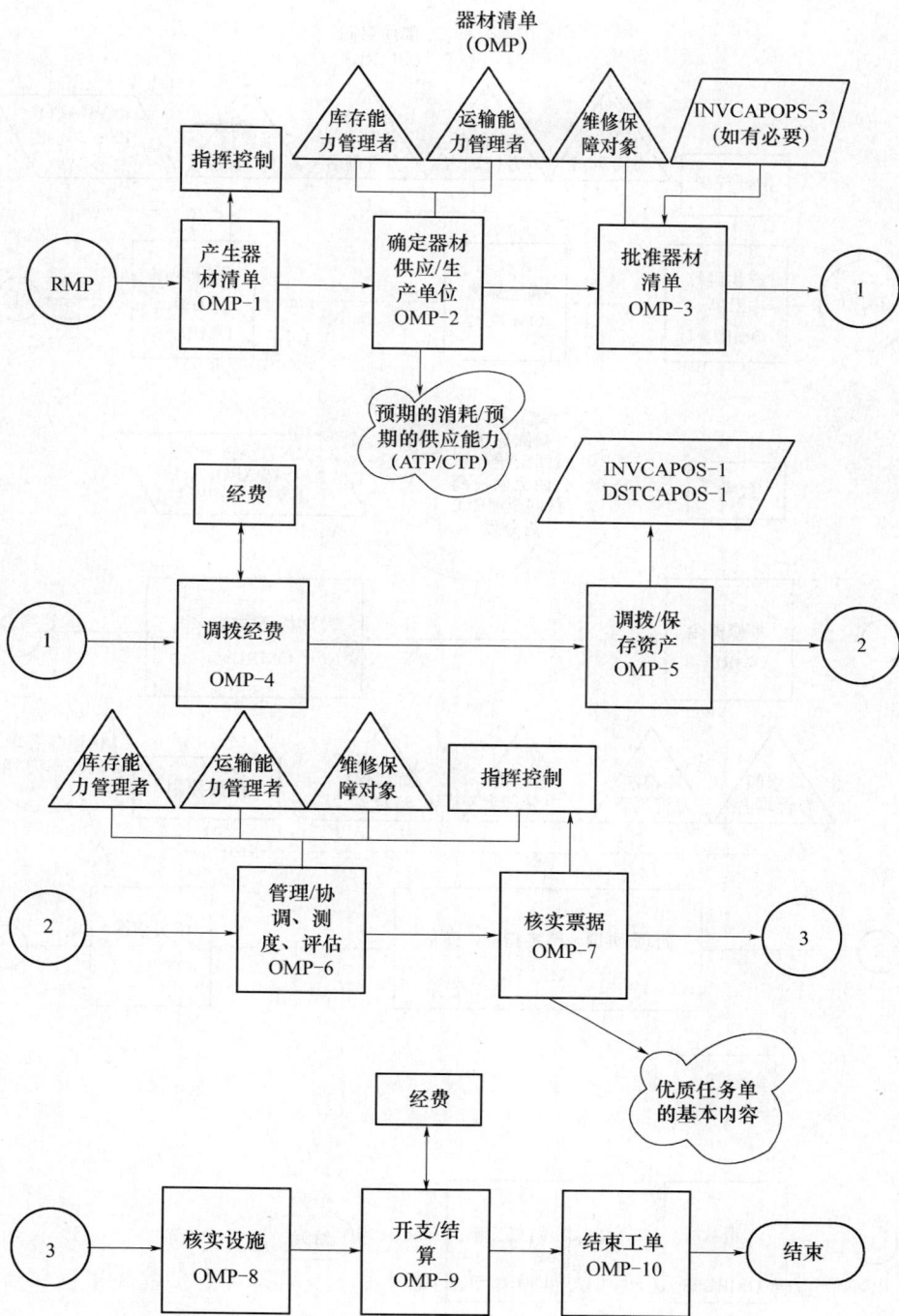

图 3 - 18 维修任务工单之器材工单活动模型图

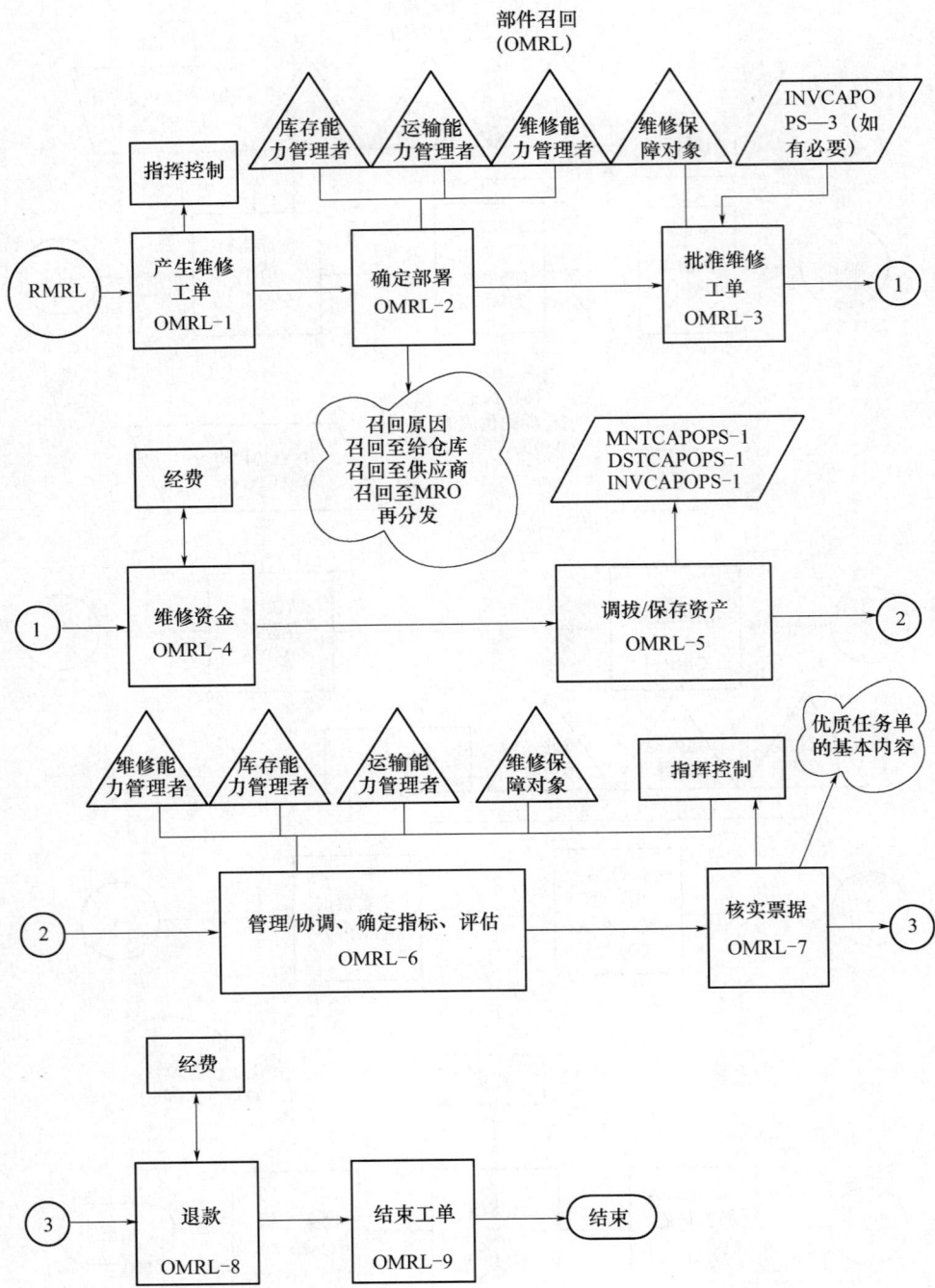

图 3-19 维修任务工单之部件召回活动模型图

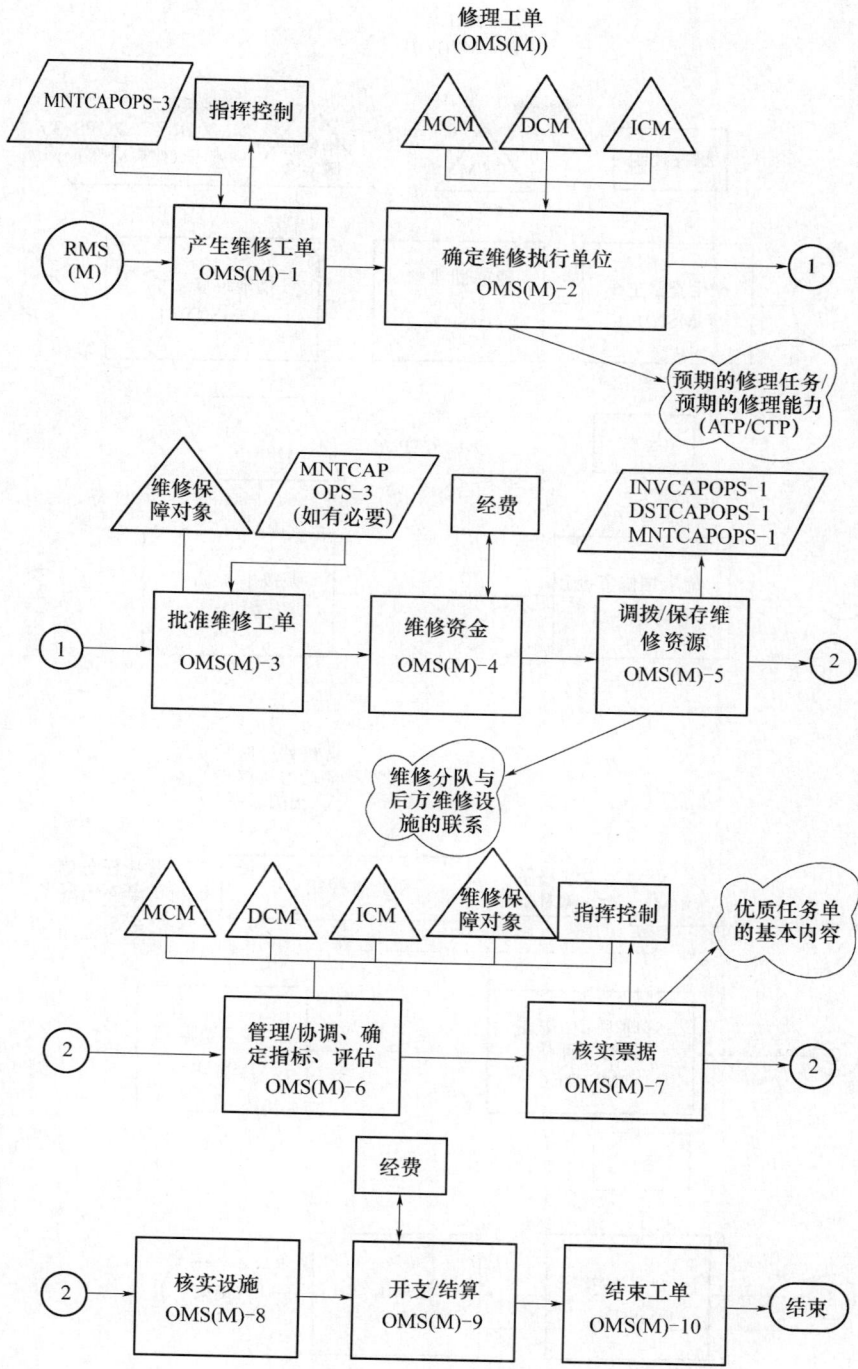

图 3 - 20　维修任务工单之修理工单活动模型图

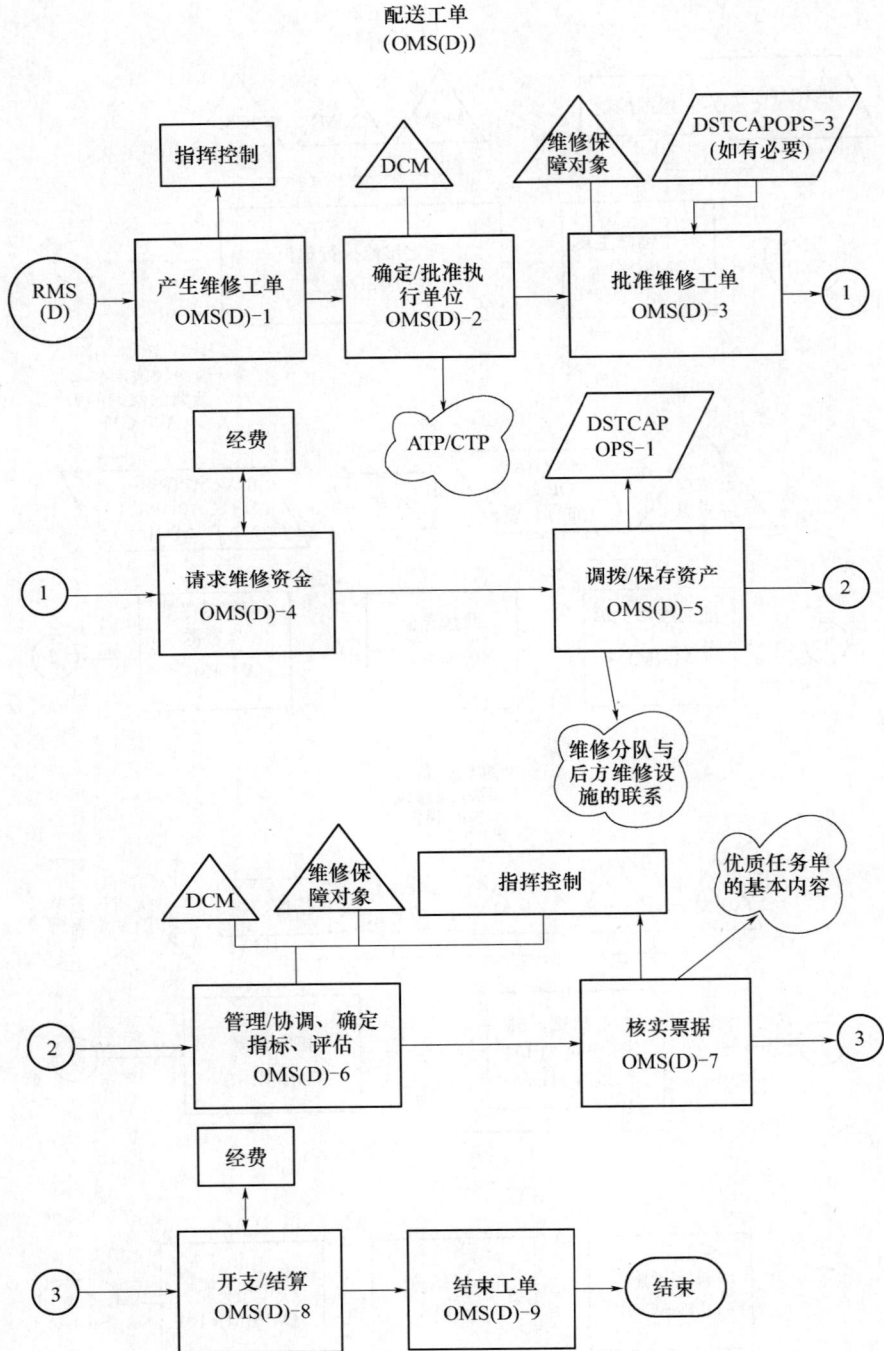

配送工单
(OMS(D))

图 3-21 维修任务工单之配送工单活动模型图

64

3.5.5 维修保障能力管理活动模型

维修保障能力管理(CM)是为实现保障对象的维修需求而对保障资源和能力进行规划、管理、优化和排序的过程。一般来讲,它主要是部队装备保障管理部门的职能,当然也可指派任何拥有保障/战斗保障资源和资产的实体来完成。维修保障能力管理者,将进行规划、排序,确保所有可用资源以最有效的方式进行分配和使用,以完成相关的作战和保障任务。此外,CM还负责管理和维护当前的维修支持能力,根据上级的意图、作战态势及其他的保障需求变化,调整维修能力分配方案。另外,还需负责对当前所辖保障能力进行集成和协调。

与上节任务管理内容对应,能力管理内容可进一步分解为库存能力管理(ICM)、维修能力管理(MCM)、配送/运输能力管理(DCM)、采购能力管理(PCM)、保障对象技术服务能力管理5个部分,进一步的分解结构如图3-22所示。

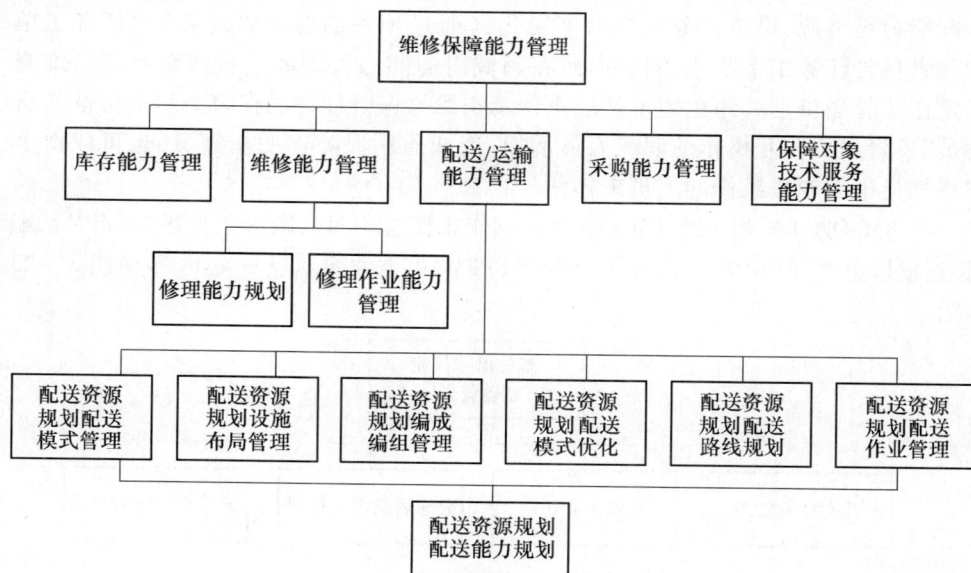

图3-22 维修保障能力管理分类图

库存能力管理(ICM)指规划、管理、优化、排序和分配库存能力和资源(例如库存、仓库能力、费用和人员),向保障对象提供最合理的维修器材。ICM负责控制和管理所有供应类型的库存能力。

维修能力管理(MCM)指规划、管理、优化、排序、分配修理能力和资源(例如机器、工具、维修场所、外购协议),以最优的方式满足保障对象的修理需求。

配送/运输能力管理(DCM)指规划、管理、优化、排序、分配配送/运输能力和资源(例如运输资产、驾驶员、配送设施、物资处理设备和第三方的配送协议),实现保障对象的运输服务、产品配送、执行其他服务所需的运输需求。

采购能力管理(PCM)指规划、管理、优化、排序和分配采购能力与资源(例如合同签订、政府采购协议等),从而最优地实现保障对象需要由外部(商业)资源完成的需求。

保障对象技术服务能力管理指用于持续改善上述4类业务的服务质量的流程,主要针对短期的临时性的服务能力的改善。

具体的维修保障能力管理活动流程参见附录B。

3.5.6 维修保障作业管理活动模型

维修保障作业管理(PM)是为实现保障对象的需求而进行的协调、规划、任务分配以及相关的控制活动,维修保障作业管理员角色负责规划和控制其对应的战斗保障支援的执行功能(即库存、维修、配送),负责为保障对象需求的实施应用和分配能力与资源,保持任务工单的可视化,(通过相关的能力管理者)向任务工单管理者报告任务工单状态,同时向所在领域内的能力管理者汇报资源状态。维修保障作业管理员这一角色通常是由具体承担维修保障任务的保障力量或分队的指挥员/负责集成和互操作的职能人员承担,诸如通用保障连的指挥员,也可以由上述指挥员指派专责维修的人员来担任。

与RM、OM、CM相一致,PM也分成库存作业管理(IPM)、维修作业管理(MPM)、配送/运输作业管理(DPM)、采购作业管理(PPM)4类业务。其核心内容如图3-23所示。

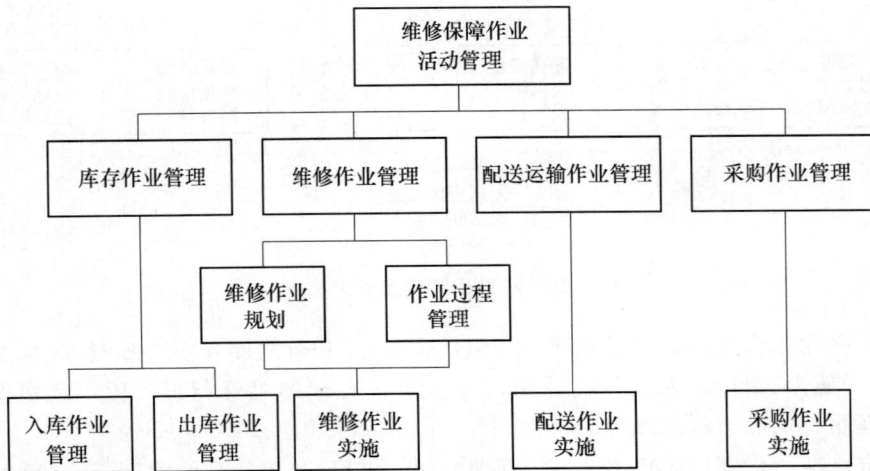

图 3 - 23 维修保障作业活动功能图

库存作业管理(IPM)指规划和控制库存的执行,并为维修器材/备件等分配供应人员和供应资源。它维持任务工单的可视化,并为OM报告任务状态,同时也维

66

持供应资源的可视化以及向 ICM 汇报资源状态。这相当于当前体制下负责中继级供应活动的审核人员。

维修作业管理(MPM)指规划和控制维修的执行,为执行维修的人员分配任务和资源,维持维修任务工单的可见性并向 OM 汇报任务执行状态,同时维持维修资源的可见性以及向 MCM 汇报资源状态。

配送/运输作业管理(DPM)指规划和控制配送/运输的执行,为配送和运输人员分配任务和相应的配送资源。DPM 维持器材配送和运输服务任务工单的可视化并将任务状态汇报给 OM,同时维持配送和运输资源的可视化,并向 DCM 汇报任务状态。目前这些职责是在被保障单位的类似车炮场部门进行的。

采购作业管理(PPM)指规划和控制采购的实施,为完成维修保障对象的器材供应/补充需求,而分配相应的采购人员和相关的供应资源。PPM 维持保障任务工单的可见性并向 OM 汇报状态,维持采购资源的可见性以及将状态汇报给 PCM。

具体的维修保障作业管理活动流程参见附录 C。

3.5.7   维修保障作业实施活动模型

维修保障作业实施是执行作战/维修保障任务以实现保障对象需求的功能,执行者从对应的 PM 处接收任务,通过执行规定的活动以完成维修保障对象的任务需求,并将执行过程中的反馈提供给对应的 PM。

与 RM、OM、CM、PM 相一致,作业实施也分成库存作业管理、维修作业管理、配送/运输作业管理、采购作业管理等 4 类业务。

实施角色与 PM 的关系如图 3 - 23 所示。

库存作业管理指从 IPM 处接收任务,执行规定的供应/库存活动以完成和实现保障对象的器材/备件等维修资源需求,并将任务状态报告给 IPM。

维修作业管理指从 MPM 处接受任务,执行相关的维修活动,并将任务状态报告给 MPM。

配送/运输作业管理指从 DPM 处接受任务,执行相关的配送和运输活动,并将任务状态报告给 DPM。

采购作业管理指从 PPM 处接受任务,执行相关的采购活动,并将任务状态报告给 PPM。

具体的维修保障作业实施活动流程参见附录 D。

3.6   逻辑数据模型 OV - 7

装备维修保障信息化业务体系结构的最终目的仍然是要落实到信息系统的建设和综合集成上,并实现维修信息系统在各个不同层次上的互操作,包括功能、领域和整个体系的互操作。互操作实现的关键是理解维修保障体系中的信息要素，这些信息要素是在业务体系结构的信息交换矩阵 OV - 3 中描述的，但 OV - 3 中只给出了信息要素的基本描述，并未给出信息要素之间的具体关系。

在 DoDAF 的业务体系结构框架中，信息交换矩阵中的信息要素是在逻辑数据模型（Logical Data Model,LDM）中定义的，LDM 描述了体系结构领域系统数据类型的结构、属性或特征以及相互关系。LDM 是实现信息系统集成和互操作的关键，在整个业务体系结构中起着十分重要的作用，主要体现在以下几个方面。

（1）LDM 通过刻画领域的系统数据或定义相关的实体，来支撑所要实现的互操作，并在系统分析、设计和集成时用来确定系统的数据能力，从而给出指导信息系统开发和设计的领域数据类型以及与之相关的结构化的业务规则。

（2）LDM 定义业务领域的相关数据实体及其相互关系，这些实体的定义与信息交换矩阵中的信息要素和业务活动模型中的业务活动迁移有关。从而通过逻辑数据模型的建立，有助于用户和分析人员深入理解具体的业务需求和有关的信息交互，并使得所开发的系统能满足业务需要。

（3）LDM 并不是要描述具体的事实数据，而只是描述数据所满足的基础特征，本质上是独立于技术以及物理实现的。这一特性为系统分析、设计和集成人员提供了良好的交流基础，不仅有利于对系统数据的理解和维护，而且促进了系统在进行集成和互操作以及技术升级时的数据迁移。

（4）LDM 是设计和实现支撑业务需求的物理数据的基础，它是定义信息系统实现的物理系统数据的基础和依据，也是信息系统设计和开发的参照。

从装备维修保障信息化的发展要求看，维修保障信息化建设最终将提供一个统一的共享的维修保障数据环境，以此推动维修保障信息系统的综合集成和促进信息系统之间的互操作，这属于系统互操作级别（LISI）的最高层次。在此互操作层次上，数据和应用是完全共享的，且分布于整个维修保障信息空间中；数据的互操作完全独立于数据的格式和物理形式，且应用于整个维修保障体系。实现这一互操作的关键是要解决系统数据语法和语义的共享问题，包括数据实体的定义、数据实体的有关属性及其相互关系。逻辑数据模型以其独立于实现技术和物理格式的特点，为理解维修保障信息化业务体系结构中的数据类型及其关系以及相关的结构化的业务规则提供了有力的工具，并促进了不同系统分析、设计、集成人员之间的交流和知识的共享。有鉴于此，我们采用逻辑数据模型来定义维修保障信息化业务体系中的有关数据实体，以表达信息交换矩阵中的有关信息要素。

在 DoDAF 框架中，逻辑数模型的建立，应该包括数据实体类型的定义、数据实体的属性或特性以及数据实体的相互关系三方面的内容。由于维修保障信息化业务体系结构并不是直接面向具体应用系统开发的，而是以描述维修保障业务领域的信息和知识为中心，因此在构建维修保障信息化的逻辑数据模型时，重要的是阐明有关数据/数据实体的类型以说明维修保障业务领域的基本概念及其相互关系。在以下的逻辑数据模型的表达中,有关数据实体的属性被弱化,只表示数据类型及其关系,具体的数据属性在具体业务系统设计开发时可根据需要进行增补。

鉴于逻辑数据模型主要表达的是信息交换矩阵中的信息要素以及业务活动过程中的有关信息,前文中信息交换要素和业务活动的分析中所涉及的相关信息要素和活动的输入/输出关系,已足以用来定义逻辑数据模型。以下根据前文中的角色和业务过程分析来建立相关数据实体及其联系。

通过维修保障业务节点/角色和业务活动的分析可以看出,与维修保障业务体系相互之间有交叉的业务领域主要是装备的全寿命周期管理、维修保障体系的企业级规划、维修保障作业的管理和实施以及作战指挥控制。从最顶层来看,维修保障业务体系中涉及的数据主要是全寿命周期管理、企业级维修保障规划、维修保障作业管理和实施以及作战指挥控制等数据,它们之间的相互关系如图 3-24 所示。

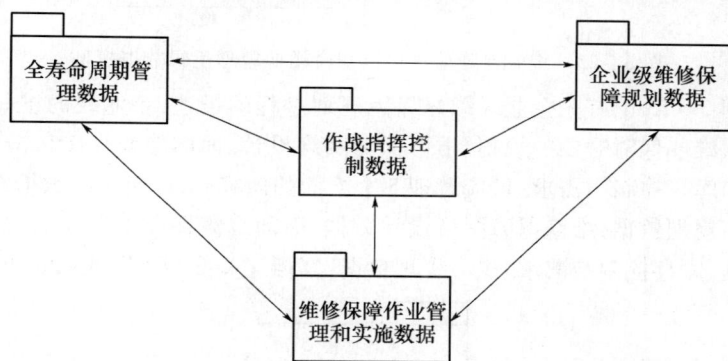

图 3-24　装备维修保障信息化业务体系结构顶层数据包图

维修保障中的指挥控制虽然也属于维修保障信息化业务领域的范畴,但是在业务流程和具体应用背景上更接近作战指挥并且是指挥控制信息化建设的一部分,同时由于维修保障信息化业务体系结构的重点在于阐明维修保障体系中的业务概念和逻辑关系,维修保障指挥控制作为维修保障信息化和指挥自动化的交集,所以沿用指挥自动化的逻辑数据关系来表达维修保障指挥控制的逻辑数据模型是合适和恰当的。另外,由于装备维修保障作为全寿命周期管理中的阶段性活动,下面仅就其与维修保障之间的业务交叉所导致的信息交换作简单描述,其余内容由于不属于维修保障业务体系结构的范畴,不再赘述。

3.6.1　逻辑数据构成

装备的全寿命周期是指从装备论证、研制到列装、使用保障以及报废/退役的过程,从而装备的全寿命周期数据包括论证数据、设计研制数据、列装数据、使用保障数据以及报废数据。由于我们研究的是维修保障的业务体系结构,故此,在这里的逻辑数据模型中只关心全寿命周期数据中的使用保障数据,但是在使用保障阶段也会使用到其他阶段的数据,这些数据之间的关系如图3-25所示。

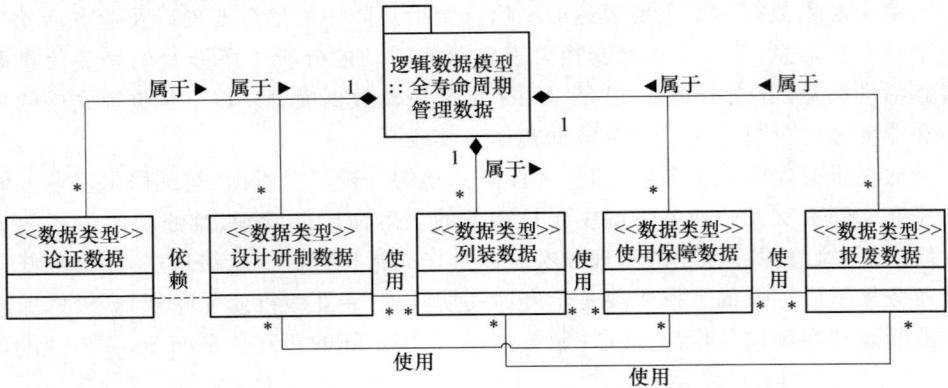

图3-25　维修保障信息化全寿命周期管理逻辑数据模型

根据图3-15中有关企业级维修保障规划过程的描述,企业级的维修保障规划主要是面向维修保障对象的规划、维修保障网络设计、面向维修保障供应商的规划、维修规划和库存控制与需求/供应管理5个方面的内容,与此对应的数据有面向维修保障对象的规划数据、维修保障网络设计数据、面向维修保障供应商的规划数据、维修规划数据、库存控制与需求/供应管理数据,其相互关系如下图3-26所示。

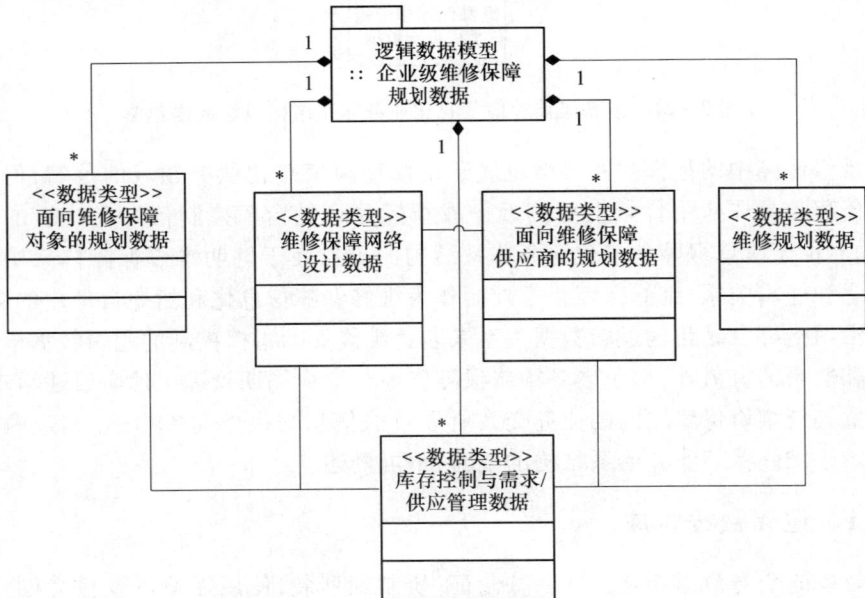

图3-26　企业级维修保障规划数据类型的逻辑构成图

进一步细化,面向维修保障对象的规划数据是由维修需求规划数据、维修服务规划数据、召回规划数据等基础内容构成的;而维修保障网络设计和面向维修保障供应商的规划则是由库存规划数据、配送规划数据、采购规划等数据构成的,且配送规划数据包含了运输能力、路径配置、设施位置能力、设施资源、运输分配、运输模式优化、路径和行程规划等基础数据类;维修规划数据主要是维修分配规划数据。基于这些数据构成,企业级维修保障规划的详细构成关系图如图 3 – 27 所示。

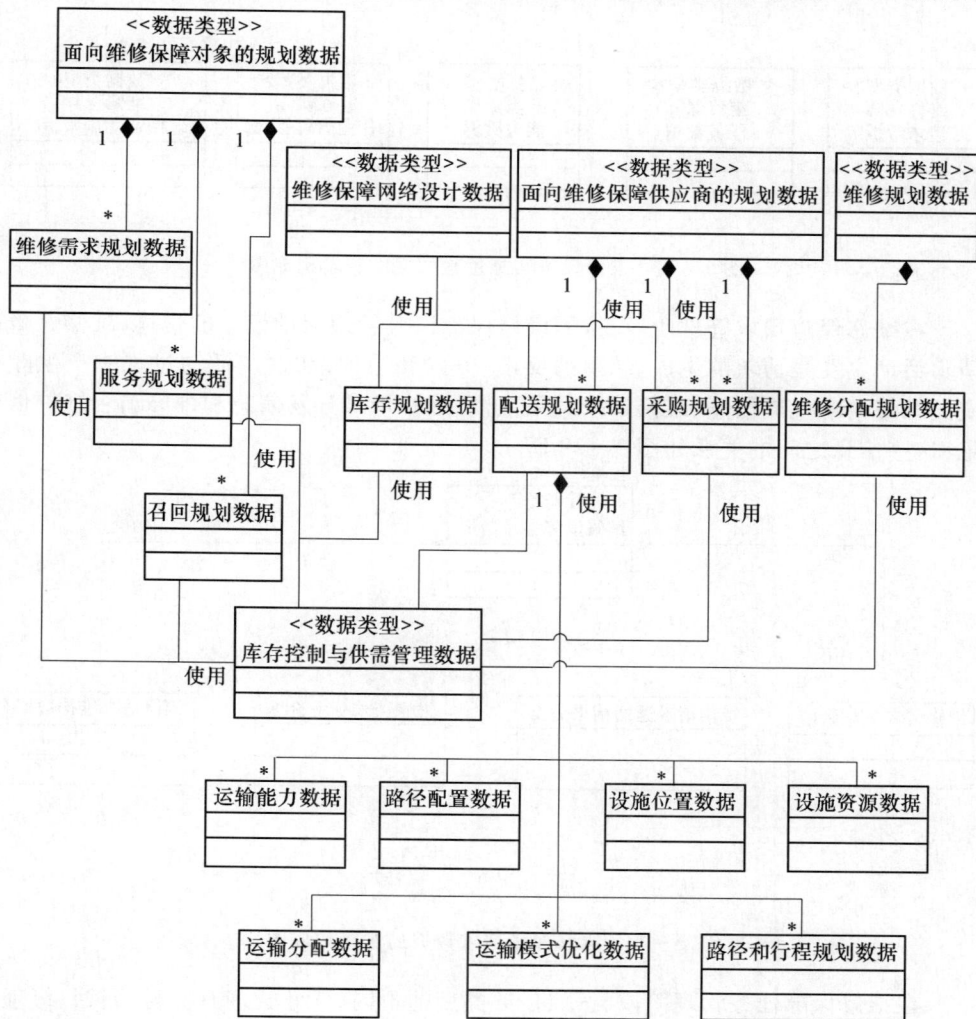

图 3 – 27　企业级维修保障规划数据构成图

在具体的维修保障作业实施层次上,整个维修保障实施和管理过程被划分为请求生成、任务管理、能力管理、作业管理和作业实施 5 个阶段。与此有关的数据或信息可以归类为维修保障请求数据、维修保障任务数据、维修保障能力数据、维修保障作业管理数据和维修保障作业实施数据 5 类,其逻辑关系如图 3 – 28 所示。

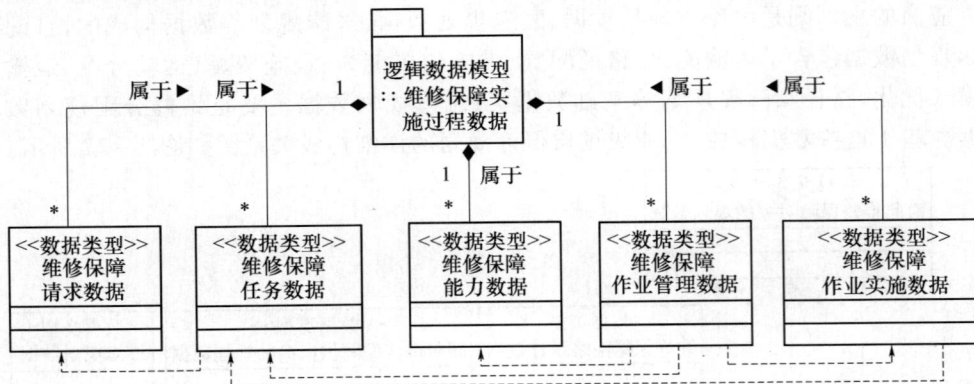

图 3 – 28   维修保障实施过程数据的逻辑构成图

在维修保障请求管理阶段,按照维修保障请求管理活动模型的描述,维修保障请求活动主要是请求的生成、结果的反馈、分发和维护,在这些活动过程中产生相应的维修请求生成信息、维修请求结果反馈、维修请求分发信息和维修请求维护信息,这些信息之间的关系如图 3 – 29 所示。

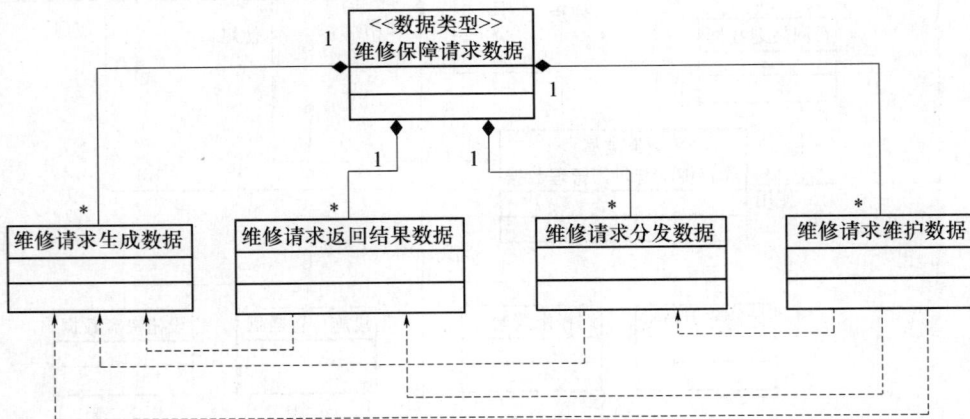

图 3 – 29   维修保障请求数据的逻辑构成图

在维修保障任务管理阶段,按照任务类型的不同,任务管理有器材、召回、修理和配送 4 种基本模式,与之对应的器材任务数据、部件召回任务数据、维修任务数据、配送任务数据 4 种类型,其逻辑构成关系如图 3 – 30 所示。

在维修保障能力管理阶段,维修保障能力实际上包含了库存能力(器材供应)、维修能力、配送能力、采购能力和技术服务能力 5 个方面,从而对应有 5 种能

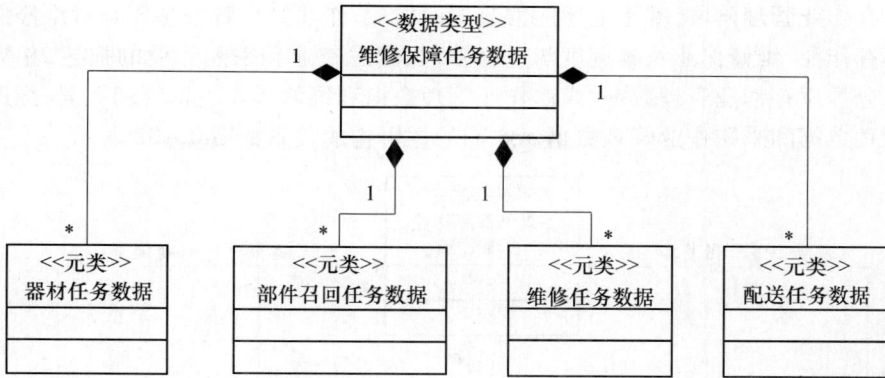

图 3-30　维修保障任务管理数据逻辑构成图

力数据。在维修能力数据中包含了两个主要能力数据,即维修能力规划数据和维修能力作业管理数据。与此相似,配送能力数据包括了运输模式规划数据、编组规划数据、配送能力规划数据和配送能力作业管理数据等主要内容。维修保障能力数据的构成关系如图 3-31 所示。

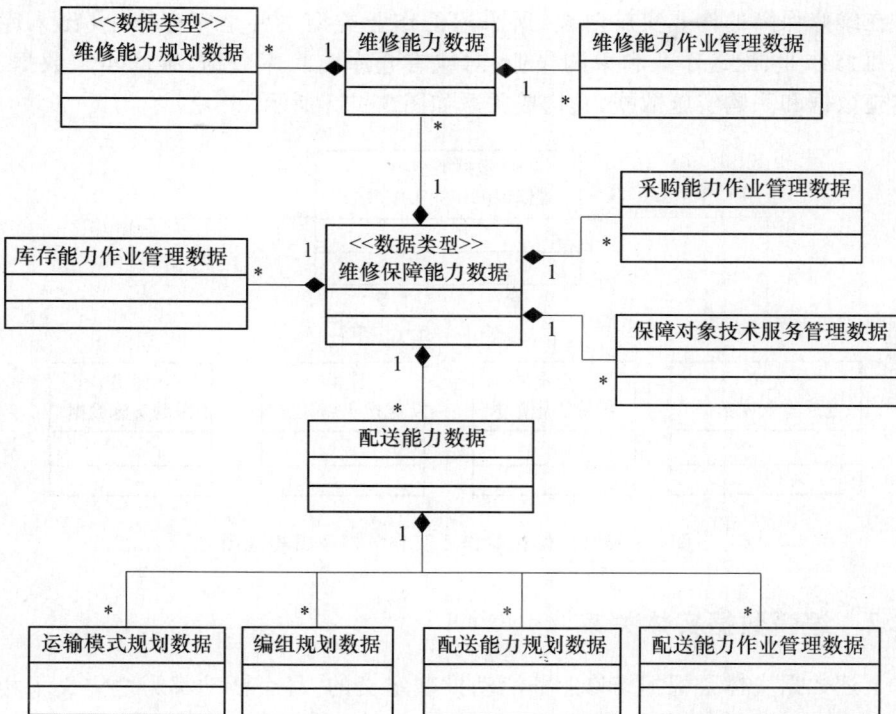

图 3-31　维修保障能力数据逻辑构成图

在作业管理阶段,基于上述能力数据的构成,作业管理数据主要是对维修保障的库存作业、维修作业及其调度与过程管理、配送作业和采购作业的描述,相应的可以分为库存作业管理数据、维修作业管理数据和维修作业过程管理数据、配送作业管理数据和采购作业管理数据。它们的逻辑构成关系如图 3 − 32 所示。

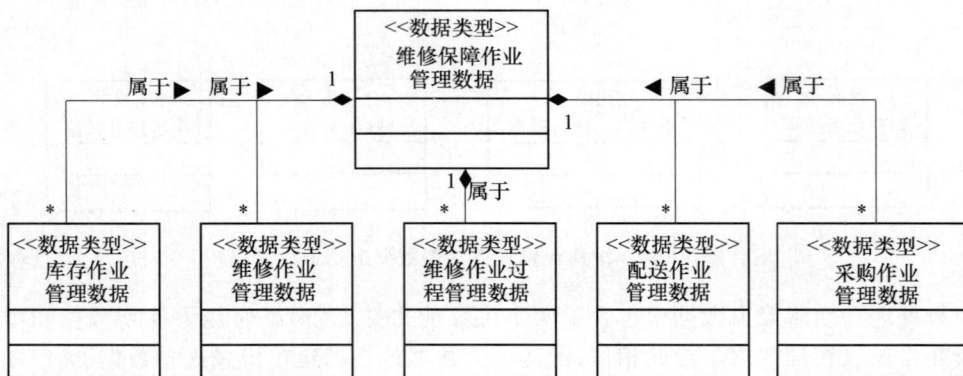

图 3 − 32　维修保障作业管理数据逻辑构成图

在维修保障的作业实施阶段,所采取的作业类型主要是库存作业(出入库作业)、维修作业、配送作业和采购作业,对应有仓库出入库数据、维修实施数据、配送实施数据和采购实施数据,其构成关系如图 3 − 33 所示。

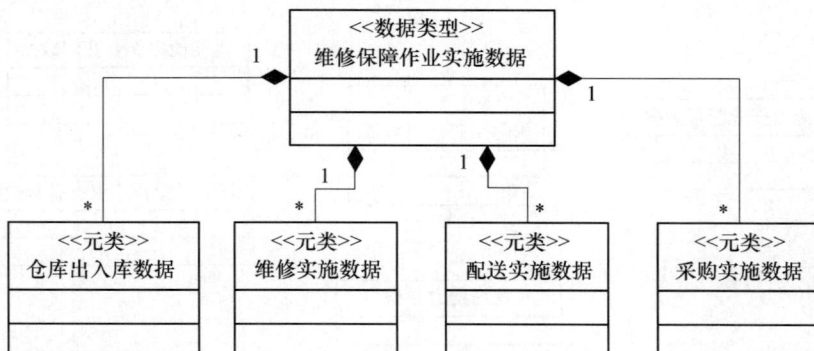

图 3 − 33　维修保障作业实施数据逻辑构成图

3.6.2　逻辑数据实体关系

上述数据实体是根据维修业务活动模型定义的,每个活动都为之定义了相应的数据,其中仅描述了各数据实体间的逻辑层次关系。数据是活动过程中的输入和产出,从而根据这种输入/输出关系,可以定义与之相关的数据实体之间的联系。

根据 3.5 节装备维修保障信息化业务活动模型的分析,可以得到数据实体之间的输入/输出关系,如表 3-3 所列。

表 3-3　装备维修保障信息化业务体系结构逻辑数据实体联系表

编号	数据实体/活动名称	输入(编号)	输出(编号)
1	面向维修保障对象的规划数据	14、50	
2	维修需求规划数据	19、50、51	19、36、32、7、50、51
3	维修保障对象服务规划数据	39	51
4	召回规划数据	19、50	19、36、7、50、51、8
5	维修保障网络设计数据	11、10、9	11、10、9
6	面向维修保障供应商的规划数据	50、7、16	16
7	库存规划数据	4、2、18、17、31、19、50、51	31、19、16、8、50、51
8	配送规划数据		
9	运输能力数据	5、11、8	5、13、34、10、36
10	路径配置数据	5、8、34、50、51、9	5、36、51、50
11	设施位置数据	5、8、50、51	5、36、9、12、51、50
12	设施资源数据	11、51、50、18	51、50、15、36
13	运输分配数据	8、14、9、50	19、14、35、15、50
14	运输模式优化数据	13、51、50、1、34、35	51、50、15、13
15	路径和行程规划数据	12、35、14、13、51、50、44	51、50、44
16	采购规划数据	7、51、50、36、32、6、19、38	50、38、8、19
17	维修规划数据	51、50、43、52	18、42、32、7、51
18	维修分配规划数据	17、32、36、50、42、19	7、42、12、19
19	库存控制与需求供应管理数据	37、33、31、7、18、13、2、4、38、16、50	51、8、50、7、16、4、2、18、42、31、37、33、38
20	维修保障请求数据		
21	维修请求生成数据	50、51	
22	维修请求返回结果数据	50、51	
23	维修请求分发数据	50、51	
24	维修请求维护数据	50、51	
25	维修保障任务数据		
26	器材任务数据	31、51	50、51、31、37
27	部件召回任务数据	31、51	50、51、31、37、33
28	修理任务数据	33、51	50、51、31、37、33
29	配送任务数据	37、51	50、51、37

编号	数据实体/活动名称	输入（编号）	输出（编号）
30	维修保障能力数据		
31	库存能力作业管理数据	28、26、27、7、33、50、51、41	51、41、38、37、26、27、50、19、7
32	维修能力规划数据	17、2、50、16、51	50、51、8、18、16
33	维修能力作业管理数据	28、27、50、51、42、43	43、38、37、31、28、19、50、51、42
34	运输模式规划数据	9、8、50	50、14、10、36
35	编组规划数据	13、50、51	50、14、15、36
36	配送能力规划数据	11、9、12、34、10、35、2、4、8、50、51	8、50、51、16、18
37	配送能力作业管理数据	28、29、33、31、26、27、50、51、44	50、51、38、44、19
38	采购能力作业管理数据	16、31、33、37、50、51、45	50、51、45、16、19
39	保障对象技术服务管理数据	3、51	51
40	维修保障作业管理数据		
41	库存作业管理数据	31、50、51、46	51、46、31
42	维修作业调度数据	18、2、17、19、50、43	18、33
43	维修作业过程管理数据	33、50、51	51、33、47
44	配送作业管理数据	37、50、15、51、48	51、37、48、15
45	采购作业管理数据	38、50、51、49	51、38、49
46	仓库出入库数据	41	41
47	维修实施数据	43	43
48	配送实施数据	44	44
49	采购实施数据	45	45
50	作战指挥控制数据		
51	经费数据		
52	设计研制数据		

　　依据表 3-3 中与数据实体有关的业务活动的输入/输出关系，可以建立起维修保障信息化业务体系结构逻辑数据之间的实体关系，如图 3-34～图 3-39 所示。其中，部分图中上方出现的多个没有与其他类连接的类图，一般是指与当前图中的类都存在输入/输出联系，出于可读性的考虑，这些连接没有表示出来。

　　图 3-34 是面向维修保障对象规划的逻辑数据模型，该图以面向维修保障对象的规划数据为中心，包含维修需求规划数据、召回规划数据、服务规划数据等三大类数据。以维修需求规划数据为例，它以作战指挥控制数据和经费数据作为输入约束输入，与库存控制和需求供应管理数据为双向输入/输出关系，以维修能力规划数据、库存规划数据、配送能力规划数据为输出。这种关系准确的刻画了实际

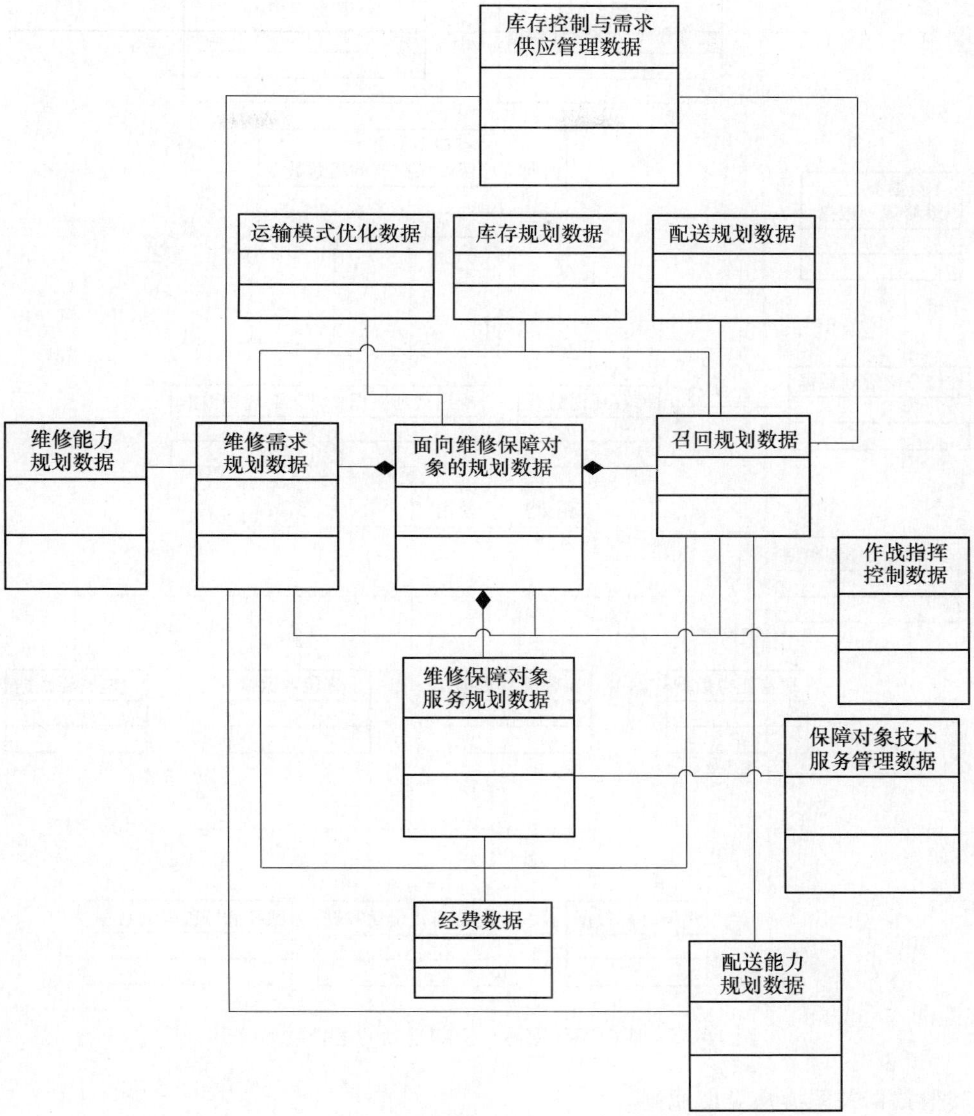

图 3 – 34　面向维修保障对象规划的逻辑数据模型

规划过程:作战指挥需求和经费预算确定了装备的使用需求,从而确定了维修需求,即长期的维修能力规划需求,进一步通过查询和更新库存控制和需求供应管理数据,最终确定维修能力规划、库存规划、配送能力规划等规划。由此可见该数据关系实际是业务活动模型的因果交互关系的直接体现,体现了 DoDAF 的顶层活动模型分解出具体活动模型,具体活动模型确定逻辑数据实体及其关系的设计原则。

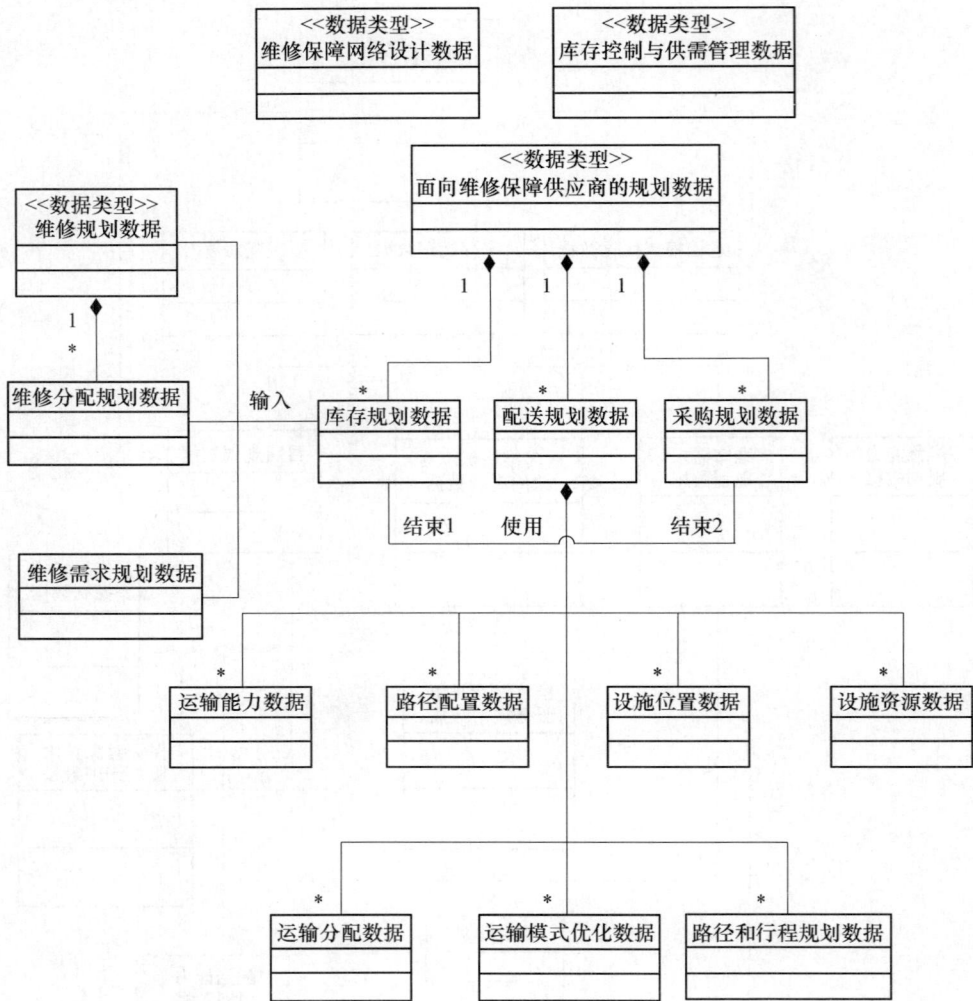

图 3-35　面向维修保障供应商规划的逻辑数据模型

其他数据关系遵从类似原则。

　　与图 3-34 类似,图 3-35 以面向供应商的规划数据为中心,包含了库存规划、配送规划、采购规划等规划数据。以库存规划数据为例,它以维修规划数据和维修需求规划数据为输入,确定了库存需求,然后以该需求为输入,进一步确定配送需求和采购需求,从而最终由此确定配送规划和采购规划。其中维修保障设计数据与配送规划及其细节数据都相关,库存控制与供需管理数据与库存、配送及采购等 3 个方面的数据都相关。

　　图 3-36 是包含维修保障请求和维修保障任务两个方面的逻辑数据模型。该

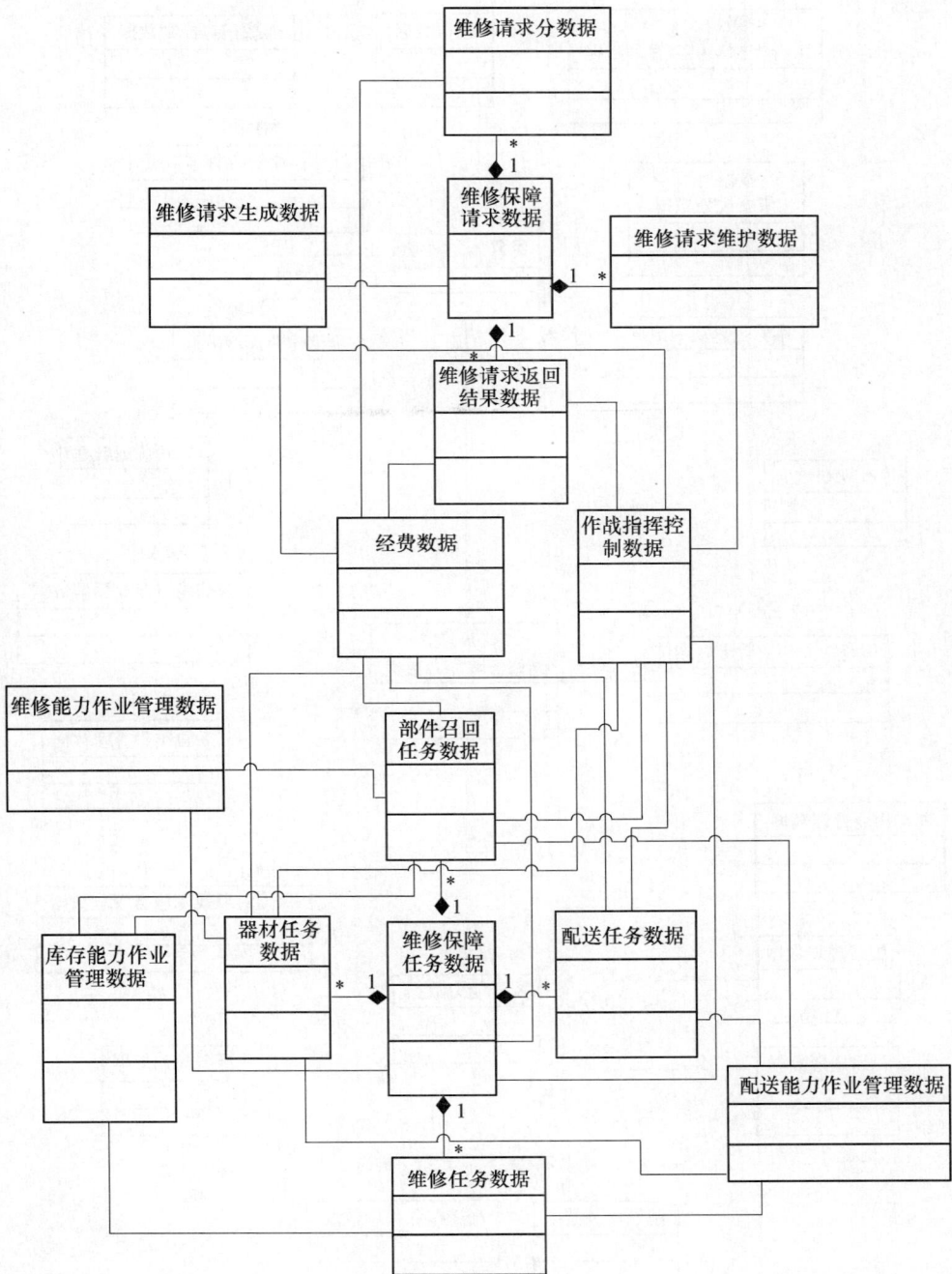

图 3 - 36 维修保障请求和维修保障任务的逻辑数据模型

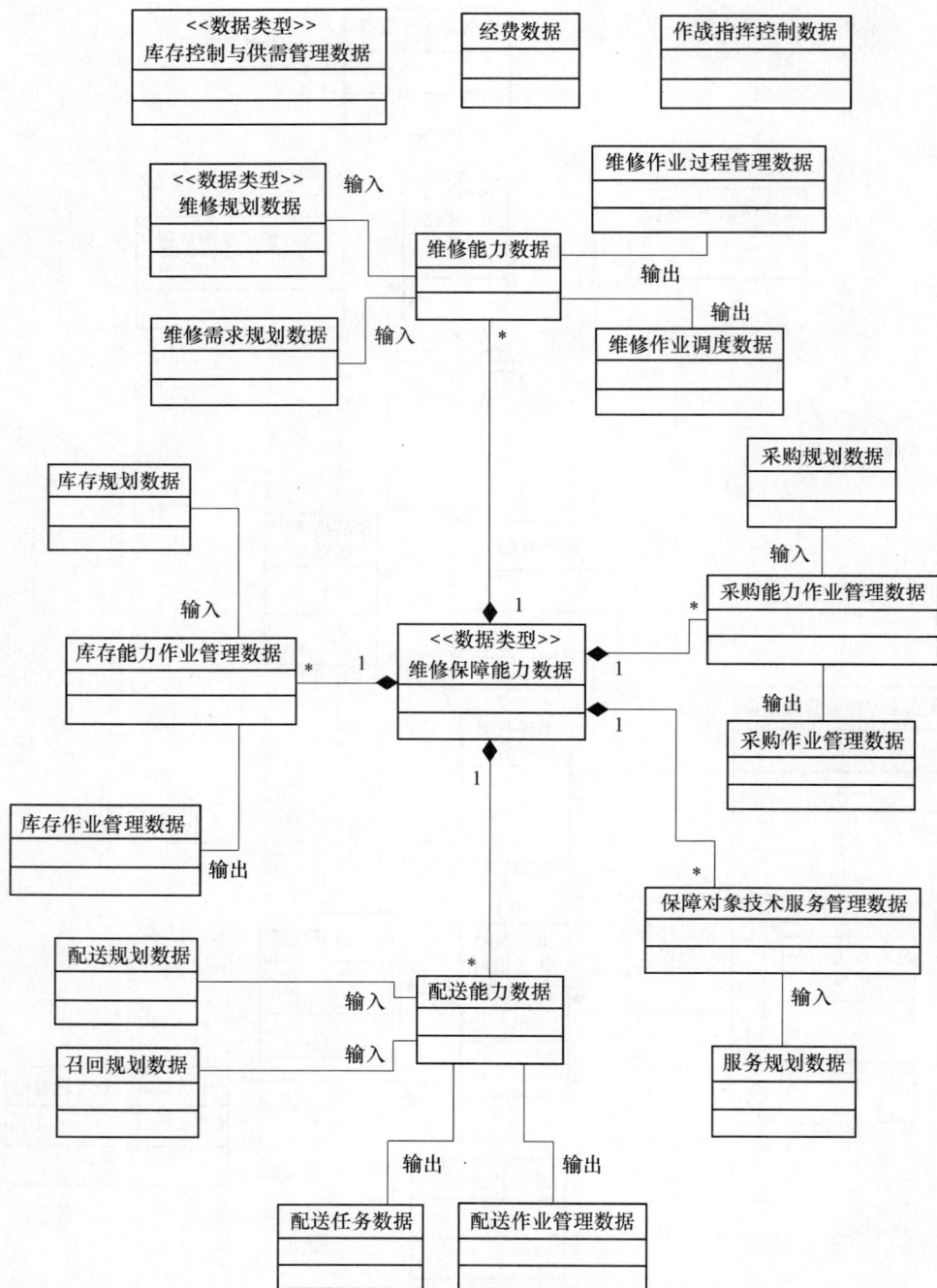

图 3 - 37　维修保障能力的逻辑数据模型

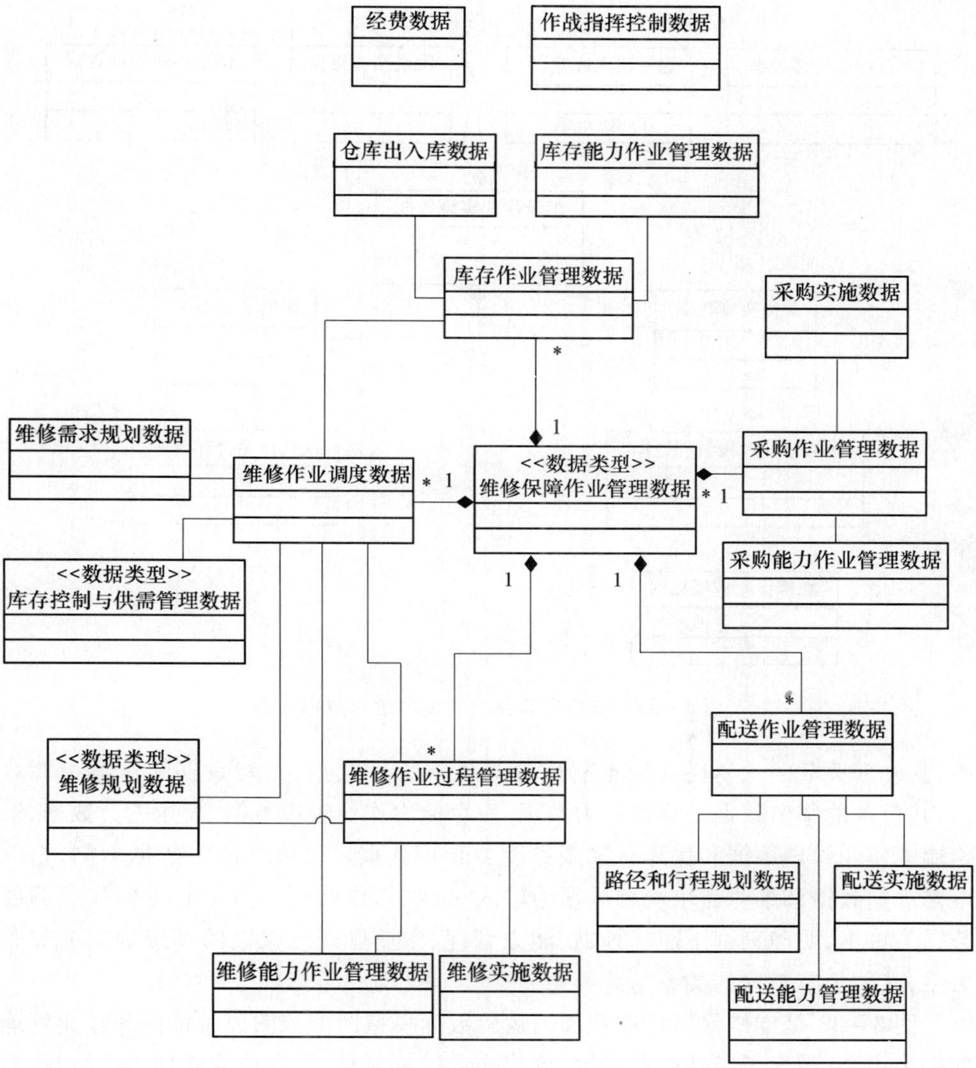

图 3－38　维修保障作业管理的逻辑数据模型

图中包含维修保障请求数据和维修保障任务数据两个中心，其中维修保障请求数据的输入是作战指挥数据和经费数据，输出是维修保障任务数据，由于可读性原因，两者之间的连接关系没有画出。维修保障请求数据包含维修请求生成、维修请求分发、维修请求维护、维修请求结果返回等细节数据，维修保障任务数据包含维修任务、配送任务、器材任务、部件召回任务等数据，这几类任务数据之间相互关联。

图 3－37 是维修保障能力逻辑数据模型图。该图以维修保障能力数据为中

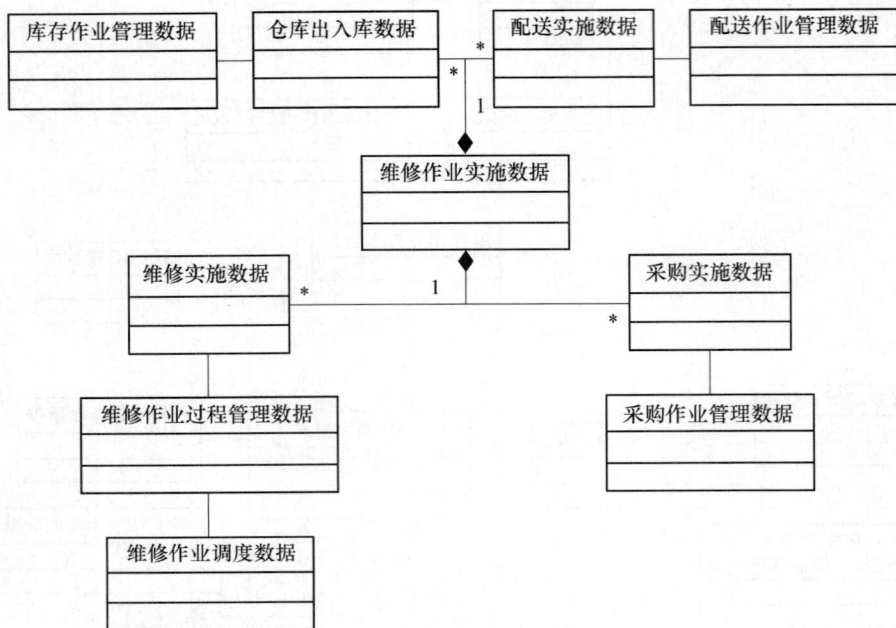

图 3－39 维修保障作业实施的逻辑数据模型

心,其外部关联的主要输入数据有库存与供需管理数据、经费数据和作战指挥数据;其包含的细节数据是维修能力数据、库存能力作业管理数据、配送能力数据、采购能力作业管理数据和保障对象服务能力管理数据。以维修能力数据为例,它以维修规划数据和维修需求规划数据为输入,以维修作业管理数据和维修作业调度数据为输出,明确刻画了需求规划、能力管理、作业管理三级之间逐级确定的关联关系,其他细节数据的关系与此类似。

图 3－38 是维修保障作业管理的逻辑数据模型图。该图以维修保障作业管理数据为中心,包含了维修作业调度、维修作业过程管理、库存作业管理、配送作业管理、采购作业管理 5 类作业管理数据。经费数据和作战指挥数据是其外部相关因素。以库存作业管理数据为例,库存能力作业管理数据为输入,仓库出入库数据为输出,体现了作业管理(PM)作为能力管理(CM)和作业实施(E)两者之间的桥梁作用。

图 3－39 是维修保障作业实施的逻辑数据模型图。该图以维修作业实施数据为中心,包含维修实施数据、仓库出入库数据、配送实施数据和采购实施数据 4 类数据。由于是具体实施层,图示较为清晰,数据关系较为简单,在此不再做过多说明。

3.7 业务体系结构的应用示例

在维修保障信息化业务体系结构的上述分析中,我们更多的是在逻辑层次上阐述一般的维修保障过程以及通用的维修保障关系。维修保障信息化业务体系结构中涉及的业务角色主要是,维修保障请求管理者(Request Manager)、维修保障任务管理者(Order Manager)、维修保障能力管理者(Capacity Manager)(包括库存能力管理者、配送能力管理者、维修能力管理者、采购能力管理者)、维修保障作业管理者(Production Manager)(包括库存作业管理者、配送作业管理者、维修作业管理者、采购作业管理者)和具体的作业实施人员(Executors)(包括库存作业人员、配送作业人员、维修作业人员、采购作业人员)。

这样的分析有助于把握和理解维修保障的基本流程和逻辑关系,但其不足是没有考虑到现有编制体制关系的约束。为进一步说明所建立的维修保障信息化业务体系结构的实用性和适用性,以下借助几个现有的比较成熟的维修保障过程的例子,来展示我们提出的业务体系的可行性和可用性。

本节以某个负责中继级及基层级维修任务的单位为例,来构建前述业务体系结构,说明和验证该构建方法的实用性和合理性。

该单位相当于业务体系中的 S1 的角色,按照现行保障体制和战时保障任务,将装备保障工作区分为平时和战时两种情况,分别如图 3-40 和图 3-41 所示。

从其平时的装备保障业务来看,主要是装备(车务)管理、修理管理、器材管理、训练管理和战备管理等业务,针对不同的维修保障资源(包括人员、设施、设备、器材、技术资料、经费等),每个业务都涉及规划、使用、调度、控制、管理、执行等活动。战时的装备保障业务与此相似,但更多的是强调保障资源的运用和管理。这样一种情况与图 3-4 所说明的集成前的情况极为相似,在建设时并没有考虑类似业务进行领域整合和过程集成的问题,所以才会出现相同的维修保障基础对象在多个管理活动中多次重复出现的情况,如对人员、器材等的管理在修理管理、器材管理、训练管理和战备管理等活动中重复出现。

从领域整合和过程集成的观点来看,某师的平时装备保障业务功能,类似于OV-1 中直接保障单位 S1 的功能。某师的装备保障信息化建设方案中详细分析了各种业务的执行流程,特别是有关修理生产管理信息的分析,从其所处的体制层次以及作用领域来看,与作业管理中维修作业管理过程尤其相像。基于此,来分析抽象的维修保障业务角色在现实维修保障活动中的业务组织对应情况。

该单位装备保障信息化建设方案中,有关维修生产管理的信息流程如图 3-42 所示。图中维修任务为某个维修分队的周计划,所涉及的维修保障业务角色有维修分队、技术室主任(维修连长)、分队负责人,主要的活动划分为生产准备、生产

基础对象

装备
管理设施
保养设备
管理人员

装备（车务）管理

内容

技术管理

技术使用

设施
设备
人员
资料
工艺规程

修理管理

计划管理

生产资源调度

质量控制

平时装备保障

器材
仓库（设备/设施）
人员
资料
经费

器材管理

器材筹措

器材储备

器材供应

旧品处置

人员
设备
设施
器材/教材/教案

训练管理

计划管理

训练组织与实施

训练考核与评定

资料
预案
设施
物资器材
人员

战备管理

战备预案制定

等级战备组织

战备资源管理

战备演练

图 3 – 40　某单位平时装备保障业务

84

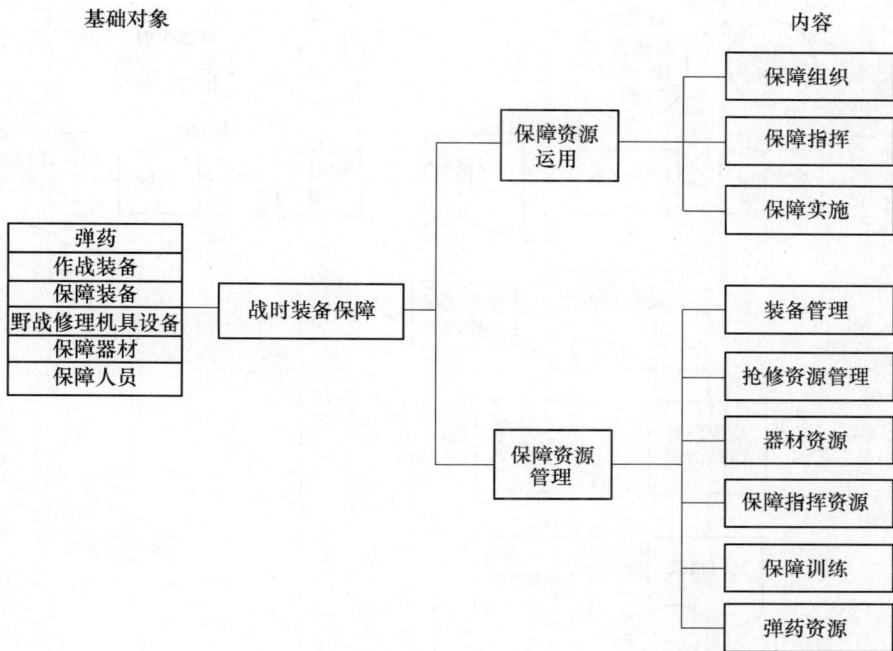

图 3-41 某单位战时装备保障业务

调度、组织实施、技术状况检测、登记 5 个阶段。其对应的业务管理角色是维修作业管理者,涉及的其他业务角色有维修作业人员、维修能力管理者。基于对业务角色功能的相似性,可以认为,维修作业人员在该单位的维修保障实践中对应于修理分队,而维修能力管理者对应于技术室主任(维修连长),维修作业管理者对应于分队负责人。其对应于关系如图 3-43 所示。

对上述关系进行泛化并对应现有的编制体制关系,可以得到如图 3-44 所示的更一般的业务角色/组织关系映射图。

在维修保障信息化业务体系结构中,维修保障需求管理者是负责维修保障需求的生成、审核、验证、提交和管理的组织/部门/个人,从现有的维修保障活动的触发方式来看,无论是计划性的维修还是基于状态的维修和修复性维修,装备使用单位是整个装备保障体系中最前端的需求者和最终的维修保障接受者在功能、职责上是天然统一的。维修保障任务管理者作为接收维修保障请求并负责生成维修保障任务以及安排维修保障资源实施保障的功能主体,在维修保障体系中行使"大管家"的角色,这与实际编制中装备战技勤务机关的功能是类似的。维修保障信息化业务体系结构中,维修保障能力管理者实际上细分为库存能力管理、配送能力管理、维修能力管理以及采购能力管理,这与目前编制体制中装备机关下辖若干专

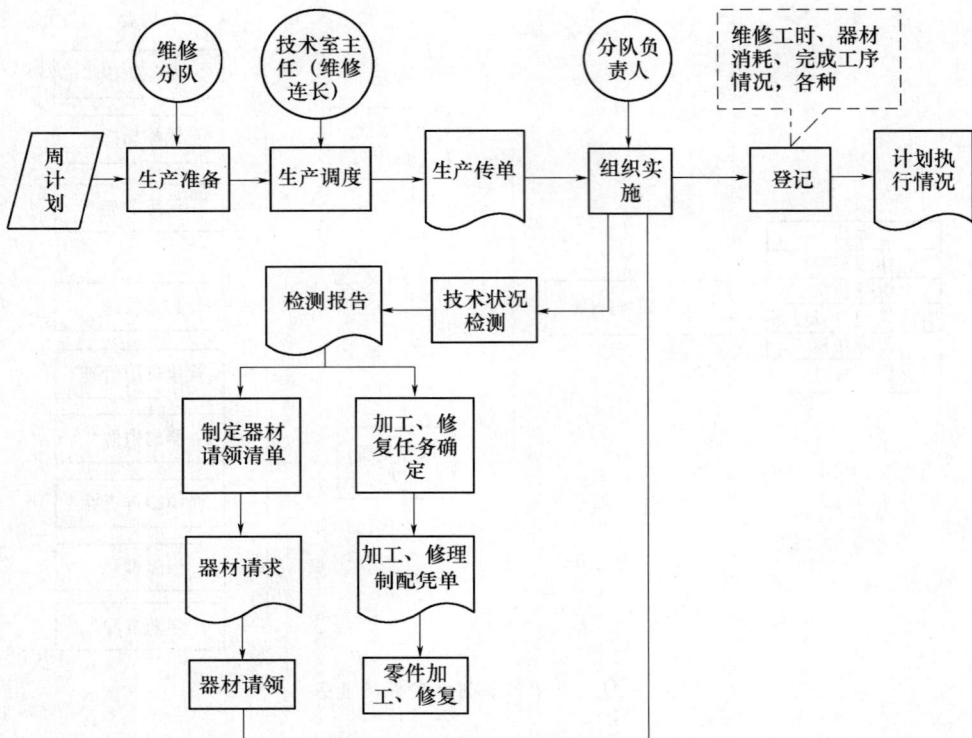

图 3 - 42　某单位的维修生产管理活动流程

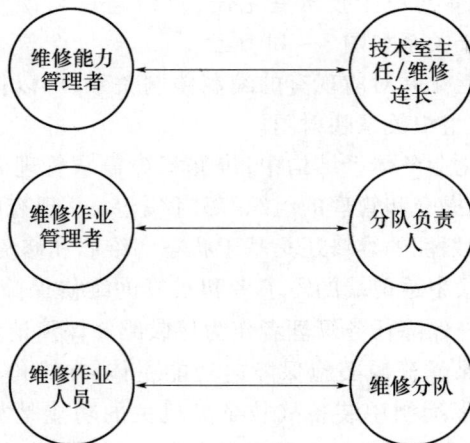

图 3 - 43　维修作业管理活动的业务角色组织对应关系

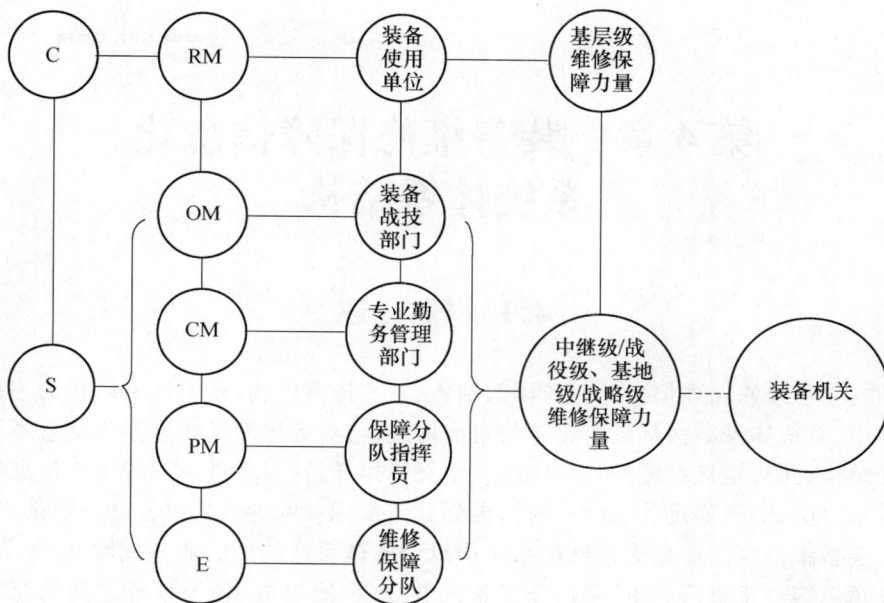

图 3-44 装备维修保障信息化业务体系结构业务角色与编制体制组织的对应关系

业勤务部门的初衷是一致的,例如有关装甲装备的维修能力管理在目前组织编制中就是装备机关下装甲装备勤务部门的职责。维修作业管理者是负责具体维修作业的有关任务安排、资源调度和进程监控的人员,通常是由具体维修保障力量/分队/群的指挥员承担的,这在目前的维修体制下对应于由维修保障编组时指定的指挥员或由指挥员授权的相关人员。而具体的维修保障作业人员就是实际执行/实施维修保障活动的维修保障力量/编组/分队或战时的有关保障群。

第4章 装备维修保障信息化系统体系结构

4.1 概 述

在装备维修保障信息化业务体系结构、系统体系结构、技术体系结构的三视图模型中,系统体系结构从系统设计的角度出发,将业务体系结构转换为信息系统的设计结构,并为信息系统的具体实现技术提供指导,这与软件工程理论中信息系统从需求分析,到概要设计、详细设计,再到具体实现技术的开发过程是一致的[40]。

装备维修保障信息化系统体系结构对业务体系结构中的业务领域、业务节点、业务角色等要素进行分析,确定顶层系统节点、系统组成、各子系统之间的交互关系,定义系统或子系统相互之间的访问接口,明确各系统或子系统模块的功能和性能要求。简言之,制订系统体系结构的目的就是在信息系统设计层面上,对如何实现业务体系中描述的业务逻辑进行深入阐述,明确地定义业务体系中每个服务具体由哪些系统或子系统的功能模块来实现、业务领域之间的逻辑关系是如何通过系统或子系统之间的数据交互来实现[30]。

系统体系结构在衔接业务体系和技术体系中发挥着重要作用。一旦由业务体系结构确定出系统体系结构后,一方面,可以将各业务处理节点、各业务处理活动之间的关系映射到具体的系统或子系统中,对实际应用中构建装备维修保障信息化系统具有直接的指导作用,不同的用户可以根据自己的需求来确定系统的组成和建设方法;另一方面,根据系统体系中各功能模块的技术实现需求,可以确定出维修保障信息化的支撑技术范畴及其体系结构,从而为制定相应的技术标准和协议提供参考,比如各种通信、接口和服务标准等。

4.1.1 与业务体系的映射关系

本质上,装备维修保障信息化系统体系结构是在信息系统设计层面上对业务体系结构的实现,也是实现从逻辑功能向物理软硬件系统转化的一个重要的中间层次。根据软件工程中模型驱动体系结构(Model – Driven Architcture,MDA)的设计理论[41,42],在信息系统的开发过程中,通过引入平台无关模型(Platform Independent Model,PIM)[43],能够降低系统设计过程对具体实现技术的依赖性,从而使得系统设计方案具有更好的普适性。按照这种设计思想,系统体系结构描述了武器装备维修保障信息系统中各个组成部分的功能及相互关系,但并不与具体的物理硬件设备和软件开发平台挂钩,这样就避免了特定实现技术的发展对系统体系结构的影响,增加体系结构的稳健性。

装备维修保障信息化系统体系结构是一种开放式的层次结构,其主要描述内容包括系统定义、系统节点定义、功能模块定义及功能模块之间交互关系定义等。从与业务体系相对应的角度来看,两者之间的映射关系如图 4 - 1 所示,具体可以描述为在业务体系中,根据装备维修保障需求确定出所需要的信息、服务和业务节点,业务体系中的信息与系统体系中的数据相当,业务体系中的服务与系统体系中的功能相当,业务节点与系统节点相当,业务体系中的角色与系统体系中的系统相当。同时,在业务体系中交换的是信息,而在系统体系中交换的是数据。

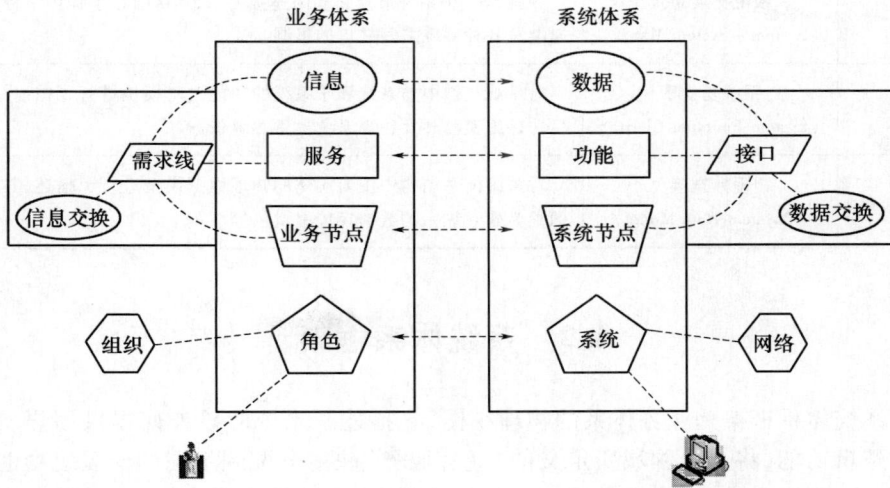

图 4 - 1   业务体系与系统体系之间的映射关系图

4.1.2   系统体系结构设计的主要内容

根据上述映射关系,可以确定出系统体系结构开发的主要内容。首先需要将业务服务域转化为能够实现该服务的一系列功能模块,然后将业务之间的逻辑关系转化为系统模块之间的活动图,再将相似的系统功能模块组合成物理系统,最后通过合并物理系统构成物理系统节点。此外,为规范各组成系统之间的信息交互,还需要进一步地定义信息交换的物理数据实体模型。

针对上述过程,美军 DoDAF 框架给出了一套规范的系统开发流程,定义了 11 个系统体系结构产品,分别为 SV1 ~ SV11,其中一些产品为可选项。根据装备维修保障信息化系统的特点,并考虑到本章内容的参考性定位,对 DoDAF 框架进行了一定的裁剪,确定出装备维修保障信息化系统体系结构产品开发的基本内容,如表 4 - 1 所列。

表 4 - 1 装备维修保障信息化系统体系结构的基本内容

序号	名称	基本含义及作用
SV - 1	系统接口描述 (Systems Interface Description)	对装备维修保障信息化的顶层系统节点、节点内部的系统构成和系统之间的接口进行描述,其目的是识别系统的边界,确保在技术实现时,系统之间的互操作性
SV - 2	系统通信描述 (Systems Communitcation Description)	对 SV - 1 中的节点及其之间的连接关系与数据交换内容进行了描述,目的在于确认如何在物理通讯机制上实现系统接口
SV - 3	系统交换矩阵 (System - System Matrix)	刻画 SV1 中系统节点之间的连接关系,其目的在于提供一种快速浏览各种系统之间接口的机制
SV - 4	系统功能图 (System Function Chart)	对系统节点中的系统和子系统的功能逻辑模块进行了描述,其目的是为实际开发物理系统提供参考依据
SV - 11	物理数据模型 (Physical Data Model)	对系统体系结构中主要实体的物理数据模型进行了描述,其目的是为建立统一的数据环境提供依据

4.2　系统体系框架

系统体系框架是业务体系的物理视图,它描述了系统应该如何提供用户所要求的逻辑功能,将业务领域所定义的"业务服务"映射分配到不同的子系统功能模块上。在系统体系框架中,需要定义各种系统的结构与操作、多系统的连接与互操作关系,确定与信息交换有关的系统节点和物理终端。

4.2.1　系统接口描述

为进一步说明业务体系与系统体系之间的映射关系,引入系统接口描述图。维修保障信息化系统接口描述图对业务体系中所对应的系统顶层节点、系统顶层节点的组成系统以及各系统之间的交互接口等高层系统元素进行描述,从而将业务体系和系统体系关联起来。系统接口在系统体系框架中扮演了一个非常重要的角色,它描述了系统节点内部和系统节点之间的各种交互关系。所谓系统接口是系统节点之间或系统之间一个或多个通信路径的抽象简化表示,通常在图形化表示方法中用带方向的直线来表示。对应于第 3 章的业务体系框架,装备维修保障信息化的系统接口描述图,如图 4 - 2 所示。

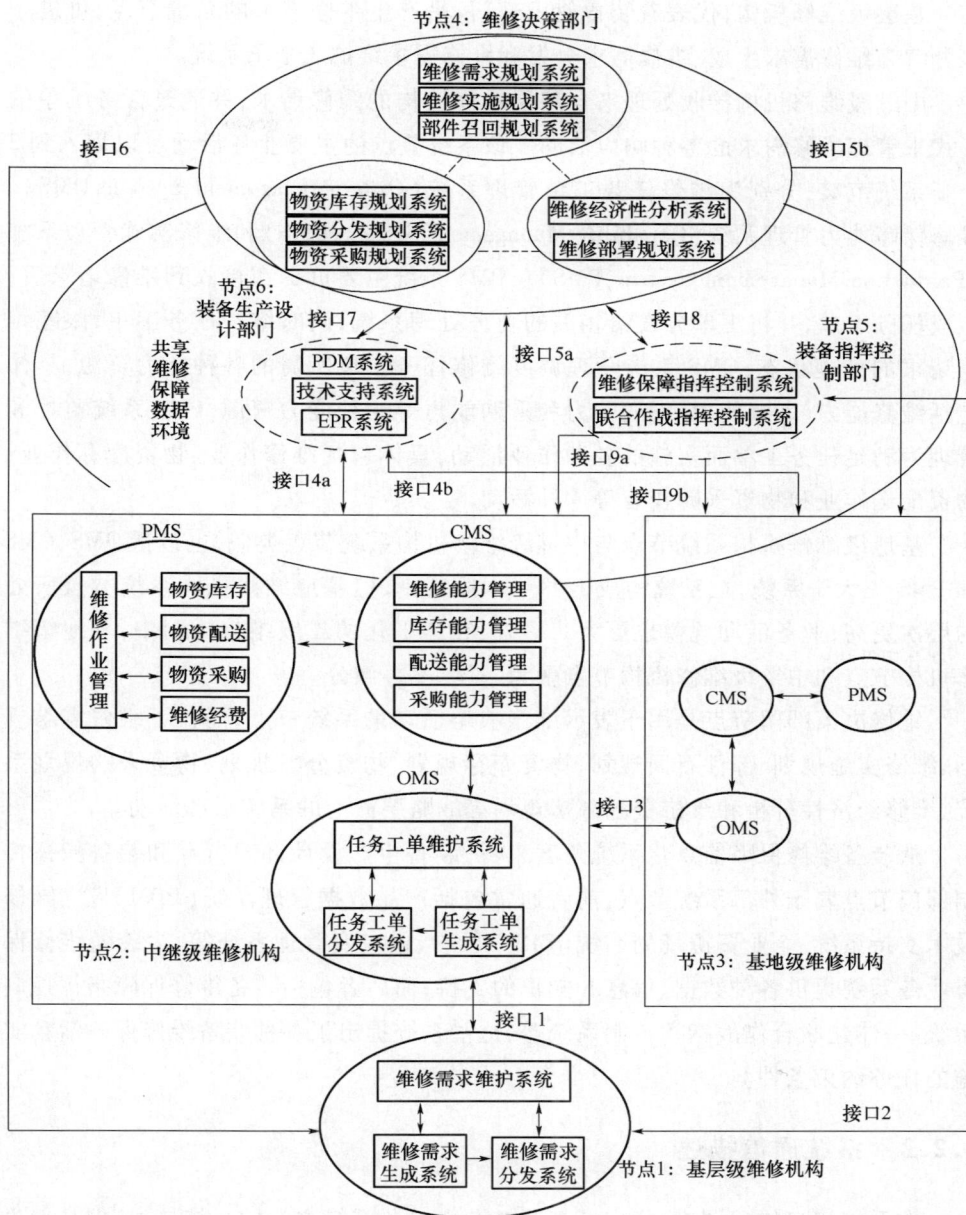

节点4：维修决策部门

维修需求规划系统
维修实施规划系统
部件召回规划系统

接口6

接口5b

物资库存规划系统
物资分发规划系统
物资采购规划系统

维修经济性分析系统
维修部署规划系统

节点6：
装备生产设
计部门

共享维修保障数据环境

接口7

PDM系统
技术支持系统
EPR系统

接口5a

接口8

节点5：
装备指挥控
制部门

维修保障指挥控制系统
联合作战指挥控制系统

接口4a

接口4b

接口9a

接口9b

PMS

CMS

维修作业管理

物资库存
物资配送
物资采购
维修经费

维修能力管理
库存能力管理
配送能力管理
采购能力管理

CMS

PMS

OMS

接口3

OMS

任务工单维护系统

任务工单分发系统

任务工单生成系统

节点2：中继级维修机构

节点3：基地级维修机构

接口1

维修需求维护系统

维修需求生成系统

维修需求分发系统

节点1：基层级维修机构

接口2

图4-2 装备维修保障信息化的系统接口描述图

在系统接口描述图中，刻画了基层级维修机构、中继级维修机构、基地级维修机构、维修决策部门、装备生产设计部门和装备指挥控制部门六大系统节点，其中装备生产设计部门和指挥控制部门为外部系统节点。

基层级维修机构,代表着装备使用部门,是产生维修需求的系统节点,可进一步分解为维修需求生成、维修需求分发和维修需求维护 3 个子系统。

中继级维修机构接收处理来自基层维修机构的维修请求,并通过任务工单的形式来管理维修需求的各种响应活动。该系统节点的主要业务活动可以划入到 3 个子系统范畴,分别为维修任务工单管理系统(Order Management System,OMS)、维修保障能力管理系统(Capability Management System,CMS)和维修实施管理系统(Production Management System,PMS)。OMS 系统主要负责在接收到维修请求后,生成任务工单,并将工单分发给相关的业务处理系统,同时维护任务工单,跟踪维修请求的处理状态;CMS 系统管理调度维修任务工单所需的各种能力资源,具体包括维修能力、库存能力、配送能力和采购能力等 4 种能力资源;PMS 系统监控和管理为满足任务工单而实施的各种作业活动,具体包括维修作业、物资库存作业、物资配送作业和物资采购作业等 4 种活动。

基地级维修机构系统节点与中继级维修机构系统节点类似,也包括 OMS、CMS 和 PMS 三大子系统,在系统构成上并无本质区别,但基地维修机构系统节点所处的层次更高,业务活动规模也更大。另外,在扁平化的二级维修体制中,基地级维修机构节点和中继级维修机构节点融为一体,不再区分。

维修决策部门节点是用于表示维修战略活动的系统节点,涵盖了维修需求规划、维修实施规划、部件召回规划、物资库存规划、物资分发规划、物资采购规划系统、维修经济性分析和维修资源部署规划等战略层面上的系统活动活动。

从装备维修保障信息化系统角度来看,装备生产设计部门节点和装备指挥控制部门节点属于外部系统节点,前者通常包括产品数据管理系统(PDM)[44]、维修技术支持系统、企业资源规划系统(ERP)[45,46]、供应商管理系统等,为装备维修保障业务系统提供各种数据、信息和知识的支持;而后者包括装备维修保障指挥控制系统、一体化联合作战指挥控制系统等,这些系统提出了各种装备维修保障活动实施的任务约束条件。

4.2.2 系统通信描述

在系统接口描述图中,指出了各系统节点或子系统之间的系统接口,但从信息系统通信机制的角度考虑,还要进一步详细描述接口的实现机制,包括接口的类型、交换的信息内容、通信的介质等。完整的接口定义使得各个系统之间能够通过有线或无线网络进行相互通信和信息交互,实现数据的共享。图 4 - 22 中的主要接口定义如表 4 - 2 所列。

表 4 - 2　装备维修保障信息化系统体系结构的接口通信机制

接口名称	接口类型	主要交换数据
接口 1	双向通信	维修保障请求序列数据 维修保障经费数据
接口 2	单向通信	维修保障需求生成控制数据 维修保障需求维护控制数据
接口 3	双向通信	维修保障请求序列数据 维修保障人员数据 维修保障物资数据 维修保障经费数据
接口 4a、4b	双向通信	装备(部件)生产设计数据 装备(部件)供应商数据 维修技术支持数据 装备(部件)缺陷或故障数据
接口 5a、5b	双向通信	维修需求规划数据 物资库存规划数据 维修资源部署规划数据 维修经济性分析数据 维修保障供应链规划数据
接口 6	单向通信	大修计划数据 中修计划数据
接口 7	双向通信	装备研制/生产计划数据 装备生产能力数据
接口 8	双向通信	用于维修需求规划制定的控制数据 用于维修实施规划制定的控制数据 用于部件召回规划制定的控制数据 用于物资采购规划制定的控制数据 用于物资库存规划制定的控制数据 用于物资分发规划制定的控制数据 用于维修部署规划制定的控制数据 制订指挥控制决策时所需的维修实施规划数据、维修部署规划数据、物资采购/分发/库存规划数据
接口 9a、9b	单向通信	维修工单生成控制数据 维修工单分发控制数据 维修工单维护控制数据 用于维修能力管理的控制数据 用于物资配送能力管理的控制数据 用于物资采购能力管理的控制数据

4.2.3 系统节点交换矩阵

系统节点交换矩阵以一种矩阵的形式描述了系统接口图中的接口特性,从而能够快速地察看节点之间的连接关系,如表4-3所列。节点分别作为矩阵的行和列,如果两个系统节点之间存在接口,则对应的位置用符号"✓"标识,否则用符号"—"标识。由表4-3可见,节点之间存在紧密的数据交换接口关系,通过对接口进行统一的定义就可以实现数据的共享,从而构建一体化的装备维修保障共享数据环境。

表4-3 装备维修保障信息化系统体系结构节点交换矩阵

	节点1	节点2	节点3	节点4	节点5(外)	节点6(外)
节点1		✓	✓	✓	✓	—
节点2	✓		✓	✓		✓
节点3	✓	✓		✓		
节点4	✓	✓	✓		✓	✓
节点5	✓	✓	✓			
节点6	—	✓				

4.3 系统功能与活动

在系统体系框架中,明确了需要开发的系统和子系统的类别。对于这些系统的逻辑功能、内部/外部的系统活动还需要进一步描述,从而为实际信息系统的技术实现提供明确的指导方案。下面将分别论述各系统的逻辑功能和系统活动。需要特别指出的是,以下系统的名称仅为实际开发系统时提供参考,并没有明确地固定。实际开发系统时,可以根据所要实现的功能来确定系统的名称。

4.3.1 维修需求管理系统

维修需求管理系统的主要功能是收集个体或总体层次上的维修保障需求,验证并理解保障对象需求的本质,从而确保维修服务请求和维修保障资源能在全局保障能力组织中得到实现。一般情况下,并不是所有的维修需求都会转化为任务工单,但这些需求都会被捕获并记录下来,作为高层维修战略规划的分析数据源。该系统在单一装备个体层次上(装备健康状态监控、可靠性分析)和全部装备总体层次上(维修计划)为保障对象生成维修保障需求,对产生的维修需求进行验证和排序,同时根据维修需求的具体要求生成相应的维修资源清单需求,构成维修任务需求工单,以提交给维修工单系统来处理。简言之,维修需求管理是保障对象生成、验证、提交和维护维修保障需求的过程。

　　根据维修需求管理系统需要实现的目标,可进一步划分为 5 个主要子系统,分别为可靠性管理系统、状态监控系统、维修需求生成管理系统、维修需求分发管理系统、维修需求维护管理系统。各系统的具体功能描述,如表 4-4 所列。

表 4-4　维修需求管理系统划分及功能描述

系统	功能描述	主要逻辑功能
可靠性管理系统	装备(部件)故障模式(FMECA)分析 RCM 分析 装备全寿命周期内可靠性信息管理 产生维修需求	可靠性信息的收集
		可靠性信息的处理
		可靠性信息的储存
		可靠性信息的输出
		可靠性信息的统计
		找出装备潜在的故障模式
		故障模式危害度分析
		分析故障原因
		评估故障发生的概率
		故障预测和剩余寿命估计
		确定装备的重要功能产品
		对重要功能产品进行故障模式影响分析
		RCM 逻辑决策
		制定预防性维修大纲
状态监控系统	装备各种状态数据的记录(包括振动、噪声、油液、图像、红外等) 装备各种状态数据的处理(包括振动、噪声、油液、图像、红外等) 装备各种状态数据的监控决策(包括振动、噪声、油液、图像、红外等) 根据状态监控结果产生维修需求	ED/EP
		PMA
		状态数据的存储
		状态数据的分析与处理
		状态监控决策
		状态监控报警
		产生维修请求事件
		运行状态数据的查询
		运行状态数据的调用
		运行状态数据的分类
		运行状态数据的统计
		提供与其他子系统的接口

95

系统	功能描述	主要逻辑功能
维修需求生成管理系统	记录维修需求 验证维修需求 分配维修需求级别	维修需求信息录入
		维修需求审核
		维修需求级别分配
维修需求分发管理系统	生成维修需求任务序列清单 提交维修工单	维修工单生成
		提交维修工单
		确认维修工单
维修需求维护管理系统	维修需求信息的日常维护和管理	维修需求信息的查询
		维修需求信息的增减
		维修需求信息的状态跟踪
		维修需求信息统计分析

表4-4中所述的各子系统之间并不是孤立的,而是在系统接口图中通过交换数据产生关联关系,这种联系可以用系统活动图来表示,如图4-3所示。图中的

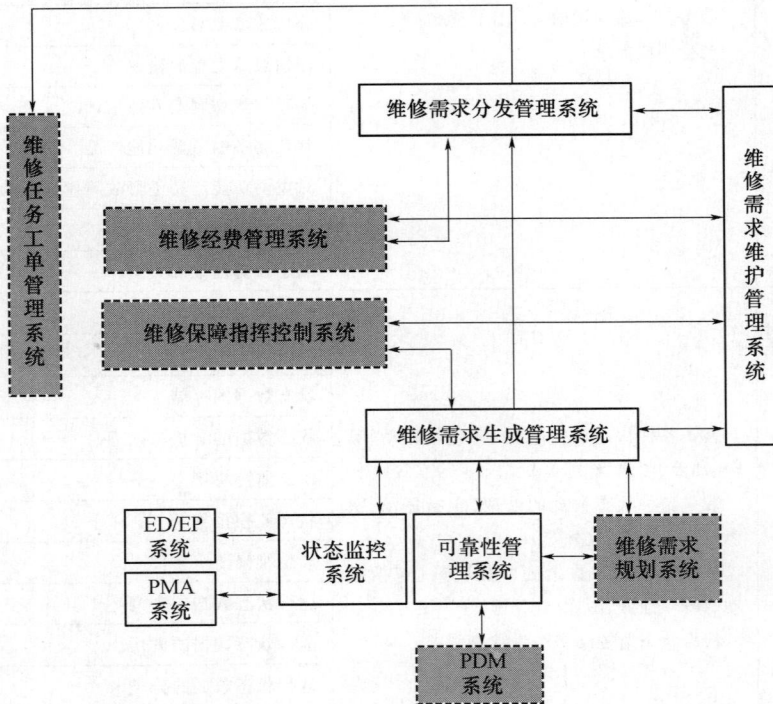

图4-3 维修需求管理系统活动图

系统活动分为内部活动和外部活动两个部分,内部活动以实线表示,而外部活动以虚线表示。

可靠性管理系统对与装备有关的各种可靠性信息进行管理,同时根据 FMECA 分析和 RCM 分析结果产生相应的维修需求;状态监控系统采用 ED/EP 系统、PMA 系统等先进测试手段获取装备状态数据,并对这些数据进行分析处理,产生相应的维修需求;维修需求规划系统根据事先制定的维修需求规划,产生相应的维修需求;维修需求生成管理系统接收来自不同系统的维修需求,进行验证和级别分配,生成维修需求序列,提交给维修需求分发系统进行处理;维修需求维护管理系统对维修需求生成和分发的过程进行日常的维护和管理。

产品数据管理系统(PDM)为 FMECA 分析和 RCM 分析提供需要的产品设计数据;可靠性管理系统将相关的可靠性数据传递给维修需求规划系统,为维修计划的制定提供参考;维修需求分发管理系统向维修任务工单管理系统提交维修工单序列,同时在维修需求生成和分发管理过程中,需要考虑维修经费信息以及维修保障指挥控制信息,使得产生的维修需求具有可实现性并得到最优化的满足。

4.3.2　维修任务工单管理系统

维修任务工单管理系统的主要功能是接收保障对象请求,生成保障对象任务工单,并启动相关产品和服务的实施过程,并在不同的能力管理活动中协调和分解相关保障活动。系统将所有的子任务工单与通过维修工单管理过程所产生的主任务工单关联起来,因此从保障对象的角度来看,任务的实施集中在保障链企业中的一个单一点上进行,从而使得这一实现过程更有效率和更易协调。

根据维修任务工单管理系统要实现的目标,可进一步划分为 3 个子系统,即维修任务工单维护管理系统、维修任务工单分发管理系统、维修任务工单生成管理系统。维修任务工单维护系统主要负责对工单进行基本的维护和管理;维修任务工单分发系统主要负责将工单按流程向各个相关系统进行分发;维修任务工单生成系统主要负责生成满足具体维修保障需求和格式规定的任务工单。各子系统的具体功能描述,如表 4 – 5 所列。

表 4 – 5　维修工单管理系统划分及功能描述

系　统	功能描述	主要逻辑功能
维修任务工单 维护管理系统	年度维修任务工单维护 季度维修任务工单维护 月度维修任务工单维护	维修任务工单信息统计
		维修任务工单信息查询
		维修任务工单信息增减
		维修工单状态信息跟踪

系　　统	功　能　描　述	主要逻辑功能
维修任务工单 生成管理系统	年度维修任务工单生成 季度维修任务工单生成 月度维修任务工单生成	维修任务工单的添加
		维修任务工单的验证
		维修级别分配
		生成维修任务工单序列
维修任务工单 分发管理系统	年度维修任务工单分发 季度维修任务工单分发 月度维修任务工单分发	维修任务工单分发请求
		维修任务工单分发确认

　　维修任务工单管理系统的主要活动如图4-4所示,包括内部活动和外部活动两个部分,前者以实线表示,而后者用虚线表示。维修任务工单生成系统接收维修需求序列数据,产生维修任务工单,提交给维修任务工单分发系统,同时维修任务工单维护系统对维修任务工单生成和分发的过程进行日常维护和管理。

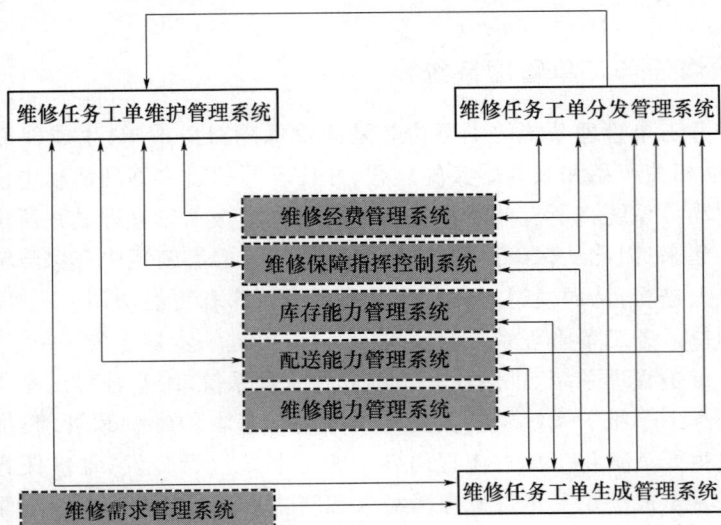

图4-4　维修任务工单管理系统活动图

　　任务工单的运转过程是一个复杂的工作流,需要在维修保障能力和效能之间进行需求的协调和分解,产生满足需求的任务工单,并向保障对象通报任务工单状态。因此,维修任务工单的生成、维护和分发都需要及时获知经费、指挥控制、库存能力、配送能力、维修能力等方面的相关信息,这也就需要在维修任务工单维护系统、维修任务工单分发系统、维修任务工单生成系统与维修经费管理系统、维修保障指挥控制系统、库存能力管理系统、配送能力管理系统、维修能力管理系统、维修需求管理系统、可靠性管理系统等之间建立通畅的接口交联关系。

4.3.3　维修保障能力管理系统

维修保障能力管理系统的主要目标是对维修保障链中支撑产品和服务所需的能力进行管理决策,从而最大化提高维修保障链中各项关键能力的使用效率。一方面,系统协调各项维修保障能力的管理功能,以确保维修需求所要求的维修保障能力得以满足;另一方面,对保障对象所需要的产品和服务的实现过程进行协调、测度、评估和管理,以满足期望的指标要求。这意味着所有的需求都应该通过一个能力功能来进行协调,这样的能力功能将作为整体的管理资源,从而确认为满足维修需求和任务工单所要分配的合适的生产/作业活动。

系统主要功能表现在对维修保障资源和能力进行规划、管理、优化和排序等方面。不同维修保障实体中的不同战斗保障功能域的能力管理者,都将根据该系统规划、排序和确保所有可用资源,使其能够以最有效的方式进行分配和使用。能力管理者也通过该系统的优化能力,负责为所执行的任务工单分配所需能力。同时,维修保障能力管理系统还负责保持其能力和性能的可视化,并基于维修保障指挥员的意图、保障态势以及任何保障需求的变化而进行必要的调整。此外,系统还需将维修保障系统的现有能力进行集成、协调和通信。

根据维修保障能力管理系统要实现的目标,可进一步分解为4个子系统:维修能力管理系统,物资配送能力管理系统,物资采购能力管理系统,物资库存能力管理系统。维修能力管理系统主要提供对维修能力和资源(例如机器、工具、维修场所、外包协议)等进行规划、管理、优化、排序、分配的功能,尽可能地优化实现保障对象的维修服务需求;物资配送能力管理系统主要提供对配送/运输能力和资源(例如运输资产、驾驶员、配送设施、物资处里设备和第三方的配送协议)等进行规划、管理、优化、排序、分配的功能,以最优实现保障对象的运输服务、产品配送、执行其他服务所需的运输需求;物资采购能力管理系统主要提供对采购能力与资源(例如合同签订人员、政府信用卡采购协议等)等进行规划、管理、优化、排序和分配的功能,从而最优地实现保障对象需要由外部(商业)资源完成的需求;物资库存能力管理系统主要提供对库存能力和资源(例如库存、仓库能力、费用和人员)等进行规划、管理、优化、排序和分配的功能,以向保障对象提供最优的产品以及与完成某一服务有关的产品。各子系统的具体功能描述,如表4-6所列。

表 4-6　维修保障能力管理系统划分及功能描述

系　统	功能描述	主要逻辑功能
维修能力管理系统	维修设施管理 维修设施使用优化 维修设备管理 维修设备使用优化 维修人员管理 技术资料管理 维修经费使用优化	维修设施信息管理
		维修设施使用优化决策
		维修设备信息管理
		维修设备使用优化决策
		维修人员信息管理
		维修经费使用优化决策
		技术资料的归档、查询、借调和分发管理
		技术资料的电子化
物资配送能力管理系统	配送设施管理 配送设施优化部署 运输资产管理 运输资产优化部署 运输路径优化 配送/运输人员管理	配送设施信息管理
		配送设施部署优化决策
		运输资产信息管理
		运输资产部署优化决策
		运输路径规划
		配送/运输人员信息管理
物资采购能力管理系统	采购能力管理 采购能力优化 采购人员管理 供应商管理	采购供应链优化
		采购人员信息管理
		供应商信息管理
物资库存能力管理系统	仓库能力管理 仓库部署优化 库存费用优化 仓储人员管理	仓库信息管理
		仓库库存能力信息管理
		仓库部署优化决策
		库存费用优化决策
		仓储人员信息管理

　　维修保障能力管理系统的主要活动如图 4-5 所示,包括内部活动和外部活动两个部分。维修能力管理系统需要物资配送能力和物资库存能力的相关数据以支持优化决策,同时物资配送能力管理系统与采购能力管理系统之间、物资采购能力管理系统与库存能力管理系统之间也相互交换数据,确保各种能力资源能够相互协调,实现优化调度。

　　对维修保障能力的管理,不可避免的需要从各能力相关管理系统中获取各能力的原始信息和当前状态信息。同时,能力管理系统也需要向各相关系统提供能

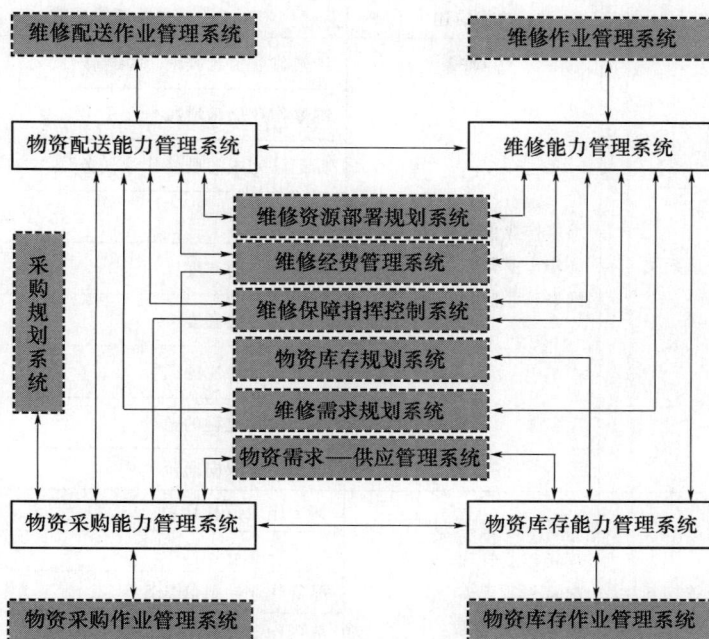

图 4 - 5　维修保障能力管理系统活动图

力分析资料,指导各系统更好的开展其任务范围内的主要工作。因此,能力管理系统与维修配送作业管理系统、维修作业管理系统、采购规划系统、维修部署规划系统、维修经费管理系统、维修保障指挥控制系统、物资库存规划系统、维修需求规划系统、物资需求—供应规划系统、维修采购作业管理系统、维修库存作业管理系统等均存在接口交联关系。

4.3.4　维修实施管理系统

　　该系统综合管理维修保障实施过程中涉及的各个重要环节,如库存、采购、经费、配送及维修作业等,为保障过程的实施提供能力与资源的应用和分配,并协调、测度、评估和管理各项作业的执行过程,以满足期望的指标要求。此外,维修实施管理系统还向任务工单管理者报告任务工单状态,保持任务工单的可视化,同时向所在领域内的能力管理者汇报资源状态,实现资源能力的可视化。

　　根据维修实施管理系统要实现的目标,可进一步分为 5 个子系统:维修作业管理系统、物资配送作业管理系统、一体化训练管理系统、物资采购作业管理系统、物资库存作业管理系统。各子系统的具体功能描述,如表 4 - 7 所列。

表 4 – 7　维修实施管理系统划分及功能描述

系　　统	功能描述	主要逻辑功能
维修作业管理系统	维修作业信息管理 维修作业调度 维修作业监控	维修作业信息查询
		维修作业信息增减
		标记已完成的维修作业任务
		维修作业评估
		维修器材的调度
		维修人员的调度
		维修器材物流的监控
		维修作业过程的监控
		维修作业双向通讯
物资配送作业管理系统	加工作业管理 理货作业管理 配货作业管理 出货作业管理 配送作业控制	加工作业信息管理
		理货作业信息管理
		配货作业计划信息管理
		出货作业计划信息管理
		配送作业过程监控
一体化维修训练管理系统	维修技能训练 维修知识培训	装备维修模拟
		虚拟维修
		装备维修知识培训
物资采购作业管理系统	采购计划管理 申购审批管理 采购合同管理 采购招标管理 维修器材到货管理 供货质量管理	采购计划管理
		申购审批管理
		采购合同管理
		采购招标管理
		维修器材到货管理
		供货质量管理
		付款计划管理
物资库存作业管理系统	物资出库管理 物资入库管理 物资报损管理 物资库存管理	物资库存信息管理
		物资入库信息管理
		物资出库信息管理
		物资报损信息管理

维修实施管理系统的主要活动如图4-6所示,包括内部活动和外部活动两个部分。物资库存作业管理系统和配送管理系统为维修作业管理系统提供需要的物资,而维修作业管理系统向物资采购作业管理系统反馈需要的物资需求数据。维修经费管理系统为物资采购、库存和配送作业管理系统以及维修作业管理系统提供需要的经费数据。一体化维修训练管理系统为维修作业管理系统提供维修人员培训,而维修作业管理系统为一体化维修训练管理系统提供案例。技术支持系统为维修作业管理系统提供在线或远程技术支持。

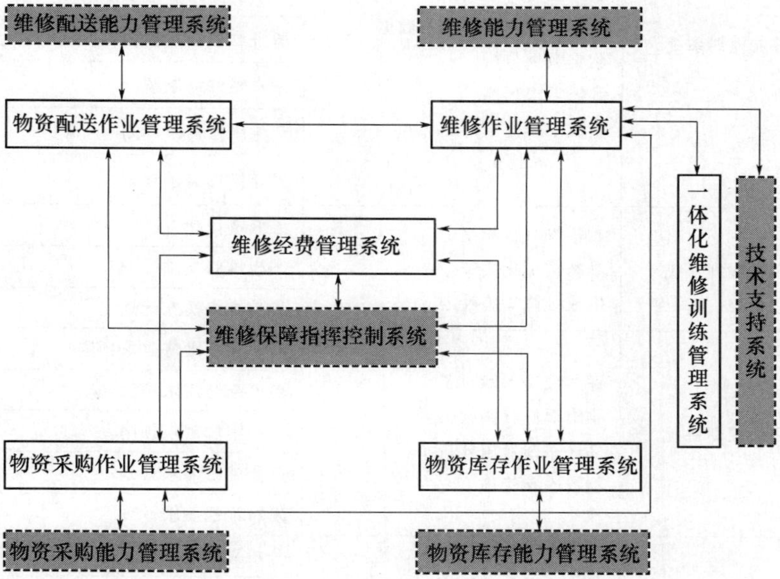

图4-6　维修实施管理系统活动图

对维修保障实施的管理,主要需要从各能力相关管理系统中获取各能力的原始信息和当前状态信息。同时,能力管理系统也需要向维修实施管理系统提供能力分析资料,指导其更好的开展其任务范围内的主要工作。因此,维修实施管理系统与维修配送能力管理系统、维修能力管理系统、采购能力管理系统、库存能力管理系统等均存在一定的接口交联关系。

4.3.5　保障供应链规划系统

保障供应链规划系统的主要功能是规划和预测维修需求,建立保障对象的维修物资和作业服务供应链,以实现一体化联合作战的维修保障目标。保障供应链规划需要具有全资可视化能力,并负责对联合战区内的维修能力和物资进行优化和部署。这些全局性的规划系统包括维修需求规划系统、维修实施规划系统、部件召回规划系统、物资采购规划系统、物资库存规划系统、物资配送规划系统、维修经济性分析系统、维修部署规划系统,各子系统的规划内容如表 4-8 所列。

表 4-8 保障供应链管理系统划分及功能描述

系　统	功能描述	主要逻辑功能
维修需求规划系统	评估维修保障对象 收集维修历史数据 收集作战和训练规划数据 收集数据分析 维修需求预测 生成维修需求计划	维修保障对象历史数据分析
		建立维修需求预测系统
		产生初步维修需求预测
		验证维修需求预测
		发布维修需求预测
		产生维修需求计划
		发布维修需求计划
维修实施规划系统	收集维修链数据 维修链优化决策 生成维修实施计划	维修链优化
		产生维修实施计划
		发布维修实施计划
部件召回规划系统	评估维修保障对象 收集部件召回数据 部件召回费用分析 物资库存管理	产生初步维修需求预测
		验证维修需求预测
		发布维修需求预测
		产生维修需求计划
		发布维修需求计划
物资采购规划系统	收集采购需求数据 采购能力分析 生成采购计划	分析采购能力
		产生初步物资采购计划
		确认采购计划
		发布物资采购计划
物资库存规划系统	收集库存需求数据 库存能力分析 生成库存计划	分析库存能力
		产生初步物资库存计划
		确认库存计划
		发布物资库存计划
物资配送规划系统	收集配送需求数据 配送能力分析 生成配送计划	分析配送能力
		配送路径规划
		产生初步物资配送计划
		确认物资配送计划
		发布物资配送计划

系　统	功能描述	主要逻辑功能
维修经济性分析系统	装备大修经济性分析 装备改装经济性分析 装备退役经济性分析 维修费使用评估	装备大修经济性分析
		装备更新经济性分析
		装备改装经济性分析
		装备故障后果经济性分析
		维修费用评估指标体系制定
		维修费用评估指标计算
		维修费用评估效益评估
维修部署规划系统	收集作战/训练维修部署需求 收集作战/训练维修部署需求 建立维修部署方案 评估方案效果 生成维修部署计划 发布维修部署计划	分析维修部署需求
		评估维修部署方案
		产生维修部署计划
		发布维修部署计划

保障供应链规划系统的主要活动如图4-7所示，包括内部活动和外部活动两个部分，前者以实线表示，后者以虚线表示。系统的内部活动包括8个用于全局的维修保障能力规划过程，它们之间相互影响相互关联，某些规划的输出则是另外规划的输入，并且某个规划的改变都会引起其他规划的变化或触发其重新规划。在

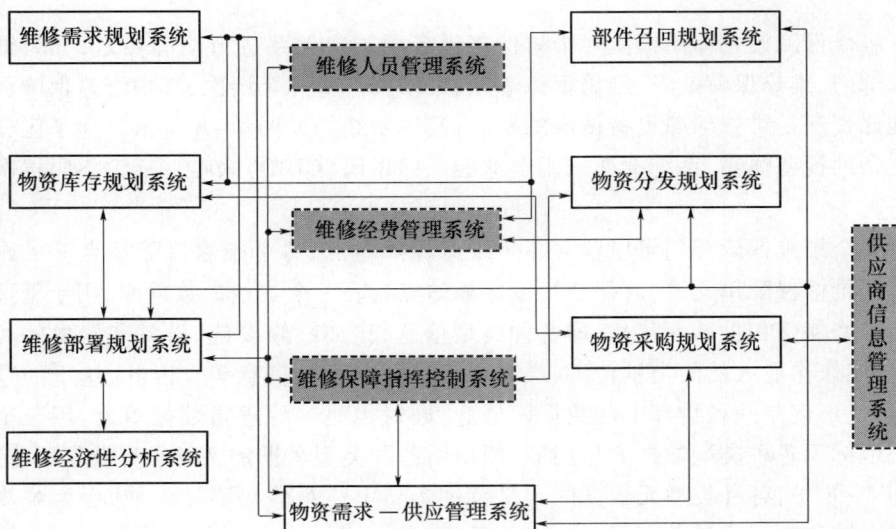

图4-7　保障供应链规划系统活动图

105

外部活动方面,保障供应链规划系统向维修需求管理系统、维修工单管理系统、维修能力管理系统以及维修实施管理系统发布相应的计划数据。

4.3.6 维修保障指挥与控制系统

维修保障指挥与控制系统虽然属于外部系统,但是在装备维修保障信息化框架中具有十分重要的作用。维修保障指挥与控制系统是一种特殊的电子信息系统,它由数据采集处理分系统、物资保障分系统、技术保障分系统、军事交通运输保障分系统以及控制决策分系统组成,其基本功能也包括信息采集、信息传递、信息处理、信息服务及系统监控等。

维修保障指挥与控制系统从建立的各种数据库中提取数据,对作战维修保障领域的其他单元输入进行确认,并与其他自动化指挥控制系统交换数据,有助于帮助指挥官及其参谋计划实施维修保障指挥。

4.4 物理数据模型

为了实现系统体系结构中定义的系统活动图,使得系统主体之间能进行信息交互,需要建立顺畅的数据链,也就是要为系统中涉及的实体构建适当的数据模型。为此,下面对系统体系中核心实体的物理数据模型进行定义。

4.4.1 维修保障设备体系模型

维修保障设备体系模型对维修保障设备的层次关系进行明确界定,分为维修保障部门、维修保障站点、维修保障单元、维修资产等几个层次,其中维修保障单元和维修资产是维修保障设备体系的核心,其体系结构如图4-8所示。为了区分这些复杂的设备体系,系统框架采用全球唯一标识码(GUID)来唯一标识不同层次的设备。

一个维修保障部门可以包含多个维修保障站点,每个维修保障站点又可以包含多个维修保障单元,同时每个维修保障站点具有一个本地的数据库,用于管理与装备维修保障相关的元信息,即各种类型信息,比如维修设施、设备和器材的类型信息、维修作业人员的类别信息、维修保障单元的类型信息等。因此,这里的数据库概念,不仅是一种物理上的数据库概念,同时也是一种逻辑数据单元,用于全球唯一地标识各种类型数据的作用域,即指明各种类型数据定义者和有效作用范围。在图4-8中,各种类型元数据的定义范围本质上是维修保障站点域,因为维修保障站点域和数据库对象之间的映射关系是1对1的,这意味着元数据是由维修保障站点统一定义,从而使得在同一个站点中的不同维修保障应用系统具有更好的信息交互能力;另一种定义类型元数据的方式是允许维修保障站点拥有多个数据库对象,并且允许不同的类型元数据定义在不同的数据库对象中。这种方式虽然会增加系统之间的交互难度(需要类型转化),但可以更好地集成各种已有的遗留应用系统。

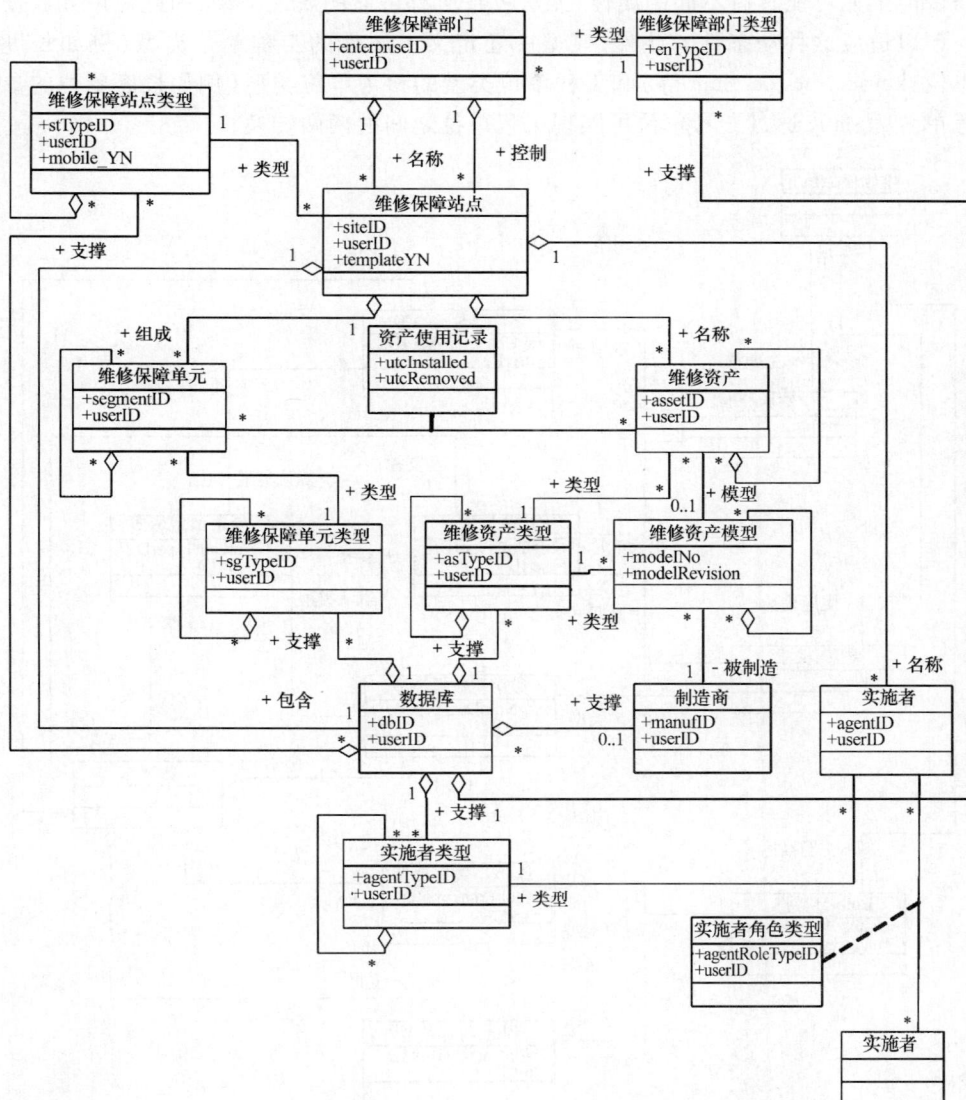

图 4 - 8   维修保障设备体系模型

维修保障单元模型如图 4 - 9 所示,它包含了 3 类描述信息:字符型数据信息、数值型数据信息和 Blob 型数据信息,每类信息都对应于预先定义好的数据类型,这些数据类型是本地数据库的一个组成部分。需要注意的是,在该模型的建模过程中,运用了元建模方法,即将建模元素本身作为所建模型的一部分。图中的字符型数据类型、数值型数据类型、Blob 型数据类型均为元数据类型。由于不同的维修保障单元可能具有不同的属性,无法枚举所有可能的属性类型,因此使用元数据类型以适应这种动态性。此外,模型中还定义了属性的工程单位类型(例如长度单位:km、m、dm、cm、mm 等)和工程单位类型的参考单位类型(例如长度单位的参考单位为:m),通过参考单位可实现工程单位之间的两两转换。

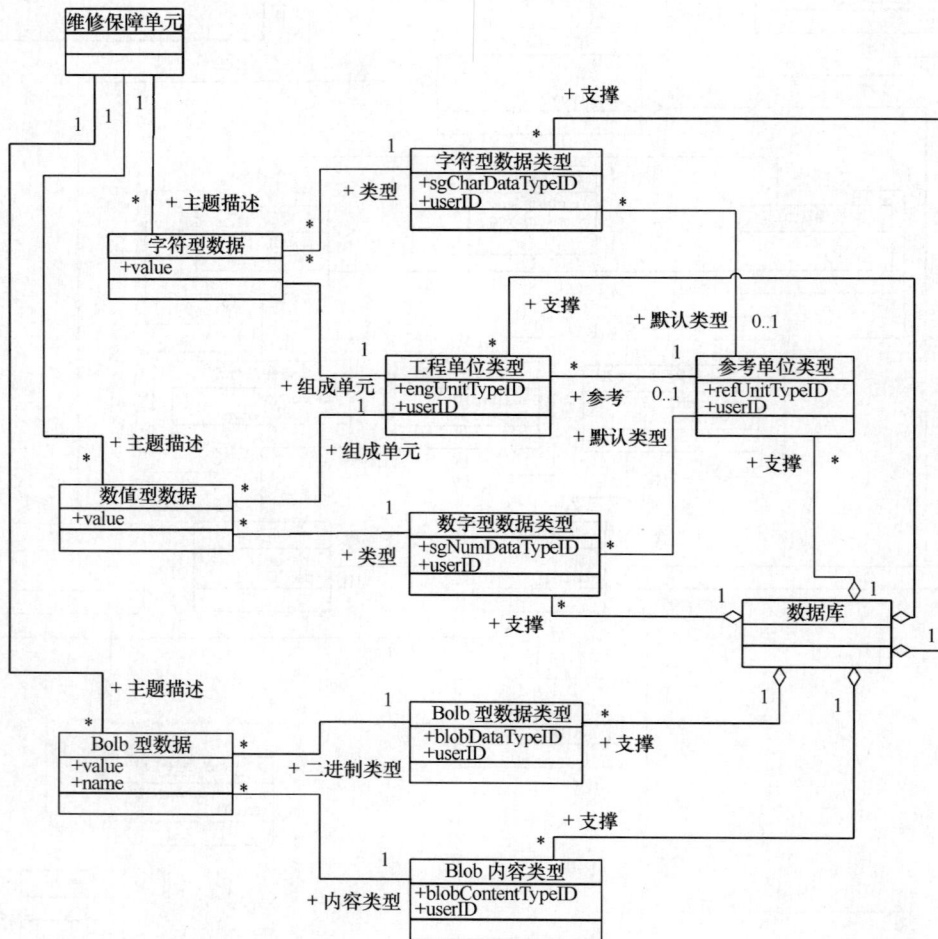

图 4 - 9 维修保障单元模型

维修资产模型如图 4 - 10 所示,它同样采用了元建模的方法来描述维修资产的属性,因此包含了 3 类常见的元数据类型:资产字符型数据类型、资产数字型数据类型和资产 Blob 型数据类型。基于这种元建模的方法,可以动态地扩充多种多样的设备属性,理论上可以描述任何复杂设备属性。此外,为了对维修资产生命周期进行管理,还定义了一些显示属性,例如资产拥有者(维修站点),资产的可用状态等。

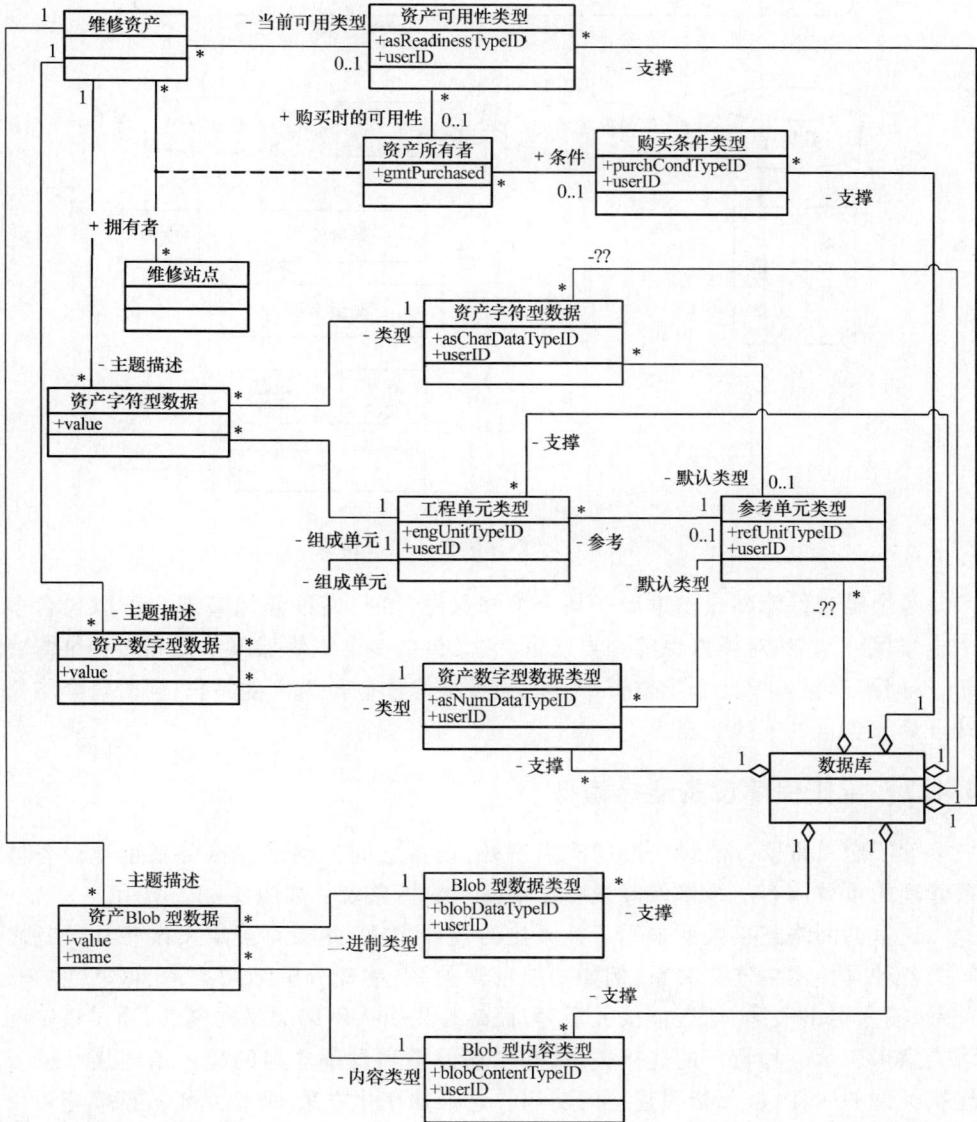

图 4-10 维修资产模型

4.4.2 维修保障设备层次模型

在维修保障设备体系模型中,设备所处的位置是一个层次化的结构,包括维修保障部门、维修保障站点、维修保障单元、维修资产等几个层次,如图4-11所示。

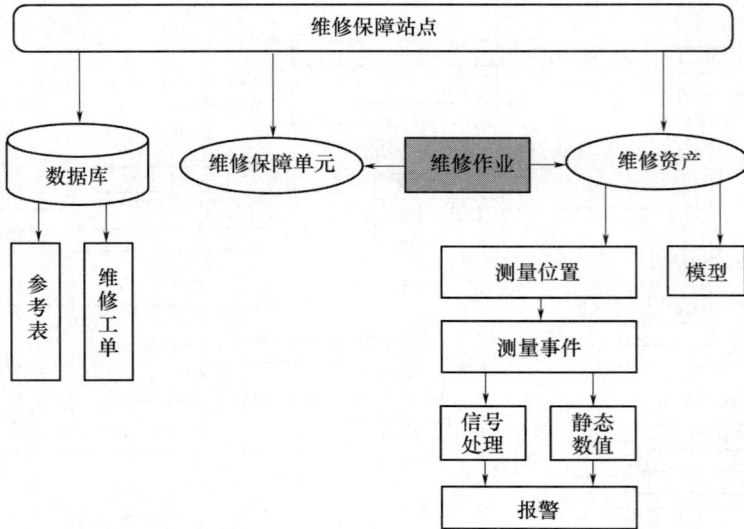

图 4 - 11 维修保障设备层次模型

每个维修保障站点都隶属于某个维修保障部门,而维修保障部门可以包含多个维修保障站点;对维修保障站点来说,它又包括多个维修保障单元和多种维修资产,不同维修保障单元和维修资产之间通过维修作业行为发生关联,同时每个维修站点具有各自的本地数据库。

4.4.3 维修保障设备连接模型

除了定义维修保障设备的层次模型外,设备之间的网络连接关系也是设备体系管理的重要内容。维修保障设备连接模型的抽象表示如图4-12所示。

这里的网络连接关系采用了抽象化的设计方法,并未直接定义设备和设备之间的各种具体网络连接关系,例如功能逻辑关系、物理分解结构关系、可靠性关联关系、输入输出关系、电气连接关系等,而是首先引入网络类型的概念,通过指定网络类型来表示一种特定的连接关系,并要求设备和设备之间的每一条连接都具有连接类型的属性,从而指明连接的功用。这种抽象化方法,使得系统数据模型可以扩充更多地连接类型,从而支持描述某些特定设备之间的特殊连接关系,具有更好地通用性。

110

在图 4 – 12 中,每一个数据库都可以存储多个不同类型的设备网络信息,而每一个设备网络信息都必须指明其网络类型,这些网络类型作为元数据存储在数据库节点中。维修网络的组成单元可以是实化的维修资产,也可以是虚化的维修保障单元。

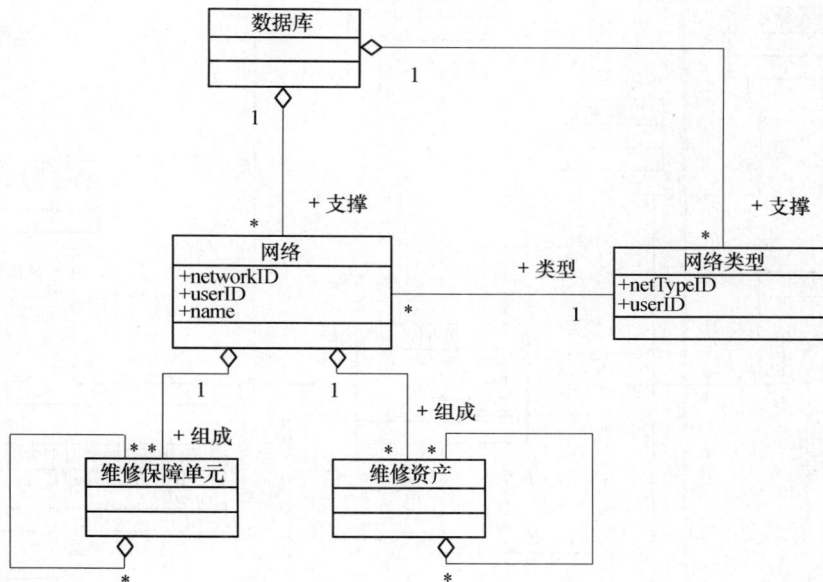

图 4 – 12　维修保障设备连接模型

4.4.4　可靠性信息模型

该模型主要描述与 RCM 相关的信息实体,如图 4 – 13 所示。从图中可以看出,其核心信息实体为装备预期发生的事件,即在理论分析中,预期设备可能发生的故障事件,而并非是某个设备上发生的真实故障事件。装备预期事件是通过 RCM 分析所得到的结果,这样就将设备管理和 RCM 过程联系起来。

装备预期事件通常与系统的某个功能段相关联,表示该功能段即将发生某种故障模式。另一方面,假想事件存在一个自身到自身的多对多连接,用于表示可靠性分析过程中的因果链,从而允许追溯导致系统失效的根故障原因。此外,假想事件具有一些属性字段,用于记录故障预期发生时间、事件的严重程度、故障现象等数据。

装备预期事件与一些测量事件之间存在着信息关联,这些测量事件表示预期事件发生的证据,即由这些客观上测量出或观察到的事件推断出装备预期事件可能会发生。装备预期事件还可能会导致维修活动的发生,因此与维修建议事件之间存在一定的关联关系。

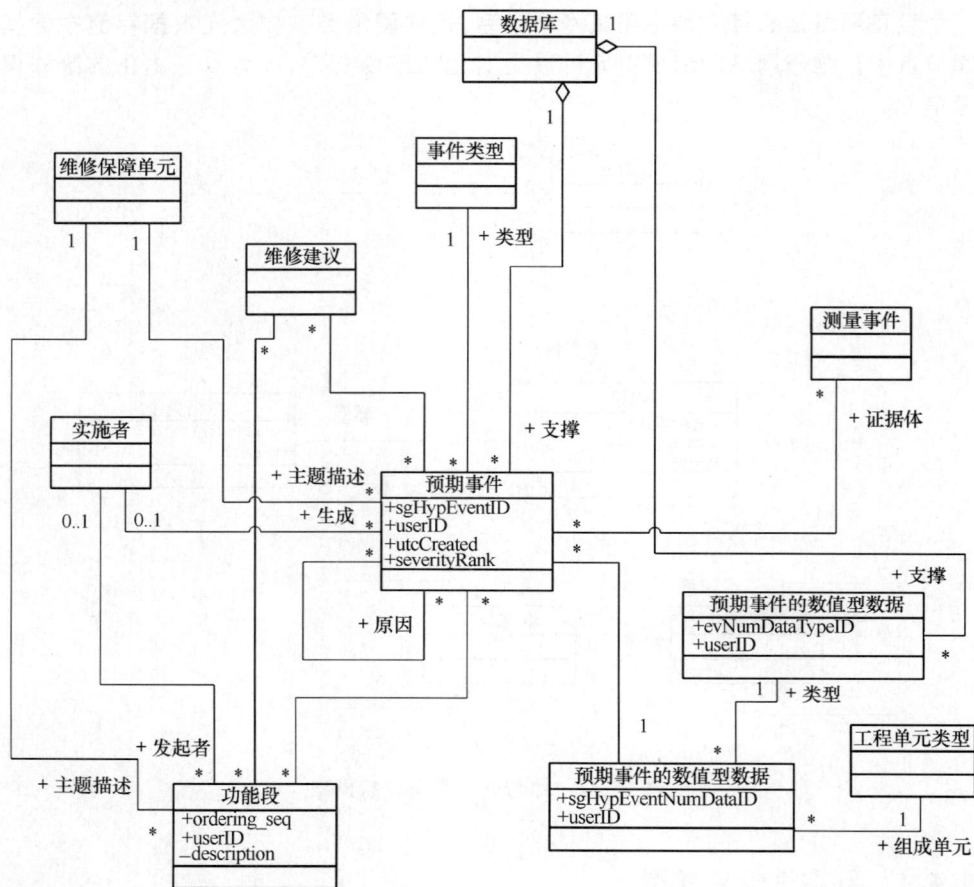

图4-13 维修资产的可靠性信息模型

4.4.5 维修触发事件模型

对装备来说,不管是修复性维修还是预防性维修,实际的维修作业总是由一定的事件触发的,例如日常保养维护和预防性维修是按时间事件触发的,修复性维修是由实际故障触发的,而 CBM 则是由设备状态触发的。触发事件是开展维修作业的前提条件,其信息模型如图4-14所示。

该模型主要包含两大类触发事件,即维修保障事件和维修资产事件,前者是触发需要维修什么以及怎么维修,后者是触发利用什么来维修。维修实施者(维修人员)根据实际情况,提供相应的维修保障建议和维修资产建议。维修保障事件类型、维修保障建议和维修资产建议都作为元数据存储在本地数据库中。

112

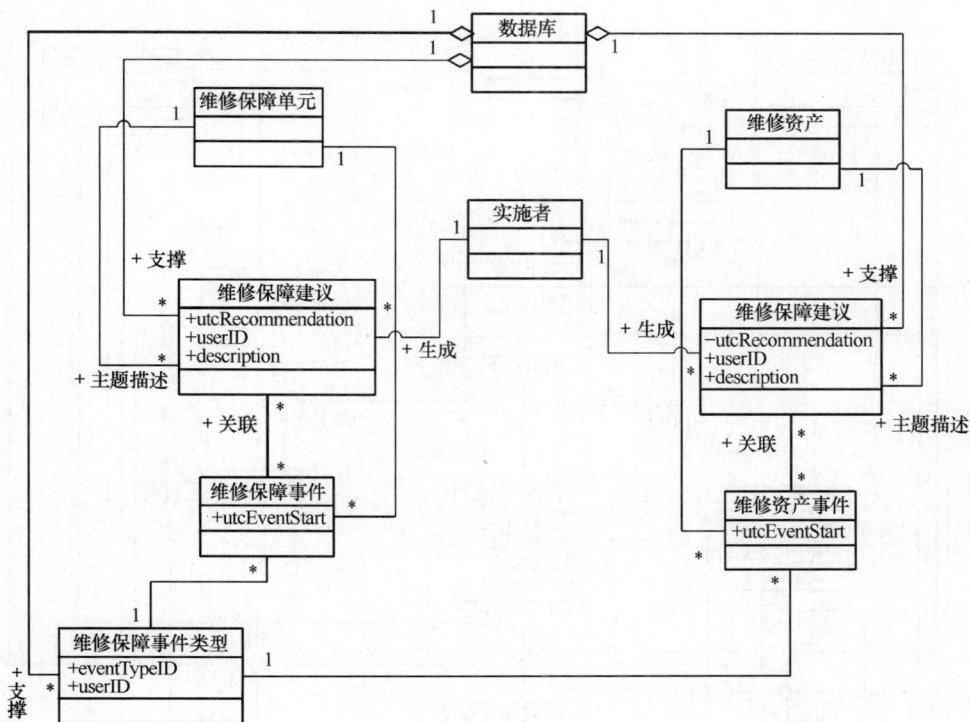

图 4 - 14   维修触发事件模型

4.4.6   维修请求模型

每个维修触发事件会产生一定的维修请求,这样在实际中多个触发维修事件可能会产生大量的维修请求。但是,由于维修人力、物力等维修资产的限制,不可能对这些维修请求进行一一响应。为此,需要定义这些维修请求的优先级,然后进行优化处理来确定实际的维修作业顺序;尽量满足优先级高的维修请求。

图 4 - 15 给出了维修请求的信息模型。由图可以看出,维修请求是核心的信息实体,它可以分解为 3 种类型的子请求:维修资产请求、维修保障单元请求和维修工单请求,每个维修请求都定义了相应的优先级。这些维修请求还可以汇聚为维修保障方案包,从而将某些维修请求打包处理。此外,维修请求最终还会与一定的维修作业实施者产生信息关联。

4.4.7   维修作业模型

维修作业模型描述了与维修作业相关的信息实体以及它们之间的关联关系,其核心是维修作业请求、正在实施的维修作业(维修工单递进)、已完成的维修作

113

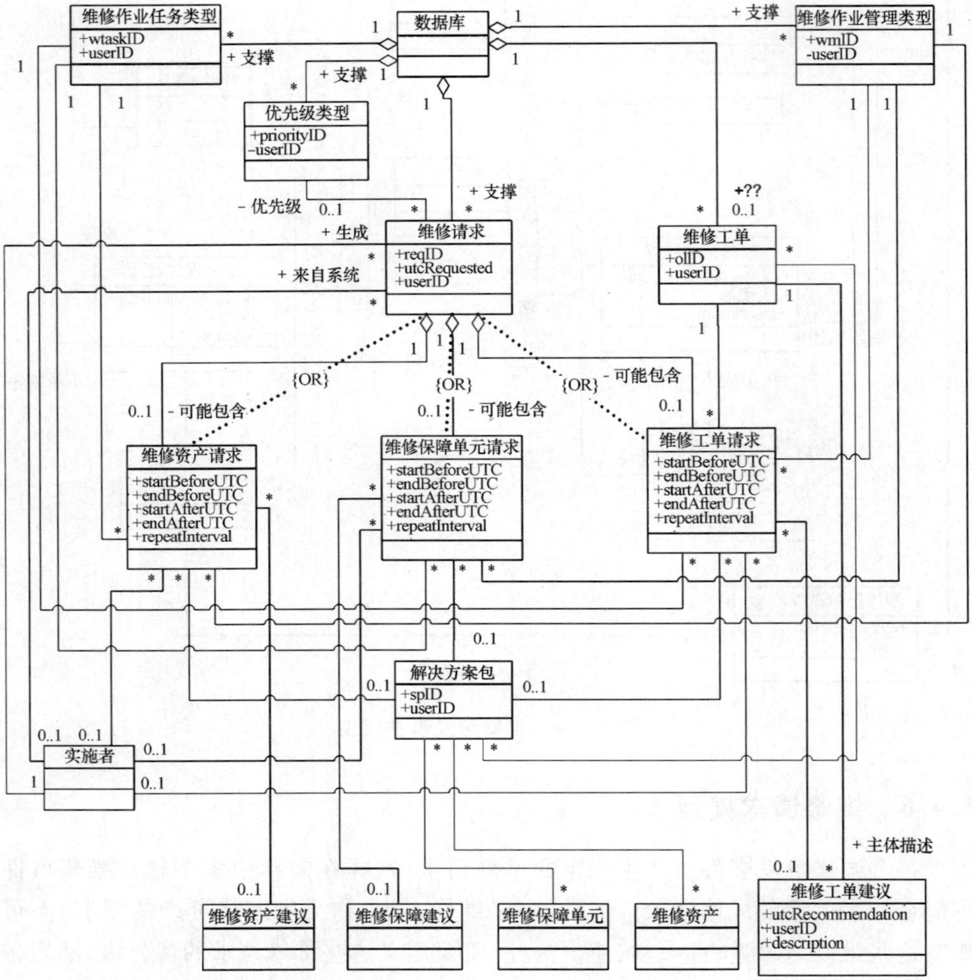

图 4 – 15　维修请求模型

业以及维修工单,如图 4 – 16 所示。首先,维修保障请求触发维修作业请求;然后,按照优化处理的顺序进行维修工单递进,并在此过程中记录维修作业请求状态、维修工单递进状态和维修工单状态,这些状态信息成为本地数据库的一个组成部分;最后,生成已完成的维修作业、已完成的维修工单和已完成维修作业的设备信息。同时,维修作业请求还与维修保障建议、维修资产建议产生信息关联。

4.4.8　状态监控信息模型

状态监控信息模型主要描述与状态监控相关的信息实体以及它们之间的关联

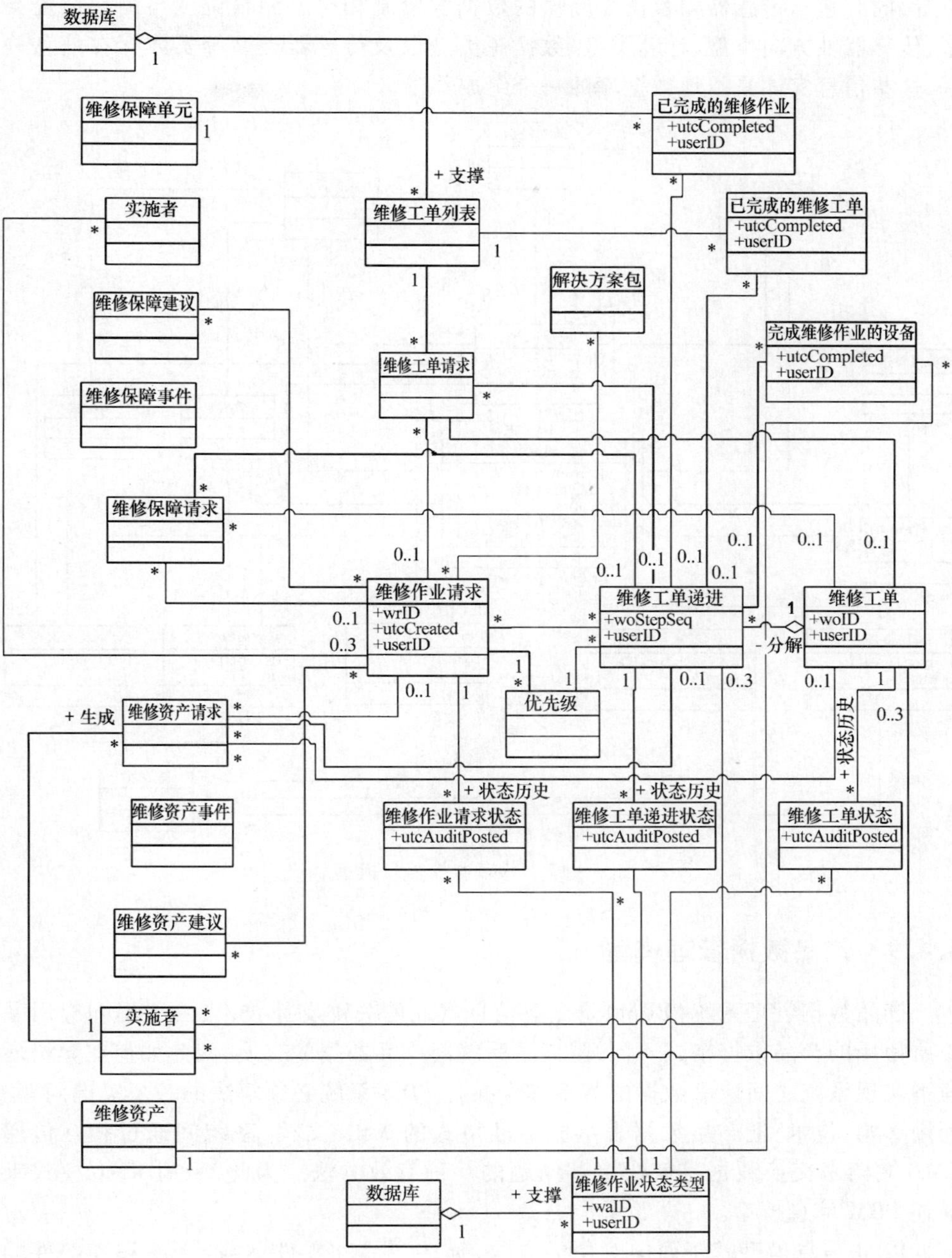
数据库
维修保障单元
已完成的维修作业
+utcCompleted
+userID
+ 支撑
实施者
维修工单列表
已完成的维修工单
+utcCompleted
+userID
解决方案包
维修保障建议
完成维修作业的设备
+utcCompleted
+userID
维修工单请求
维修保障事件
维修保障请求
维修作业请求
+wrID
+utcCreated
+userID
维修工单递进
+woStepSeq
+userID
维修工单
+woID
+userID
- 分解
优先级
+ 生成
维修资产请求
+ 状态历史
维修作业请求状态
+utcAuditPosted
维修工单递进状态
+utcAuditPosted
维修工单状态
+utcAuditPosted
维修资产事件
维修资产建议
实施者
维修资产
维修作业状态类型
+waID
+userID
数据库
+ 支撑

图 4－16　维修作业模型

关系,其核心实体是测量事件,如图 4 - 17 所示。一次测量事件可能对应多个测量位置,同时它与传感器以及需要测量的数据源紧密相关。测量位置与测量位置类型、传感器轴方向类型、计算类型、数据源类型以及传感器类型等实体存在信息关联,这些信息实体是本地数据库的一个组成部分。

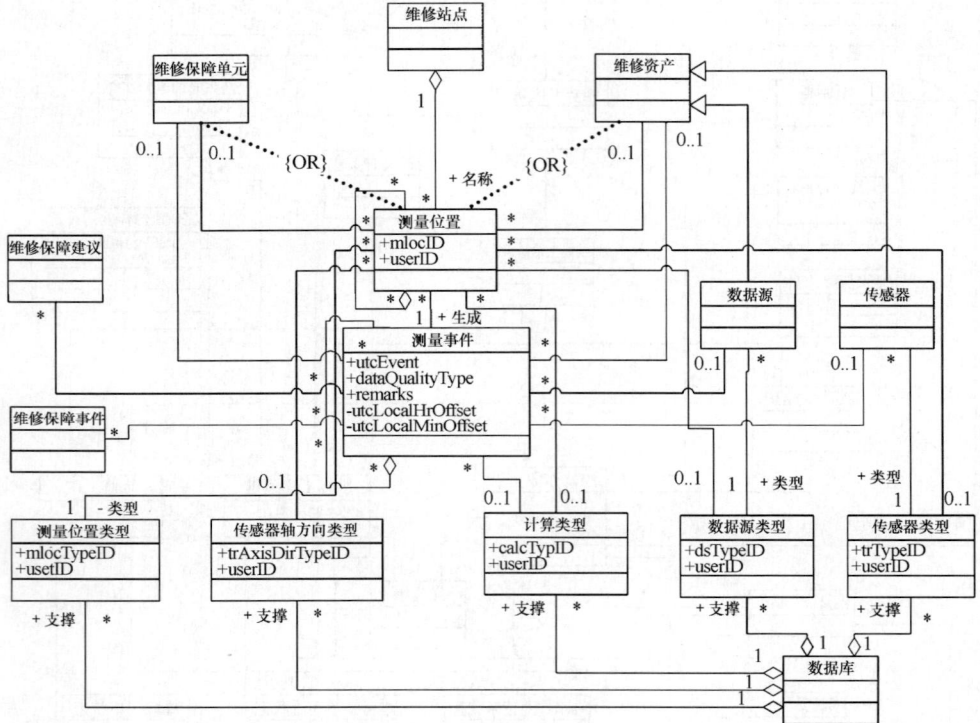

图 4 - 17　状态监控信息模型

4.4.9　产品数据管理模型

产品数据管理系统(PDM)是企业信息集成的关键支撑技术,由于不同应用系统所使用的产品数据格式不同,阻碍了系统间产品数据的交换,因此如何在异构环境下实现系统之间产品数据的共享和交换是 PDM 系统必须解决的一个关键问题。利用 XML 技术,把产品数据表示成标准格式的 XML 文档,系统间通过相互传递 XML 文档来交换数据是解决上述问题的一种有效方法。为此,采用 XML 模式来描述 PDM 信息模型。

PDM 信息模型基于面向对象的方法,描述产品和零件本身、产品和零部件的生产以及产品和零部件的生产控制,记录它们产生的历史和修改过程,为 PDM 管理产品数据建立正确的数据对象和数据之间的使用逻辑和关联关系。PDM 系统

116

的主要功能包括电子仓库与文档管理、工作流与过程管理、产品结构与配置管理、零件分类管理与检索、工程变更管理、项目管理等。根据这些主要功能,建立的PDM对象模型主要包括:产品组成结构对象模型(BOM)、工作流对象模型(Work-Flow)、项目对象模型(Project)、人员对象模型(Person)以及文件对象模型(File),如图4-18所示。

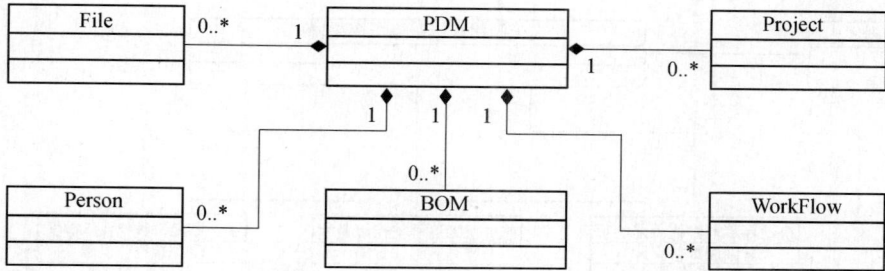

图4-18　PDM对象模型组成

产品类的属性主要包括数据库ID、产品名称、编码、产品状态、负责人和版本以及产品的结构与配置、零部件构成情况等。产品类的方法包括创建、读取、修改、编码、配置、删除、提交、发布和归档等。

项目类是系统管理的项目的数据、操作和过程的封装,它负责完成系统的项目管理功能。除数据库ID和项目名称外,项目类的属性还应包括负责人(人员类的对象)、项目起止时间、使用资源列表、工作流列表、目前状态、重要程度和项目类型等;项目类的方法包括新项目创建、统计查询、资源调度、人员和小组安排、添加工作流程、启动工作流、项目删除、任务分解、参数修改和项目归档等方法。

文档类是PDM系统中负责文档管理的类,是对文档对象的属性和操作的封装。文档类的主要属性包括工程名称、文件名、创建者、提交日期、状态和版本等;文档类的主要方法包括录入、检入、检出、查阅、编辑、归档和废弃等方法。

人员类负责人员管理,封装了有关人员管理的操作和数据。人员类的主要属性包括数据库ID、人员姓名、所在部门、角色和当前状态等属性;人员类的主要方法包括人员录入、查找、选择、安排、记录修改和删除、权限配置以及资源访问权限判断等方法。

工作流类负责管理项目进程中的各种工作流程,工作流类的属性主要包括编号、创建者、有效时间、所属项目、状态等,主要方法包括创建、废除、发送处理指令等方法。

4.4.10　一体化维修保障数据集成模型

一体化联合作战是系统与系统、体系与体系的对抗。这种联合作战的特性,要求维修保障必须一体化,从作战全局出发,优化配置和高效使用各种保障资源,从而更好地保障作战需要。

为了应对一体化联合作战下的装备维修保障要求,需要实现装备维修保障相关各类信息的集成和共享,比如供应、运输、维修/维护、人力、经费、采办等多方面的信息。一体化联合作战维修保障数据集成模型如图 4 – 19 所示。

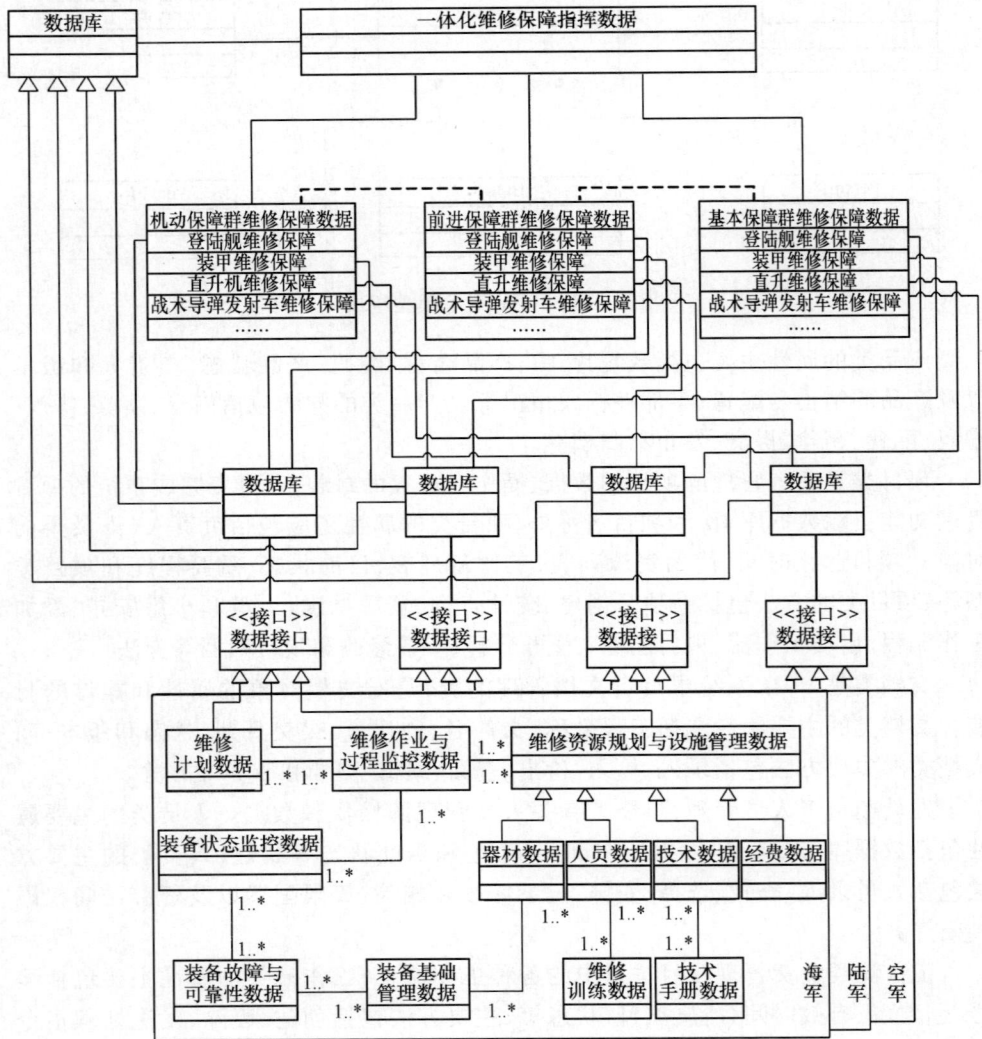

图 4 – 19　一体化联合作战维修保障数据集成类型

装备维修保障信息化涵盖的数据包括装备基础管理数据、装备故障与可靠性数据、装备状态监控数据、维修作业和维修过程监控数据、维修计划和决策管理数据、维修资源规划和设施管理数据以及维修训练数据等,这些数据按照一定的封装接口组成维修保障数据库。

一体化联合作战下的维修保障能力包括基本保障群、前进保障群和机动保障群,并且各个保障群由各兵种临时抽调的维修人员和设备混合编成。实际保障时,各兵种维修保障所需要的数据来自于各自的维修保障数据库,其获取数据的过程受一体化维修保障指挥控制系统的统一协调。由于各军兵种数据库具有标准的接口,其总体构成了一体化联合作战维修保障的综合数据环境,为一体化维修保障决策提供数据支撑。

第5章 装备维修保障信息化技术体系结构

5.1 概 述

从当前装备维修保障信息化建设的实际情况看,现有系统的技术体系结构模糊不清,不同系统技术开发标准不一致,是导致"烟囱式"结构最为直接的原因。鉴于以往的经验和教训,系统开发必须遵照"标准统一与标准先行"原则,进行技术体系结构的顶层设计,制定和实施统一的标准和规范,以确保系统的互联互通,实现系统间的互操作和移植。

技术体系结构定义了整个信息系统的技术环境和基础结构,是支撑组织运作软硬件设施实现技术的体系结构。它描述了所使用技术的结构和相互关系,使系统建造基于工程规范,便于实现系统建设过程中的标准化和规范化。

装备维修保障信息化技术体系结构是基于目前的技术现状和发展趋势,考虑维修保障信息系统所应采取的总体技术架构、共性技术和机制以及相应的参考标准或规范,而定义的维修保障信息系统的实现技术环境和架构。它是实现维修保障信息共享、系统应用协同的基础,是未来建设装备维修保障信息系统的基础技术框架。

本章按照业务体系结构和系统体系结构所描述的业务逻辑框架和系统构成框架,建立了维修保障信息化技术参考模型。并以此为基础,从关键技术视图和标准体系视图两个角度构建了装备维修保障信息化技术体系结构,给出了装备维修保障信息化需要解决的主要技术问题,指出了维修保障信息化建设的技术路线和发展方向;同时,通过标准化空间与维修保障领域空间、相关技术领域空间的映射取交,对维修保障信息化应遵循的标准层次和范围进行了梳理和总结。

技术体系结构的提出有其现实的理论和实践依据,它根据业务体系结构、系统体系结构和在借鉴外军技术体系结构开发经验的基础上,结合维修保障领域业务要求和技术特点而分析建立的,具体映射关系如图 5 - 1 所示。

维修保障信息化体系结构从业务、系统、技术 3 个角度给出了装备维修保障信息系统开发的原则、指南和成果描述,以提供理解、比较和集成各种应用系统结构的基本参照。业务体系结构、系统体系结构和技术体系结构之间存在很强的相互约束,其中,OV - 1 确认了维修保障的主要业务及其关系,从而规范和统一了 TV - 1

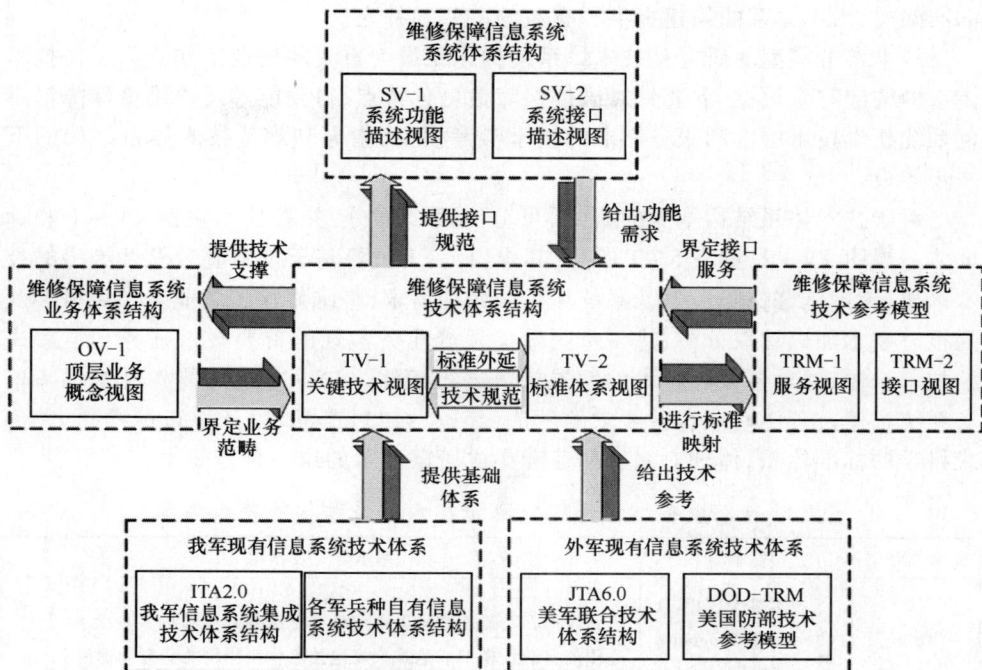

图 5-1　技术体系间的映射关系图

必须遵循的业务约束；SV-1、SV-2 提供了 TV-2 中必须实现的系统需求约束，是维修保障信息化相关标准和协议所要解决的基本问题，包括各种通信、接口和服务标准。技术参考模型 TRM 描述和定义了支持信息系统设计和互操作的服务、接口以及它们之间的关系，是技术体系层次化和标准化的基础。基于 TRM 的服务和接口框架，即可建立能满足不同系统互联需求的 TV-1 和 TV-2。关键技术视图 TV-1 是建立标准体系 TV-2 的指导性框架，用于明确装备维修保障信息系统的开发目标和技术手段。在此基础上，TV-2 根据标准体系的编制原则，结合目前实际情况，对装备维修保障领域的信息化管理体制、技术方案、资源条件、组织结构等各方面进行规范和约束。

另一方面，维修保障信息化技术体系结构依托现有高层技术体系结构，如军事信息系统一体化技术体系结构（ITA2.0）等，以其为基础，并针对维修保障领域专业特色进行裁剪和扩充。同时结合自身应用的技术体系，对其中具有共性的精华部分进行抽取和提炼，并纳入到技术体系结构中。这样，在根据本体系选择维修保障信息系统实现技术和相关标准时，可以此为基础根据各自特点作进一步细化拓展。此外，还参考了外军先进的技术体系结构，主要是美军联合技术体系结构 JTA6.0 及美国国防部技术参考模型 DoD-TRM，从中获取较为成熟的技术理念和标准架构,为本体系的构建提供了有益的参照和补充。

技术参考模型的研究是技术体系结构建立最为重要的先期工作。为了使技术体系的构建有章可循,需要针对维修保障信息化特点,得到能够反映维修保障信息化系统建设技术层次和服务需求的技术参考模型,指导和规范技术体系结构的下一步建设。

对于技术体系结构本身的研究,可分为两个部分:关键技术视图 TV – 1 和标准体系视图 TV – 2,如表 5 – 1 所列,其中,TV – 1 主要基于技术参考模型给出的技术框架,考虑维修保障业务及系统体系结构的需求,将维修保障各业务领域所涉及的核心技术加以抽取分析,进一步明晰该领域业务实现的首要技术任务和需解决的技术难题,并对各核心技术的发展趋势进行预测。TV – 2 是对装备维修保障信息系统构建过程中有兼容性要求的术语、编码、接口、产品、服务进行标准化,并形成科学的标准体系,体现对系统构建和集成所需技术的统一规范要求。

表 5 – 1　装备维修保障信息化技术体系结构的基本内容

英文缩略语	名　称	基本含义及作用
TRM	技术参考模型 (Technical Reference Model)	通过概括和提炼维修保障信息系统服务和接口的共性关系,利用通用的概念性模型或范式来规范技术体系结构的研究和建设
TV – 1	关键技术视图 (Key Technic View)	将维修保障各业务领域所涉及的核心技术加以抽取分析,进一步明晰该领域业务实现的首要技术任务和需解决的技术难题,并对各核心技术的发展趋势进行预测
TV – 2	标准体系视图 (Standard System View)	对维修保障信息系统构建过程中有兼容性要求的术语、编码、接口、产品、服务进行标准化,并形成科学的标准体系,体现对系统构建和集成所需技术的统一规范要求

5.2　技术参考模型

技术参考模型 TRM 是一种公共概念范式,它描述和定义了支持信息系统技术体系结构设计和互操作模式开发的服务、接口以及它们之间的关系,是信息系统技术标准标准和结构化的基础。概括说来,技术参考模型是在开放系统环境下,为提高系统的重用性,对目标系统的服务和接口的共性进行高度概括和提炼而形成的描述模型。它通过提供各种标准的应用模式,从而为系统的表述与理解提供通用词汇表,划分和确认系统组件的功能与接口类型提供依据。

维修保障信息系统技术参考模型(Maintenance Support TRM,MS – TRM)是对维修保障领域概念的抽象化描述,其目标是要确立维修保障信息化建设所涉及的基本技术要素、分析这些技术要素的交互关系、定义维修保障信息系统的基本功能和服务、提出维修保障信息系统实现的性能要求及相关事务,以使得系统开发人员能快速理解维修保障的领域需求、形成维修保障领域技术问题的共识理解以及确认建立维修保障信息系统的关键事务。

5.2.1　设计思想

目前,采用 TRM 进行信息化建设标准化顶层设计的例子非常多,如美军的信息管理技术体系结构框架 TAFIM 参考模型[47]、国防部技术参考模型(DoD – TRM)[48];国内发布的军事信息系统技术参考模型、通用信息处理平台技术参考模型等。其中,军事信息系统技术参考模型提出了各单位在军事信息系统建设中必须共同执行的一套技术体制,通过上述对 MS – TRM 概念的界定可以看出,维修保障信息系统属于军事信息系统的范畴。因此,MS – TRM 的底层结构必须首先遵循该技术参考模型的服务和接口要求,即沿用其对外部实体、应用支撑平台层以及共性应用软件层的相关界定和规范,直接使用其对应的服务和接口对维修保障信息系统底层支撑平台的开发提供支持,以此体现维修保障信息化建设与信息系统总体建设要求的统一性、继承性、持续性。

同时,由于 ITA2.0 中给出的技术参考模型是针对于各个领域的军事信息系统开发而制定的总体建设方法指导,对于特定的业务领域并没有做出具有相关适应性和实用性的系统建设和技术实施指导。因此,对于维修保障领域还需要紧密接合维修保障信息化建设的实际,参考和借鉴外军维修保障信息化建设的方法和成果,提出适合维修保障信息化发展的维修保障信息系统技术参考模型,推动维修保障信息化建设向高层次、高效能和一体化方向发展。对于该目标的实现,需要在沿用军事信息系统技术参考模型的底层结构服务和接口的前提之下再对其进行扩展,引入具有领域特色的维修保障应用服务,并针对一体化维修保障信息系统构建需求,创造性地加入对一体化维修保障应用的支撑服务和软件服务。

具体说来,为在提供对广大服务应用和平台支撑范围内规范化支持的基础上,进一步规范不同系统之间的协作机理,有效实现广域范围内各系统所提供服务的有机集成合作,并构建信息的协同交互桥梁,MS – TRM 的建立需要充分考虑以下特点:

（1）维修保障信息化系统实质是一个综合服务共享系统,技术参考模型应满足维修保障服务、基于服务的接口和服务模型的综合规范;

（2）MS – TRM 是建立维修保障协同和资源共享环境的基础,必须考虑协作方式建模和资源环境的规范与定义问题;

（3）系统中服务处理具有较强的结构化、形式化的特点,技术参考模型应便于维修保障活动、过程的修改和移植,系统间必须能够互操作,以实现系统内分布的

服务资源共享;

（4）重点突出开放性问题,技术参考模型应具有较强的可扩展性、兼容性,以实现系统中松散耦合的维修保障协同。

基于上述分析,可以得到维修保障信息化技术参考模型 MR - TRM。作为一种概念模式,MR - TRM 定义了维修保障信息系统应提供的基本服务内容以及与服务对应的接口类型,主要包括两个视图:服务视图 TRM1 和接口视图 TRM2,其中 TRM1 用于描述需求、标准和支撑环境之间的功能实体,TRM2 则用来表示服务实体间的连接关系。

5.2.2 服务视图

服务视图 TRM1 如图 5 - 2 所示,共分为 6 个服务层,由上到下依次为:一体化应用层、应用层、综合应用支撑层、共性应用支撑层、应用支撑平台层与外部环境层。各层主要为满足维修保障一体化实现的需求,根据系统集成互操作的需要加入各项相关服务,进而为企业级应用方案提供支持,并通过确立面向一体化联合保障资源共享和业务协同的服务集,使维修保障应用层的各项服务获得公共应用平台的支撑,且能按照某一特定目标而被集成为一个有机整体。

1. 一体化应用层

一体化应用层为维修保障一体化应用提供相应服务。为了打破维修保障之间的壁垒,从全局上优化配置和使用维修保障资源,促进横向保障联合,提高维修资源的使用效率,避免重复和浪费,从而提高整体维修保障能力和保障效率。为使维修保障与一体化作战行动相适应,一体化应用层针对上述要求主要提供以下服务:一体化联合决策、联合配送、联合全资可视化、一体化保障指挥控制、一体化维修训练、装备维修性设计及全寿命管理等。

1）一体化联合决策

一体化联合决策服务主要为打破传统的单级逐一集中决策方式,打通上下级之间、横向单位之间信息交互渠道提供相应服务。同时,在一体化联合保障中,由于各保障指挥控制实体共享战场感知,通用态势图为各个实体所认知,使得决策实体与行动实体间的互联性加强。因此,该服务支持决策过程与执行过程的高度融合,并提供动态的任务规划、分布式联合决策服务。

2）联合配送

联合配送服务主要为实施联合配送提供支持,为联合作战行动提供快速高效的配送保障。通过提供运输保障模块综合集成服务,建立铁路、公路、航空、海运等立体联合配送体系,利用信息技术实现保障"管线"中全资产可视化,精确预测保障需求,灵活调遣保障资源,采取多种手段主动地在所需要的时间和地点为作战部队提供所需物资,使保障适时、适地、适量。同时,该服务主要按照三军一体、军地

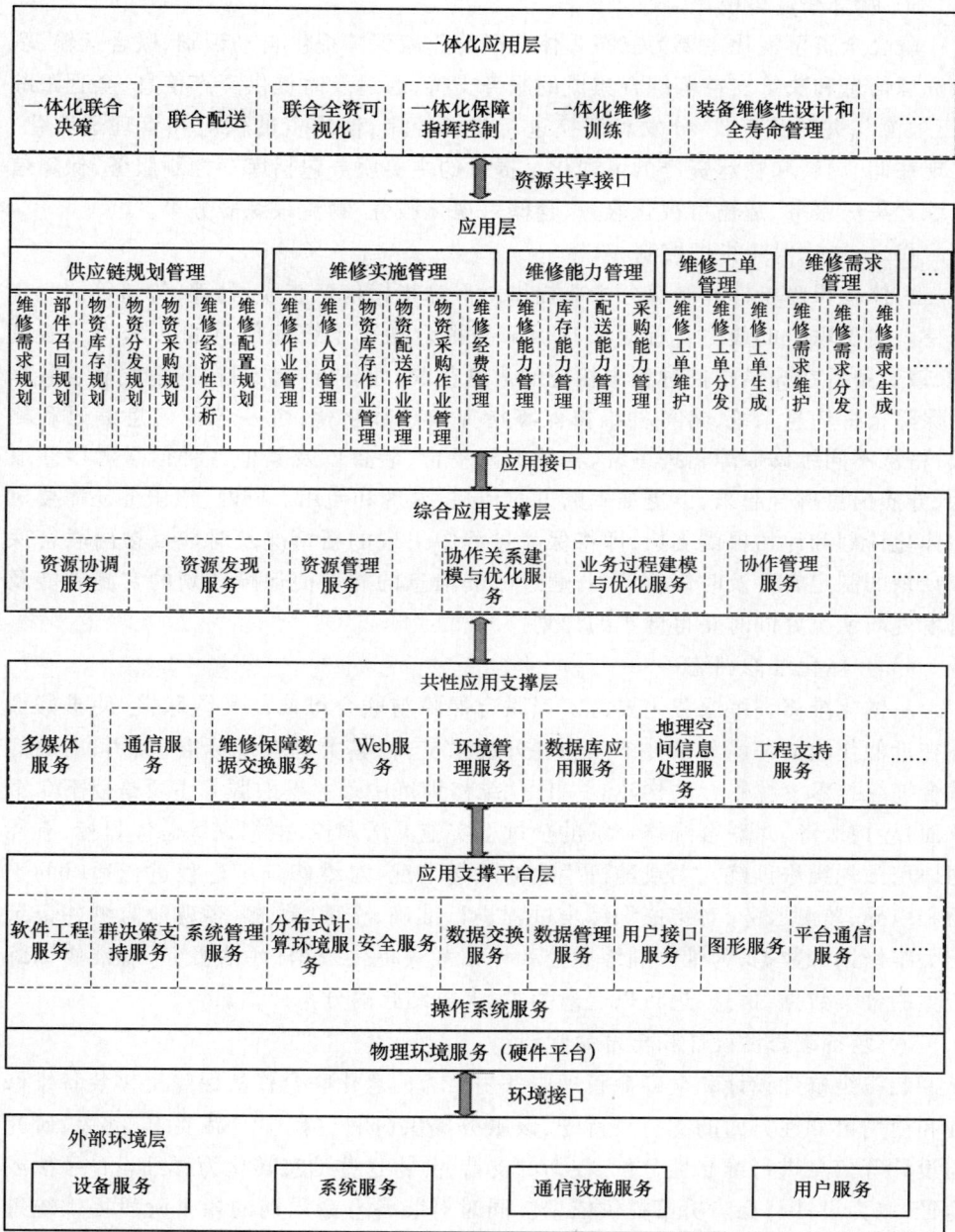

图 5 - 2 TRM1 服务视图

一体的配送模式,构建协调联动机制,为配送保障提供一体化联合支持,实现保障"三大流"(信息流、人员流、物资流)的有效运作和完美融合。

3）联合全资可视化

联合全资可视化主要为三军一体化联合作战保障提供自动识别、联合运输、联合资源信息和决策支持等综合集成的服务支持,通过及时提供资产信息,全程跟踪"三大流",并对其接收、分发和调换进行指挥控制,使物资的供应和管理透明化,实现在储、周转和在运资产的可视化。提供的主要服务包括库存控制服务、保障信息综合集成服务、运输可视化服务、仓储可视化服务、物流跟踪服务等。

4）一体化保障指挥控制

一体化保障指挥控制服务主要提供对保障指挥信息获取、处理、传递等的联合支持。由于联合的最终目标是实现保障指挥自动化系统间信息的共享和无缝流通,该服务旨在提供指控过程中相应的信息获取、处理、传递支持,即建立联合共享的保障指挥信息系统,将各种维修保障指挥信息数字化,统一各种信息编码和格式,将从不同维修保障指挥系统、各种保障平台、装备以及其他各种信息源中获取的、异质信息融合起来,以更准确的方式传递、处理和使用。同时,该服务还需要对一体化计划和评估提供支持,即将保障过程中出现的新情况及时地反馈给联合保障计划的制定者并及时修改计划,通过战场信息的共享使保障计划的实施者能及时发现新情况并同时获得修正的计划。

5）一体化维修训练

一体化维修训练服务主要为实现联合保障与联合维修的无缝联接,使维修训练在近似作战的环境与条件下顺利展开提供支持,其关键在于标准、实用、高效的联合训练技术支撑平台的构建。一体化维修训练中最关键的服务主要是以下3个方面:导控服务,对联合维修训练的全过程实施灵活调控,根据训练总体目标,有计划地用预先维修训练文书或随机生成的战场情况,对维修训练进程进行适时的干预和引导;监测服务,对维修训练全过程进行准确、全面、动态、客观地监测并记录相关维修训练数据,为维修训练导控和评估裁决提供依据;评估服务,对维修训练产生的各类数据、信息,进行以定量为主、人机结合的分析评估。

6）装备维修性设计和全寿命管理

装备维修性设计和全寿命管理服务主要为信息化联合作战保障提供装备维修性和使用可靠性方面的支持。首先,该服务提供研制过程中产品要求、约束、研究与设计等信息进行维修性分析、权衡的支持,并将这些信息转化为详细设计手段或途径,以为设计与保障决策提供依据。同时对装备寿命周期的各个阶段提供统筹管理服务,主要为装备设计阶段提供以维修性为中心的装备全寿命管理信息网络,重点是研制开发装备全寿命管理系统软件,完善以各级装备管理中心为核心,由各级装备管理中心直接管理的装备全寿命管理网络体系,实现装备的全寿命信息跟踪。此外,该服务还应自动提供装备配发情况、维修信息,同时计算出装备的可靠度和故障率,对装备进行实时监控,并通过简化一线技术保障工作量,把复杂的维修保障项目和技术准备工作移到后方和早期设计研制阶段。同时通过利用上述信息网络,对一线技术保障力量进行远程指导,使得技术保障的重心向战役后方甚至战略后方转移。

2. 应用层

维修保障应用层提供各种单元应用服务,其中维修保障应用域是指维修保障应用范围之内各种类型的功能单元应用服务。这些服务都是维修保障信息系统的基本功能单元,同时直接与终端用户交互,满足具体的维修保障应用需求。该层的具体内容可以根据维修保障信息化及维修保障应用需要共同确定。

本层主要确定了供应链规划、维修实施管理、维修能力管理、维修工单管理、维修需求管理等 5 方面服务域。同时,每个服务域中还有相应的功能划分。本层确定的功能域即可为业务体系结构和系统体系结构的业务功能划分提供直接支持。

3. 综合应用支撑层

综合应用支撑层主要为维修保障应用特别是一体化维修保障应用提供资源共享、信息交换及业务集成等方面的应用支撑,以满足不同维修保障信息系统互联互通互操作以及一体化联合应用的需求。

该层主要包括两类服务,一类是资源共享服务,为各维修保障系统提供维修保障资源发布、发现和优化利用的机理,通过它所提供的各项服务,实现维修保障群体资源的共享和最佳利用。这里的维修保障群体资源是指参与到维修保障群体中的装备信息、人员信息、维修保障信息等。如何保证不同的维修保障系统和人员对这些维修保障资源进行一致表述、一致理解和有效发现是该层各项服务关注的焦点,包括资源协调服务、资源发现服务以及资源管理服务。

另一类是协作服务,主要支持维修保障系统间各种形式的协作。维修保障系统间有效的协作必须解决 3 个方面的问题:①维修保障系统协作关系的具体内容以及对内容的一致理解和表述;②协作过程的设计、仿真和优化;③维修保障系统协作过程的管理,其中又包含 3 项服务:协作关系建模与优化服务、过程优化服务、协作管理服务。

1)资源协调服务

资源协调服务为维修保障资源的描述提供一致理解,使得不同维修保障部门及一体化联合作战保障的相关组织可按某一规范形式描述其资源,是资源被有效发现和处理的前提。资源协调服务在维修保障资源描述词汇、资源描述语法和资源描述语义 3 个层次上,保证了所有维修保障相关资源描述遵循事先建立的规范和标准。此外,为便于进行资源描述,资源协调服务还必须提供有效的支持工具,其内容涉及 3 个方面:为不同部门定制资源描述模板;为资源描述提供字典查询等帮助;为资源描述语法提供自动检查。

2）资源发现服务

资源发现服务为维修保障部门发现其他维修保障部门和相关组织提供的服务和资源以及确定相互的协作关系提供支持。通过考察不同部门资源能力特征,通过能力与需求的匹配,发现潜在合作对象,为资源共享作好准备。

资源发现服务的具体内容包括:维修保障需求表述支持,帮助部门确定所需的协作能力需求,并采用规范化的描述方法;维修保障资源搜索服务,自动实现协作能力与协作需求的匹配,搜索潜在的合作对象;丰富的合作对象查询支持工具,帮助部门进一步评价候选合作对象和处理临时获得的合作对象信息,以最终确定合作对象;特殊需求信息的发布与发现支持服务,用于应对资源协调服务无法实现的情况。

3）资源管理服务

资源管理服务对维修保障相关资源如信息、设备、设施、技术、投资、信息人员等进行管理。资源管理过程始于人员对用户的资源需求的分析,以资源协调服务和资源发现服务为支撑,经过资源分析、资源组织、资源开发(即资源再生)和资源传递等环节,最终满足用户的资源需求。资源管理服务的发展经文本管理、技术管理、信息资源管理,目前已经发展到战略资源管理,也即知识管理服务阶段。知识管理服务为维修保障相关资源的合理利用提供知识或者经验方面的支持。知识管理服务的具体内容包括知识描述服务、知识获取服务两个方面。

4）协作关系建模与优化服务

维修保障协作关系建模就是采用形式化的方法来描述维修保障部门之间协作关系,有如下几个优点:提供一致的手段来描述协作关系,保证了不同维修保障部门之间的协商和沟通;为采用数学方法进行各种形式的优化奠定了基础;为面向协作体系结构的维修保障业务过程重构提供了有效的支持手段。维修保障协作关系建模与优化服务的具体内容包括:

（1）协作关系建模支持服务,提供可视化的协作关系模型编辑、修改、语法自动检查和管理的工具;

（2）组织建模支持服务,提供可视化工具描述项目组及其分解、项目组的成员构成、成员的权限分配、成员之间的组织构成、组织或成员的角色分配;

（3）资源建模支持服务,提供可视化工具描述完成过程所需的产品、设施、资金和设备等资源,包括资源的唯一标识、使用者具有的角色和权限、资源之间的依赖关系、从属关系及逻辑关系以及资源的处理机制等;

（4）信息建模支持服务,提供可视化的工具,描述过程之间传递的信息,包括状态信息、通信信息、文档信息等,针对每一类信息要指明其处理的规则、使用的处理工具等。

5）协作优化支持服务

提供可视化的工具,描述具体协作优化目标、优化规则和优化控制。

6）协作关系实例化支持服务

实现维修保障协作模型到具体维修保障协作实施的映射,自动产生对各类参与协作维修保障应用系统的协作控制接口。

7）业务过程建模与优化服务

业务过程建模必须明确业务过程的层次结构、先决条件、完成状态、过程步骤、过程规则、输入控制、执行者、支持资源和交换信息等。业务过程优化是按照某一优化目标,对所建过程模型不断进行仿真和改进的过程,以选择最优的过程路径、防死锁机制、资源冲突消解等。业务过程建模与优化服务的具体内容包括:

(1)过程建模支持服务,提供可视化的模型设计、修改和管理的工具;

(2)过程模型语法检查支持服务,自动对所建过程模型进行语法检查,以保障模型的正确和有效;

(3)过程模型转换支持服务,由于目前存在多种过程建模语言,所以必须实现这些过程建模语言之间的互解释;

(4)过程优化支持服务,提供可视化的工具,描述过程优化目标、过程优化规则,进行过程优化控制。

8）协作管理服务

协作管理服务用以管理维修保障各部门间协作的全生命周期过程,其具体内容包括:

(1)项目管理服务,提供项目全寿命周期管理的支持工具;

(2)冲突消解支持服务,自动发现并跟踪企业协作进行过程中产生的冲突,提供仲裁的策略、仲裁管理措施以及冲突消解步骤等支持;

(3)业务过程管理服务,提供工具按照规范化的语言描述业务过程,协商业务的自动配置和最终执行。

在服务视图中,共性应用支撑层、应用支撑平台层和外部实体层中都直接沿用了军事信息系统技术参考模型中界定的服务,具体服务要素可参见军事信息系统技术参考模型 ITA 2.0。

5.2.3 接口视图

服务视图 TRM1 强调服务的类型、服务的构成以及服务之间的联系,而接口视图 TRM2 则强调接口的类型和组件之间的连接关系。TRM2 的组成结构如图 5 - 3 所示。

TRM2 是一个描述维修保障信息系统的服务和接口以及它们之间关系的基础模型。它包括 3 个主要元素,即实体、服务和接口。实体包含服务和接口,在模型中是按层排列的。实体之间通过接口联系,用户可在实体范围内根据实际需要选择服务和接口来配置系统;可以根据实体内的服务集和接口集选择和定义标准。作为共同

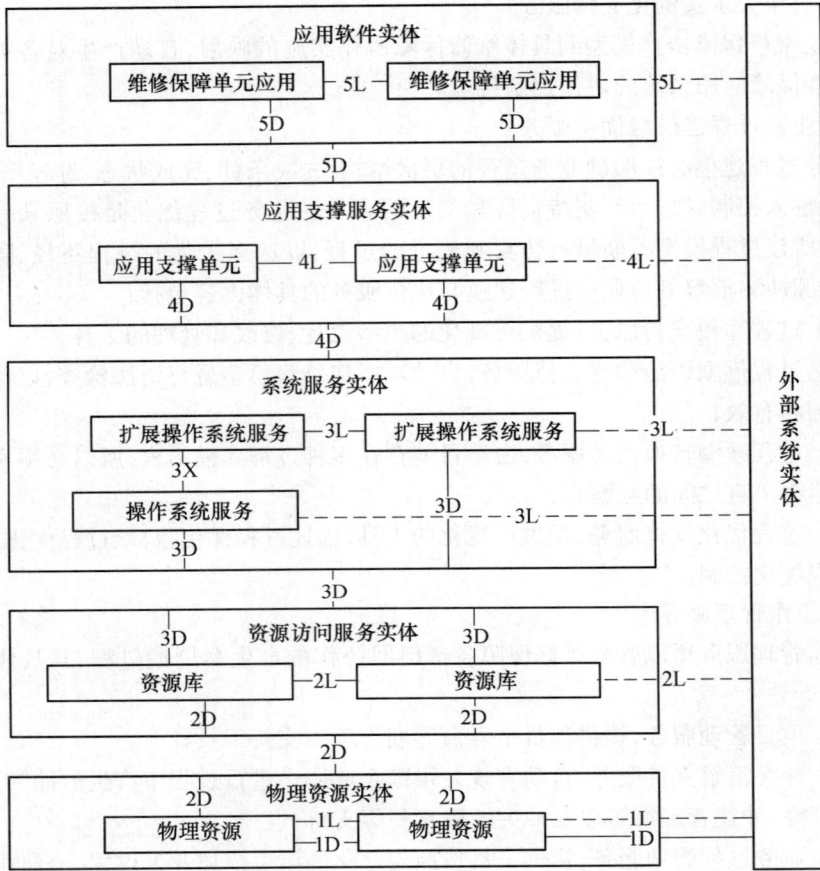

图 5 – 3　TRM2 接口视图

的技术参考模型,实体内的服务域是一种低水平的抽象,不同的实体可能包含相同的服务域。服务是联系需求、标准和支撑环境之间的关键因素,服务为满足需求而存在,标准根据服务而制定,支撑环境依照标准完成服务。服务包括软/硬件提供的服务,存在于不同的服务域,用户可对这些服务进行"裁剪"。接口提供了服务的通道,构成实体之间的联系纽带。接口按其方向分为两类。水平方向的接口称为"逻辑接口",根据接口所处的层次,标以 1L,2L,…;垂直方向的接口称为"直接接口",根据接口所处的层次,标以 1D,2D,…。逻辑接口定义了信息交换的内容和同一层次的实体间的关系,直接接口定义了紧邻的实体以及那些直接涉及数据发送、接收、交换的实体间的相互关系。接口的特征由用户的需求和应用来决定。

　　TRM2 定义了 5 类逻辑接口:1L 为物理资源之间的逻辑接口;2L 为资源访问服务之间的逻辑接口;3L 为各操作系统服务之间的逻辑接口;4L 为各应用支撑服

务之间的逻辑接口;5L 为各应用服务之间的逻辑接口。同时,TRM2 还定义了 5 类直接接口:1D 为各物理资源之间的直接接口;2D 为物理资源和访问服务之间的直接接口;3D 为访问服务和操作系统服务之间的直接接口;3D 为操作系统服务和扩展服务之间的直接接口;4D 为系统服务和应用支撑服务之间的直接接口;5D 为应用支撑服务与应用服务之间的直接接口。

TRM2 详细描述了实体内的接口类和它们之间的联系,可以用来指导具体应用中的接口定义和建立相应的标准。同样,这些接口类可根据具体需要进行裁剪。

5.3 关键技术视图

装备维修保障信息化建设是一项复杂的系统工程,除组织和制度方面的保障外,还需有相应的关键技术加以支撑。因此,必须从装备维修保障信息化自身的学科内涵和客观要求出发,梳理并把握其关键技术,才能从根本上抓住装备维修保障信息化的核心,不断将装备维修保障信息化建设引向深入。

根据技术参考模型所给出的技术服务框架,可以将装备维修保障信息化的技术体系概况为 4 个层面,即总体技术、应用技术、应用支撑技术和基础支撑技术,如图 5 - 4 所示。

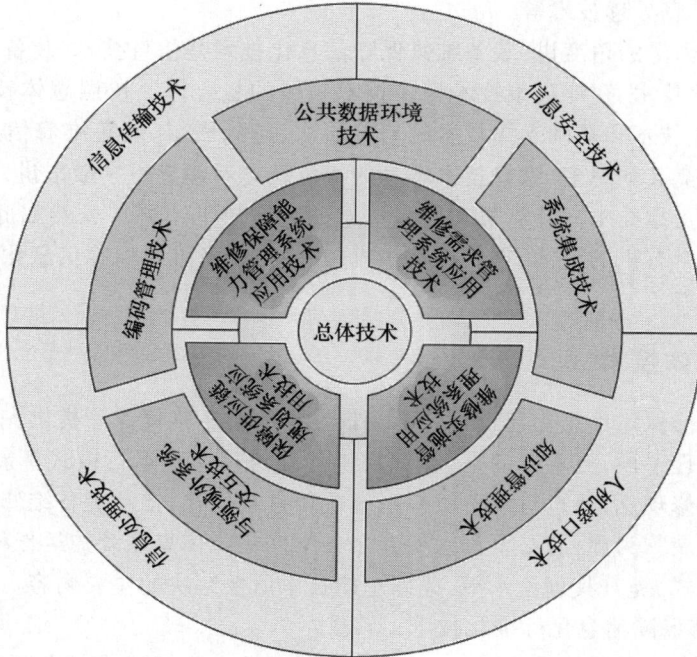

图 5 - 4　装备维修保障信息化关键技术体系框架

总体技术为装备维修保障信息系统建设提供理论层面的技术支持,主要解决装备维修保障信息化的基础理论、体系结构和分析、评估工具等问题,研究在各种先进维修思想(如增强型状态基维修技术 CBM +、自主维修 AM 等)的指导下,装备维修保障信息系统的基本构成模式和运行机制,进而理清装备维修信息的来源、传输渠道和应用方式,以此开展顶层设计,明确装备维修保障信息化建设的总体架构。

应用技术为装备维修保障信息系统开发提供最直接的技术支持,主要解决装备维修保障各业务领域系统建设的共性关键问题,包括装备技术状态的数字化、维修作业手段信息化和维修管理信息化等几个层面。典型的应用技术有:维修需求管理系统应用技术、维修保障能力管理系统应用技术、保障供应链规划系统应用技术、维修实施管理系统应用技术等。

应用支撑技术不针对装备维修保障信息化的具体业务问题,而是为应用系统的实现提供数据环境、信息集成等方面的支持,它是应用技术解决装备维修保障信息化问题的基础,主要包括:维修公共数据环境技术、维修系统集成技术、维修编码管理技术、维修与领域外系统交互技术、知识管理技术等。

基础支撑技术为装备维修信息化提供基础设施层面的技术支持,主要解决维修信息网络的可靠运行和安全问题,主要包括信息传输技术、信息安全技术、人机接口技术、信息处理技术等。

从技术内涵的角度讲,装备维修保障信息化技术是信息技术、装备故障诊断技术、系统工程技术、智能决策技术等多技术领域的复合体。按照总体技术、应用技术、应用支撑技术和基础支撑技术的划分层次,越到底层,装备维修信息化与其他技术领域的交叉就越多,维修技术本身的特色就越不明显。一般来讲,装备维修保障信息化的支撑技术同计算机和网络技术并无本质上不同。虽然如此,上述 4 个方面还是一个有机的整体,它们相辅相成,共同为装备维修保障信息化建设提供有效的技术支持。

5.3.1 总体技术

装备维修保障信息化建设目的不仅仅在于为装备维修保障提供先进的维修技术手段和管理手段,更重要的是,要引领装备维修理念和运行模式革新,并依据这些先进的维修理念,通过对装备维修系统进行重组优化,推动装备维修信息化建设向深层次发展。为此,有必要深入研究装备维修保障信息系统的运作机制、组织方式和建设模式,提升其理论水平,此即总体技术所要解决的主要内容。

1. 维修保障信息化标准化技术

保证信息流动的协调和畅通,使装备维修各业务领域形成一个有机整体,发挥体系对抗优势,是装备维修保障信息化建设成功的重要标志,也是维修信息化各种使能技术顺利实施的基础,标准化技术是实现上述目标的根本保证。当前,现存各种维修保障信息系统体系庞杂,相互之间不能实现信息共享,不能进行互联互通互操作,信息化的建设投入和取得的军事效益不成比例,加强装备维修保障信息化标准化技术研究是当前迫切需要解决的关键问题之一。

根据国内外相关经验,采用参考模型是进行装备维修保障信息化标准化建设的行之有效的技术途径。以参考模型统一维修保障信息化相关的概念、术语、定义和工作程序并建立相应标准,使标准化建设更易落到实处。这部分内容在上一节中已做过介绍,不再赘述。

2. 维修保障信息系统顶层设计技术

每个成功的装备维修保障信息系统,都是相关技术、设备、硬件和软件有机结合的统一整体。为合理组织和高效利用信息,除保证其遵循统一的标准和技术体制外,还必须给系统建设提供方法论上的指导,才能确保建成的系统可以互联互通互操作。为此,必须研究装备维修保障信息系统的顶层设计技术。

目前,进行信息系统顶层设计比较科学的方法是采用美国国防部提出的三视图体系框架,其基本内容在 2.3.1 节已做过介绍。可以说,顶层设计技术是装备维修保障信息系统设计的基础方法论,只有以此为起点,逐步推进维修保障信息系统建设,才能最终将维修保障信息化建设基本需求落到实处。

3. 装备维修系统动力学分析技术

从本质上讲,装备维修系统是一个由人员、器材物资、技术和经费等要素组成的复杂系统。受装备维修需求的驱使,上述要素必须在各级维修部门之间动态流动,才能确保装备维修工作的顺利实施。正是由于这种流动要求,装备维修信息才得以产生,才有必要对其进行有效传输并加以合理利用。因此,装备维修信息化本质上是装备维修系统自身动态行为所导致的一种必然结果,装备维修信息化的过程,也就是对维修系统自身的动态机制分析、理解的过程,是建立在理解动态机制基础上加以重组利用的过程。

同一般的物理系统相比,装备维修系统的关联要素众多,在各个维修级别中,维修信息的层次和尺度也是各种各样的。另外,由于装备故障和战场损伤产生的随机性,维修系统的动态行为具有复杂性和随机性的特点,因此,必须突破装备维修系统动力学分析的相关技术,才能准确把握其动态特性。

目前,国外对装备维修系统动力学分析技术相当重视。美国国防部先进计划局 DARPA 在其启动的 Ultra Log 项目[49]中,采用智能体(Agent)技术对复杂装备维修系统的动力学行为进行了分析,并以此研究了战场环境下维修信息系统的响应能力和抗毁性能。在民用方面,德国和美国的一些学者分别对全员生产维修(TPM)[50]和状态基维修(CBM)等先进维修策略的动力学行为进行了研究,对影响装备维修效能的系统要素进行了确认,为大型企业进行设备维修信息化系统建设提供了有益的参考。

4. 先进维修策略分析技术

维修理念的创新对信息化的实现至关重要。研究分析先进维修理论的要素及技术实现要求,从信息化的角度考察其基本功能要素和信息流程,是实现流程优化、信息化建设等一系列工作的理论源头。未来维修理念的发展是和维修对象的先进度息息相关的,维修对象的自动化程度越高、越复杂,各项指标要求越高,越需要选择先进的理念,而且具体设备的具体要求适用不同的维修理念。目前先进的维修策略主要有状态基维修、增强型状态基维修、以可靠性为中心的维修、全员生产维修等。

1)状态基维修

状态基维修(Condtion – Based Maintenance,CBM)[4]是实现维修保障信息化的关键维修策略,也是目前复杂装备维修策略的发展趋势。它主要以装备当前的工作状况为依据,通过状态监测手段,诊断装备健康状况,经过统计分析、处理来判定装备的性能、性能劣化程度和局部缺陷,并在可能出现故障之前有针对性地进行维修的维修策略。CBM 主要适用于耗损故障初期有明显劣化征兆的设备,同时也需要强有力的监测诊断手段来支撑。

一般主要通过机内/机外功能、诊断和预测功能、硬件/软件模块几个不同的视角来考察 CBM 系统应具有的基本功能以及评定不同 CBM 应用系统之间的区别。从机内和机外功能角度看,基本的 CBM 要素有:用于连续状态监控的在线传感器;用于对所采集数据进行概率分析的离线维修管理系统软件,而基于趋势数据的故障自主预测功能则可根据需要进行添加。从诊断和预测功能角度看,基本的 CBM 要素有:故障检测、故障隔离、故障预测、故障报告、状态监控等,而故障评估和发现、IETM、触发决策等功能则可在进一步的技术发展后再加以填充。从 CBM 总体软硬件角度看,基本的 CBM 软硬件要素有:数据总线、总线上的消息、嵌入式传感器、嵌入式计算机、PMA、计算机维修管理系统(CMMS)、数据库等。这些视角的技术实现在以后都可以作为相应的专题展开研究。

可以看出,CBM 体系需要众多硬件和软件通过之间的消息和信息互联才能实现其基本功能要求。没有标准化的支撑,实现起来将是非常困难的。因此,许多标准组织都开始研究制定相应的 CBM 标准体系,最为著名的就是由 MIMOSA 组织制定的 OSA – CBM 标准体系框架[51],如图 5 – 5 所示。

2)增强型状态基维修

大多数 CBM 系统都没有考虑状态监测和维修保障链的自动衔接。为了实现真正的端对端维修保障,美军近几年发展了增强型基于状态的维修理念(Condition – Based Maintenance Plus,CBM +)[13]。CBM + 扩展了 CBM 的基本概念,大量运用预测诊断、趋势分析、连续数字跟踪等技术,对原有系统及新开发系统进行改进,采用

134

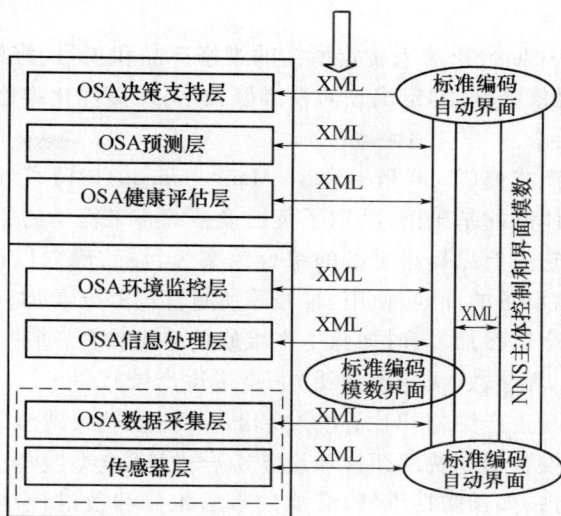

图 5 - 5　OSA - CBM 标准体系框架

最新的维修理念、技术以及实践,增强维修的综合能力,改进结构管理以及相关的维修保障过程。其远期目标是将状态传感器和自诊断技术直接结合起来运用到武器系统,以使系统成为维修保障链的延伸,将"后勤链"从供给链一直延伸到包括维持现有武器装备所必需的维修和运输功能。

与其他的维修方式相比,增强型基于状态的维修有相当大的突破。相对于传统的 CBM 策略,其添加的基本要素包括:应用高效的嵌入式传感器和分析仪进行系统健康监控;决策支持能力指导下的状态驱动维修;自动进入及恢复高精度维修数据;综合维修及后勤信息系统;结构管理及资产可见度;低不确定性的缺陷探测、隔离和预测;基于数据的交互式训练及技术支持能力等。

可以看出,CBM + 是未来以维修为中心的维修保障的基础。CBM + 的应用将提高维修的灵活性和响应速度,增强装备可用度,降低装备全寿命周期的维护费用。需要注意的是,在技术上实现 CBM + 的思想只是第一步,而真正的 CBM + 实现还需要从保障理念上进行全方位的革新。可以说,CBM + 是实现维修保障转型的必由之路,必须深入加以研究。

3) 以可靠性为中心的维修

以可靠性为中心的维修(Reliability - Centered Maintenance, RCM)[5,6]是欧美通过对装备磨损曲线和装备故障诊断技术进行进一步的研究后发展出来的一种维修体系,主要强调对装备的异常工况进行早期诊断和早期预测,以装备状态为基准安排各种方式的计划维修,以达到最高的装备可利用率和最低的维修费用。因此,RCM 是确定任何资产在运行条件下的维护需求的过程,同时也是确定最有效的维修方法的过程。

RCM 运用逻辑决断分析法来确定所需的维修产品和项目、维修方式或维修类型、维修间隔期和维修级别,制定出预防性维修大纲,从而优化维修的实施。

4)全员生产维修

日本的全员生产维修(Total Productive Maintenance,TPM)[50]是在引进美国预防维修和生产维修体制的基础上,吸取了英国设备综合工程学的原理,结合日本国情而发展起来的。它主要以提高设备的综合效率为目标,确立以设备医生为目标的全系统预防维修,设备的计划、使用、维修等所有部门都要参加,从企业的最高管理层到第一线职工全体参加,同时加强生产维修的思想教育,通过开展小组自主活动(无废品、无故障、无事故、无工作差错)来推进生产维修。

全员生产维修与生产维修相比,主要突出一个“全”字,即全效率、全系统、全员参加。全效率指设备周期费用评价和设备综合效率;全系统指生产维修系统的各个侧面均包括在内,如预防性维修、必要的事后维修和改进性维修;全员参加指这一维修的群众性特征。

综上,不同的维修策略会导致不同的计划、信息、管理以及对目标的控制、信息需求、首要因素、措施和工具资源的不同。科学分析先进维修理论的基本思想和实现策略,可以帮助我们更好地运用最少的资源获取最大的维修价值。因此,对维修理论的深入研究具有很强的理论和实用价值。

目前,维修工作的合理组织要求一种能融合各种维修方式的管理体系,如图5-6所示,许多企业已经开始研究以预防性维修为主的多元化维修管理体系的建立。考虑实施多元化维修管理体系的先进性和必然性,也应该在进一步研究各维修理论的同时考虑多种维修策略的融合应用问题。

5. 维修保障辅助决策技术

装备维修保障信息化的一个显著特点是装备维修保障决策能力的提升,能以最经济、最快捷、最高效的方式对装备实现精确维修。同传统维修方式相比,信息化条件下装备维修的信息量大大增加,维修资源和维修机构的模块化和柔性编组使维修运作模式也发生了很大变化。因此,必须加大装备维修辅助决策技术的研究力度以提供坚实的支撑。按照装备维修系统的基本构成,装备维修辅助决策可分为不同的层次和粒度。从维修策略层面讲,必须在 RCM、主动维修、预测维修、预防性维修等方面进行决策;从维修作业层面讲,必须在维修时机、资源消耗、任务分配等方面进行决策;从装备层面来讲,必须对装备的技术状态、健康状况等方面进行评价,对维修需求分配做出合理决策。

就维修保障信息系统开发而言,维修保障辅助决策技术主要体现在维修保障服务决策系统的开发中。它是将装备状态评价方法和维修安排策略固化在系统的运行流程中,并将专家经验、评判标准等以隶属函数的形式内置在系统知识库中,

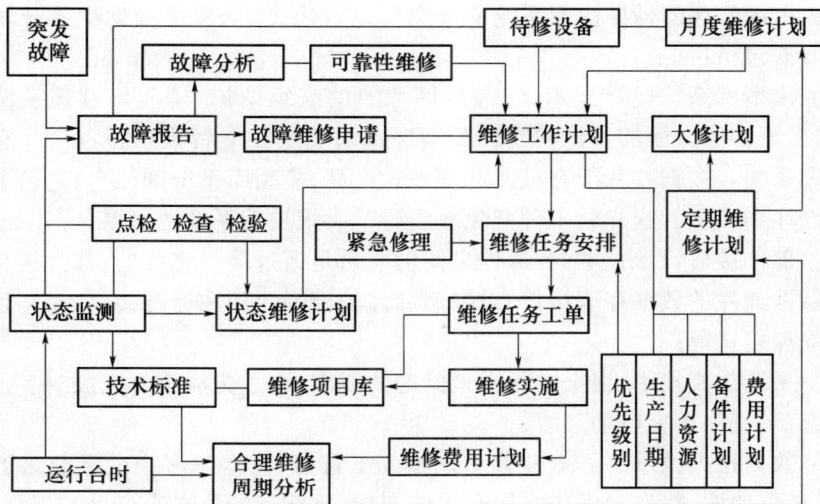

图 5-6　以预防性维修为主的多元化维修管理体系

依据装备状态监测系统传送的数据进行各个层次的健康评价,并进一步对评价结果进行处理,预测出设备健康状况的发展趋势,将装备维修调度情况和装备健康趋势向结合,辅助做出维修等级、维修重点、维修工作安排等一系列决策。图 5-7 为维修保障辅助决策支持系统示意图。

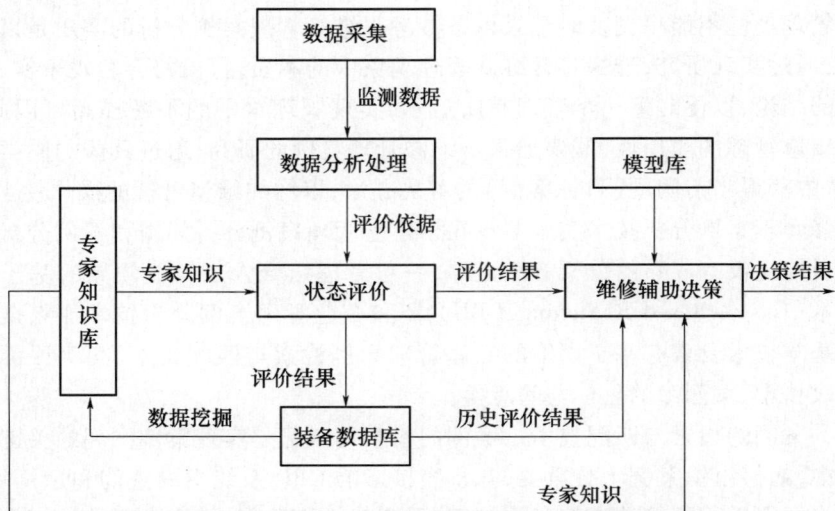

图 5-7　维修保障辅助决策支持系统示意图

从系统结构的角度看,维修保障辅助决策系统可以分为基于模型的决策支持系统、基于专家系统的决策支持系统以及基于数据仓库和数据挖掘技术的决策支

持系统。由维修保障辅助决策系统的分类可以看出,维修保障辅助决策技术的基本技术要素包括:

（1）模型库系统设计技术:它包括模型库的组织结构、模型库管理系统的功能、模型库语言等方面的设计和实现。模型库系统是一个新概念、新技术,它不同于数据库系统。数据库系统有成熟的理论和产品,模型库系统则没有,它需要研制者自己设计和开发。这样就不可避免地阻碍了决策支持系统的发展;

（2）部件接口设计技术:各部件之间的联系是通过接口完成的,部件接口主要包括对数据部件的数据存取接口;对模型部件的模型调用和运行接口;对知识部件的知识推理接口等;

（3）系统集成技术:根据实际决策问题的要求,通过集成语言完成对各部件的有机综合,形成一个完整的系统;

（4）数据挖掘技术[52]:90 年代中期从人工智能、机器学习中发展起来的数据挖掘,是从数据库、数据仓库中挖掘有用的知识,其知识的形式有产生式规则、决策树、数据集、公式等。对知识的推理即形成智能模型,它是以定性分析方式辅助决策的。数据挖掘的方法和技术包括决策树方法、神经网络方法、覆盖正例排斥反例方法、粗集方法、概念树方法、遗传算法、公式发现、统计分析方法、模糊论方法、可视化技术等。

6. 维修管理案例分析技术

当前,各部门的装备维修管理工作往往具有较大的随意性和盲目性,以往成功的维修管理经验不能得到及时记录以备参考。维修管理案例分析的实质是以案例的形式,通过实证研究,透视日常维修管理现象中的本质,得出符合客观事实、有指导意义的结论,以便对下一步管理有所启示,实现管理水平的不断提高。因此,为了突出维修管理的实用性,需要加强对维修管理案例的研究,通过具体的同类案例研究,从中获得当前问题(目标案例)的解决办法,以增加维修管理的操作性。

维修管理案例分析技术实施关键在于建立管理案例分析规则和案例分析运行步骤。目前还没有成熟的分析方法支撑,一般考虑结合人工智能领域的基于案例推理技术(Case – Based Reasoning, CBR)[53]和企业管理案例分析技术加以拓展实现。其基本技术要素有基于网络的维修管理案例检索与匹配技术、案例评价与适应性修改技术、案例库的创建与管理等。

（1）案例的检索与匹配技术。案例的检索与匹配是实现案例推理的关键。在案例库中,如何组织案例十分重要,它将直接影响 CBR 系统中的查询和适用算法。系统根据索引进行案例的查询和维护,若引索建立不适当,则会降低系统问题求解的速度和有效性;

（2）案例的评价与适应性修改技术。新案例产生后,应对其进行评估,以检查其对新问题的约束条件所满足的程度。但是在案例的评价和适应性修改方面,还存在着很多问题。通过 Internet 广泛收集评价与修改意见是主要解决之道；

（3）案例库的建设与管理技术。首先建库者应为建设案例库收集许多维修管理相关案例，但对 CBR 系统来说，数量仍然是有限的。系统刚建立运行时，案例库中的案例一般较少，随着系统的不断使用，案例将越来越多，则案例库的维护管理任务也越来越重。对于案例库中的案例，因为缺乏统一的标准，诸如案例入库等方面的问题，也是亟待解决的问题。

5.3.2 应用技术

与装备维修保障信息系统业务体系结构和系统体系结构直接关联的是各业务领域的应用技术，是最直接支撑系统业务和功能实现的技术集合。业务的领域划分，造成了系统的专业性，则必然导致一定程度上应用技术的专有性。虽然不同业务领域的应用技术存在交叉的可能，但是在应用层次上这种技术上的共性更多的是被业务领域应用特色和约束所掩盖，因而技术标准更多的表现为业务领域的专用标准。因此，根据装备维修保障应用系统的划分来考虑其主要应用技术，并进一步达成对该应用技术的共识并规范其操作方式，为规范业务模块层次上系统的集成和交互打下坚实基础。需要注意的是，以下各项技术在不同的维修保障业务领域和应用系统中都有可能涉及，在系统具体分析设计的时候应该综合考虑，按需选用。

1. 基于装备资产树的动态装备基础管理技术

供应链规划系统涉及的一个重要方面是装备基础管理，装备对象涉及面广、管理事务繁杂、数据类型多，主要包括装备/资产编码体系、装备基础台账、巡回检查、定期切换与试验、点检、交接班日志数据、装备全寿命周期跟踪数据等。系统的成败不仅取决于对装备管理业务理解的准确性，而且要基于计算机对数据关系的认识。因此，建立标准的信息结构和合理地设计装备资产树，是建立成熟和实用的供应链规划系统必须解决的两大重要问题。

1）建立标准的信息结构

装备管理的众多数据信息是可以分类的。从计算机的观点来看，装备基础管理数据可从 4 个角度进行分类：管理层，一般可分为管理与控制、执行与调度、作业与事务处理 3 类；装备管理信息对象层，可分为投资规划信息（对应于前期管理）、装备资产与变动信息（对应于资产台账及档案管理）、技术与运行状态信息、维护与维修信息、备件信息和人员管理信息等；装备管理要素分类，包括部门设置、装备分类、主次装备、用途分类、变动形式、管理类型等；装备管理作业分类，包含购置、资产建账、资产变动、运行记录、点检检查检验作业、故障事故处理、保养作业、润滑作业、维修作业、备件采购、库存管理、装备报废等。必须对这些不同类别的信息进行结构化的统一组织和设计，形成装备基础管理系统的标准信息结构，作为装备基础管理的数据信息处理基础。

2）装备资产树的设计

合理设计装备资产树是统一组织装备基础管理标准信息结构的基础。一般有两种类型的设计方法，第一种是固定结构的装备资产树，装备树的节点定义后不支持用户的扩展；第二种是开放结构的装备资产树，支持用户按管理的需要建立多节点的装备树，每一节点作为管理的一个层次，节点越多，数据信息的集成性就越高。

目前有许多维修管理和规划系统都使用了资产树来对装备全寿命周期过程进行规划和动态管理。进一步研究装备资产树的设计方法，即可为维修保障相关部门提供不同的管理与工作组织平台，通过以单部件装备、装备部件为主要数据管理对象，建立动态的装备资产基础管理体系，自动集成有关装备的采购、安装、运行、变动、折旧、维修、保养、润滑、报废等全寿命周期数据，形成包含动态数据在内的完整装备管理档案。

2. 持续采办和全寿命支持技术

维修保障供应链规划管理贯穿于装备的整个寿命周期，如何对装备的全寿命管理实现计算机信息支撑就成为一项关键的任务。目前，国内外在该方面的研究和应用热点主要是持续采办和全寿命支持技术（CALS）[11]。CALS 技术对于武器系统来说，是在采购采办—研制—设计—生产—验收—交付—培训—维护全寿命过程中，综合利用计算机网络、数据库、多媒体、计算机仿真等先进信息技术，对武器系统、产品或工程的技术数据（如图纸、三维造型、各种技术参数和规范等）进行数字化、标准化和网络集成化，通过改进业务和生产模式，使用网络或其他介质对需要传递技术数据，按统一格式进行交换或共享，从而实现装备技术数据的一次生成和重复使用，提高信息数据的共享性和再利用性。

CALS 是一项极其复杂的系统工程，因此从总体上研究其体系结构，对指导CALS 实施具有重要意义，其体系结构模型如图 5-8 所示。

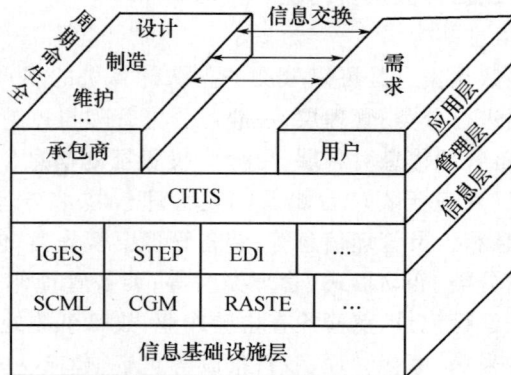

图 5-8　CALS 体系结构模型

CALS 体系结构模型分为 4 层:信息基础设施层、信息层、管理层、应用层,涉及的主要关键技术可以分为两类:

1）基础结构/支撑环境技术

主要包括网络通信技术、数据存储与数据挖掘技术、并行工程管理控制工具、企业间协调与合作管理工具、故障管理工具以及决策支持工具、安全与保密技术等。CALS 技术实质上是一种依赖于计算机网络技术的综合应用,它为广大企业用户提供一个快速共享和利用各类信息的平台与环境。因此,CALS 也可以被看作是一个集成化的企业环境。其基础支撑技术为该环境的建立提供最基本的技术支持服务。

2）标准化技术

CALS 技术的核心问题是信息共享、产品数据的集成,然而实现集成的最大障碍是信息平台与格式的异质性,这就必须解决共同"语言"问题,即标准问题。CALS 标准可以分为两大类。一类是政策,指的是实施 CALS 的相关行政命令文件和 CALS 实施的总的指导性文件;另一类是为相关信息技术而制定的规范,通常也称为标准。这类标准大致分为 3 种:数据访问/传递控制标准、数据交换标准、数据格式标准。还有一些标准不能包括在以上 3 种之内,如交互式电子技术手册系统（IETM）等。但这些标准总的目的是一致的,即实现不同计算机软、硬件平台间数据传递,以便能够协调工作。

为便于实现数据信息交换和共享,美国军用标准机构和不少国家的标准化机构颁布了一系列技术标准,世界标准化组织 ISO 也颁布了一些技术标准,要求所有存储各种信息的计算机文件必须遵循统一的标准和格式。正式公布的 CALS 标准如表 5 - 2 所列。

表 5 - 2　正式颁布的 CALS 标准

文件代号	相关内容
MIL - STD - 974 MIL - STD - 1388 - 2B	承包商技术信息集成服务（CITIS） 维修保障分析记录（LSAR）的美国国防部要求
MIL - STD - 1840C	技术信息自动交换
MIL - PRF - 28000A	产品数据通信的二进制表示:IGES 应用子集和 IGES 应用协议
MIL - PRF - 28001C	文本的电子印刷输出和交换的标识要求和生成风格
MIL - PRF - 28002C	光栅图象二进制表示
MIL - PRF - 28003A	图表数据通信的数字表示法:计算机图形元文件（CGM）应用轮廓
MIL - HDBK - 59B	持续采办与全寿命支持（CALS）实施指南

目前,国际上越来越多的国家尝试采用 CALS 体系进行军事装备的全寿命周期一体化管理。我国在这方面也开展了大量研究,对 CALS 关键技术尤其是标准

体系的研究是今后的主要研究方向,也是 CALS 体系顺利实施的基础。

3. 维修过程优化技术

维修过程的安排和优化对维修效益的取得具有重要作用。维修过程由维修活动组成,如何优化维修活动的顺序和时间是当前研究的一个热点,涉及到业务过程重组(Business Process Reengineering)技术[54]的应用。业务过程重组是指通过对维修保障过程的重新构思、根本性的重新设计,以获得维修保障组织多方面性能的显著提高。

业务过程重组是一项复杂的系统工程,必须围绕维修保障组织特有的业务状况、目标规划和业务过程来展开。一般来说,应该为维修保障业务部门建模,分析和描绘其业务过程,结合先进的维修保障理论和实际业务运作需求,对现有的业务运作方式和组织结构进行重新设计,建立预期的目标模型,并在此基础上开发或购买相应的软件以实现业务系统。

同时,为了避免业务过程全盘重复设计带来的诸多弊端,减少维修保障业务流程重组的风险,提高维修保障信息化的收益,运用业务过程参考模型成为业务过程重组成功实施的内在需求。运用业务过程参考模型进行业务过程设计,能为维修保障信息化带来很大的收益,但要让维修保障业务活动最终实现高效运作,在业务系统开发和实施时,必须做到与维修保障具体业务相结合,深入分析和掌握业务相关的数据和参数。

目前对该技术的研究主要集中在根据技术和经济因素以及生产计划和设备或工业设备运行状况等,安排每项维修活动的最佳时间或者基于物料资源规划(MRP)原理进行维修过程的综合规划和控制。

4. 全资可视化技术

物流管理自动化的关键是全资可视化技术(TAV)[55]。全资可视化通过将自动识别技术、运输网络、联合资源信息库和决策支持系统综合集成,及时提供资产信息,并指挥控制其接收、分发和调换,使物资的供应和管理透明化,实现了在储、周转和在运资产的可视化。

全资可视化技术的实施关键是自动识别技术(AIT)[56],即在装备维修保障过程中,及时、准确地向各维修保障机构提供人员、装备和补给品的位置、运输、状况及类别等信息,实时掌握处理中的、库存中的和运输途中维修资源的位置、状况和数量。AIT 技术主要包括两大部分内容:一是读、写存储标签,包括线性条形码、二维符号条形码、光学存储卡、识别卡、射频标签等,它们主要用于对单件物品、合装货件、装备、空运托盘、集装箱添加标识或存贮相应的资产识别信息;二是标签信息自动识别装置及其配套软件。

目前,装备维修保障资源信息获取以一维条形码、二维条形码、条形码扫描仪组成,已经可以基本实现维修物资的快速收发、统计和寻找。但以条形码为基础的物资信息采集系统仍采用手工作业的方式,物资的自动识别和信息交换还没有完全解决,射频自动识别技术(RFID)[57]是解决这一问题的非常有前景的技术手段。RFID 是一种非接触式的自动识别技术,它通过射频信号自动识别目标对象并获取相关数据,可工作于各种恶劣环境。RFID 技术可识别高速运动的物体,并可同时识别多个标签,操作快捷方便,能实现实时的信息追踪,用来确定供应链中后勤物资运送的位置,目前已成为装备维修保障领域自动识别技术发展的主要方向。

此外,为适应一体化联合保障需求,还需大力发展联合全资可视化技术。通过促进联合保障资源可视,为一体化联合作战提供可靠支持。

5. 供应链管理技术

供应链管理技术主要应用现代科技作为管理手段,对维修保障物流和信息流进行有效管理。具体来说,几乎任何维修保障活动都伴随着产品的运动(物流)以及信息的运动(信息流),供应链上的合作伙伴都需要这些信息以便对产品进行发送、跟踪、分拣、接收、提货、存储等。随着信息数量的增加,组织费用、数据处理费用以及管理费用都在大幅度增加,对信息进行精确、可靠及快速的采集和传送变得日益重要。

供应链管理支持技术就是为了优化业务流程、降低运行成本和费用而产生的,从系统建模的角度有供应链运作参考模型(SCOR)[58],从技术实施角度包括标识(ID)代码、条码、电子数据交换(EDI)[59]、条码应用标识符等。

1)供应链运转参考模型

复杂多变的装备保障需求和信息技术的发展都迫使维修保障部门在提高内部运转效率的同时,也要提高与作战指挥部门、装备研发生产部门的合作效率。而实现这一切的关键在于如何有效地评价供应链的运作情况,从而持续地改进维修保障的内、外部流程。供应链运作参考模型——SCOR(Supply Chain Operations Reference model)[58]是目前影响最大应用面最广的参考模型,是一个跨行业的参考标准,它能测评和改善应用领域内、外部业务流程,旨在方便、简化和加强供应链中所有合作伙伴之间的交流与沟通,衡量并提高供应链的绩效。

2)代码标识技术

(1)ID 代码。为了实现对供应链管理对象(如装备单元、合作伙伴等)的正确识别,应用于供应链的 ID 代码有 EAN – 13(UPC – 12)、EAN – 14(SCC – 14)、SS-CC – 18 以及位置码等。这些 ID 代码是国际物品编码协会(EAN)和美国统一代码委员会(UCC)共同制定的全球通用的 ID 代码标准,这些 ID 代码的编码规则保证了其在全球范围内的唯一性。

(2)条码。条码是 ID 代码的一种符号表示,是一种对 ID 代码进行自动识读且将数据自动输入计算机的方法和手段。条码技术的应用解决了数据录入和数据采集的"瓶颈"问题,为供应链管理提供了有力的技术支持。目前 EAN 与 UCC 制定的条码标准有 EAN – 13 条码、ITF – 14 条码和 EAN/UCC – 128 条码。中国物品编码中心已根据这些标准制订了我国的国家标准。

（3）EDI。EDI 是一种信息管理或处理的有效手段，是对供应链上的信息流进行有效运作的方法，目标是提高合作伙伴间通信效益。它在充分利用现有计算机及通信网络的基础上，按照统一规定的一套通用的标准格式，将贸易伙伴之间必须交换的各种数据格式化并实现数据交换。国际物品编码协会为了提高整个供应链的运作效益，已在 UN/EDIFACT 标准的基础上制订了流通领域 EDI 标准——EANCOM。

（4）条码应用标识符。条码应用标识符是 EAN 和 UCC 组织制订的用于传输那些无法在计算机文件中查到或无法用 EDI 方式传输的数据的标准。应用标识符与数据库、EDI 的整合为供应链上信息处理和传输提供了有效的技术支撑。

需要指出的是，供应链管理支持技术的实施并不等于供应链的有效管理。要实施有效的供应链管理，首先必须改善供应链的业务流程，再以较低的成本使这些流程自动化，以进一步降低供应链的成本，缩短供应链的时间。也就是说，需要将条码扫描技术、POS 系统（销售终端）、EDI 以及 EFT（电子资金转账）等技术集成起来，在供应链上建立一个高效的集成系统，以确保产品能不间断地由供应商流向最终客户。与此同时，信息流能在开放的供应链中循环流动，这样才能真正满足维修保障运作过程对产品和信息的需求，即给用户提供最优质的维修保障服务和适时准确的信息。

6. 联合配送技术

随着信息技术在现代战争中的广泛运用，配送能力低下这一制约保障力生成的"瓶颈"必将产生重大变革。联合配送技术主要为一体化联合作战保障提供联合配送保障支持，其实质是通过利用信息技术实现保障"管线"中全资产可视，精确预测保障需求，灵活调遣保障资源，采取多种手段主动地在所需要的时间和地点为作战部队提供所需物资，使保障适时、适地、适量，达到精确高效。

由此可见，联合配送技术的实施关键是充分调动和挖掘各种潜力，按照国际合作的配送模式，构建协调联动机制，统一组织使用陆、海、空战略运输力量，将运输保障模块综合集成，建立铁路、公路、航空、海运、管道等立体联合配送体系，为联合作战行动提供快速高效的配送保障。

7. 装备使用寿命评估技术

装备使用寿命研究的主要目的是运用可靠性和维修性理论，对装备在使用中出现的故障情况及重要部件的使用寿命进行研究，为制定科学、合理的综合保障措施提供依据。

目前，对装备使用寿命的研究主要采用故障模式、影响及危害度分析（FME-CA）[60,61]的方法，通过对装备主要零件、部件（元器件）的故障模式进行分析，找出

144

系统薄弱环节,从而确定关键件、重要件,并相应地提出在维修保养过程中应当重视的部位和采取的措施。同时,随着使用时间的增加,系统和重要部件的故障数据会越来越多,为了不断提高模型的精度,更准确地估计出系统和部件的平均寿命和故障率,需要通过不断收集装备使用中的可靠性数据和寿命数据,进行寿命模型曲线的拟和、检验,来不断提高模型精度。

8. 故障管理技术

对故障进行量化分析,是装备可靠性管理的基础,也是装备维修需求管理和实施管理中极其重要的工作。故障管理的目标就是将装备故障引起的事故和问题对业务的负面影响减到最小,并防止这些事故再度发生。为了实现这个目标,故障管理力求找到引发事故的根源,并着手改善或纠正故障状态,争取在事故发生前就主动地发现和解决问题。

目前,故障管理技术主要集中在故障分析和故障发生趋势预测等方面。为了建立故障分析模型,需要对故障进行编码管理,同时也离不开装备的有关缺陷记录、装备故障记录、装备事故记录。通过对故障数据的定性和定量分析,建立故障模型,可以找出管理工作中的薄弱环节,或利用故障模型来预测故障发生时间,从而有针对性地采取措施来预防或减少故障。

故障管理一般是通过故障管理信息系统来实现的,其主要功能有设备故障类型的定义、设备故障录入和编辑、设备故障任意时间段内的故障时间和次数统计、故障设备频次排名、故障频次排名、设备故障发生频率的统计、实现设备故障周期统计及报表功能等。

9. 以可靠性为中心的维修决策建模技术

当今维修保障领域,以可靠性为中心的维修(RCM)[5,6]得到了突飞猛进的发展。RCM 是一种经实践证明的可行的维修大纲制订方法,其科学性主要体现在制订维修大纲的过程上。它从确定分析项目开始,通过进行故障模式与影响分析,明确装备产生故障的原因与过程,然后有针对性的确定预防性维修工作。由于当前大多数 RCM 决策都是基于分析者的经验和定性来判断,决策过程缺乏模型支持,因此建立科学的 RCM 决策模型就成为改善 RCM 决策效果和效率的关键。

RCM 决策模型按预防性维修的工作类型可分为更换模型、功能检测模型、使用检查模型等。其中,更换模型是针对定期报废和定期拆修策略建立的模型;功能检测模型主要基于大多数产品在发生功能性故障前出现某种征兆以预示故障即将发生或正在发生过程中的事实而建立;而使用检查模型是指通过在产品使用过程中进行的检查,若发现故障需及时进行修理或更换。若按决策目的来分,则 RCM 决策模型可分为费用模型、可用度模型、风险模型等,以分别对应权衡维修经济费用、装备可用程度和安全性后果等决策目标。

目前,RCM 决策模型的建立与开发是 RCM 研究与应用中的一项重要内容。

由于许多 RCM 决策中所需的模型并不是专门针对 RCM 决策过程建立的,因而需要对已有的维修模型进行系统的总结和论述,并针对 RCM 决策需求进行相应系统的研发。同时,考虑模型的实际应用,实现决策模型的智能化将是 RCM 决策模型研究的一项重要内容。

10. 维修计划辅助决策技术

维修计划的确定因维修作业对象而异,如维修物资计划、维修人员计划、维修时间规划等。如何实现维修计划的辅助决策与自动生成是目前一大研究热点,主要涉及维修计划的描述与建模、维修计划的分析推理、维修计划知识的学习和改进,以及维修计划案例管理与自动生成等方面的内容。

11. 一体化联合保障决策支持技术

一体化联合保障决策支持技术主要用于打破传统的单级逐一集中决策方式,打通上下级之间、横向单位之间信息交互渠道,从而支持决策过程与执行过程的交叉并发,并提供动态任务规划、分布式联合决策等服务。一方面,该技术可提供对保障指挥信息获取、处理、传递的联合和保障指挥行动联合的支持;另一方面,能将保障过程中出现的新情况及时反馈给联合保障计划的制定者并及时修改计划,通过战场信息的共享使保障计划的实施者能及时发现新情况并同时获得修正的计划。

12. 装备资产优化与管理技术

维修计划制定的目的在于在给定维修资源/维修资产的数量、质量和能力的情况下,合理安排资产的使用,从而以最少的资源消耗或最低的成本实现最佳的维修效能或最大的装备可用度。在此过程中,优化管理装备资产是一项关键内容。装备资产优化与管理技术包括建立装备系统模型和维修供应链模型两个方面。

(1)磨损和性能减退、诊断与故障检测算法的装备系统模型的建立,如图5-9所示,主要利用该模型说明装备磨损程度和可用程度。

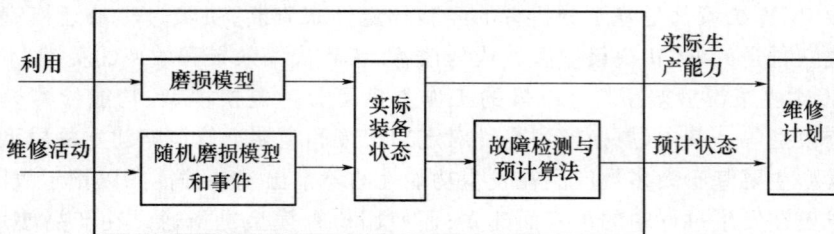

图 5-9 磨损和性能减退、诊断与故障检测算法的装备系统模型

(2)维修供应链与管理系统模型,其目的是产生优化的维修计划。如图5-10所示,维修计划程序包含一个设备模型以及将设备状态转化为工作范围的规则。

工作范围是检查、换件、修理和重建活动的列表,它要求按规定标准拆卸、整修、重装机械。这些模型要利用维修活动和设备状态的历史记录进行完善。

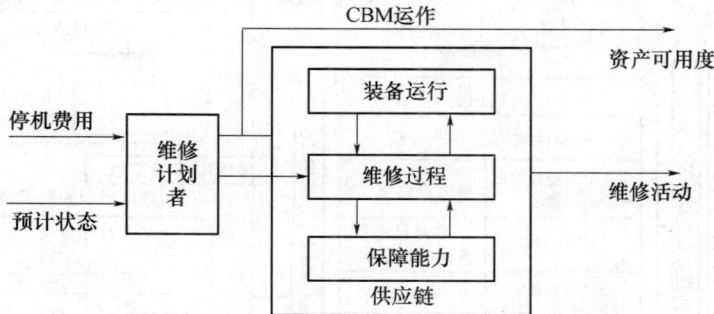

图 5 - 10　维修供应链与管理系统模型

13. 装备全寿命周期费用分析技术

装备全寿命周期费用分析技术(LCC)[62]是通过对装备资产周期费用的采集与统计分析,定量评价装备资产使用价值。它以与装备使用、维护、维修及其价值运动密切相关的费用的采集和分析作为管理与分析的基础,使装备维修管理者可通过排序评价装备资产的周期费用表现与价值表现,来为装备维修、改造与更新的决策提供支撑。

装备寿命周期费用分析主要包括装备的经济寿命分析、装备的运行价值(价值工程分析)等,其中装备经济寿命的确定是衡量和决策装备维修效益的依据,主要是从经济上考虑装备更新的最佳时机。

目前,由于寿命周期费用分析的时间跨度较大,包括装备从论证到退役为止的全部时期,需要保存大量的装备研制、使用、维修和退役的数据,计算处理的工作量相当大,必须有赖于 LCC 通用分析软件的支撑。同时,由于 LCC 技术一般包括了LCC 估算、LCC 分析、LCC 评价和寿命周期管理等内容,分析这些技术之间的关系和实现途径是需要进一步深入研究的内容。

14. 装备修理级别经济性分析技术

修理级别经济分析是维修设施及维修实力管理的重要规划内容,若考虑其中的经济性因素,则可单列进行分析。它是按照一定的准则为装备确定经济、合理的维修等级以及相关修理方法的过程,主要分析评价维修工作的成效与费效比较。

15. 嵌入式故障检测和诊断技术

维修需求的提交其首要步骤是通过状态监测对装备系统内部的状态信息进行提取和发布。同传统测试、监控技术不同,现代状态监测技术应该更强调装备自身具备自检测、自诊断和嵌入式故障预测能力(即 ED/EP)[63]以保证获取的时效性,图 5 - 11 是典型的 ED/EP 系统结构图。

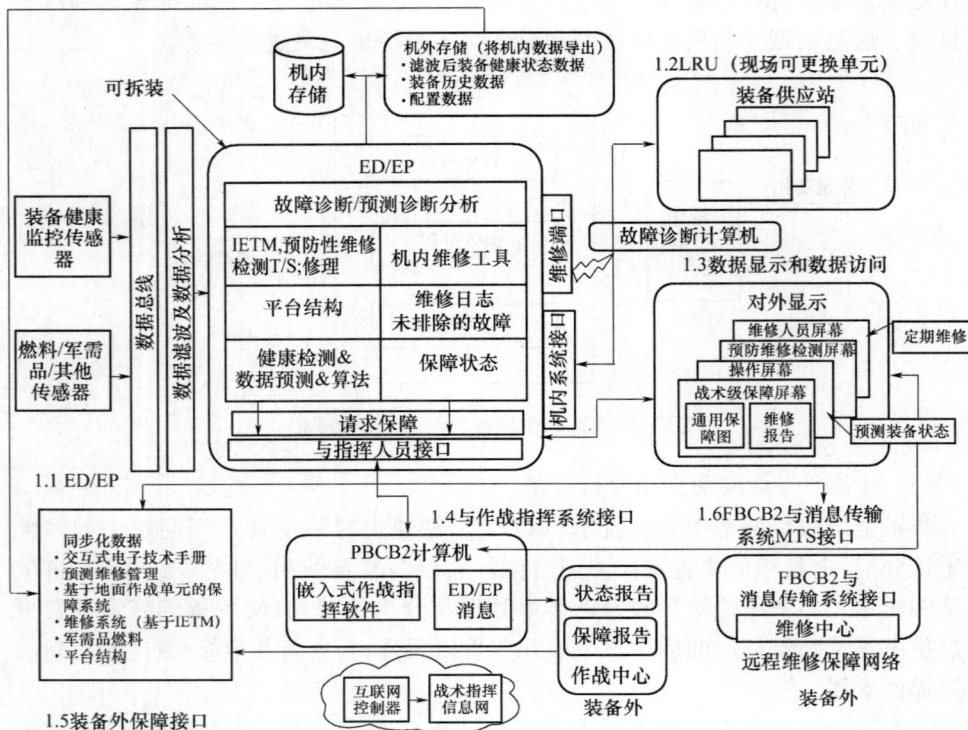

图 5-11 典型 ED/EP 系统结构图

可见,ED/EP 是在系统运行中或基本不拆卸的情况下,利用系统自身的检测诊断能力,掌握系统当前的运行状态,并查明产生故障的部位和原因,预知系统的异常和故障动向,以声、光和显示屏等多种形式进行信息输出,并辅助操作人员和维修人员采取必要对策。

同时,ED/EP 系统不仅仅是内置于装备的解决其故障的工具,同时,它也是连接装备维修保障其他功能(如数字化预防性维修检查与保养、自动状态报告、远程维修、远程诊断、车辆结构管理、零部件寿命历史记录跟踪)的主要通道,是提高武器装备测试型、维修性和提升负责武器装备系统快速维修能力的最为简单有效的技术手段,是装备维修信息化实现的重要基础。

在 ED/EP 系统中涉及的主要关键技包括自诊断技术、故障预测和健康管理技术、信息融合的综合诊断决策技术等。

(1)自诊断技术是指系统、设备内部提供的自动检测、诊断、隔离故障的能力。为了判定复杂武器系统是否处于正常工作状态以及发现并隔离故障,采用自诊断技术已经成为无可替代的选择。

（2）故障预测和健康管理技术。现代装备的故障越来越复杂，不同类型的系统或其零部件（组件）失效规律各不相同，而且其健康衰退过程随环境应力的变化而变化。因此，确定可进行故障预测的设备或组件类型，并给出其正常和故障情况下的健康衰退规律，进而准确预测故障是状态监控系统实施的一个重点。

（3）基于信息融合的综合诊断决策技术。由于装备综合诊断涉及的信息涵盖设计、生产、使用等各个全寿命周期阶段，这些信息往往具有不同的标准、不同的准确性及不同的结构等，如何融合这些信息进行诊断决策是一个技术难点。

此外，需要解决的关键技术问题还有：研究多源异类信息的规范化处理与特征提取方法，实现多源异类信息的统一描述；构建分布式的融合决策模型，实现不同时空分布信息的集成；研究分布式的协同诊断技术，充分整合本地和远程的诊断资源；研究先进的诊断信息融合算法，提高综合诊断的效率和准确率。

16. 远程监控技术

当前网络技术的广泛应用使得对装备的状态监控已经不仅仅局限于有限的区域，对维修需求的管理还应该从资源优化利用的角度考虑远程监控技术的应用。简单说来，远程监控技术是基于装备系统的监测设备和计算机网络，有机结合状态监控与故障诊断技术、计算机科学、控制与仿真技术、网络通信技术，实现对装备状态监测信息的处理、存储、传输、查询、显示和交互，无须故障诊断专家到现场，就可完成跨地域的远距离故障监测与诊断，并可以实现异地专家协同诊断，是一种灵活方便、高效快捷的开放式故障诊断技术。图 5 - 12 为一远程监控系统结构示意图。

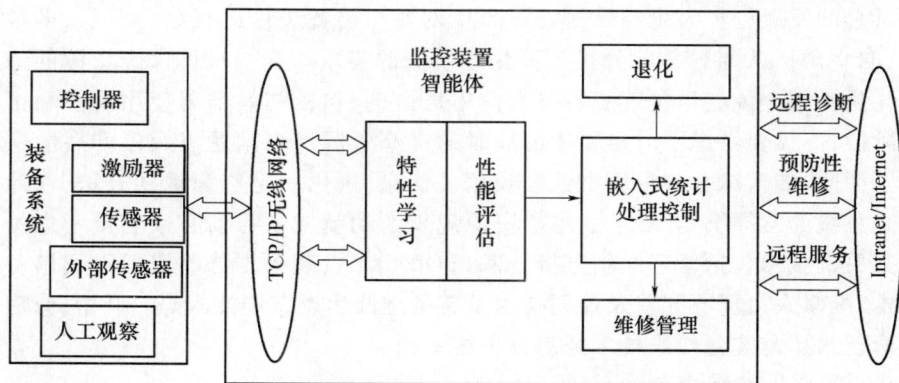

图 5 - 12　远程监控系统结构示意图

网络技术的发展为该系统的提出与实施提供了条件，现代检测技术、计算机及网络技术、信号处理与识别技术、决策支持技术、人工智能技术、专家系统、神经网络技术、数据传输技术等是远程监控系统建立的关键技术。

目前，基于现场总线和基于以太网的远程监控技术已成为网络化监控技术的热点。同时,由于网络技术、通信技术的发展,出现了将多种技术融入远程监控以及远程监控系统实现途径多样化的局面。多媒体通信技术,虚拟现实技术等在远程监控领域的应用也大大扩展了远程监控技术在实践应用中的广度和深度。

17. 维修资源规划技术

维修资源是实施装备维修的物质基础和重要保证,无论是平时训练还是战时抢修,维修资源保障都占据着十分重要的地位。这就需要从装备研制初期就开始确定各项维修资源,并随着研制过程的进展和装备的部署使用,不断使其优化和完善。维修资源优化的基本要素包括以下几点。

(1)装备的作战使用要求、装备的编配方案、寿命剖面、工作环境等约束条件,这些约束条件,不仅是装备论证研制的依据,而且也是维修资源确定与优化的基础。

(2)装备维修方案,它是关于装备维修保障的总体规划,也是确定维修资源的重要依据。

(3)维修工作分析,维修工作分析确定各个维修级别上的维修工作和工作频度,是维修资源确定的主要依据。维修资源分析主要根据完成维修工作的需要来确定维修资源的项目、数量、质量要求,从而保证在预定的维修级别上,维修人员的数量和技术水平与其承担的工作相匹配、可用备件同预定的换件要求相匹配、随机工具以及检测诊断和保障设备同该级别预定的维修工作相匹配。

目前,维修资源规划主要包括对维修设备(设施)及维修人力资源的科学规划。其总的发展趋势为维修设施等资源规划要与装备设计进行综合权衡,多考虑采用"自保障"、无维修等设计措施简化维修资源需求。当前维修保障资源的确定和优化从时间上说应当覆盖装备整个使用寿命期,包括初始部署使用阶段和正常使用阶段,不仅要考虑平时也要考虑战时的维修资源保障问题以及停产后的保障问题。因此,如何综合各种历史数据和相关信息,采用一定资源规划方法,在计算机信息系统的支撑下,开展上述维修资源规划活动就成了目前必须着重考虑的问题。其关键技术包括修理级别分析技术(LORA)[64]、装备维修物资需求及储备分析技术、维修人力资源配置及规划技术及装备维修生产布局技术等。其中,修理等级分析技术还与装备维修技术经济分析技术相关。

18. 数字化维修技术

数字化维修的目的和意义在于提高维修能力和维修效率,降低维修成本,提高维修可靠度。具体有3点:一是利用现代电子信息系统提高整体维修能力,综合所有功能单位的信息,在正确的地点、正确的时间,提供正确的信息,增强维修决策能力;二是与维修相关的功能单位,包括装备使用部门、制造商和供应商、维修部门、维修人员,综合利用所有信息增强协作能力;三是通过不断更新各种动态信息以增强状态实时感知能力,从而减少延误和决策失误,实现最佳的维修效费比。

数字化维修的关键技术主要包括实时或近实时的通信技术、通信网络和系统互通技术、维修保障信息传输技术、维修空间信息技术、维修信息融合技术等。以上各项技术构成了数字化维修的核心,保证各种维修保障信息的融会贯通,从而为装备一体化维修保障的实施提供有力支撑。

目前,研究人员已将数字化技术引入维修作业的各个环节,主要是将各种维修信息,如装备状态、诊断结果、维修资源、人力配置、备件服务、制造厂商/供应商技术支援等方面的文字、图表、语音等传统信息形式转换为数字信息,并综合运用计算机技术、数字通信技术、网络传输技术、检测和诊断技术和多媒体技术,将相关的功能系统有机地连成一体,使各种数字信息能实时或近实时地传递、处理、存储与交流,达到整个维修体系内的信息资源共享,最终实现装备维修的诊断、监控、决策、通信、保障高度一体化。总之,就是由错综复杂的各种关于维修的"信息流"来运作"能量流"和"物质流",全面提高装备的维修能力。

19．智能维修技术

当前,随着智能技术的发展,智能化成为维修信息化发展的新趋势。对于维修实施管理系统来说,应充分考虑维修作业特性,利用专家系统、模式识别、智能机器等人工智能技术,来改进故障诊断的速度和准确性、辅助维修决策、提高维修效率。需要指出的是,智能维修技术也属于数字化维修技术的一部分,但由于其突出的智能化特征以及对维修保障信息化实现的重要作用,在此将其单列加以阐述。

如图 5 - 13 所示,智能维修系统能够基于传感器和嵌入式智能状态检测技术,实现基于性能退化的监控和预测,而非传统的故障检测和诊断。当然,智能维修技术的应用在状态监控系统中也有体现。

智能维修应着重解决的技术有维修的辅助分析决策支持系统与技术、智能检测传感技术、智能信息处理技术、信息融合中的人工智能技术、语音智能识别和自动翻译技术、人机交互中的智能化技术等。人工智能技术和辅助分析决策支持技术等已广泛运用到维修领域中,成效显著。随着智能维修技术的发展,在此基础上还将不断有新的智能技术应用到维修领域。

20．备件管理技术

备件管理技术主要是运用计算机手段,对装备备品备件及相关器材的计划、采购、出入库、盘点、库存等进行动态控制与预警管理,达到降低库存、备件费用和及时响应维修保障需求的目的。

按照一体化精确维修保障的要求,有效控制和管理维修保障备件的供应链是实现这一目标的关键手段,这就需要建立包括备件采购、库存控制与预警、备件自动识别与仓储定位、配送管理在内的模型和系统,通过精确的预测、控制、管理、存放和配送,实现精确的维修保障备件供应。

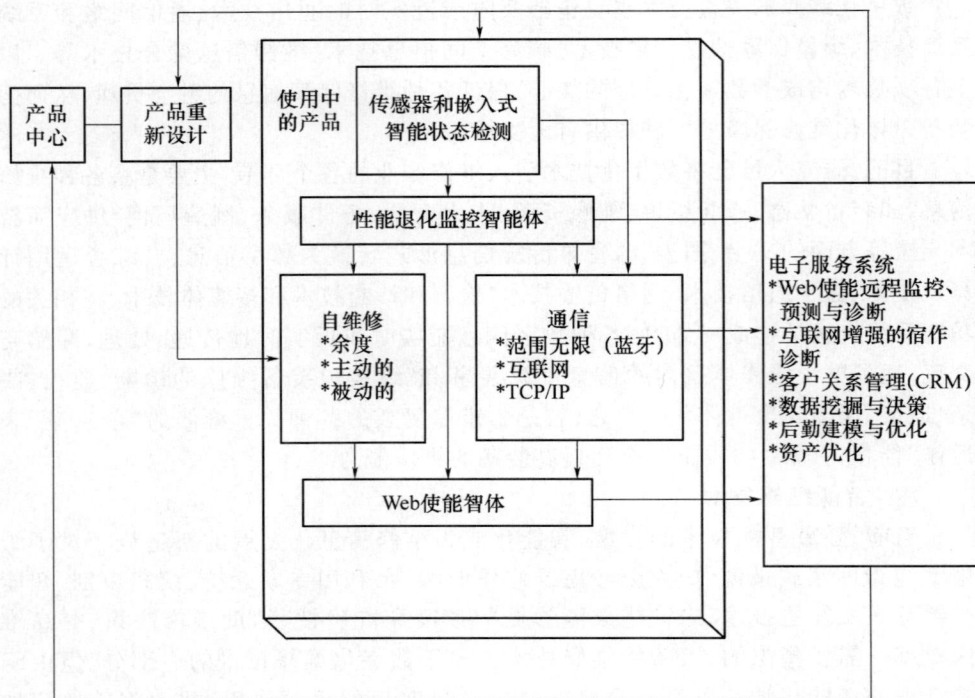

图 5-13 智能维修系统示意图

21. 交互式电子技术手册技术

交互式电子技术手册(IETM)[7,8]应武器装备的数字化和信息化而生,是美国等许多发达国家所推行的持续采办与寿命周期保障战略的重要组成部分,现已成为装备保障信息化技术研究和应用的热点之一。IETM 将技术手册按照一定的格式规范并数字化,携带方便,非常适合外场级、舰员级等一线维修作业。同时,由于IETM 数字化的特性,技术资料一经建立即可重复共享使用,并保持及时更新升级,对降低维修费用和提高维修准确性方面具有很大的优势。更重要的是,IETM 提供人机交互能力,能够以丰富的表现形式展现维修人员所需技术资料,有效加速维修活动的实施。IETM 不仅实现了技术手册的数字化和智能化,而且它遵循相关标准,从根本上为实现数据的互操作和共享、实现数据的网络集成提供了可能。

从武器装备的全寿命全系统考虑,应在装备维修保障工作中大力推广 IETM技术,以其为指导,建立交互式的故障诊断、隔离与维修手册,实现多系统多平台间的信息共享与互操作,以提高武器系统的保障水平,提高武器系统战备能力,降低系统的全寿命周期费用。

近年来,IETM 的技术随着互联网技术的发展在快速地进步,互用性、Web 化与商业软件系统的一致化是当前 IETM 技术发展的方向,其中基于 XML 技术进行应用开发已成为 IETM 应用的热点。为此美国国防部与美国国防工业界已联合制定了 IETM 体系结构(JIA),作为 IETM 新的技术指南。表 5-3 列出了美军的一些主要 IETM 标准。

表 5-3　交互式电子技术手册相关标准

MIL - HDBK - 1222	工作包技术手册通用样式和格式开发指南
MIL - PRF - 87268	IETM 一般目录、格式、用户交互需求
MIL - PRF - 87269	IETM 内容数据库
MIL - STD - 2361	数字化出版物开发标准
MIL - STD - 40051	IETM 数字技术信息表示规范

22. 便携式维修辅助技术

作为维修技术支持系统的有机组成部分,便携式维修助手(PMA)[65]提供了解决作战部队维修保障问题的有效途径。PMA 是指用于维修现场的便携式移动计算处理设备,依托综合数据库系统和网络技术,通过配备给现场维修点使用,辅助维修保障人员进行维修作业。PMA 的应用过程如图 5-14 所示。

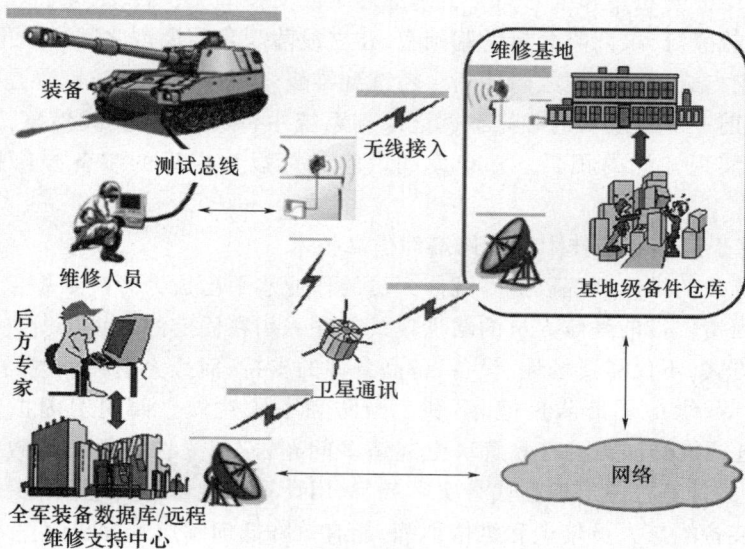

图 5-14　PMA 应用过程示意图

从图 5-14 可以看出,PMA 主要应用于装备的现场维修,其实现必须重点解决以下关键技术问题。

(1)PMA 的体系结构和通用开发框架,由于 PMA 本身功能比较强大,同时存在着与装备、作业人员、维修保障信息系统之间的交互,构建合适的体系结构和通用的开发框架,能便于 PMA 的实现和推广应用。

(2) PMA 的数据接口技术,PMA 的数据接口技术包括两个方面。第一,为快速获得装备的技术状态数据,PMA 必须能与各类装备及现场测试设备进行数据通信。目前,装备中常见的数据接口有 1553B、RS232/485 和其他现场总线等,PMA 必须能满足各种接口要求。第二,为确保零部件查询与订购、维修文档管理、作战数据上传下载等功能顺利实现,PMA 必须满足装备数据库的建设规范的要求,并能和远程维修保障中心顺利交换信息。

23. 远程维修支持技术

当前,装备维修越来越需要建立在网络化和信息化基础上的协作作维修,应用网络和通信技术,发展远程维修支持技术则成为实现装备维修保障技术支持的重要手段。目前,应用较为广泛的关键技术是远程维修专家系统,即网络化的维修专家系统。同 IETM 相比,远程维修专家系统具有 IETM 不具备的而维修作业又必须的分析、计算和决策能力。同传统专家系统相比,远程专家系统不受时间和地域的限制,为需要技术支援的维修人员提供及时的服务。同时,由于其网络化的特征,专家系统可以提供广泛的知识共享,增加技术支援的覆盖面。

此外,维修知识库和维修向导也是远程维修支持的关键技术,它们针对结构化问题,在对故障统计、归类分析的基础上,建立故障现象与原因之间的因果关系,通过决策树的方式辅助实现故障诊断。考虑到维修知识库的建立与完善是一个渐进的过程,目前一般将成功的维修案例记录到系统中,系统提取相关信息,对决策树进行扩充,实现知识的积累。知识库的内容也可以为以后的装备维修提供参考依据。

24. 基于虚拟维修技术的维修培训仿真技术

通过有效的维修训练以提高维修人员的作业水平已成为影响维修保障效能发挥的重要因素。目前维修人员的培训模式往往采用在固定的训练场所进行实际操作作业的方式,不仅需要场地、设备、备品备件的支持,而且要消耗大量的组织准备时间、经费等,增加了部队负担,不利于国防和军队建设。而利用虚拟现实技术(VR)[66]进行维修训练可有效解决上述诸多问题,它建立在装备设计数据基础之上,用装备的计算机图形模型代替实际装备,用计算机维修仿真过程代替实际维修过程进行装备维修人员培训和维修训练,能有效降低训练成本,而且可多次重复进行,不受时间场所的限制,大大方便了维修人员技能水平的提升。

目前,很多部门已相继开始了相关研究,主要集中在三维虚拟仿真训练空间的建立、人机虚拟交互技术等方面,并取得了一定成效。

25. 一体化维修训练技术

一体化维修训练技术主要为维修训练在近似实战环境条件下顺利展开提供技

术支持,实现联合保障与联合维修的无缝联接。该技术实施的关键在于标准、实用、高效的联合训练技术支撑平台的构建,主要包括 3 类系统的构建:一是导控系统,主要功能是对联合维修训练的全过程实施灵活的调控,根据训练总体目标,有计划地用事前拟定的维修训练文书或实时采集的动态战场态势,对维修训练进程进行适时的干预和引导;二是监测系统,主要功能是对维修训练全过程进行准确、全面、动态、客观的监测和维修训练数据等的记录,为维修训练导控和评估裁决提供依据;三是评估系统,主要功能是对维修训练产生的各类数据、信息,进行以定量为主、人机结合的分析评估。

5.3.3　应用支撑技术

应用支撑技术主要解决 3 个方面的问题:一是资源共享,包括数据资源和数据处理资源;二是信息交换,允许不同的用户和系统之间在语义层上能够互通信息,这里涉及信息表示、信息格式转换、语义描述等子问题;三是业务集成,整合不同的业务系统,实现业务综合处理,涉及流程控制、事务处理等子问题。

为满足上述要求,应用支撑层涵盖了下列技术:编码管理技术、公共数据环境技术、知识管理技术、系统集成技术等。其中,系统集成技术又包括集成系统建模技术、信息集成技术以及企业应用集成技术等。需要特别指出的是,为有效实现一体化联合保障,完成不同领域应用系统的整合,还要着重开发与领域外系统的交互技术。当然,该技术主要还是基于其他应用支撑技术,由于其在维修保障一体化建设中的重要性,所以将其单列出来。在这些应用支撑技术中,编码技术强调的是信息格式和类型的统一描述;公共数据环境技术强调的是信息数据的共享和操作支撑环境的构建;知识管理技术是在信息资源开发的基础上,强调知识的发现和交流,构建以装备维修保障知识库为核心的知识网络;系统集成技术主要关注维修保障领域内及领域间系统的交互技术,使得不同系统之间能够实现互操作性。这些技术相互联系组成了有机的整体,其层次结构关系如图 5 - 15 所示。

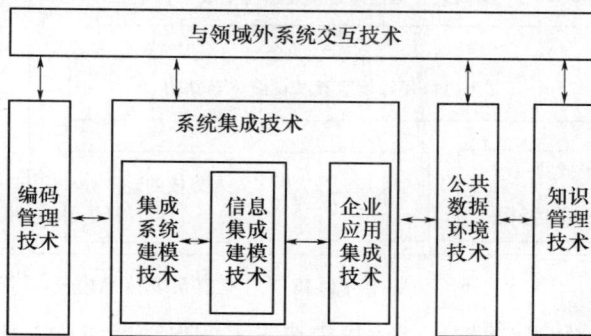

图 5 - 15　应用支撑技术层次结构关系图

1. 编码管理技术

编码管理的主要目的在于通过对维修保障资源的统一编码,建立起维修保障资源的分组/分类管理体系,从而便于迅速配置资源和实现资源的精确可视,并为其他维修保障信息系统提供基础的信息支撑。

目前,常用的编码方法有顺序码(流水号)、隶属编码、分类码、特征编码、混合编码等,各个编码技术的具体实现可参见文献[67]。在编码过程中,应注意根据相似原理,借助成组原则对维修保障资源进行分类、整理,找出规律形成规则,进而根据编码规则设置编码器进行项目编码。

2. 系统集成技术

从装备维修保障信息化建设的现状来看,由于现有各信息系统在软硬件、数据格式诸方面广泛存在的异质性,造成了大量系统之间不能互联互通互操作。按照未来一体化维修保障的需要,有必要建立有效的技术手段对这些异质系统进行整合,主要涉及以下关键技术。

1)集成系统建模技术

异构系统整合并不是盲目和随意的,而是受到集成要素及其关系的约束,这就涉及到集成系统建模技术的问题,如图 5 - 16 所示。装备维修保障信息系统建模技术从系统集成的角度进行建模。

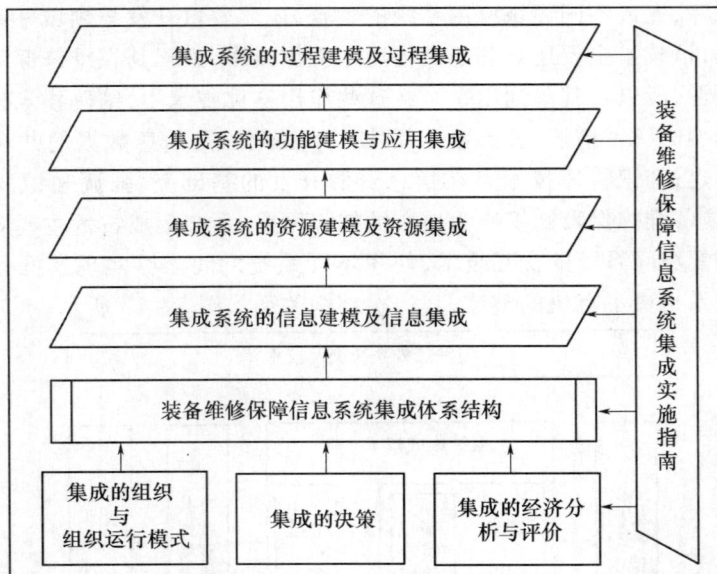

图 5 - 16 装备维修保障信息集成系统技术模型

(1)集成系统的功能构建与应用集成主要考虑功能建模方法 IDEF0、系统功能要素分析、应用集成方案的设计等问题;

156

（2）集成系统的信息建模及信息集成主要包括信息建模方法 IDEF1X、面向对象的信息建模方法 UML 类图、信息模型构建及数据的总体规划、信息集成模型的构建、信息集成平台和框架的构建；

（3）集成系统的过程建模及过程集成主要考虑过程建模方法 IDEF3、ARIS 过程建模、甘特图和 PERT 技术、过程集成实施框架分析、基本流程设计、供应链与供应链管理、电子商务、工作流与工作流管理技术、业务过程重构技术等；

（4）集成系统的资源建模及资源集成包括资源模型基本结构分析及资源框图的构建、资源计划方法与资源计划系统分析；

（5）集成的组织与组织运行模式主要考虑组织与组织建模分析方法、组织框架和组织结构模型构建、过程组织模型分析、虚拟组织构建；

（6）集成的决策主要考虑决策建模方法 GRAI 方法、决策支持系统；

（7）集成的经济分析与评价主要包括集成的经济分析框架构建、经济分析方法研究、指标体系的构建方法研究、参考经济分析及评价框架构建、信息系统综合评价指标体系；

（8）集成系统实施指南，主要包括用户需求分析、可行性论证。

2）信息集成建模技术

信息集成建模技术是维修保障信息系统集成建模的核心内容，因此将其单列出来进行重点阐述。装备维修信息集成建模的根本目的在于解决装备维修保障不同业务系统之间的数据格式、存储模式和数据一致性维护与数据交换的问题，使当前建设的成果可以有效地连接为一个协同一致的整体系统，发挥全局效益，并保证未来系统与现有系统具备足够的兼容性。

目前，国际上主流的维修保障信息集成标准是 MIMOSA 提出的开放式维修信息系统集成标准 OSA – EAI V3.2[68]，美国国防部在构建其全球作战保障系统 GC-SS 时已采用该标准。OSA – EAI 的基本结构如图 5 – 17 所示。

OSA – EAI 是建立在维修公共概念模型上的信息集成体系，该模型是欧洲、美国、日本、澳大利亚、俄罗斯等多个国家和地区的维修专家集体共识的结果。基于该模型，OSA – EAI 提供了不同装备维修保障实体之间交换信息的基本内容，包含在其公共关系信息框架（CRIS）和 CRIS 参考数据库中，并确定了基于 XML 规范的通用数据交换格式。目前，OSA – EAI 覆盖了以下装备维修保障领域。

（1）装备注册管理。对装备系统、子系统及功能单元进行细目分类，对装备类目、维修设施、故障类目等基本信息采用全球唯一标识码（GUID）进行规范确定。

（2）可靠性管理。提供了管理装备资产必需的可靠性数据信息结构，为 CBM、RCM 等先进维修理念提供信息支撑。

（3）装备状态管理。对装备状态监控和诊断领域信息进行管理，包括传感器管理、运行数据及状态数据监控、装备系统诊断与预诊断分析、装备剩余寿命评估

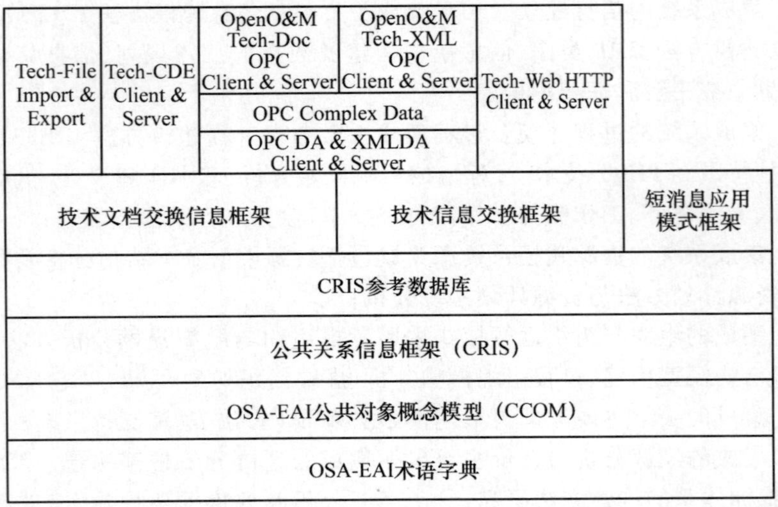

Tech-File Import & Export	Tech-CDE Client & Server	OpenO&M Tech-Doc OPC Client & Server	OpenO&M Tech-XML OPC Client & Server	Tech-Web HTTP Client & Server
		OPC Complex Data		
		OPC DA & XMLDA Client & Server		

技术文档交换信息框架	技术信息交换框架	短消息应用模式框架

CRIS参考数据库

公共关系信息框架（CRIS）

OSA-EAI公共对象概念模型（CCOM）

OSA-EAI术语字典

图 5-17　OSA-EAI 的基本结构

以及装备失效模式分析等。

（4）维修过程管理。确定了包括预测性维修（状态基维修 CBM）、预防性维修（定期维修或计划维修）及修理作业过程在内的信息要素及交互关系。

（5）保障能力预测及维修决策管理。确定了维修保障资源能力预测及其他辅助决策所必需的信息框架，支持对维修人力资源、仓储物资、设备工具等的辅助决策与管理。

OSA-EAI 基本上涵盖了装备维修保障涉及的所有重要领域，为装备维修保障信息的有效集成打下了较好的基础。

3）企业应用集成技术（EAI）

在未来的一体化维修保障体系中，维修保障业务之间进行协作的重要性已得到越来越多的认可，如何对现有信息系统进行有效整合成为当前 IT 技术研究的重点，EAI（Enterprise Application Integration）[69] 是目前最有发展潜力的技术。

EAI 的主导性原则是降低应用整合的成本、风险与复杂度，建立有序协作的跨系统企业架构。在 EAI 概念提出之前，已经有一些传统的信息交换与系统整合方式来满足上述需求，如自定义数据格式、EDI 和 XML 数据交换格式、共享数据库、专用 API 或接口组件等。EAI 其实并不是取代前者的技术，而是综合现有应用集成技术与手段，为企业级应用整合提供分析设计方法与架构模型等理论支持。

EAI 技术的层次划分目前有不同看法。一般说来，EAI 技术实现手段有 3 个层次，如图 5-18 所示。最底层协议层由支持同/异步消息交换的各种通信协议组成，由异步的基于数据交换的数据层和由具有同步实时性的分布式组件技术构成应用层(包括界面层和业务层)。从下至上,集成的耦合度是随之增加的,而集成的灵活性与操作性则恰恰相反,会受到越来越多的限制。事实上每一种较上层的技术都是对其低层的一种或多种技术的特例封装和综合应用。

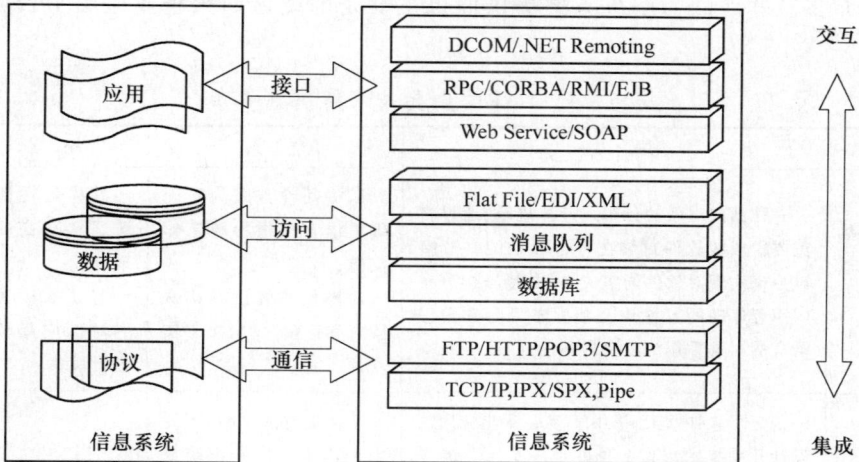

图 5-18　信息系统交互/集成途径及 EAI 实施技术分层

(1) 协议层。协议主要是由满足 OSI(Open System Interconnection)开放系统互联参考模型要求的通信协议组成,信息交换的两端只需要按协议约定完成请求/响应,对两者的操作系统、应用软件没有任何限制。协议层主要包括广泛采用的 TCP/IP 及其基础之上的 FTP/HTTP/POP3/SMTP 等基于 Socket 连接的技术,IPX/SPX、NetBIOS 等协议,另外管道技术(Pipe)也是一种系统间通信的方式。使用协议层的实现手段,可为信息集成的开发与应用提供较多的灵活性,但为满足应用互操作的上层需求将需要付出较大的工作量与成本代价。

(2) 数据层。数据层主要是通过异步方式进行数据的传递,数据的发送/接收双方通过先后对数据的写入/读出完成信息的交换,包括数据库、消息队列和直接文件交换 3 种途径。这 3 种方式多数情况下对交换双方的操作系统和应用软件没有限制,并且异步模式也能对批量处理和离线作业提供良好的支持,具有开发工作量小,技术难度低等特点,很多早期原始的信息交换都是采用数据层的实现技术。

(3) 应用层。应用层主要由各种流行的分布式对象组成,具有面向对象的特点,调用简单实时性好,可操作性/交互能力强,但对平台的依赖较强。早期的分布式对象技术,多数是从 RPC 技术衍化而来,其中 CORBA(Common Object Request Broker Architecture)[70]、RMI[71]、EJB[72]、DCOM/.NET[73] 等都得到了广泛应用,而近两年兴起的 Web Service/SOAP 更是由于既具备对象化的操作能力与较大的集成灵活性而倍受业界人士的青睐。

159

目前存在的主要技术解决方案如表 5-4 列示。总的来说,J2EE/Unix/Linux 和.NET/Windows 是目前企业应用平台的两大阵营,两个体系在成熟度与易用性、高性能与低成本、开放性与兼容性、占有率与增长率等多个层面上竞争角力,而 EAI 的众多技术产品与解决方案提供商也主要是围绕这两大企业应用平台分庭抗礼。

表 5-4　EAI 的主要技术解决方案

技　术	描　述	优　点	缺　点
通用对象请求代理结构 CORBA	一种面向对象的分布式计算规范,通过将需要集成的软件封装在符合标准的一套接口中来实现对软件的集成,以支持异构分布应用程序间的互操作及独立于平台和编程语言的对象重用为主要目标	以中间件方式为不同编程语言提供协同工作支持; 对操作系统没有特殊要求和依赖,仅取决于实现商	具体的性能与所选实现商的实现有关; 需要修改源代码对旧应用软件进行封装
Java2 平台企业版 J2EE	是一个软件框架,提供了多层商业应用的设计开发技术。其本身就是一个巨大的企业应用集成平台,主要基于 Java 技术使其不依赖于硬件平台和操作系统,支持大量中间件技术,和现有的系统能够协同工作。在 HTTP、RMI、IIOP、JMS、JDBC、JCA 以及对 XML、企业事务、企业安全等方面的支持使其成为目前几种企业应用集成平台中的首选	基于规范的平台,不受限于特定的操作系统或硬件平台; 提供主要的企业技术如事务、安全性以及持续性的支持; 支持大量中间件技术,能够为 EAI 提供满意的性能及可升级能力	受限于 Java 编程语言; 性能还有待进一步提高,且资源占用量较大
.NET	主要提供了微软平台的组件技术、呈现技术和数据技术最丰富的集成级别,包含了利用 XML 和 Web Services 技术所实现的集成与业务处理过程自动化功能	支持 BIZTALK	受限于 WINDOWS 平台
XML 和 XSLT	应用在文档描述及数据交换中。一旦使用了 DTD 或 Schema,XML 的解释程序就能对文件内容进行验证并处理。XSLT 同样是基于 XML 技术的,但它的作用是重新格式化并传输 XML 数据文件,从而得到一个全新指定格式的 XML 文档,这些技术在不同应用系统中进行数据交换时都发挥了巨大作用	内容由标准文本组成,任何平台和程序语言都可以使用; 各种程序语言的解释程序可以根据 DTD 或 Schema 对文件内容进行验证并处理; 格式的转换基本不受限制,可以满足不同应用系统的需求	当 XML 内容较大时,解释程序的执行效率会是一个问题

(续)

技 术	描 述	优 点	缺 点
分布式组件对象模型 DCOM	扩充了在网络中通过 COM 支持的对象,并允许 COM 应用软件分布在局域网中的多个计算机上。DCOM 通过网络协议定义过程中的通信。在运行时,COM 为客户程序和使用 RPC 的组件提供服务,而且遵循 DCOM 协议标准	在 Windows 平台上提供基于 COM 体系结构的分布式处理; 在 Windows 平台上使用能够达到较为满意的性能要求	在跨平台使用中存在困难,且性能无法得到保障
消息中间件 MOM	消息传递使得应用程序能够跨多平台进行可靠的传输。通过使用可靠的消息队列,提供支持消息传递所需的目录、安全和管理服务,MOM 确保验证过的应用之间消息传送的安全,它通常提供同步和异步的传输模式	为不同企业应用系统提供了跨多平台的消息传输,除支持同步传输模式外,还支持异步传输,有助于在应用间可靠地进行消息传输	与其他中间件技术一样,存在高流量的性能瓶颈问题
J2EE 连接器体系结构 JCA	JCA 向基于 EAI 的应用程序开发者提供了通过一个将 EIS 整合进入 J2EE 的标准方法。此方法定义了一套开发者能在 J2EE 环境中使用的通用 API 和服务	能在数据上将 EIS 系统集成到 J2EE 应用中,它还能够将安全与事务等管理涉入到符合条件的 EIS 系统中; 使得将遗留的 EIS 系统集成到 J2EE 应用中的操作复杂度减小; 基于 Java 技术,在多平台的移植过程中所遇到的阻力较小	是一种紧耦合的问题解决方案,其实现需要涉及所希望集成的遗留 EIS 系统的 API,并且对这些操作进行封装; 基于 Java 技术,语言受限; 实现较为复杂
Web Service	用于在 Internet/intranet 上通过使用标准的 XML 协议和信息格式来展现商业应用服务。使用标准的 XML 协议使得 Web 服务平台、语言和发布者能够互相独立	采用 SOAP 协议	只支持同步请求/应答的通信方式,不是事件驱动的异步方式。遗留系统改造需要抽取系统的功能和调用接口

3. 应用平台开发技术

一体化维修保障信息系统的建设涉及不同业务部门、不同地区、不同业务数据以及不同指控层次的集成要求,系统集成难度非常大,将系统进行紧耦合集成是不现实的,依托开发平台进行系统建设应该是目前较为可行的思路。从一定意义上说平台是一个功能上相当完备、结构上相对独立、在一定范围内具有通用性的基础设施或设备。它可以是一个具体设备,也可以是由一系列相关单元构成的系统,其基本特征是通用性、可裁减性、可扩展性。

装备维修保障信息化集成应用平台是完成装备维修保障信息系统集成要求的通用化软件或硬件平台,构成了系统集成环境的基本骨架,在此基础上进行应用开发或集成,即可实现各种信息资源的共享和交互。

目前,国内外集成平台的研究主要集中在以下几个方面。

(1) 面向信息的集成,重点解决不同应用和系统间的接口和数据交换问题,主要是以较低成本实现点对点的集成,是最常见的企业集成方法;

(2) 面向过程的集成,以企业业务流程重组与再造为核心,主要面向跨业务的过程链,以实现企业业务协作为目标;

(3) 面向服务的集成,主要通过框架、事务、分布式对象以及其他机制来实现企业内外的应用集成,最常用的是基于 Web 服务的集成;

(4) 面向应用的集成,主要面向企业不同应用系统之间的集成和管理,常用的解决办法是为不同应用系统搭建专用接口实现互联,此外也提供应用集成服务配置与管理、企业应用解决方案的虚拟仿真与动态配置、应用系统的 Web 封装及可视化管理等服务。

从应用角度看,集成应用平台可以看作是基于中间件等基础架构软件的平台,也可以看作具有更高层次功能的"专业软件平台"。国外研究机构计世资讯(CCW Research)把软件平台中的基础架构软件之上的通用业务组件层定义为"业务架构平台层",如图 5 - 19 所示。未来将会有越来越多的复杂应用软件采用如图 5 - 19 所示的集成应用系统构建思路,基于基础架构平台构建集成应用系统。

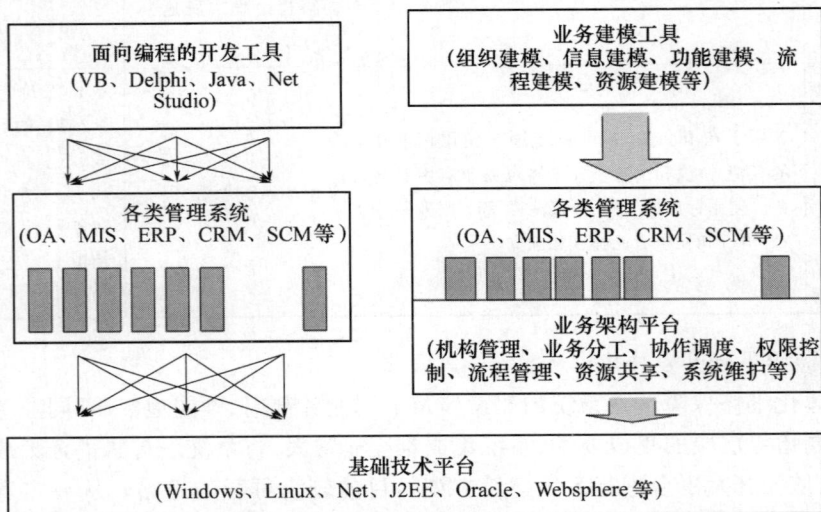

图 5 - 19　集成应用系统构建思路

国外 IT 公司通常把平台软件看作是以中间件为核心的基础架构层的软件集合,包括 J2EE 应用服务器软件、门户服务器软件、EAI 中间件、交易中间件、消息中间件、数据访问中间件等。由于单一软件无法满足应用的所有需要,就需把它们组合起来使用,比如应用平台套件(APS),认为 APS 的最小配置包括企业应用服务器、门户产品和企业集成套件。应用服务器集成了事务处理、消息服务等中间件的主要功能,门户产品用于实现与企业内外个体的个性化交互的统一门户,而企业集成套件可以方便地集成企业已有的系统和新系统。

维修保障信息体系的构建,关键在于选择合适的应用整合平台软件。根据 Gartner Group 组织对应用平台套件的描述,可以给出 EAI 所需的技术堆栈,如图 5 – 20所示。其中交易处理应用服务器是企业高性能海量交易的处理引擎;应用集成代理器实现消息处理、数据映射、流程管理、消息适配器等机制;门户平台是承载多渠道、多协议、多人群的用户访问平台;开发部署平台提供从门户、消息、数据转换、适配器、工作流、交易处理的集成开发、部署环境。

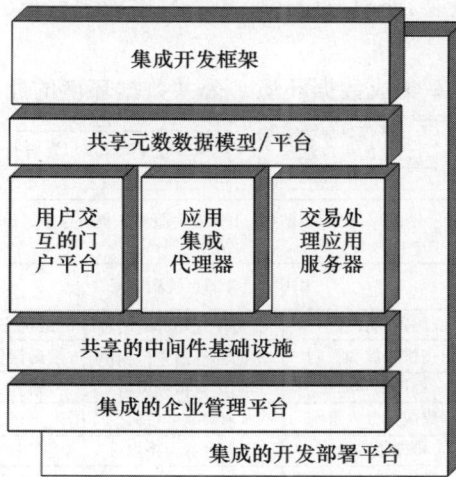

图 5 – 20   EAI 技术堆栈

目前,提供应用集成平台的供应商较多,主流的应用集成平台产品如表 5 – 5 所列。

表 5 – 5   主流集成平台产品

厂　商	产　品
BEA	eLink ，WebLogic
Microsoft	BizTalk Server
Vitria	BusinessWare

厂商	产　　品
IBM	MQSeries Integrator，WebSphere
Sun	Sun ONE（iPlanet）
Oracle	Oracle9i AS
WebMethod	B2B Enterprise
Tibco	ActiveEnterprise Integrator

4. 公共数据环境技术

公共数据环境指支撑上层维修保障应用系统的低层通用信息支撑平台,在装备维修保障供应链的前端主要表现为针对装备状态感知、故障诊断、维修维护等工作的信息化需求而建立的共享数据环境;在后端主要是建立起汇集和共享维修保障信息资源,实现一体化组织与处理并按需服务的信息基础设施。它可以提供一体化的维修保障信息获取、处理与应用服务的基本技术框架,以及智能化的信息处理平台和基本应用环境。

图 5－21 所示为美军集成数据环境。公共数据环境的建立需要着重研究以下

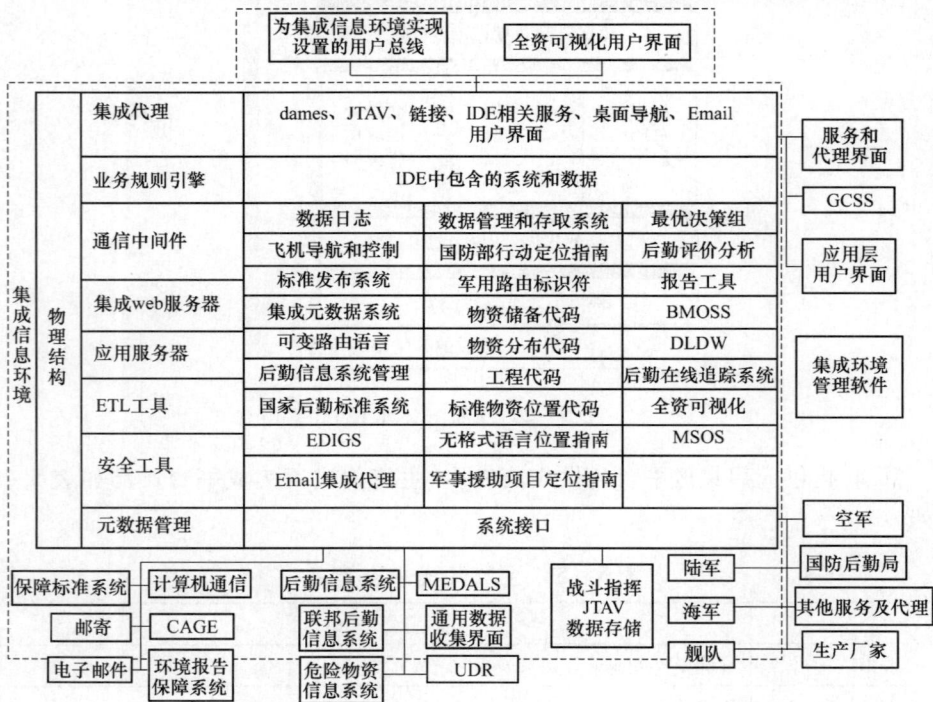

图 5－21　美军集成数据环境

技术:数据挖掘技术、数据仓库技术、资源快速定位与跟踪技术、信息综合显示技术、维修保障信息的处理、传输、存储、检索和特征识别技术、维修保障信息与网络安全技术等。

5. 知识管理技术

知识管理技术是指装备维修保障相关知识的获取、开发、整理、储存、承载与利用的渐进过程,其意义是知识分享与创新,其核心是自适应的知识获取,其本质是信息与价值的互动。图5-22给出了一种知识管理架构,分为用户界面、知识元模型、知识库、知识存取工具、知识管理实施等方面。

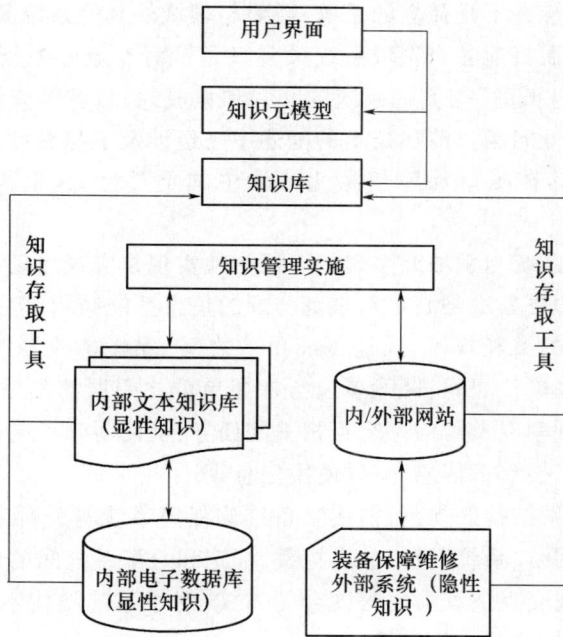

图5-22　知识库管理架构

知识管理的关键技术主要包括以下几方面。

(1) 维修知识共享平台技术。通过建立维修知识共享平台,实现维修人员之间的经验交流、知识共享与更新,以提高维修效率和效能;

(2) 管理模拟技术。管理模拟技术主要通过基本模型的建立,表达个人行为和集体行为中未编码的知识部分——表达心智模式。演练与管理模拟应成为维修管理人员和操作人员发现问题与寻找答案的基本工具,也成为不同人员之间交流与对话的基本方式。尽管模型的运用大都是在已有的初步概念性知识基础上,而且此类模型并不是结构严谨的逻辑模型。但是在装备维修保障中,模型的建立往往意味着新的概念在逐步形成;

（3）绩效支持技术。现在国外一些著名公司使用绩效支持系统（Performance Support Systems）[74]，将有工作经验和专业技能的熟练员工的隐性知识系统化、编码化，以帮助新员工掌握操作技巧。相似的绩效支持技术也可以应用于装备维修保障的知识管理领域实现知识的绩效管理。

此外，需要进一步开发的技术还有知识仓库技术、知识联机搜索技术和知识推送技术等。

6. 与领域外系统的交互技术

基于一体化维修保障的需要，基础技术的开发应向联合技术体系结构的方向发展。维修保障系统并不是孤立的系统，需要与领域外其他系统紧密合作，才能发挥出最大的效用。而目前各个领域系统大多只是针对专业业务领域的专有系统，如何实现这些"信息孤岛"与其他系统的交联和集成，是目前维修保障信息化建设迫切需要解决的关键问题。前述技术的阐述中已经涉及了与领域外系统交互的一些关键技术，由于其在维修保障信息化建设中的重要性，这里再单列一节详细阐述。

装备维修保障系统与领域外系统的互操作性实现是实现战场综合保障和精确保障的关键问题，解决办法是制定和规范合理的信息系统结构，包括以下几点。

（1）维修保障的实施规范，描述保障单位之间、保障单位与武器装备系统之间、保障单位与作战单位之间、保障单位与指挥单位之间所需的信息，具体定义信息的类型、交换的频率以及与信息交互相关的任务，从而明确不同领域系统间谁需要交换信息、需要交换什么信息、怎样使用信息等。

（2）系统间要素结构的规范，描述装备维修保障系统与外部系统各要素之间的关系，具体定义网络、系统配置、节点拦截、标定和分配系统间的性能参数等。当然，由于领域间系统交互适宜采用松耦合的方式，对于系统结构不宜限制过死，而应根据具体系统的技术要求加以规定。

（3）技术结构的规范，建立一套管理领域间系统要素交互的规则，以明确内外部的各种接口关系，为各系统规定通用的操作环境，以便实现系统间的无缝连接。这里主要需要解决的主要是系统间的接口技术问题和信息安全问题。

目前，支持系统间交互的技术很多，如本体描述技术、目录服务、Web 服务等，对于这些技术需要综合利用，以促进本系统与领域外系统的交互。

5.3.4 基础支撑技术

基础支撑技术体系主要考虑领域信息化实现的基础性共性支撑需求，将最一般的技术手段加以列举。因此，基础支撑技术体系主要包括网络基础设施技术、人机接口技术、信息安全技术等。对于其他一些基础支撑技术如信息传输技术等，在此不再赘述,有相关需要可参阅有关标准规范。

1. 信息处理技术

信息处理技术强调具有统一的应用程序接口、统一的系统通信接口、统一的信息表示格式,是实现装备维修保障信息系统的综合集成、实现无缝信息传输和互操作的基础。为了满足装备维修保障信息系统对数据表示和数据操作的需求,需要给出一套信息处理标准,提供数据的表示格式和数据处理的规格说明,因此信息处理技术的范围包括装备维修保障领域应用、应用支持和应用平台服务技术,如表5-6所列。

表5-6 信息处理技术

应用 软件层	使命领域应用		
	支持类应用:多媒体、通信、事务处理、环境管理、数据库公用程序和工程化支持		
应用 平台层	服务领域	软件工程服务	
		用户接口服务	
		数据管理服务	
		数据 交换服务	文电交换
			图形交换
			地理空间数据交换
			静态图像数据交换
			动态图形数据交换
			声音数据交换
			多媒体数据交换
			产品数据交换
			气象数据交换
		图形服务	
		通信服务	
		操作系统服务	
	应用平台交 叉领域服务	中文化服务	
		安全服务	

2. 信息传输技术

为了实现各系统之间信息的无缝通信和互操作,需要使用相应的信息传输标准。这些标准支持对各分系统的访问,对维修数据、GPS信息、图像信息等的分发,如表5-7所列。

表 5-7　信息传输技术

末端系统标准	宿主机标准	应用支持服务	电子邮件
			目录服务
			文件传输
			远程终端
			网络时钟同步
			自举协议
			配置信息传输
			Web 服务
			无连接数据传输
		传输服务	TCP/IP UDP/IP
			基于 IP 网络的开放系统互联 OSI
	视频电视会议 VTC		
	传真		
	次要图像分发通信		
	GPS		
网络标准	网络互联	IP/IP 路由	
	子网	局域网 LAN 访问	
		点—点连接	
		作战网无线电波组网	
		ISDN 综合服务数字网络	
		ATM 异步传输模式	
传输介质	卫星通信		
	无线通信		
	同步光纤网络传输设备		
网络和系统管理	数据通信管理		
	电信管理		

3. 人机接口技术

人机接口技术是装备维修保障信息系统技术体系结构设计的重要组织部分，包括系统的人机界面、物理交互设备、图形交互对象等。不同的应用系统一般都有不同的人机接口，为简化系统操作和便于使用，装备维修保障信息系统需要一致的人机接口，从而使系统人机接口具有一致的风格、统一的外观和标准的运作模式。

人机接口技术包括用户接口服务、人机交互服务应用编程接口、人机交互服务外部环境接口、人机接口风格指南，如表 5-8 所列。

表 5 - 8　人机接口技术

人机交互服务 EEI	为人与应用平台之间进行物理交互提供接口
人机交互服务 API	实现人机接口外观表示和运作方式的一套 API
用户接口服务	定义用户如何与应用进行交互
人机接口风格指南	对用户与应用系统进行交换的接口外观和运作进行规定

4. 信息安全技术

互操作强调信息在所有层次的无缝传输,这些信息必须保证绝对的安全,一些敏感性较强的数据必须经过验证和确认才能交付系统处理。装备的军事领域特性要求维修保障信息系统必须具有足够的安全策略,能够实现对系统访问的安全控制。因此,安全体系结构的开发主要包括确定所使用的安全服务和提供这些服务的增强机制以及与之相关的安全标准,如表 5 - 9 所列。

表 5 - 9　信息安全技术

信息处理安全标准	应用软件安全标准	评估准则安全标准	
		Web 安全标准	
	应用平台安全标准	数据管理服务	
		操作系统安全服务	安全审核和安全报警标准
			安全验证标准
			分布式计算服务安全标准
		软件工程安全服务	
信息传输安全标准	末端系统安全标准	宿主机安全标准	安全算法
			安全协议
			安全评估准则标准
	网络安全标准	网络互连安全标准	
信息建模、信息交换安全标准			
人机接口安全标准			

5.4　标准体系视图

标准体系视图 TV - 2 是根据标准体系编制原则,以关键技术视图 TV - 1 为基础,通过对各业务领域标准现状及发展趋势进行调研,分析各系统模块信息化建设所采用的技术服务相关标准及其相互关系,确立维修保障信息化建设总的技术标准体系,并结合需建标准统计分析,指导维修保障信息化过程中关键标准的建设发展。

内容、领域、级别是每个标准规范天然具备的 3 个基本要素,也是标准化活动的重要属性。因此,通过构建合适的标准化空间,就能够反映标准化活动的宽广领域和丰富内容。结合关键技术体系框架,装备维修保障信息系统标准化空间的建立应基于以下两方面考虑。

一方面,装备维修保障信息标准化的重点是技术体系结构中维修保障各领域应用技术及部分应用支撑技术。对于大部分应用支撑技术和基础支撑技术,可尽量采用已有标准或国际通用标准。总体技术层难以标准化,相反这也正好给装备维修保障信息系统的实施者预留了充分发挥他们主观能动性的空间。这一层,可以提出一些大的原则供装备维修保障信息化实施者和用户思考。因此,标准空间主要依据业务体系结构中对装备维修保障业务领域的划分,对其中的关键技术和部分基础技术进行规范。

另一方面,根据装备维修保障信息化系统体系的构建需求及信息化本身的特点,装备维修保障信息化标准空间的内容划分应按信息系统自身属性划分的方法,突出维修保障信息化的特点。维修保障信息化的标准内容覆盖术语、基础信息编码、信息建模与信息交换、信息传输、人机接口、信息处理、信息安全等 7 个方面。

综上,维修保障信息化标准化空间作为装备维修保障信息化标准体系构建的重要指南,主要由领域类别、信息化序列和标准层次构成的三维空间结构组成,如图 5 -23 所示。

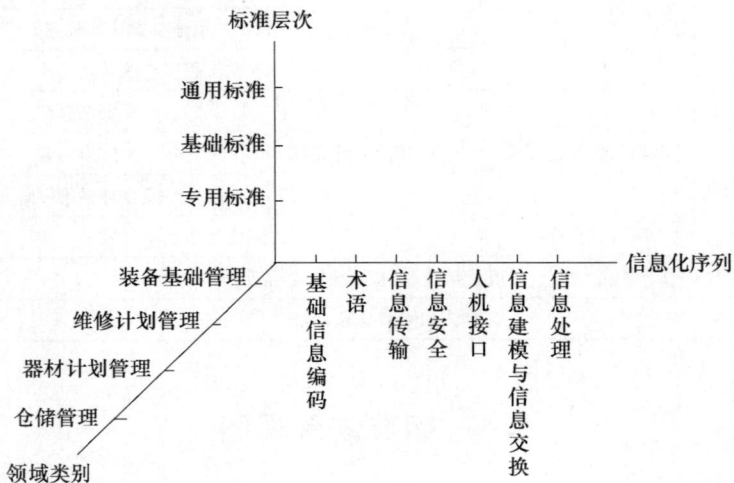

图 5 - 23   标准化空间

由于维修保障信息系统的交互集成需求,标准的选择应集中在采用那些对互操作性至关重要的、主要以开放系统技术为基础、可实施的和在市场中得到强有力支持的标准。根据实用性、系统性、时效性相结合的原则可按国家军用标准、国家标准、部门标准、相关国际标准、国外先进标准的顺序选择。

5.4.1　标准体系构建原则

在装备维修保障信息化标准体系的编制过程中,一方面应结合信息化标准化有关成果和外军信息化标准化发展现状与趋势,另一方面要突出装备维修保障信息化的特点和需求,充分考虑装备维修保障信息化的发展规律,使之符合国内信息化战略发展的大方向,为装备维修保障信息化建设服务。同时还应按照 GB/T13016－1991《标准体系表编制原则和要求》中的有关规定,注重总体分类的合理性和结构的科学性,既要注重与现行信息技术有关的国家标准、行业标准和国际标准的相互衔接,又要充分考虑装备维修保障信息系统不断发展对标准提出的更新、扩展和延伸的要求。

为了满足上述要求,标准体系的编制应遵循以下原则。

（1）科学性。科学性是标准化的基本原则,是应用系统和技术系统安全、可靠、稳定运行的根本保障。

（2）完整性。将维修保障信息化建设所需的各项标准分门别类地纳入相应的体系表中,并使这些标准协调一致,相互配套,构成一个完整的框架。

（3）系统性。系统性是标准体系中各个标准之间内部联系和区别的体现,即恰当地将维修保障信息化涉及的各类标准安排在相应的专业序列中,做到层次合理分明,标准之间体现出相互依赖、衔接的配套关系,并避免相互间的交叉。

（4）先进性。维修保障信息化标准体系所列标准,应充分体现积极等同采用或修改采用国际标准的精神,达到维修保障信息化的标准与国际标准的一致性或兼容性,同时做到维修保障信息化标准与国家标准相协调。

（5）预见性。在编制维修保障信息化标准体系时,既要考虑到目前的信息技术水平,也要对未来信息技术的发展有所预见,使标准体系能适应维修保障信息系统各项应用技术的迅猛发展。

（6）可扩充性。应考虑装备维修保障信息化建设的发展对标准提出的更新、扩展和延伸的要求。装备维修保障信息化标准体系的内容并非一成不变,它将随着维修保障技术、信息技术的发展和相关国际标准、国家标准、行业标准的不断完善而进行充实与更新。

5.4.2　标准体系结构

标准体系结构的划分是根据系统工程原理和系统分析的方法,对标准体系内的各项标准进行排列产生层次结构,以便通览全局,使各标准协调统一,避免重复,防止遗漏。按标准体系内各标准级别的高低、共性程度的大小及标准的适用范围,根据业务体系结构中所划分的业务领域,结合技术参考模型得到以下标准体系结构,即按技术参考模型的层次划分,装备维修保障信息系统标准体系由维修保障信息化总体标准、应用标准、应用支撑标准及基础支撑技术标准等构成,如图 5 – 24 所示。

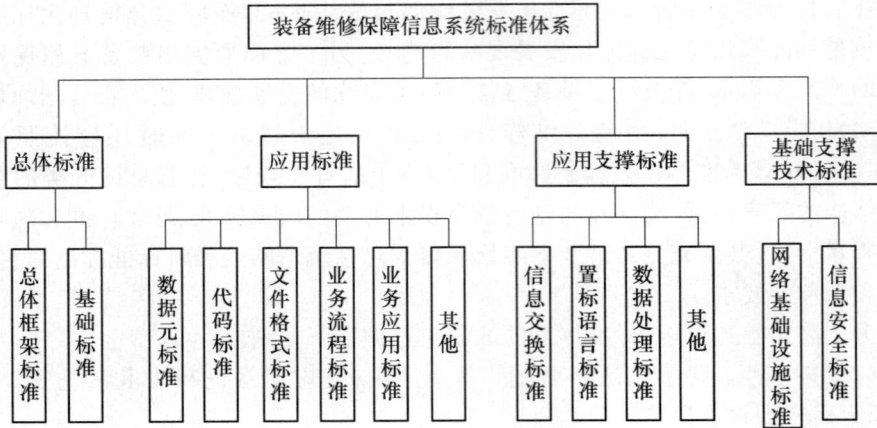

图 5 – 24　标准体系结构

总体标准主要是指从总体上规范装备维修保障信息系统建设的标准体系,并提供通用性术语支持。总体框架标准主要包括装备维修保障信息系统的标准体系表、总体结构、所提供的服务和基础性的标准规范等。基础标准主要包括与装备维修保障信息化有关的术语标准,统一维修保障信息化建设中遇到的主要名词、术语和技术词汇,避免歧义。

应用标准主要是对维修保障作业过程中的行为进行规范,一般只考虑其内部标准约束要素,而不考虑其外部的交互集成要求及信息要求,是维修保障信息化应用技术的标准化工作。应用标准包括数据元标准、代码标准、文件格式标准、业务流程标准、业务应用标准等。其中,业务应用标准是对业务体系结构中划分的十大业务领域的功能实现提供标准支撑,属于专业标准,是总体标准在特定领域内的扩展和补充。代码标准给出了维修保障信息的分类和信息编码标准,适用于各种应用系统的开发、数据库系统的建设和信息交换,保证信息的一致性及共享和交换,是维修保障信息化标准体系的重要内容。

应用支撑标准主要面向维修保障应用实现提供必要支撑,通常强调为实现装备维修保障信息系统领域功能所需提供的服务。它主要集中在信息技术方面,包括支撑各种业务实现和相关数据交换所需的信息交换标准、数据处理标准及其他一些服务标准。

基础支撑技术标准主要侧重于对信息化实现的物理架构及信息架构的支撑,包括网络软硬件设施标准和系统安全体系的构建标准。

根据以上标准体系结构的分析,附录 E 汇集了维修保障信息化的标准建设体系。表中各项标准的选择是根据维修保障信息系统标准规范的实际发展情况,在分析国内外维修保障信息系统标准的现状和发展趋势的基础上,选择和确定的适合装备维修保障信息化建设发展的标准规范。需要注意的是,本体系只是列举不同标准架构层次的代表性标准,表内的标准还可以在以后根据需要进一步扩展;同时,对于系统开发过程中所需的其他已有标准,尤其是信息系统建设的相关标准,可根据需要参考其他文献获取,这里不再赘述。

第6章 装备维修保障信息化案例剖析

6.1 概　　述

本章剖析由美国宾夕法尼亚州立大学和海军陆战队研究大学联合研究的地面装备综合诊断系统（Integration of Diagnostics into Ground Equipment, IDGE）项目[75]，期望达到两个目的：一方面验证前述装备维修保障信息体系设计理论的可行性和有效性；另一方面通过介绍实际案例的细节，为今后设计和构建类似系统提供参考和指导。

6.1.1　案例背景

为了实现端对端的装备维修保障，美军从20世纪90年代初就开始提倡增强型基于状态的维修（Condition Based Maintenance plus, CBM +）理念。CBM + 主要是在CBM的基础上，采用先进维修理念、技术及实践，改进装备的整个维修保障过程，增强装备的综合保障能力。它的远期目标是将状态传感器和自诊断技术直接结合起来运用到武器系统，并使武器系统成为保障链的延伸。可以看出，CBM + 将关注的焦点从装备本身扩展到与装备相关的维修保障流程，与CBM相比有了相当大的突破。

近年来，美陆军一直在策划和实施转型，尤其在装备维修保障领域，更是积极研究将先进的CBM + 维修策略应用于装备维修实际的具体实现方案，以期为其所属装备提供自主化、精确化的维修保障支持。地面装备综合诊断系统研究项目是由美国宾夕法尼亚州立大学和海军陆战队研究大学在1998年—2004年间针对美陆军保障转型联合展开的一项研究。该研究虽然名为"装备综合诊断系统研究"，但其研究重点并非是装备故障诊断能力，而是期望搭建装备本身和维修保障之间的信息沟通桥梁，研究从美海军陆战队所属地面装备前端信息采集和获取到后端装备保障实施的完整保障链路中，推行CBM + 策略以及装备自主保障思想（借鉴于联合攻击机）的可行性和具体方案。该项研究最终为美海军陆战队提供了一系列装备综合保障分析和设计的模板，给出了一套较为完整而详细的装备保障系统实施方案，可供美陆军转型计划中，装备维修保障系统及CBM + 项目的实施人员进行系统集成和开发时使用。

174

6.1.2 案例目标

一直以来,美陆军转型前地面装备维修保障流程都存在以下几个问题:

(1) 装备维修保障数据主要通过人工方式从战场传递出去;

(2) 数据在指挥系统之间通报的负担很重;

(3) 数据通常是错误或不区分层次的;

(4) 数据是非实时的,通常都延后一天;

(5) 所产生的分析信息,比如库存可用度、备战率等也都是非实时的。

为了解决上述问题,转型计划中拟借鉴 CBM 和联合攻击机自主保障的思想,实现地面装备的自主保障,主要想达到以下几方面的目标:

(1) 实现预防性维修和健康监控;

(2) 建立共享的数据环境;

(3) 提供应用于顶层保障框架的业务体系结构。

上述目标简单说来,就是从预测和健康管理系统中获取信息,触发后端的保障体系结构,指定相关维修人员完成维修保障任务。

而如何在具体的保障体系设计中达到这个目标,还要进行许多深入的工作。例如,从前端状态感知到后端维修保障的整个保障链中,被保障单元、基层级保障单元、中继级保障单元以及基地级保障单元之间所交互的信息流;所要集成的现有系统;数据来源;涉及组织;需要进行的保障决策等诸多方面都需要加以细化描述。只有明确了这些信息,才能构建真正意义上的 CBM + 系统,满足实际保障应用的需要。

因此,该项研究的主要目的在于以下 4 个方面:

(1) 研究建立一个有效而自主的 CBM + 体系需要做哪些准备工作;

(2) 研究目前安装在装备上的物理传感器和美海军陆战队内部的业务体系结构(OA)/保障流程之间基本关联关系;

(3) 优化当前保障流程,并实现保障流程的自动化触发;

(4) 为了集成目前复杂、烟囱式的保障单元,给出一个标准化的保障流程,使得整个保障过程更加功能化和有效化。

6.2 案例业务体系结构

由于该系统中涉及不同层面的多种职责的角色,设计者采用了面向对象的设计方法。同时结合该系统的应用需求,以 3.2 节中的顶层业务概念图为基础,在6.2.1 节中设计了适合应用需求的顶层概念图 OV – 1。基于该概念图,在 6.2.3 节使用 UML 中的用例图[76]描述了细致的业务活动图 OV – 5。

6.2.1　顶层业务概念图

与图 3 – 5 相似,IDGE 的业务系统如图 6 – 1 所示,分为三大部分:

(1)中继/基地级保障组(Force Service Support Group,FSSG):负责中间级或有限库房级维修,主要包括库房,设施和人力,订单管理以及进行资源分配的专家。

(2)基层级保障组(Combat Service Support Element Detachment,CSSE Det):该组织负责较基本的维修任务,包括专家负责资源分配、库存、人力和设施。CSSE Det只接收它负责的保障单元,而 FSSG 接收所有被保障单元发送的维修请求的副本。

(3)被保障单元(The Supported Unit,SU):明确需求并将其提交给对应的CSSE Det 和 FSSG。

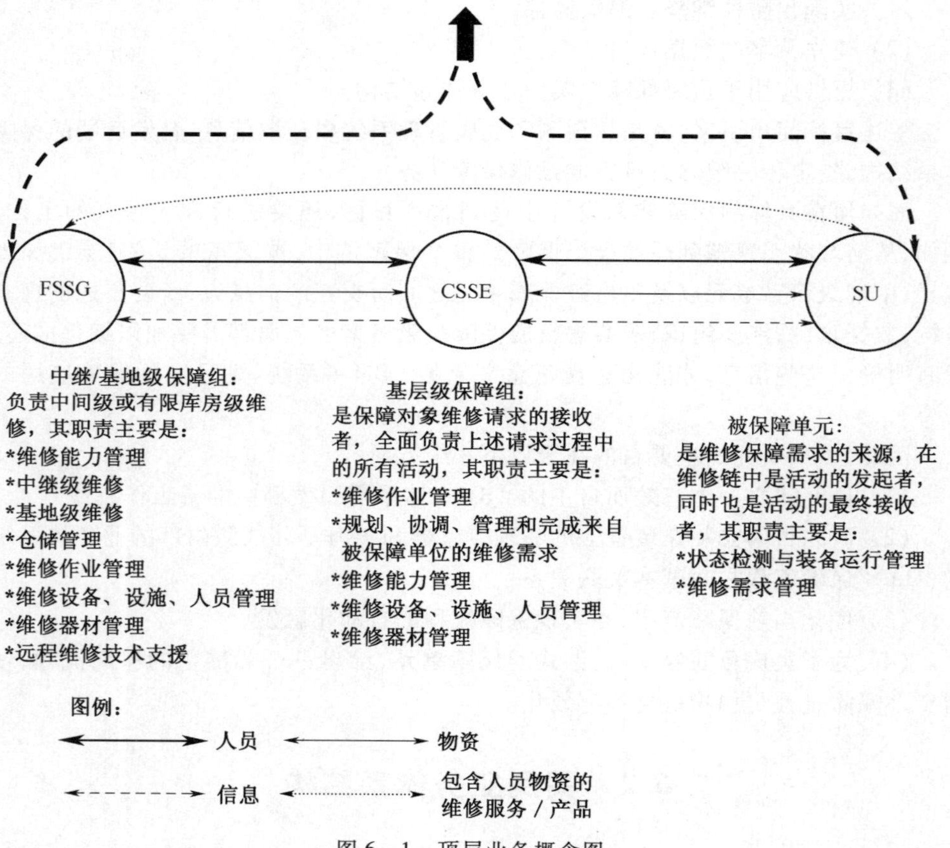

中继/基地级保障组:
负责中间级或有限库房级维修,其职责主要是:
*维修能力管理
*中继级维修
*基地级维修
*仓储管理
*维修作业管理
*维修设备、设施、人员管理
*维修器材管理
*远程维修技术支援

基层级保障组:
是保障对象维修请求的接收者,全面负责上述请求过程中的所有活动,其职责主要是:
*维修作业管理
*规划、协调、管理和完成来自被保障单位的维修需求
*维修能力管理
*维修设备、设施、人员管理
*维修器材管理

被保障单元:
是维修保障需求的来源,在维修链中是活动的发起者,同时也是活动的最终接收者,其职责主要是:
*状态检测与装备运行管理
*维修需求管理

图例:

——————→ 人员　　　←—————— 物资

- - - - - → 信息　　　·············· 包含人员物资的维修服务 / 产品

图 6 – 1　顶层业务概念图

6.2.2　业务节点连接关系

目前,美国海军陆战队包括超过 200 个独立的自主保障系统来实现地面保障。

它们之间基本上没有集成,这就需要用一个较为通用的流程来对系统进行重组和集成。在海军陆战队未来保障系统规划中,明确将保障业务体系结构(LOG-OA)作为其业务流程基础。在 LOG-OA 的基础上,美国 Sapient 业务和技术咨询公司已经为美国海军陆战队创建了一个比较详细的业务体系结构,将 200 多个应用集成为数目更少、综合化的、基于 Web 的无线应用。而 IDGE 项目研究主要是在 LOG-OA 的基础上,对地面装备的保障流程进行了进一步详细梳理,使得整个业务体系更加清晰和明朗化,便于开发人员有针对性地设计和实施具体的保障系统。

LOG-OA 中有 5 个重要模块,它们分别是:①需求管理 RM(Request Management);②订单管理 OM(Order Management);③能力管理 CM(Capability Management);④作业管理 PM(Production Management);⑤执行 E(Execution)。另外,IDGE 中还涉及了保障过程中的维修(Maintenance)、配送(Distribution)、财务(Finance)等内容。该项目研究中基于这 5 个模块,分析了建立地面装备保障的通用流程,并确定了保障节点(组织)之间的信息交互细节以及节点与节点之间传递的数据属性。

美国海军陆战队所属地面装备的业务流程可以大致描述如下:装备上安装了机内 CBM 系统,可以识别操作过程中出现的异常。由传感器产生的信号或者在机内处理或者传送出来由机外的处理单元进行处理,以备之后的故障诊断。对装备进行故障诊断后即可确定装备维修所需的备件、人员和设施。该系统同样可以有人员参与进来,报告装备异常,起到和传感器同样的作用。这些维修保障需求触发了 LOG-OA 中指定的维修流程。同时,在这些过程中收集的信息被存储起来,作为地面装备的历史数据,用以辅助战术、战役、战略级别的决策支持。

具体维修流程中的信息交互过程包括基层和中继两级,下面进行详细介绍。图 6-2 和图 6-3 分别表示基层级和中继级维修信息交互关系,表 6-1、表 6-2分别表示基层级和中继级维修过程中的具体交互流程和内容。

其中,表 6-1、表 6-2 中各个栏目的具体含义如下:

(1) 发起模块——最初发起一个指定通信和交流过程的模块;

(2) 接收模块——目的模块,是信息的接收方;

(3) 行为——两个节点间特定的通信,打算执行的行为;

(4) 属性——在通信过程中传递的数据元素;

(5) 媒体——通信所需的模式,如声音,文本,图片,表格等;

(6) 表中所指的资源包括人员,备件,工具等。

图 6-2 基层级维修信息交互流程图中的过程在表 6-1 中进行了详细介绍,例如表 6-1 中的 1.1 与 1.2 说明了维修需求(如来自传感器的报警)如何从被保障单元转发到装备管理人员,再从装备管理人员转发到 RM;2.1-2.2 说明了请求

由 RM 转发到了 OM。类似的,表 6-2 详细说明了图 6-3 中继级维修信息交互流
程图的细节。

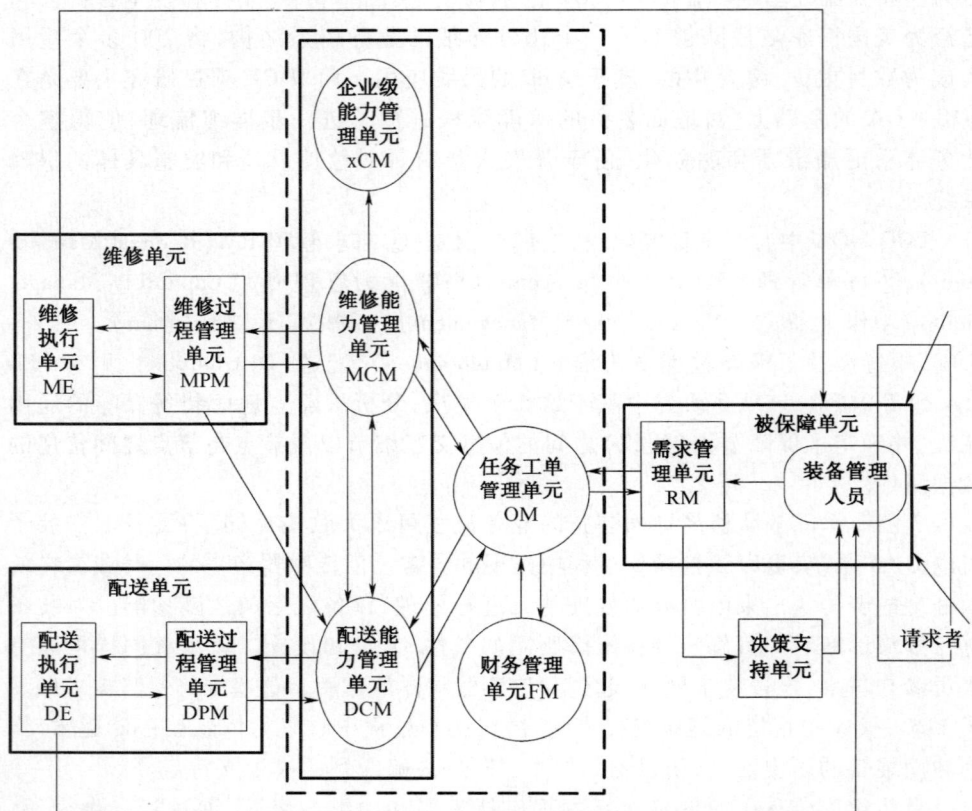

图 6-2　基层级维修信息交互流程图

表 6-1　基层级维修信息交互流程

步骤	发起模块	接收模块	行为	内容描述	属性/媒体	说明
1.1	被保障单元	管理人员	询问	被保障单元确定需求并将其发送给管理人员进行确认	被保障单元的核对,NSNs,数量,位置/文本,电子数据,声音	位置信息由 GPS 定位仪获取,需求可以通过电子形式发送,声音是人与人之间传送
1.2	管理人员	RM	通知	管理人员确认需求并将其提交给 RM	安全签名、加密	通常密码加密

178

步骤	发起模块	接收模块	行为	内容描述	属性/媒体	说明
2.1	RM	OM	通知	如果内部不能解决,RM 代表被保障单元提交需求给 OM	需求确认信息 + 1.1 中信息/文本,电子数据	除了需求表格外,系统自动生成一个请求 ID
2.2	OM	RM	通知	告诉 RM,接收到了其需求信息		
3.1	OM	MCM	询问	询问资源可用度(人员、工具和备件)		
3.2	MCM	OM	接受	根据资源可用度,MCM 接受或者驳回请求		
4.1	OM	DCM	询问	询问运输条件可用度,以运送物资和相关工具到被保障单元		
4.2	DCM	OM	接受	根据资源运输能力可用度接受或驳回请求		
5.1	OM	MCM	询问接受	评估接收这些物资的库存能力(ICM)		
5.2	MCM	OM	接受	根据物资库存能力接受或驳回请求		
6.1	OM	DCM	询问接受	评估 DCM 进行物资分发的能力		先运输到库存点再分发
6.2	DCM	OM	接受	根据物资分发能力接受或驳回请求		
7.0	OM	被保障单元	通知	与被保障单元再一次确认需求和维修项目,需运送和返回的状态	确认需求 ID/文本(短消息)、声音	需求的确认可以通过由用户发送回需求 ID 实现
8.1	OM	FM 资金管理	询问接受	可选的——询问资金的可用度	文本、加密、电子数据	
8.2	FM	OM	接受			
9.0	OM	MCM	通知	通知 MCM 预留人员,工具等,并制定具体的维修计划表		
10.0	OM	DCM	通知	提前通知对资源分发能力的需求		
11.0	MCM	MPM	通知	通知维修过程管理(MPM)预留资源并制定计划表	清单 ID,NSNs/文本,声音	将指定资源列表发送,使得库存过程管理可以预留资源
12.0	MCM	DCM	通知	通知相关的航运需求		

步骤	发起模块	接收模块	行为	内容描述	属性/媒体	说明
13.0	MCM DCM	DCM MCM	通知 接受	协同提取资源		
14.0	MCM	OM	通知	发信号通知交付需求		
15.1	MPM	ME	通知	为特定的任务的执行安排资源	工作清单 ID,项目 ID/文本,声音	已生成工作清单被发送给维修执行单元来执行要求的维修任务
15.2	ME	MPM	通知			
16.0	DCM	DPM	预留	预留指定的资源	运输单元 ID,提取时间,位置/文本,声音,电子数据	确定后的物品列出来并发送出去
17.1	DPM	DE	通知	创建一个任务清单,实现资源的提取及运输	项目 ID,位置,目的地位置/文本,声音	提取物资的位置和物资列表利用电子表格形式发送
17.2	DE	DPM	通知	发消息通知 DPM 接收到任务清单		
18.0	OM	被保障单元	通知	发消息通知被保障单元,资源将被运输到其所在地		
19.0	DE	被保障单元	通知	发消息通知被保障单元,资源将被运输到其所在地		
20.1	DE	DPM	通知	发消息通知 DPM,资源被运送到了被保障单元		
20.2	DPM	DCM	通知	发消息通知 DCM,资源被运送到了被保障单元		
20.3	DCM	OM	通知	发消息通知 OM,资源被运送到了被保障单元		
此时,ME 进行诊断和预测,MPM 确定并请求其维修所需的另外的资源和备件						
21.1	ME	MPM	通知	发消息通知需要额外的资源		
21.2	MPM	MCM	通知	发消息通知需要额外的资源		
22.0	MCM	OM	通知	通报新的 ATP/CTP(可选)		
23.0	OM	被保障单元	通知	可选		
24.0	OM	FM	通知	可选		
25.0	MCM	xCM	通知	发信号通知额外的资源和备件以及预留能力(可选)		XCM 可能是基地级的能力管理

步骤	发起模块	接收模块	行为	内容描述	属性/媒体	说明
ME 进行修理和产品质量控制						
26.1	ME	MPM	通知	通报维修完成情况	文本（短消息）	
26.2	MPM	MCM	通知	发信号通报修理完成情况	文本（短消息）	
26.3	MCM	OM	通知	通报修理完成情况	文本（短消息）	
27.0	ME	被保障单元	通知	通报/发布/传送被修理的项目到使用单元		
28.0	OM	被保障单元	询问	确认使用单元接受和满意项目恢复后的状态		
29.0	MPM	DCM	通知	安排维修队伍返回		
30.0	OM	FM	通知	发信号通报确认收据		

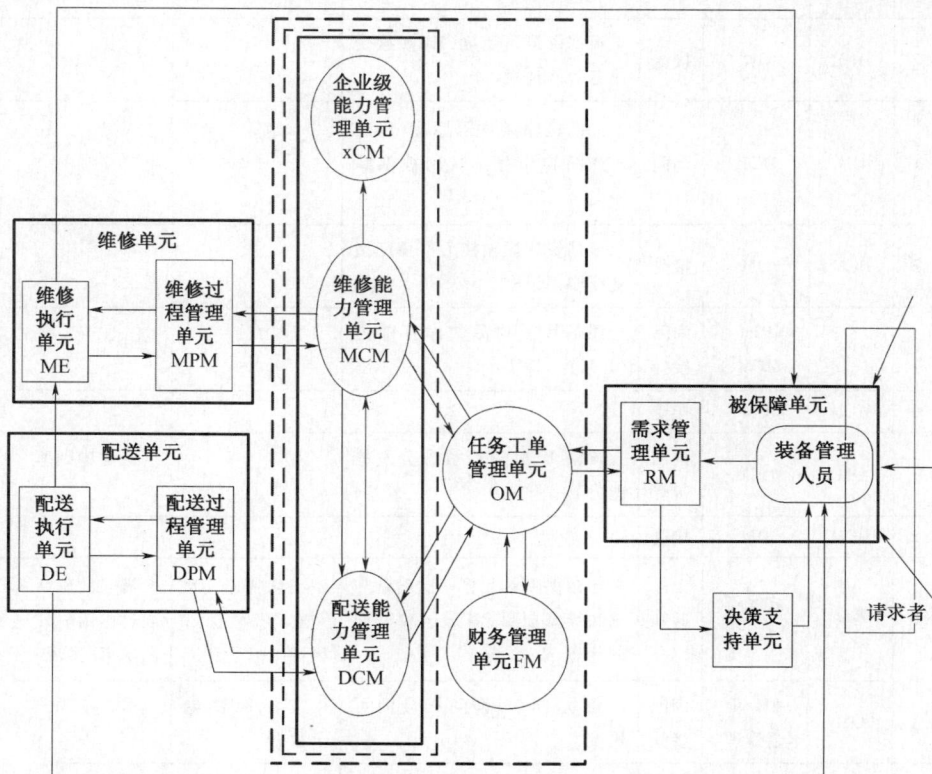

图 6-3　中继级维修信息交互流程图

181

表 6 -2   中继级维修信息交互流程

步骤	发起模块	接收模块	行为	内容描述	属性/媒体	说明
1.1	被保障单元	Supervisor 管理人	询问	被保障单元确定需求并将其发送给管理人员进行确认	被保障单元的核对，位置/文本，电子数据，声音	位置信息由 GPS 定位仪获取，需求可以通过电子形式发送，声音是人与人之间传送
1.2	管理人	RM	通知	管理人员确认需求并区分优先次序，并将其提交给 RM	安全签名、加密	通常密码加密
2.0	RM	OM	通知	如果资源不够，RM 代表被保障单元提交需求给 OM	需求确认信息+1.1 中信息/文本，电子数据	除了需求表格外，系统自动生成一个请求 ID
3.1	OM	MCM	询问	询问资源可用度（人员，工具和备件）		
3.2	MCM	OM	接受	根据资源可用度，MCM 接受或者驳回请求		
4.1	OM	DCM	询问	询问运输条件可用度，以运送产品和相关工具到被保障单元		
4.2	DCM	OM	接受	根据资源运输能力可用度接受或驳回请求		
5.1	OM	ICM （MCM）	询问接受	评估接受物品的库存能力（ICM）		
5.2	MCM	OM	接受			
6.1	OM	DCM	询问接受	评估 DCM 进行资源分发的能力		先运输到库存点再分发
6.2	DCM	OM	接受			
7.0	OM	被保障单元	通知	与被保障单元再一次确认需求和维修项目，需运送和返回的状态	确认需求 ID/文本（短消息），声音	需求的确认可以通过由用户发送回需求 ID 实现
8.1	OM	FM 资金管理	询问接受	可选的——询问资金的可用度	文本，加密，电子数据	
8.2	FM	OM	接受			

步骤	发起模块	接收模块	行为	内容描述	属性/媒体	说明
9.0	OM	MCM	通知	通知 MCM 预留和制定维修计划表		
10.0	OM	DCM	通知	提前通知维修分发能力需要		
11.0	MCM	MPM	通知	通知维修过程管理（MPM）预留和制定计划表	清单 ID,NSNs/文本,声音	将指定资源列表发送,使得库存过程管理可以预留资源
12.0	MCM	DCM	通知	通知相关的航运需求		
13.0	MCM DCM	DCM MCM	通知 接受	协同提取资源		
14.0	MCM	OM	通知	发信号通知传输需求		
15.1	MPM	ME	通知	为特定的任务的执行安排资源	工作清单 ID,项目 ID/文本,声音	已生成工作清单被发送给维修执行单元来执行要求的维修任务
15.2	ME	MPM	通知			
16.0	DCM	DPM	预留	预留指定的资源	运输单元 ID,提取时间,位置/文本,声音,电子数据	确定后的物品列出来并发送出去
17.1	DPM	DE	通知	为提取并传送 MCM 中维修所需物资的任务,创建一个任务清单	项目 ID,位置,目的地位置/文本,声音	提取物资的位置和物资列表利用电子表格形式发送
17.2	DE	DPM	通知			
18.0	OM	被保障单元	通知	发信号通知筹备物资,使得能够从 DE 移到 ME	信号文本（短消息）	
ME 将需修理部件转移到修理点						
19.0	DE	ME	通知	发信号通知交付该部件		
20.1	DE	DPM	通知	发信号通知交付该部件		
20.2	DPM	DCM	通知	从 DE 传递该信号给 DCM		

步骤	发起模块	接收模块	行为	内容描述	属性/媒体	说明
20.3	DCM	OM	通知	将从 DPM 收到的信号通知 OM		
ME 接收部件						
21.1	ME	MPM	通知	通知 MPM 关于该项目的接收		
21.2	MPM	MCM	通知	MPM 转送关于接收该项目的信号给 MCM		
21.3	MCM	OM	通知	MCM 通知 OM 关于该项目的接收		
ME 现在按需要拆分部件,诊断和监测,分析故障原因,MPM 确定可能对修理很必要的,额外的资源和备件的需求						
22.0	MPM	MCM	询问	发送关于额外资源和备件需求的信号		
23.0	MCM	OM	通知	根据额外资源的需求,MCM 现在重申按时满足需求所需的能力		
24.0	OM	被保障单元	通知	如果需要,OM 现在告诉被保障单元新的 ATP/CTP 状态以及满足需求的能力		
25.0	OM	FM	通知	将资金需求通知给 FM(可选)		
26.0	MCM	xCM	通知	发信号通知额外的资源和备件被保存。只有当额外资源不可用时才进行		
ME 进行修理和产品质量控制						
27.1	ME	MPM	通知	通报维修完成情况	文本(短消息)	
27.2	MPM	MCM	通知	发信号通报修理完成情况	文本(短消息)	
27.3	MCM	OM	通知	通报修理完成情况	文本(短消息)	

步骤	发起模块	接收模块	行为	内容描述	属性/媒体	说明
ME 准备好将被修好的项目返回给用户。MPM 发送被修好的项目						
28.0	MCM	DCM	通知	通报航运需求		
29.1	DCM MCM	MCM DCM	通知	合作提取项目,以满足传送需求		
29.2	MCM	OM	通知	通报关于从 MCM 发送项目的信息以及提取项目的需要		
30.0	DCM	DPM	通知	预留运输工具和人员,来将项目运回被保障单元		
31.0	DPM	DE	通知	DPM 生成和发送相关的工作订单给 DE,由 DE 执行运送行动		
DE 将修好的项目运回被保障单元						
32.0	DE	被保障单元	通知	完成修好的项目的运送		
33.1	DE	DPM	通知	发信号通知项目已运送		
33.2	DPM	DCM	通知	发信号通知项目已运送		
33.3	DCM	OM	通知	发信号通知项目已运送		
34.0	OM	被保障单元	通知	从被保障单元处确认项目已经接收,并且确认项目的状态		
235.0	OM	FM	通知	发送收据,可选		

从两个级别的交互流程可以看到,中继级和基层级维修相比最主要的区别就是将损坏的装备或其部件送到中继级维修点进行修理,修好后再返回。而基层级则是把工具、人员、备件等资源直接运到装备所在地进行修理。

6.2.3 业务活动模型

与第 3 章中介绍的业务体系结构设计的流程相同,IDGE 项目首先设计了顶层业务模型,然后分别设计了基层级、中继级、基地级业务模型。本节将分为 4 个部分分别介绍这些内容。

1. 顶层业务活动模型

该项目总共确定了基层级、中继级、基地级 3 个层次共 31 个用例。每个层次都包含了装备健康状态监控、故障诊断和预测及维修操作等关键用例。从图 6 - 4 所示的用例总图中可以看出,对装备故障的诊断和预测都由基层级开始,逐级给予支援,一直到确定故障为止。分析人员核实装备的确存在故障后,即可启动活动流程,提交维修需求,进行维修计划制定和维修资源调动,最终修复装备。

表6-3介绍了图6-4中所涉及的各类角色的职责,表6-4罗列了所有用例的名称。本节中余下的3个小节将分别详细介绍3个层次的31个用例,为进一步确立逻辑数据模型和后续的系统和技术体系结构提供支持。

表6-3 用例角色职责说明

名　称	说　明
基层级装备保障指挥人员	可以对装备部件的历史数据库进行只读访问,以此来确定已部署的装备及其子系统的健康状态
中继级装备保障指挥人员	可以对装备部件的历史数据库进行只读访问,以此来确定已部署的装备及其子系统的健康状态
基地级装备保障指挥人员	可以对装备部件的历史数据库进行只读访问,以此来确定已部署的装备及其子系统的健康状态
基层级维修分析人员	利用系统或人分析从战场装备上接收到的传感器或PDA信号,集中进行所有基层级的决策制定。和基层级诊断单元,基层级库存数据库以及装备历史数据库有接口
中继级维修分析人员	利用系统或人分析从基层级接收到的传感器或PDA信号,集中进行所有中继级的决策制定。会访问中继级诊断单元,中继级库存数据库以及装备历史数据库有接口
基地级维修分析人员	利用系统或人分析从战场装备上接收到的传感器或PDA信号,集中进行所有基层级的决策制定。会访问基地级诊断单元,基地级库存数据库以及装备历史数据库有接口
装备操作人员	进行装备的日常使用和操作保养的驾驶员、炮手、技工等,负责报告装备异常并对系统故障进行最初步的诊断
子系统传感器	安装于装备子系统上的传感器,可以传出数据以供装备上的系统处理器进行故障预测
基层级维修人员	对发生故障的装备及其子系统进行修复性,预防性或基于状态的维修。同时具有和活动流程中的需求管理相通的接口
中继级维修人员	对发生故障的装备及其子系统进行修复性,预防性或基于状态的维修。同时具有和活动流程中的需求管理相通的接口
基地级维修人员	对发生故障的装备及其子系统进行修复性,预防性或基于状态的维修。同时具有和活动流程中的需求管理相通的接口
需求管理人员	负责确认用户的需求
配给管理人员	负责管理人员、工具、设施、备件等维修资源的运送和分发
库存管理人员	负责在确定计划后进行库存策略的制定和管理

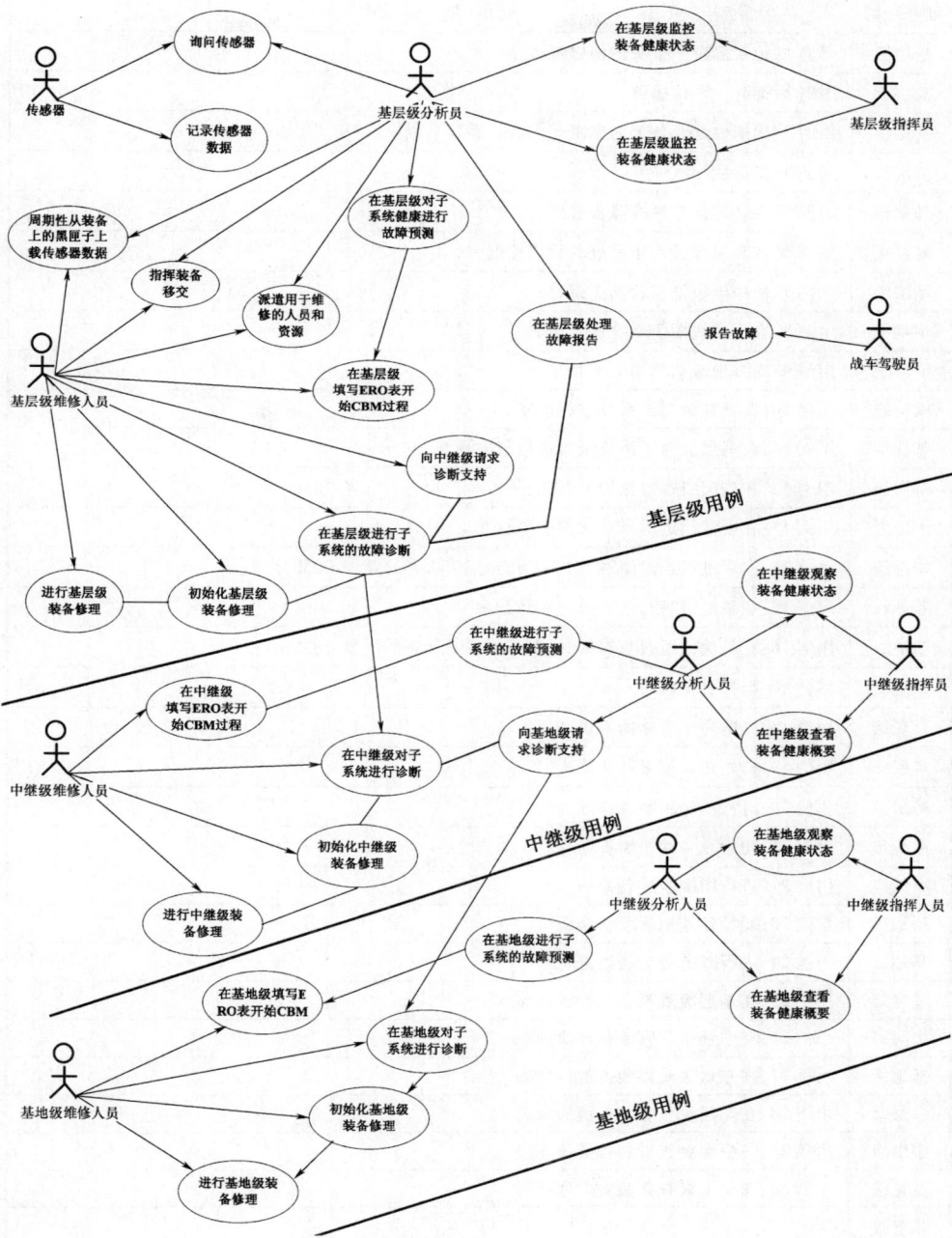

图 6-4　用例总图

表 6－4　用例维修级别及名称

维修级别	用　例　名　称
基层级	用例 1：记录黑匣子里头的传感器数据
基层级	用例 2：询问一个传感器
基层级	用例 3：周期性从装备上的黑匣子上载传感器数据
基层级	用例 4：报告故障
基层级	用例 5：在基层级处理故障报告
基层级	用例 6：在基层级进行子系统的故障诊断
基层级	用例 7：向中继级请求诊断支持
中继级	用例 8：在中继级对子系统进行诊断
中继级	用例 9：向基地级请求诊断支持
基地级	用例 10：在基地级对子系统进行诊断
基层级	用例 11：在基层级对子系统健康进行故障预测
基层级	用例 12：在基层级通过填写 ERO 表开始基于状态的维修 CBM
中继级	用例 13：在中继级进行子系统的故障预测
中继级	用例 14：在中继级通过填写 ERO 表开始基于状态的维修 CBM
基地级	用例 15：在基地级进行子系统的故障预测
基地级	用例 16：在基地级通过填写 ERO 表开始基于状态的维修 CBM
基层级	用例 17：指挥装备转移
基层级	用例 18：派遣用于维修的人员和资源
基层级	用例 19：初始化基层级装备修理
基层级	用例 20：进行基层级装备修理
中继级	用例 21：初始化中继级装备修理
中继级	用例 22：进行中继级装备修理
基地级	用例 23：初始化基地级装备修理
基地级	用例 24：进行基地级装备修理
基层级	用例 25：在基层级观察装备健康状态
中继级	用例 26：在中继级观察装备健康状态
基地级	用例 27：在基地级观察装备健康状态
基层级	用例 28：在基层级查看装备健康概要
中继级	用例 29：在中继级查看装备健康概要
基地级	用例 30：在基地级查看装备健康概要
基层级 中继级 基地级	用例 31：触发需求管理

值得注意的是,该项研究中针对每个用例还给出了匹配该用例的详细的用户接口,用于提供对该用例的可视化说明。这项技术对于理解目标系统的能力是很有用的,这些接口使人易于理解目标系统的功能,一方面可给用户一个简单印象,即系统看起来是什么样的,另一方面能为系统开发人员明确系统需求提供支持。

如图 6-5 所示,这是"报告装备故障"用例的用户接口。通过这个界面,装备操作人员可以输入后续保障流程所需的信息,并且从 PDA 中获取装备基本信息。保障系统开发时,即可设计这样的界面,明确"报告装备故障"这个用例的信息输入输出。

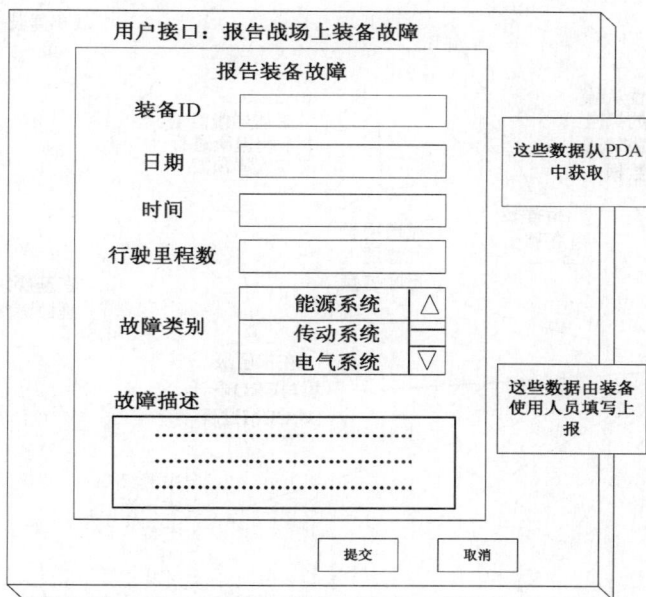

图 6-5　用户接口示例

2. 基层级业务活动模型

在图 6-6 中,包含传感器、基层级分析员、基层级指挥员、基层级维修人员、战车驾驶员(装备使用者)等 5 类角色,16 个用例都围绕这 5 类角色展开。由图中涉及用例个数来看,基层级分析员和基层级维修人员是该层主要的角色,合作完成确定装备的故障状态和级别以及在能力范围内开展修理工作。

16 个用例的主要关系是由传感器记录数据,由基层级分析员和基层级指挥员通过定期查看数据或接受战车驾驶员故障报告或传感器的报警确定维修需求,由基层级维修人员针对维修需求开展维修,在基层级维修能力不足的情况下,基层级分析员、基层级指挥员和基层级维修人员确定向中继级求援。其基本逻辑是:发现

189

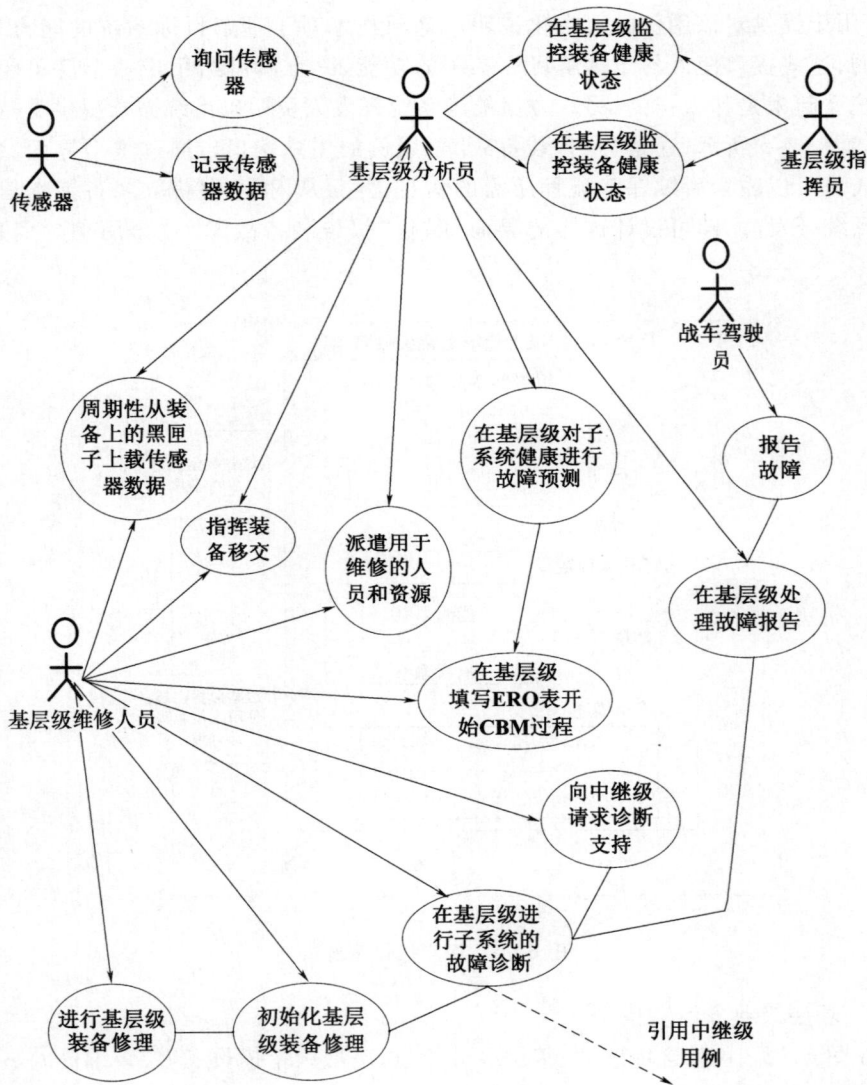

图 6 – 6　基层级业务活动模型

需求、判定需求、开展维修、需求升级。

基层级业务活动模型如图 6 – 6 所示,活动模型中的每个用例的详细内容分别在表 6 – 5 ~ 表 6 – 20 中介绍。表中各个栏目的说明如下:

(1)用例名——该用例的简短的名称;

（2）前置条件——该用例可以执行的前提条件；

（3）角色——执行该用例的相关角色,同一用例可能涉及多个角色；

（4）目标——执行该用例所要达到的目的；

（5）事件流主要步骤——该用例的具体流程；

（6）可选步骤——该用例中的某个步骤的其他的可替换步骤；

（7）相关用例——与该用例相关的用例；

（8）频度——该用例执行的频率；

（9）维修级别——该用例涉及保障指挥单元和维修单元的级别,表中 C1、C2、C3 分别表示基层级、中继级、基地级的保障指挥单元；M1、M2、M3 分别表示基层级、中继级、基地级的维修单元；附加阴影的表示在该用例中涉及到的单元；

（10）被传输数据——该用例中需要传输的数据的大小,该栏目中的 KB 表示1024 个字节；

（11）算法和决策支持工具——执行该用例所需要技术方面的支持,主要指算法和决策支持工具。

后续小节中的中继级、基地级业务活动模型中的用例介绍表格中的相关栏目和标记与该处相同。

表 6-5　用例 1

用例名	用例1:记录黑匣子里的传感器数据
前置条件	将传感器放置在装备上来收集数据流
角色	传感器
目标	从传感器中收集传感器数据并将它存储于在装备内的黑匣子里
事件流主要步骤	（1）在装备中的每个传感器收集数据并通过连接于黑匣子上的线将其传输出来 （2）利用黑匣子里面预设定的结构存储数据 （3）在上载数据之前,如果黑匣子的数据超载,最前储存的数据被覆盖来保持数据最新
相关用例	用例:周期性的从每台装备上的黑匣子里上载传感器数据
频度	每台装备每天一次
维修级别	装备　C1　M1　C2　M2　C3　M3
被传输数据	该级别中没有数据互相传输
算法和决策支持工具	所用算法:数据压缩和存储算法 决策支持工具:无 用户接口:无

表 6-6　用例 2

用例名	用例 2:询问传感器
前置条件	(1)在装备系统处理器和维修分析师(基层级)之间应用一些无线技术和多元通信技术 (2)在技工位置(基层级)放置一个传导系统,来发送询问信号到装备系统处理器 (3)在某个子系统的装备系统服务器没有进行周期性的数据上载的时候发送询问信号
角色	基层级维修分析师 传感器
目标	触发装备系统处理器,让其上载某些子系统没有及时上载的传感器数据流
事件流 主要步骤	(1)基层级系统处理器检查基层级数据库,确定最后一次从特定的子系统传感器接收数据的时间 (2)如果预定的时间已经超过了,基层级系统处理器从数据库中获取装备,子系统 ID以及危害度索引 (3)系统向基层级维修分析师报警 (4)基层级系统处理器开始向装备系统处理器询问关于没有上报数据的子系统传感器的情况并标记询问的优先级代码(根据危害度索引确定) (5)基层级系统处理器根据优先级代码将要发出的询问排队 (6)基层级系统处理器记录在数据库中询问的时间 7)基层级系统处理器传送询问信号
可选步骤	(1)如果预定的时间没有超过,则系统闲置 system rest
相关用例	用例,周期性的从每台装备上的黑匣子里上载传感器数据
频度	是用例:从黑匣子里上载传感器数据的频度的 10%
维修级别	装备 C1 M1 C2 M2 C3 M3
被传输数据	装备→C1:20KB C1→装备:1KB
算法和决策 支持工具	所用算法:基层级数据库监控,确定遗漏上报数据的子系统传感器(较迟接收传感器信号) 决策支持工具:无 用户接口:无

表 6-7　用例 3

用例名	用例 3:周期性从装备上的黑匣子上载传感器数据
前置条件	在现场和基层级之间通信的无线电技术 有放置在装备上的黑匣子来通过多传感器收集装备数据 有放置在装备上的发送器系统,将信号从黑匣子发送出来 有设置在基层级的接收器系统来接收信号并进行预处理

角色	装备技工 基层级维修分析师
目标	在预定的时间间隔中,从每个装备中上载传感器数据
主要流程	(1)在预定的时间间隔中,装备上的发送器上载最近阶段收集的传感器数据 (2)基层级的接收器鉴别从现场来的数据流是由经过确认的装备或个人发送出来的 (3)基层级的信号处理器自动确认/解码从装备来的信号(信号包含鉴别码) (4)解码成功后,基层级维修分析师发布数据流,将其存储对数据库进行更新。(注意:这个步骤是一个人工检查步骤,来确定正确的数据已经被加载到了数据库,尽管比较费时,但保证了数据库的一致性)
可选流程(1)	如果装备操作人员注意到装备有异常但是不知道原因,他可以将数据从黑匣子上载,尽管并没有安排上载。 下面的无线上载步骤相同
可选流程(2)	如果无法上载数据(由于战斗正在进行或者处于无线通信网络之外)或者因为其他任何原因无法上载,装备上的黑匣子存储至少24h的传感器数据
可选流程(3)	一个装备技工带着笔记本每天巡查一下装备所部署的前线战场,技工从每个装备的黑匣子中下载信号内容到其笔记本中,装备技工回到基地,将笔记本连接到数据库,将数据上载到历史数据库
相关用例	用例:报告异常事件
频度	每台装备每天一次
维修级别	装备 C1 M1 C2 M2 C3 M3
被传输数据	装备→C1:20M(从传感器中得到的数据流,如日期、时间、装备数量) C1→装备:0.5KB(用户 ID、数量等)
算法和决策 支持工具	所用算法:确认数据源的鉴别程序;无线接收和解码技术 决策支持工具:向营级的技工发出通知

表6-8　用例4

用例名	用例4:报告故障
前置条件	装备上的操作人员已经检测出了子系统的功能不正常,并且确定他需要营级技工的帮助 在现场和营级之间的无线通信技术 放置在装备上的发送器,负责发送故障报告 放置在营级的接收器,负责接收信号并预处理
角色	装备操作人员

目标	在装备操作人员自己无法定位故障的时候,从营级寻求帮助,来对故障子系统进行故障定位和诊断
事件流 主要步骤	(1)装备操作人员用注释描述故障,比如说观察到子系统异常,异常的时间以及其他细节问题。通常是通过填写 PDA 上的一个表实现。 (2)系统提示输入信息,如装备 ID、日期,时间,里程数等。 (3)系统给出一个子系统的选择目录。 (4)操作人员从该目录中选择,并在必要时输入对该问题的描述。 (5)操作人员利用无线通信技术将表格发送给营级的技术人员
相关用例	用例,在营级处理 PDA 表格
频度	每个星期每个装备一次故障
维修级别	装备 C1 M1 C2 M2 C3 M3
被传输数据	装备→C1:20KB(装备 ID、日期、时间、问题描述等) C1→装备:无
算法和决策 支持工具	所用算法:系统辅助(提示用户)填写 PDA 表 决策支持工具:无

表 6 - 9   用例 5

用例名	用例 5:在基层级处理故障报告
前置条件	故障报告已经从战场中的装备处接收并鉴定确认,解码使得可以对其进行处理 在现场和营级之间的无线通信技术 放置在装备上的发送器,负责发送故障报告 放置在营级的接收器,负责接收信号并预处理
角色	基层级维修分析员
目标	为了试图分析从 PDA 接收到的信息,给出对故障的更进一步的描述以及对存在问题的诊断
事件流 主要步骤	(1)系统将接收到的故障报告存储到数据库 (2)系统向技工发出接收到故障报告的警告 (3)系统向技工显示被报告的故障列表 (4)技工选择一个故障报告,浏览更多的信息,比如说对其的详细说明 (5)技工制定计划表,安排日程对发生故障装备进行诊断 (6)系统存储计划表并向技工发出警告,告知其职责是赶赴装备所在地对其进行诊断,不管这些故障装备是在战场还是返回基地 (7)系统存储故障报告的状态为:已列出技工日程表

相关用例	报告异常事件 鉴定接收到的战场信号 在基层级诊断子系统
频度	每个星期每个装备一次故障
维修级别	装备 C1 M1 C2 M2 C3 M3
被传输数据	装备→C1：无 C1→装备：无
算法、决策 支持工具	所用算法：在基层级数据库查找和取回装备子系统数据；PDA 表格的系统分析员算法，信息接收时的数据库更新 决策支持工具：显示分析结果（前端），就分析结果和潜在的修复方法向基层级技工报警。

表 6-10　用例 6

用例名	用例 6：在基层级进行子系统的故障诊断
前置条件	一个装备的传感器数据流（24h 内的）已经被上载到基层级或从装备操作人员处获得的故障报告已经在营级进行了处理
角色	基层级维修人员
目标	为了根据从装备接收到的信息来（上载数据流或者装备操作人员发送的故障报告）对装备子系统的健康程度进行诊断以确定部件故障
事件流 主要步骤	（1）基层级维修人员从数据库调出装备及其子系统信息 （2）维修人员对装备进行物理检查，被称作受限的技术检测 LTI，并将其存储到数据库中 （3）维修人员研究调出来的信息以及 LTI，来进行故障诊断并提出解决方案 （4）如果诊断成功，维修人员触发用例：填写装备修理清单 ERO 来开始修理 （5）如果它无法诊断故障，它就触发用例：将诊断从基层级向中继级扩展并且结束本用例 （6）系统在数据库中记录本次行为，并将该装备标记为：等待维修
相关用例	从装备黑匣子中周期性上载传感器数据 在基层级处理一个故障报告 通过填写装备修理清单 ERO 开始修理 向中继级请求诊断支持
频度	每个星期每个装备一次故障
维修级别	装备 C1 M1 C2 M2 C3 M3

被传输数据	C1→M1：20KB（装备的处理信息） M1→C1：（ERO 描述）
算法 决策支持工具	所用算法：采取行动时的数据库更新 决策支持工具：查看每个部件的历史诊断数据

表 6-11　用例 7

用例名	用例7：向中继级请求诊断支持
前置条件	在基层级和中继级之间的无线通信技术 基层级的维修人员不能诊断出装备故障
角色	基层级维修人员
目标	为了谋取中继级对不能在基层级诊断的问题的诊断支持
事件流 主要步骤	（1）基层级技工上载传感器数据流和补充信息（如故障报告等）给中继级维修人员 （2）上载的信息存储于数据库以便中继级维修人员调出利用 （3）如果技工决定把装备留在基层级，它被标识为等待中继级诊断，信息被记录到数据库中 （4）如果技工决定将故障子系统运送到中继级，装备被标识为等待中继级诊断和修理，子系统被运到中继级，信息也被记录到数据库中 （5）如果技工决定将装备运送到中继级，它被标识为等待中继级诊断/修理，将装备送到中继级，信息被记录到数据库中
相关用例	进行基层级故障诊断 进行中继级故障诊断
频度	用例 5 的频度的 10%
维修级别	装备 C1　M1　C2　M2　C3　M3
被传输数据	C1→C2：50KB（装备 ID、日期、时间、问题描述，诊断结果等） C2→C1：无
算法	所用算法：人工触发的数据上载（在基层级诊断失败）
决策支持工具	决策支持工具：在基层级的诊断结果

表 6-12　用例 11

用例名	用例11：在基层级对子系统健康进行故障预测
前置条件	装备的传感器数据流已经被上载到了基层级
角色	基层级维修分析人员
目标	为了尝试根据记录于数据库中的子系统传感器数据流对装备的健康进行故障预测

事件流 主要流程	（1）基层级的维修分析人员从数据库调出装备及其子系统信息 （2）系统处理器检查数据库确定子系统的重要参数和故障范围 （3）系统处理器从传感器数据流中提取适当的重要参数 （4）系统处理器检查是否所提取处的参数落入故障范围 （5）如果所提取参数落入故障范围,系统处理器就向基层级维修人员报警 （6）系统处理器将接收的数据流和其他消息,如临界值,技工警告等在中心数据库中进行时间标识
备选流程	如果所提取的参数在故障范围之外,系统处理器继续记录数据流
相关用例	从装备上的黑匣子周期性上载传感器数据 在基层级进行子系统的诊断
频度	每天一次
维修级别	装备 C1 M1 C2 M2 C3 M3
被传输数据	C1:无
算法	对于子系统传感器数据流的临界值监测,数据流存储到装备数据库。数据库查询和子系统详细信息的获取,从传感器数据流中对提取重要参数
决策支持工具	重要参数的可视化,当突破临界值以后对装备技工的报警

表 6-13　用例 12

用例名	用例 12:在基层级通过填写 ERO 表开始基于状态的维修 CBM
前置条件	子系统的故障预测已经在营级进行,同时已经确定需要进行维修,信息也已经被存储到数据库
角色	基层级维修人员
目标	为了根据故障预测结果开始基于状态的维修
事件流 主要流程	（1）营级的维修人员从数据库中调出关于装备和其故障预测的信息 （2）维修人员根据诊断后要进行的工作打开一个新的装备修理清单 ERO （3）在数据库中创建一个新 ERO （4）维修人员根据诊断结果确定需要做哪些工作,并且将需要维修的每个项目的状态和代码输入,同时也在 ERO 中加入需填的其他信息 （5）信息存储到数据库 （6）基层级的维修人员检查可用的库存和人员 （7）维修人员输入 SM&R 代码,来说明需要进行的维修的基本特征 （8）如果人员或备件或工具不可用,它就触发另一个场景,即和其临近的单位合作或请求 FSSG 帮助 （9）根据先前步骤的结果,维修人员填写好 EROSL(ERO 购物单)列出所需备件,ERO-SL 被创建并存储到数据库中

相关用例	在基层级进行子系统的故障预测
频度	用例 11 频度的 10%
维修级别	装备 C1 M1 M1 C2 M2 C3 M3
被传输数据	C1→M1:20KB（数据库中的故障预测结果） M1→C1:20KB（ERO 描述、ID、密码等）
算法	无
决策支持工具	无

表 6－14　用例 17

用例名	用例 17:指挥装备转移
前置条件	已经进行了装备的故障预测 已经决定对装备进行基于状态的维修 CBM 装备可以在战场上停下来以备修理和维护
角色	基层级维修人员 基层级维修分析人员
目标	根据故障预测结果以及预期要进行的修理工作，将装备从战场转移到指定位置
事件流 主要流程	（1）基层级维修分析人员调出由维修人员创建的 ERO 表单 （2）如果备件或工具或人员不可用，它触发与临近单位的合作或寻求 FSSG 的帮助 （3）维修分析员选择一个地点，作为装备转移进行维修的目的地 （4）维修分析员发送一个消息给装备，要求装备从目前位置转移到该地点
相关用例	在基层级进行子系统的故障预测
频度	用例 11 频度的 10%
维修级别	装备 C1 M1 C2 M2 C3 M3
被传输数据	装备→C1:无 C1→装备:0.5KB（地点名） 　　C1→M1:无 M1→C1:20KB（ERO 描述、ID、密码、进行维修的地点等）
算法	无
决策支持工具	无

表 6－15　用例 18

用例名	用例 18:派遣用于维修的人员和资源
前置条件	装备已经被转移到修理地点
角色	基层级维修人员 基层级维修分析人员

目标	根据所提供信息成功执行维修行动
事件流 主要流程	（1）维修分析员安排维修人员进行维修 （2）维修人员从系统中获知装备所处的位置（修理地点） （3）系统向维修人员提示并派遣他们拿着所需工具和备件到修理地点去 （4）系统记录所派遣的人员信息
相关用例	指挥装备转移
频度	用例 11 频度的 10%
维修级别	装备 C1 M1　C2 M2 C3 M3
被传输数据	C1→M1:20KB（在基层级给维修人员的消息） M1→C1:0
算法	无
决策支持工具	无

表 6－16　用例 19

用例名	用例 19:初始化基层级装备修理
前置条件	在基层级已经进行了对子系统的故障诊断,同时已经确定需要进行修理,信息也已经被存储于数据库
角色	基层级维修人员
目标	为了成功检测装备出现的问题并将该问题填入 ERO 表格
事件流 主要流程	（1）营级的维修人员从数据库中调出关于装备和其故障诊断的信息 （2）维修人员根据诊断后要进行的工作打开一个新的装备修理清单 ERO （3）在数据库中创建一新 ERO （4）维修人员根据诊断结果确定需要做哪些工作,并且将需要维修的每个项目的状态和代码输入,同时也在 ERO 中加入需填的其他信息 （5）信息存储到数据库 （6）基层级的维修人员检查可用的库存和人员 （7）维修人员输入 SM&R 代码,来说明需要进行的维修的基本特征 （8）如果人员或备件或工具不可用,它就触发另一个场景,即和其临近的基层级保障力量合作或请求 FSSG 帮助 （9）根据先前步骤的结果,维修人员填写好 EROSL（ERO 购物单）列出所需备件,ERO-SL 被创建并存储到数据库中
相关用例	在基层级进行子系统的故障诊断
频度	用例 11 频度的 10%
维修级别	装备 C1 M1　C2 M2 C3 M3

199

被传输数据	C1→M1:20KB（数据库中的故障诊断结果） M1→C1:20KB（ERO 描述、ID、密码等）
算法	无
决策支持工具	无

表 6 – 17　用例 20

用例名	用例20:进行基层级装备修理
前置条件	在基层级或更高层次已经诊断确定了故障 维修人员已经填写了 ERO 并通过填写 SM&R 代码指定了维修的特征
角色	基层级维修人员
目标	根据所提供信息成功执行维修行动
事件流 主要流程	（1）维修人员从数据库中调出故障诊断结果 （2）维修人员从受限的技术检测 LTI 中获取检测信息 （3）根据所给出的信息维修人员进行维修 （4）维修人员对装备贴上已修标签,并填写 ERO 表,说明已经进行了维修工作 （5）系统更新数据库
相关用例	初始化基层级装备维修
频度	和用例 9 频度相同
维修级别	装备　C1　M1　C2　M2　C3　M3
被传输数据	C1→M1:20B（从数据库中提取诊断结果） M1→C1:20KB（ERO 描述、ID、密码等）
算法	无
决策支持工具	无

表 6 – 18　用例 25

用例名	用例25:在基层级观察装备健康状态
前置条件	地面装备集成诊断系统（在不同级别）正在监控装备的子系统/部件的健康状态,并且将这些数据存入历史数据库,包括所有以前的诊断结果和其他部件级别的细节性信息。
角色	基层级维修分析员,战场排/连/营指挥官
目标	可以查看装备的子系统或部件的历史信息,包括其以往的诊断结果、部件规格以及其他详细信息,该用例允许角色将装备视角切换到部件视角,反之亦然

（续）

事件流 主要流程	（1）角色人员登录到历史数据库查看历史性信息 （2）系统询问装备 ID （3）角色人员浏览系统给出的所有装备 ID 中选择要查看的装备 ID （4）角色人员向系统提供装备 ID 或者通过直接输入 ID 再或通过单击选择显示的 ID （5）系统显示所选装备内部包含子系统/部件的基础信息列表 （6）如果必要,系统根据包含在数据库中的信息计算统计值 （7）系统根据上一步计算出的统计值,显示部件/子系统的历史数据,包括故障诊断,所作的检测,装备里程数,所做的维修等
相关用例	查看基层级装备的健康概要
频度	每个装备每天 5 次
维修级别	装备 C1 M1 C2 M2 C3 M3
被传输数据	C1→M1:20B(从数据库中提取诊断结果等)/每台装备 M1→C1:0.5KB(ID、密码等)/每台装备
算法	数据库查询和装备部件详细信息的调用
决策支持工具	结果的显示

表 6－19　用例 28

用例名	用例 28:在基层级查看装备健康概要
前置条件	地面装备集成诊断系统(在不同级别)正在监控装备的子系统/部件的健康状态,并且将这些数据存入历史数据库,包括所有以前的诊断结果和其他部件级别的细节性信息
角色	基层级维修分析员,战场排/连/营指挥官
目标	可以查看装备的子系统或部件的历史信息,包括其以往的诊断结果,部件规格以及其他详细信息,该用例允许角色将装备视角切换到部件视角,反之亦然
事件流 主要流程	（1）角色人员登录到历史数据库查看历史性信息 （2）系统询问装备 ID （3）角色人员浏览系统给出的所有装备 ID 中选择要查看的装备 ID （4）角色人员向系统提供装备 ID 或者通过直接输入 ID 再或通过单击选择显示的 ID （5）系统显示所选装备内部包含子系统/部件的概述信息列表 （6）如果需要额外的历史信息,系统提示角色人员输入一段时间 （7）如果必要,系统根据包含在数据库中的信息计算统计值 （8）系统根据上一步计算出的统计值,显示部件/子系统的历史数据,包括故障诊断、所作的检测、装备里程数、所做的维修等
相关用例	查看基层级装备的健康
频度	每个装备每天 5 次
维修级别	装备 C1 M1 C2 M2 C3 M3

被传输数据	C1→M1:20KB(从数据库中提取诊断结果等)/每台装备 M1→C1:0.5KB(ID、密码等)/每台装备
算法	数据库查询和装备部件详细信息的调用
决策支持工具	结果的显示

表 6 – 20　用例 31

用例名	用例 31:触发需求管理
前置条件	特定维修级别的技工检查需要被修理的部件的可用度
角色	基层级维修人员 中继级维修人员 基地级维修人员 需求管理人员
目标	支持技工在指定维修级别部件的需求
事件流 主要流程	(1)在指定维修级别的技工在工作间或者通过部件可用度数据库检查部件是否可用 (2)如果部件可用,技工从仓库中取出部件并更新仓储数据库中部件的数目
可选流程	(1)如果部件不可用,技工在线向需求管理员发出请求 (2)需求管理员更新订单记录到仓储数据库
相关用例	在基层、中继、基地执行维修操作
频度	
维修级别	装备 C1 M1 C2 M2 C3 M3
被传输数据	
算法	查询是否有可用部件;更新数据库中可用部件的数目
决策支持工具	显示特定部件在特定级别的数目

3. 中继级业务活动模型

中继级业务活动模型如图 6 – 7 所示,活动模型中的每个用例的详细内容分别在表 6 – 21~表 6 – 28 中介绍,表中相关栏目和标记的含义与 6.2.3 节中基层业务活动模型相同。

在图 6 – 7 中,包含中继级分析员、中继级指挥员、中继级维修人员 3 类角色,所有 8 个用例围绕这 5 类角色展开。

8 个用例的主要关系是由中继级维修人员通过"在中继级对子系统进行诊断"用例接受来自基层级的维修请求,在诊断后如果在维修能力运行的情况下开始

"在中继级填写 ERO 表开始 CBM 过程"、"初始化中继级装备修理"和"进行中继级装备修理"等用例,中继级分析员、中继级指挥员则通过"在中继级观察装备健康状态"、"故障预测"和"在中继级查看健康概要"等用例时刻关注装备健康状态。如果在故障诊断或维修过程中发现超出维修能力的部分,即可由中继级分析员、中继级指挥员、中继级维修人员一起启动"向基地级请求诊断支持"的用例,向基地级发送维修请求。

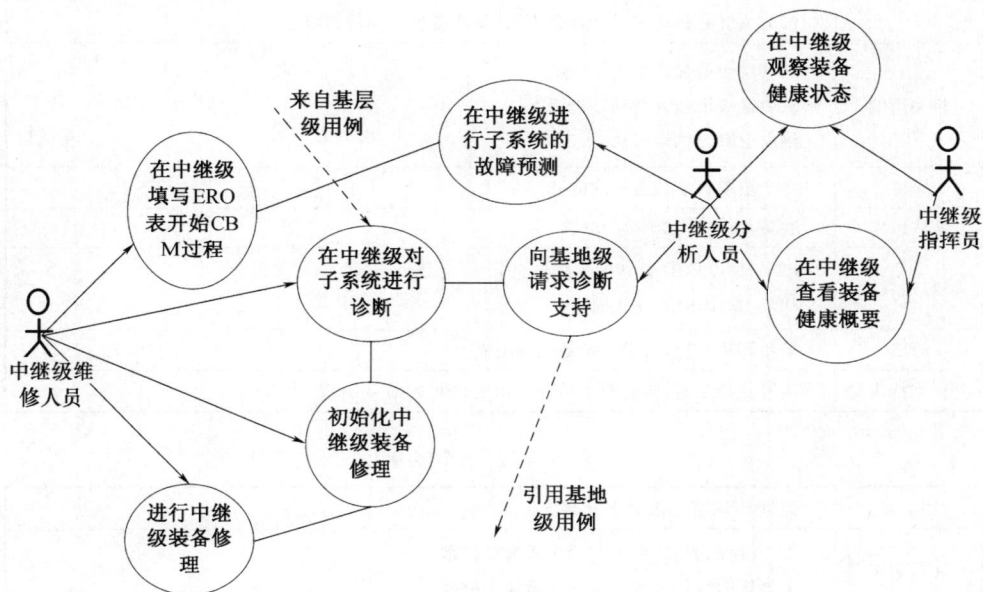

图 6-7　中继级业务活动模型

表 6-21　用例 8

用例名	用例 8:在中继级对子系统进行诊断
前置条件	基层级已经将诊断增强到了中继级,即传感器数据流和故障报告已经被上载到了中继级,可能装备或其子系统已经被运送到了中继级,尽管这不是必要的,因为基层级可能仅仅等待中继级的故障诊断,一旦诊断好,就可以开展维修
角色	中继级维修人员
目标	为了根据从装备获取的信息诊断装备子系统的健康状况来确定部件故障,因为在基层级不能进行诊断,而在中继级可能会有更全面的设备来进行诊断
事件流 主要流程	(1)中继级的维修人员从数据库调出装备及其子系统信息 (2)中继级的维修人员研究从基层级得到的信息并确定故障和解决方法 (3)维修人员发送故障结果给基层级,该用例结束 (4)如果不能够诊断故障,他便触发用例:从中继级增强诊断到基地级,该用例结束

（续）

备选流程	（1）如果装备或其子系统已经被装船运送出去,中继级的维修人员进行物理监测,称作受限的技术监测 LTI,将其存储于数据库 （2）中继级的维修人员研究从基层级接收的信息以及 LTI,来进行故障诊断并提出解决方案 （3）如果他不能够诊断故障,便会触发用例:从中继级增强诊断到基地级,该用例结束 （4）如果故障被成功诊断,维修人员触发用例:触发中继级维修行动 （5）系统将行动记录于数据库,并将装备标识为等待修理
相关用例	从基层级增强诊断到中继级 从中继级增强诊断到基地级 触发中继级维修行动
频度	每个星期每个装备一次故障
维修级别	装备 C1 M1 C2 M2 C3 M3
被传输数据	C2→M2:20KB(装备的处理信息) M2→C2:20KB(ERO 描述)
算法	所用算法:进行行动时的数据库更新
决策支持工具	决策支持工具:查看每个单元的历史诊断数据

表 6 – 22   用例 9

用例名	用例9:向基地级请求诊断支持
前置条件	在中继级和基地级之间的无线通信技术 中继级的维修人员不能诊断出装备故障
角色	中继级维修人员
目标	为了谋取基地级对不能在中继级诊断的问题的诊断支持
事件流 主要步骤	（1）中继级技工上载传感器数据流和补充信息(如故障报告等)给基地级维修人员 （2）上载的信息存储于数据库以便基地级维修人员调出利用 （3）如果技工决定把装备留在中继级,它被标识为等待基地级诊断,信息被记录到数据库中 （4）如果技工决定将故障子系统运送到基地级,装备被标识为等待基地级诊断和修理,子系统被运到基地级,信息也被记录到数据库中 （5）如果技工决定将装备运送到基地级,它被标识为等待基地级诊断/修理,将装备送到基地级,信息被记录到数据库中
相关用例	在中继级对子系统进行诊断 在基地级对子系统进行诊断
频度	用例 8 的频度的 10%
维修级别	装备 C1 M1 C2 M2 C3 M3

被传输数据	C2→C3：50KB（装备 ID、日期、时间、问题描述、诊断结果等） C3→C2：无
算法	所用算法：人工触发的数据上载（在中继级诊断失败）
决策支持工具	决策支持工具：在中继级的诊断结果

表 6－23　用例 13

用例名	用例 13：在中继级进行子系统的故障预测
前置条件	装备的传感器数据流已经被上载到了中继级
角色	中继级维修分析人员
目标	尝试根据记录于数据库中的子系统传感器数据流对装备的健康进行预测
事件流 主要流程	（1）中继级的维修分析人员从数据库调出装备及其子系统信息 （2）系统处理器检查数据库确定子系统的重要参数和故障范围 （3）系统处理器从传感器数据流中提取适当的重要参数 （4）系统处理器检查是否所提取处的参数落入故障范围 （5）如果所提取参数落入故障范围，系统处理器就向基层级维修人员报警 （6）系统处理器将接收的数据流和其他消息，如临界值、技工警告等在中心数据库中进行时间标识
备选流程	如果所提取的参数在故障范围之外，系统处理器继续记录数据流
相关用例	在中继级进行子系统的故障诊断
频度	每天一次
维修级别	装备 C1 M1 C2 M2 C3 M3
被传输数据	C2：无
算法	对于子系统传感器数据流的临界值监测。数据流存储到装备数据库。数据库查询和子系统详细信息的获取，从传感器数据流中对提取重要参数。
决策支持工具	重要参数的可视化，当突破临界值以后对装备技工的报警

表 6－24　用例 14

用例名	用例 14：在中继级通过填写 ERO 表开始基于状态的维修 CBM
前置条件	子系统的故障预测已经在中继级进行，同时已经确定需要进行维修，信息也已经被存储到数据库
角色	中继级维修人员
目标	为了根据故障预测结果开始基于状态的维修

事件流 主要流程	（1）中继级的维修人员从数据库中调出关于装备和其故障预测的信息 （2）维修人员根据诊断后要进行的工作打开一个新的装备修理清单 ERO （3）在数据库中创建一个新 ERO （4）维修人员根据诊断结果确定需要做哪些工作,并且将需要维修的每个项目的状态和代码输入,同时也在 ERO 中加入需填的其他信息 （5）信息存储到数据库 （6）中继级的维修人员检查可用的库存和人员 （7）维修人员输入 SM&R 代码,来说明需要进行的维修的基本特征 （8）如果人员,或备件,或工具不可用,它就触发另一个场景,即和其临近的单位合作或请求 FSSG 帮助 （9）根据先前步骤的结果,维修人员填写好 EROSL（ERO 购物单）列出所需备件,ERO-SL 被创建并存储到数据库中
相关用例	在中继级进行子系统的故障预测
频度	用例 13 频度的 10%
维修级别	装备 C1 M1 C2 M2 C3 M3
被传输数据	C1→M1:20KB（数据库中的故障预测结果） M1→C1:20KB（ERO 描述、ID、密码等）
算法	无
决策支持工具	无

表 6 – 25　用例 21

用例名	用例 21:初始化中继级装备修理
前置条件	在中继级已经进行了对子系统的故障诊断,同时已经确定需要进行修理,信息也已经被存储于数据库
角色	中继级维修人员
目标	为了成功检测装备出现的问题并将该问题填入 ERO 表格
事件流 主要流程	（1）中继级的维修人员从数据库中调出关于装备和其故障诊断的信息 （2）维修人员根据诊断后要进行的工作打开一个新的装备修理清单 ERO （3）在数据库中创建一个新 ERO （4）维修人员根据诊断结果确定需要做哪些工作,并且将需要维修的每个项目的状态和代码输入,同时也在 ERO 中加入需填的其他信息 （5）信息存储到数据库 （6）中继级的维修人员检查可用的库存和人员 （7）维修人员输入 SM&R 代码,来说明需要进行的维修的基本特征 （8）如果人员、备件或工具不可用,它就触发另一个场景,即和其临近的保障力量合作或请求 FSSG 帮助 （9）根据先前步骤的结果,维修人员填写好 EROSL（ERO 购物单）列出所需备件,ERO-SL 被创建并存储到数据库中

相关用例	在中继级进行子系统的故障诊断
频度	用例 8 频度的 90%
维修级别	装备 C1 M1 **C2 M2** C3 M3
被传输数据	C2→M2:20KB（数据库中的故障诊断结果） M2→C2:20KB（ERO 描述、ID、密码等）
算法	无
决策支持工具	无

表 6－26　用例 22

用例名	用例 22:进行中继级装备修理
前置条件	在中继级或更高级已经诊断确定了故障 维修人员已经填写了 ERO 并通过填写 SM&R 代码指定了维修的特征
角色	中继级维修人员
目标	根据所提供信息成功执行维修行动
事件流 主要流程	（1）维修人员从数据库中调出故障诊断结果 （2）维修人员从受限的技术检测 LTI 中获取检测信息 （3）根据所给出的信息维修人员进行维修 （4）维修人员对装备贴上已修标签,并填写 ERO 表,说明已经进行了维修工作 （5）系统更新数据库
相关用例	初始化中继级装备维修
频度	和用例 9 频度相同
维修级别	装备 C1 M1 C2 M2 C3 M3
被传输数据	C2→M2:20KB（从数据库中提取诊断结果） M2→C2:20KB（ERO 描述、ID、密码等）
算法	无
决策支持工具	无

表 6－27　用例 26

用例名	用例 26:在中继级观察装备健康状态
前置条件	地面装备集成诊断系统（在不同级别）正在监控装备的子系统/部件的健康状态,并且将这些数据存入历史数据库,包括所有以前的诊断结果和其他部件级别的细节性信息
角色	中继级维修分析员 战场师级/FSSG 指挥官

目标	可以查看装备的子系统或部件的历史信息,包括其以往的诊断结果,部件规格以及其他详细信息,该用例允许角色将装备视角切换到部件视角,反之亦然
事件流 主要流程	（1）角色人员登录到历史数据库查看历史性信息 （2）系统询问装备 ID （3）角色人员浏览系统给出的所有装备 ID 中选择要查看的装备 ID （4）角色人员向系统提供装备 ID 或者通过直接输入 ID,再或者通过单击选择显示的 ID （5）系统显示所选装备内部包含子系统/部件的基础信息列表 （6）如果必要,系统根据包含在数据库中的信息计算统计值 （7）系统根据第（6）步计算出的统计值,显示部件/子系统的历史数据,包括故障诊断、所作的检测、装备里程数、所做的维修等
相关用例	查看中继级装备的健康概要
频度	每个装备每天 5 次
维修级别	装备 C1 M1 C2 M2 C3 M3
被传输数据	C2→M2:20KB(从数据库中提取诊断结果等)/每台装备 M2→C2:0.5KB(ID、密码等)/每台装备
算法	数据库查询和装备部件详细信息的调用
决策支持工具	结果的显示

表 6 – 28　用例 29

用例名	用例 29:在中继级查看装备健康概要
前置条件	地面装备集成诊断系统(在不同级别)正在监控装备的子系统/部件的健康状态,并且将这些数据存入历史数据库,包括所有以前的诊断结果和其他部件级别的细节性信息
角色	中继级维修分析员 战场师/FSSG 指挥官
目标	可以查看装备的子系统或部件的历史信息,包括其以往的诊断结果,部件规格以及其他详细信息,该用例允许角色将装备视角切换到部件视角,反之亦然
事件流 主要流程	（1）角色人员登录到历史数据库查看历史性信息 （2）系统询问装备 ID （3）角色人员浏览系统给出的所有装备 ID 中选择要查看的装备 ID （4）角色人员向系统提供装备 ID 或者通过直接输入 ID,再或者通过单击选择显示的 ID （5）系统显示所选装备内部包含子系统/部件的概述信息列表 （6）如果需要额外的历史信息,系统提示角色人员输入一段时间 （7）如果必要,系统根据包含在数据库中的信息计算统计值 （8）系统根据第（7）步计算出的统计值,显示部件/子系统的历史数据,包括故障诊断、所作的检测、装备里程数、所做的维修等

相关用例	查看中继级装备的健康
频度	每个装备每天 5 次
维修级别	装备 C1 M1 **C2 M2** C3 M3
被传输数据	C2→M2:20KB(从数据库中提取诊断结果等)/每台装备 M2→C2:0.5KB(ID,密码等)/每台装备
算法	数据库查询和装备部件详细信息的调用
决策支持工具	结果的显示

4. 基地级业务活动模型

基地级业务活动模型如图6-8所示,活动模型中的每个用例的详细内容分别在表6-29~表6-35中介绍,表中相关栏目和标记的含义与6.2.3节中基层业务活动模型相同。

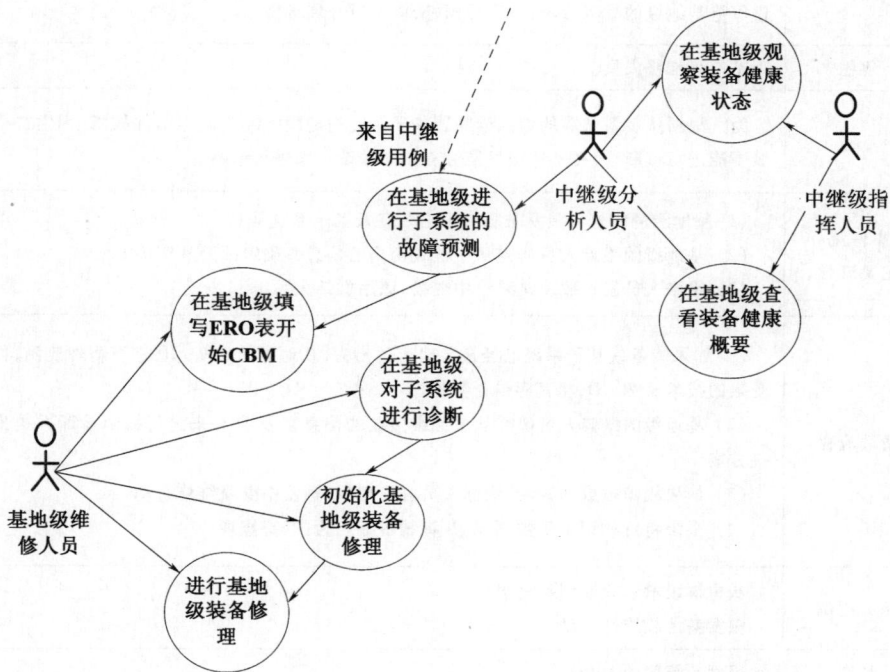

图6-8 基地级业务活动模型

在图6-8中,包含中继级分析员、中继级指挥员、中继级维修人员等3类角色,7个用例围绕这3类角色展开。比较图6-7和图6-8可以发现,两者只有两个差别:

（1）所有用例的执行级别都从中继级调整为基地级；

（2）基地级是最高级的维修,所以没有继续向上级转发申请的用例。

7 个用例的主要关系与中继级类似:由基地级维修人员通过"在基地级对子系统进行诊断"用例接受来自中继级的维修请求,在诊断后如果在维修能力运行的情况下开始"在基地级填写 ERO 表开始 CBM 过程"、"初始化基地级装备修理"和"进行基地级装备修理"等用例,基地级分析员、基地级指挥员则通过"在基地级观察装备健康状态"、"故障预测"和"在基地级查看健康概要"等用例时刻关注装备健康状态。

表 6 - 29　用例 10

用例名	用例 10:在基地级对子系统进行诊断
前置条件	中继级已经将诊断增强到了基地级,即传感器数据流和故障报告已经被上载到了基地级 可能装备或其子系统已经被运送到了基地级,尽管这不是必要的,因为中继级可能仅仅等待基地级的故障诊断,一旦诊断好,就可以开展维修
角色	基地级维修人员
目标	为了根据从装备获取的信息诊断装备子系统的健康状况来确定部件故障,因为在中继级不能进行诊断,而在基地级可能会有更全的设备来进行诊断
事件流 主要流程	（1）基地级的维修人员从数据库调出装备及其子系统信息 （2）基地级的维修人员研究从中继级得到的信息并确定故障和解决方法 （3）维修人员发送故障结果给中继级,该用例结束
备选流程	（1）如果装备或其子系统已经被装船运送出去,基地级的维修人员进行物理监测,称作受限的技术监测 LTI,将其存储于数据库 （2）基地级的维修人员研究从中继级接收的信息以及 LTI,来进行故障诊断并提出解决方案 （3）如果故障被成功诊断,维修人员触发用例:触发中继级维修行动 （4）系统将行动记录于数据库,并将装备标识为:等待修理
相关用例	从中继级增强诊断到基地级 触发基地级维修行动
频度	用例 8 频度的 10%
维修级别	装备 C1 M1 C2 M2 C3 M3
被传输数据	C3:无
算法	所用算法:进行行动时的数据库更新
决策支持工具	决策支持工具:查看每个单元的历史诊断数据

表 6-30　用例 15

用例名	用例 15:在基地级进行子系统的故障预测
前置条件	装备的传感器数据流已经被上载到了中继级
角色	基地级维修分析人员
目标	尝试根据记录于数据库中的子系统传感器数据流对装备的健康进行预测
事件流 主要流程	（1）基地级的维修分析人员从数据库调出装备及其子系统信息 （2）系统处理器检查数据库确定子系统的重要参数和故障范围 （3）系统处理器从传感器数据流中提取适当的重要参数 （4）系统处理器检查是否所提取处的参数落入故障范围 （5）如果所提取参数落入故障范围,系统处理器就向基地级维修人员报警 （6）系统处理器将接收的数据流和其他消息,如临界值、技工警告等在中心数据库中进行时间标识
备选流程	如果所提取的参数在故障范围之外,系统处理器继续记录数据流
相关用例	在装备级进行子系统的故障诊断
频度	每天一次
维修级别	装备 C1 M1 C2 M2 C3 M3
被传输数据	C3:无
算法	对于子系统传感器数据流的临界值监测。数据流存储到装备数据库。数据库查询和子系统详细信息的获取,从传感器数据流中对提取重要参数
决策支持工具	重要参数的可视化,当突破临界值以后对装备技工的报警

表 6-31　用例 16

用例名	用例 16:在基地级通过填写 ERO 表开始基于状态的维修 CBM
前置条件	子系统的故障预测已经在中继级进行,同时已经确定需要进行维修,信息也已经被存储到数据库
角色	基地级维修人员
目标	为了根据故障预测结果开始基于状态的维修
事件流 主要流程	（1）基地级的维修人员从数据库中调出关于装备和其故障预测的信息 （2）维修人员根据诊断后要进行的工作打开一个新的装备修理清单 ERO （3）在数据库中创建一个新 ERO （4）维修人员根据诊断结果确定需要做哪些工作,并且将需要维修的每个项目的状态和代码输入,同时也在 ERO 中加入需填的其他信息 （5）信息存储到数据库 （6）基地级的维修人员检查可用的库存和人员 （7）维修人员输入 SM&R 代码,来说明需要进行的维修的基本特征 （8）如果人员、备件或工具不可用,它就触发另一个场景,即其临近的军队合作或请求 FSSG 帮助 （9）根据先前步骤的结果,维修人员填写好 EROSL(ERO 购物单)列出所需备件,ERO-SL 被创建并存储到数据库中

相关用例	在中继级进行子系统的故障预测
频度	用例 15 频度的 10%
维修级别	装备 C1 M1 C2 M2 C3 M3
被传输数据	C1→M1:20KB(数据库中的故障预测结果) M1→C1:20KB(ERO 描述、ID、密码等)
算法	无
决策支持工具	无

表 6 – 32 用例 23

用例名	用例 23:初始化基地级装备修理
前置条件	在基地级已经进行了对子系统的故障诊断,同时已经确定需要进行修理,信息也已经被存储于数据库
角色	基地级维修人员
目标	为了成功检测装备出现的问题并将该问题填入 ERO 表格
事件流 主要流程	(1)基地级的维修人员从数据库中调出关于装备和其故障诊断的信息 (2)维修人员根据诊断后要进行的工作打开一个新的装备修理清单 ERO (3)在数据库中创建一个新 ERO (4)维修人员根据诊断结果确定需要做哪些工作,并且将需要维修的每个项目的状态和代码输入,同时也在 ERO 中加入需填的其他信息 (5)信息存储到数据库 (6)基地级的维修人员检查可用的库存和人员 (7)维修人员输入 SM&R 代码,来说明需要进行的维修的基本特征 (8)如果人员、备件、工具不可用,它就触发另一个场景,即和其临近的保障力量合作或请求 FSSG 帮助 (9)根据先前步骤的结果,维修人员填写好 EROSL(ERO 购物单)列出所需备件,ERO-SL 被创建并存储到数据库中
相关用例	在基地级进行子系统的故障诊断
频度	和用例 10 频度相同
维修级别	装备 C1 M1 C2 M2 C3 M3
被传输数据	C3→M3:20KB(数据库中的故障诊断结果) M3→C3:20KB(ERO 描述、ID、密码等)
算法	无
决策支持工具	无

表 6 – 33　用例 22

用例名	用例 22：进行基地级装备修理
前置条件	在基地级已经诊断确定了故障 维修人员已经填写了 ERO 并通过填写 SM&R 代码指定了维修的特征
角色	基地级维修人员
目标	根据所提供信息成功执行维修行动
事件流 主要流程	（1）维修人员从数据库中调出故障诊断结果 （2）维修人员从受限的技术检测 LTI 中获取检测信息 （3）根据所给出的信息维修人员进行维修 （4）维修人员对装备贴上已修标签，并填写 ERO 表，说明已经进行了维修工作 （5）系统更新数据库
相关用例	初始化基地级装备维修
频度	和用例 10 频度相同
维修级别	装备 C1 M1 C2 M2 　C3 M3
被传输数据	C3→M3：20KB（从数据库中提取诊断结果） M3→C3：20KB（ERO 描述、ID、密码等）
算法	无
决策支持工具	无

表 6 – 34　用例 27

用例名	用例 27：在基地级观察装备健康状态
前置条件	地面装备集成诊断系统（在不同级别）正在监控装备的子系统/部件的健康状态，并且将这些数据存入历史数据库，包括所有以前的诊断结果和其他部件级别的细节性信息
角色	基地级维修分析员 战场旅级指挥官
目标	可以查看装备的子系统或部件的历史信息，包括其以往的诊断结果，部件规格以及其他详细信息，该用例允许角色将装备视角切换到部件视角，反之亦然
事件流 主要流程	（1）角色人员登录到历史数据库查看历史性信息 （2）系统询问装备 ID （3）角色人员浏览系统给出的所有装备 ID 中选择要查看的装备 ID （4）角色人员向系统提供装备 ID 或者通过直接输入 ID，再或者通过单击选择显示的 ID （5）系统显示所选装备内部包含子系统/部件的基础信息列表 （6）如果必要，系统根据包含在数据库中的信息计算统计值 （7）系统根据第（6）步计算出的统计值，显示部件/子系统的历史数据，包括故障诊断、所作的检测、装备里程数、所做的维修等

相关用例	查看中继级装备的健康概要
频度	每个装备每天 5 次
维修级别	装备 C1 M1 C2 M2 **C3 M3**
被传输数据	C3→M3:20KB(从数据库中提取诊断结果等)/每台装备 M3→C3:0.5KB(ID、密码等)/每台装备
算法	数据库查询和装备部件详细信息的调用
决策支持工具	结果的显示

表 6 – 35　用例 30

用例名	用例30:在基地级查看装备健康概要
前置条件	地面装备集成诊断系统(在不同级别)正在监控装备的子系统/部件的健康状态,并且将这些数据存入历史数据库,包括所有以前的诊断结果和其他部件级别的细节性信息
角色	基地级维修分析员 战场旅指挥官
目标	可以查看装备的子系统或部件的历史信息,包括其以往的诊断结果,部件规格以及其他详细信息,该用例允许角色将装备视角切换到部件视角,反之亦然
事件流 主要流程	(1)角色人员登录到历史数据库查看历史性信息 (2)系统询问装备 ID (3)角色人员浏览系统给出的所有装备 ID 中选择要查看的装备 ID (4)角色人员向系统提供装备 ID 或者通过直接输入 ID,再或者通过单击选择显示的 ID (5)系统显示所选装备内部包含子系统/部件的概述信息列表 (6)如果需要额外的历史信息,系统提示角色人员输入一段时间 (7)如果必要,系统根据包含在数据库中的信息计算统计值 (8)系统根据第(7)步计算出的统计值,显示部件/子系统的历史数据,包括故障诊断、所作的检测、装备里程数、所做的维修等
相关用例	查看基地级装备的健康
频度	每个装备每天 5 次
维修级别	装备 C1 M1 C2 M2 **C3 M3**
被传输数据	C3→M3:20KB(从数据库中提取诊断结果等)/每台装备 M3→C3:0.5KB(ID、密码等)/每台装备
算法	数据库查询和装备部件详细信息的调用
决策支持工具	结果的显示

6.3   案例系统体系结构

6.3.1   系统及接口描述

依据 6.2 节中的业务体系结构设计，可发现中继级和基地级的业务处理逻辑基本相同，所以中继级和基地级从系统结构的角度可看作一类节点，因此 IDGE 设计了如图 6-9 所示的系统及接口描述图。其中包含 3 个节点：节点 1 为被保障单元 SU，节点 2 为基层级保障组 CSSE Det，节点 3 为中继/基地级保障组 FSSG，每个节点包含若干系统。

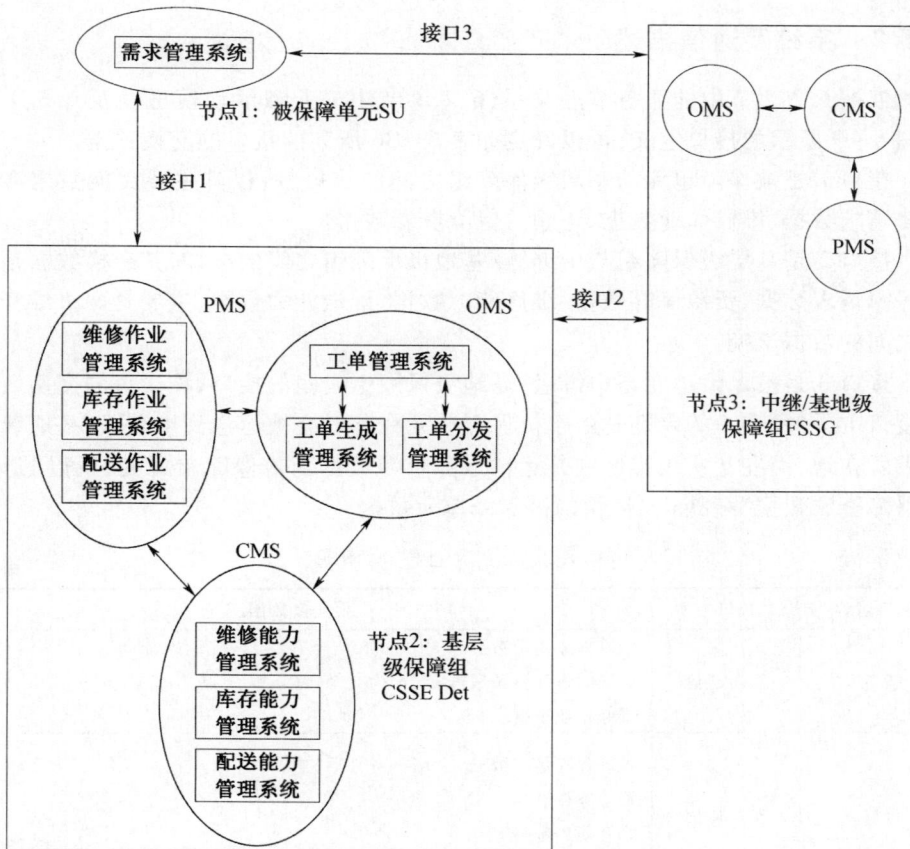

图 6-9   系统及接口描述图

节点 1 主要负责维修请求的收集和发送，包含需求管理系统（Request Management System, RMS）。

215

节点 2 是 SU 的直接保障单元,包括工单管理系统(Order Management System,OMS),作业管理系统(Production Management System,PMS),能力管理系统(Capability Management System,CMS)。其中每一个系统又包含多个子系统。OMS 包括工单管理系统、工单生成管理系统、工单分发管理系统等 3 个子系统,PMS 包括维修作业管理系统、库存作业管理系统、配送作业管理系统等 3 个子系统,CMS 包括维修能力管理系统、库存能力管理系统、配送能力管理系统等 3 个子系统。

节点 3 是中继级/基地级保障组,节点 2 不能处理的工单都会转到节点 3,即使能处理的工单也会抄送给节点 3 一份。节点 3 的系统结构和节点 2 相同,只是维修能力更强。

各个系统之间的接口及其功能描述将在 6.3.2 节和 6.3.4 节中介绍。

6.3.2　系统及通信描述

依据 6.2.2 节中的业务节点关系,6.2.3 节中的业务活动模型以及 6.3.1 节中图 6 - 9 所示的接口定义,可以确定如表 6 - 36 所列的接口的交换数据。

接口 1 是被保障单元与基层级保障组之间的接口,所以其主要交换数据涉及维修请求数据、维修作业数据、运输的保障资源数据。

接口 2 是基层级保障组与中继级/基地级保障组之间的接口,其交换数据是维修保障请求数据、资源库存数据、维修能力数据、配送能力数据,主要是两级维修机构之间的数据交换。

接口 3 是被保障单元与中继级/基地级保障组之间的接口,该接口的交换数据与接口 1 类似,唯一的差别是由于被保障单元在此时会被运送到中继级/基地级保障组所在地,而在基层级维修中是运输保障资源数据到被保障单元处,所以"运输的保障资源数据"替换成"运输的被保障单元数据"。

表 6 - 36　接口数据交换

接口名称	接口类型	主要交换数据
接口 1	双向通信	维修保障请求数据 运输的保障资源数据 维修作业数据
接口 2	双向通信	维修保障请求数据 资源库存数据 维修能力数据 配送能力数据
接口 3	双向通信	维修保障请求数据 运输的被保障单元数据 维修作业数据

6.3.3 系统节点连接矩阵

从 6.3.1 节中的图 6 - 9 顶层系统结构图可发现 SU、CSSE、FSSG 节点之间均存在交互关系(√表示存在交互关系),所以其连接矩阵表 6 - 37 所列。

表 6 - 37   三节点之间关系

	节点 1 - SU	节点 2 - CSSE	节点 3 - FSSG
节点 1 - SU		√	√
节点 2 - CSSE	√		√
节点 3 - FSSG	√	√	

6.3.4 系统功能描述

1. 需求管理系统

该系统主要是基于传感器信息,通过自身健康状态监控和可靠性分析,确定个体健康状态,为被保障对象生成维修保障需求,并对产生的维修需求进行验证和排序。同时,根据维修需求的具体要求生成相应的维修资源清单需求,构成维修任务需求,以提交给基层级或中继级工单管理系统来处理。简言之,需求管理是保障对象生成、验证、提交和维护维修保障需求的过程。

2. 工单管理系统

该系统主要提供接受被保障对象请求,生成任务工单的功能,包括由任务工单启动产品和服务的实施,以及对工单进行分发等功能。可分为维修任务工单维护管理系统,维修任务工单分发管理系统,维修任务工单生成管理系统等。

维修任务工单维护管理系统主要负责对工单进行基本的维护和管理。

维修任务工单分发管理系统主要负责将工单按流程向各个相关系统进行分发。

维修任务工单生成管理系统主要负责生成满足具体维修保障需求以及一定格式的任务工单。

3. 能力管理系统

该系统主要为实现保障对象需求提供对保障资源和能力进行规划、管理、优化和排序的功能。不同维修保障实体中的不同战斗保障功能域的能力管理者,都将根据该系统规划、排序和确保所有可用资源能以最有效的方式进行分配和使用。能力管理者也通过该系统优化能力并负责为所执行的保障对象任务工单分配能力。此外,该系统还具有将维修保障功能的现有能力进行集成、协调和进行通信的能力。因此,该系统可进一步分为维修能力管理系统,配送能力管理系统,物资库存能力管理系统等。

维修能力管理系统主要提供对维修能力和资源（如人员、机器、工具、维修场所、外包协议）等进行规划、管理、优化、排序、分配的功能，以最优实现保障对象的维修服务需求。

配送能力管理系统主要提供对配送/运输能力和资源（例如运输资产、驾驶员、配送设施、物资处理设备和第三方的配送协议）等进行管理、优化、排序、分配的功能，以最优实现保障对象的运输服务、产品配送、执行其他服务所需的运输需求。

物资库存能力管理系统主要提供对库存能力和资源（如库存、仓库能力、费用和人员）等进行管理、优化、排序和分配的功能，以向保障对象提供最优的产品以及与完成某一服务有关的产品。

4. 作业管理系统

该系统主要为实现保障对象的需求而提供对维修保障支援的执行功能（如库存、维修、配送）进行协调、任务分配以及相关控制等功能，同时，该系统规划和控制其对应的战斗保障支援单元，为保障对象需求的实施提供能力与资源的应用和分配，并保持任务工单的可视化。此外，该系统还担负（通过相关的能力管理者）向任务工单管理者报告任务工单的状态，同时向所在领域内的能力管理者汇报资源状态的功能。因此，该系统主要包括维修作业管理系统、配送作业管理系统、库存作业管理系统等。其中，维修作业管理系统主要提供规划和控制维修的执行功能，配送作业管理系统主要提供对规划和控制配送和运输的执行功能，库存作业管理系统主要提供规划库存和控制资源出入库的执行功能。

6.3.5 物理数据模型

IDGE 的物理数据模型如图 6-10 所示，每个表的核心内容如下：

（1）Distribution_Info 分发任务信息：优先级、源地址、目标地址。

（2）User_Info 用户信息：级别、职务、密码等。

（3）Mechanic_Info 维修工信息：工种、技术级别、在岗。

（4）Repair_Request 维修需求：需求编号、需求状态、地点、日期、时限。

（5）Supply_Info 部件供应信息：优先级、时间、需求 ID。

（6）Part_Info 部件信息：资料等级、数量、价格、制造商。

（7）Lav_info 信息：地点、状态、使用者。

（8）History_MT 维修历史信息：问题描述、检测故障代码、维修时间、维修人员 ID。

（9）Related_Part 相关部件信息：和检测故障代码相关的部件编号。

（10）Defect_Code_Info 检测故障代码信息：故障代码、故障描述、警告级别。

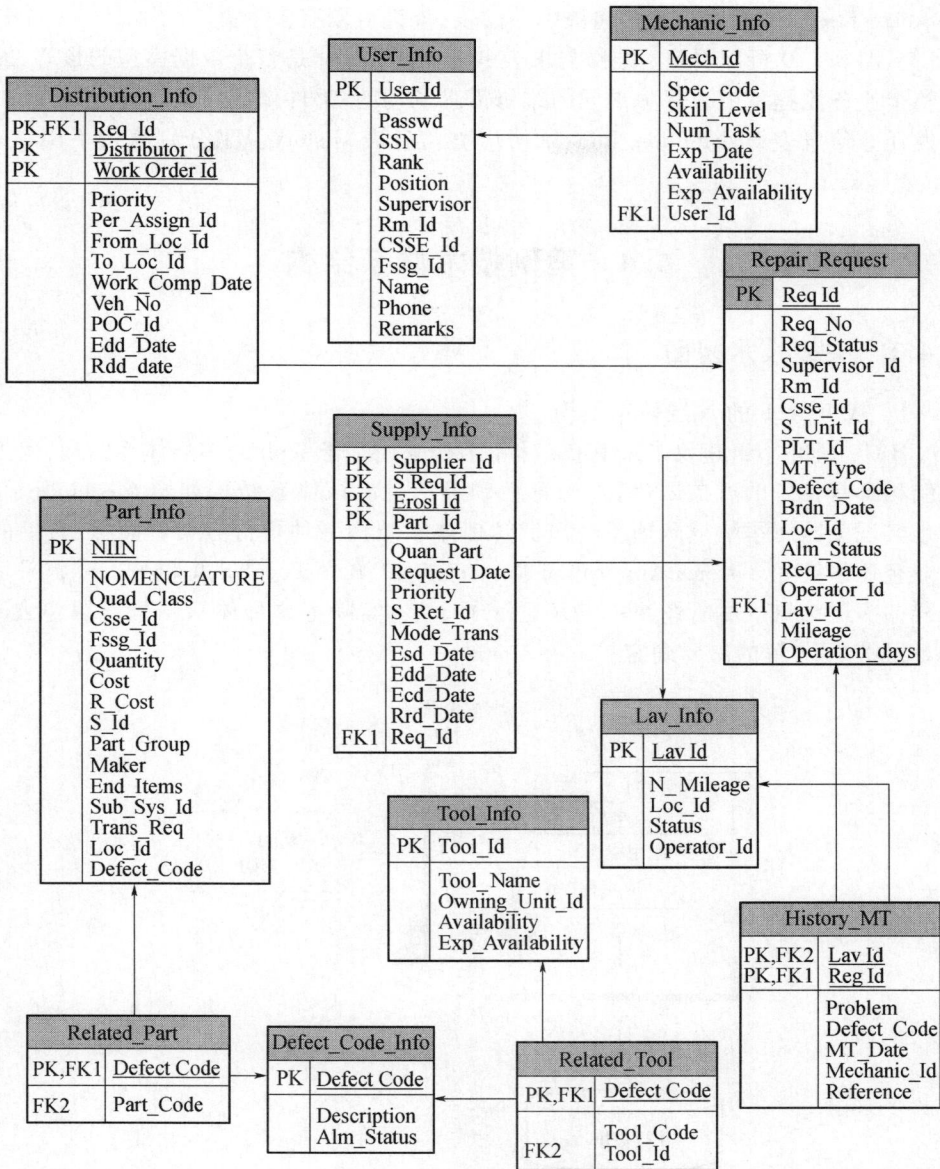

图 6-10 IDGE 的物理数据模型

（11）Related_Tool 相关工具：和检测的故障相关的工具编号。

（12）Tool_Info 工具信息：工具编号、名称、是否可用、所属单位。

表中的 PK 指某个字段是数据库表中的主键（Primary Key），用于表示数据的唯一性，可以多个字段联合构成主键；FK 指表中某个字段是引用的别的表的外键

219

（Foreign Key），一般用箭头指向被引用的表，外键可以有多个。

从图 6 – 10 可以看出，维修需求表 Repair_Request 是整个数据模型的核心，因为整个业务流程是由被保障单元的维修需求驱动的，部件供应信息表 Supply_Info、分发任务信息表 Distribution_Info、维修历史信息表 History_MT 分别直接引用 Repair_Request。

6.4　案例技术体系结构

6.4.1　关键技术视图

1. 基于 Web 的 N 层体系结构

IDGE 研究小组建议未来 IDGE 体系结构采用基于 Web 的多层体系结构，因为该结构具有良好的可扩展性，重配置性和灵活性。该体系结构如图 6 – 11 所示。它是实现美国海军陆战队预想的知识管理体系结构一种可行方案。而且，大型的商业企业系统如 Systems Application Product（SAP）R/3、PeopleSoft 和 Oracle 都采用这样的多层结构。尽管图 6 – 11 只显示了 3 层，实际上这种体系结构可以包含 n 层，n 由应用分解的需要确定。

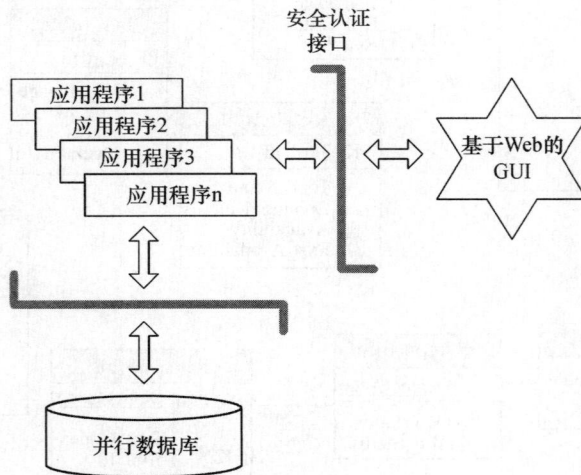

图 6 – 11　基于 Web 的多层体系结构

整个体系结构的组成部分包括：应用程序、数据库、图形化用户界面 GUI、硬件、安全、分析、帮助文档/培训等部分。

1）应用程序

应用程序指每个过程和子过程中的计算模块（软件 + 算法）。每个软件组件

220

具有程序间通信接口、数据库接口、GUI 接口。该体系结构对于应用程序应提供如下能力：互操作、即插即用、功能独立、平台无关。

2）数据库

为了满足分布式控制信息以及确保面向未来组织的灵活性需求，IDGE 在其体系结构中分离了数据库，应用程序和 GUI。这种方式提供了灵活性，适应性和可扩展性。所有需要访问数据源的应用程序使用公共接口访问不同的数据源。类似于其他程序，这些接口将支持不同级别的访问以及其他安全要求。尽管存在其他数据库产品（如 Informix、Microsoft 和 Sybase），但 Oracle 还是具有更多的领先优势。它可靠，且能从并行计算和服务器集群中得到性能提升。

3）GUI

GUI 是用户和应用之间的接口。该体系结构以 web 浏览器作为其 GUI。基于 web 的接口可以加强可定制性，有助于用户元素的可视化。GUI 的 HTML 的兼容性是用户可以在任何 web 浏览器中打开。这点使得软件的升级可以高效管理因为用户软件确实需要不断升级。

4）硬件

每个程序所需要的硬件应该依据算法复杂性，用户负载以及其他因素确定。考虑到 IDGE 的多用户特征，集群架构是理想的网络拓扑，图 6 - 12 是其系统结构图。考虑到硬件市场的快速发展，IDGE 指定了概念性的硬件，而不是具体的型号。

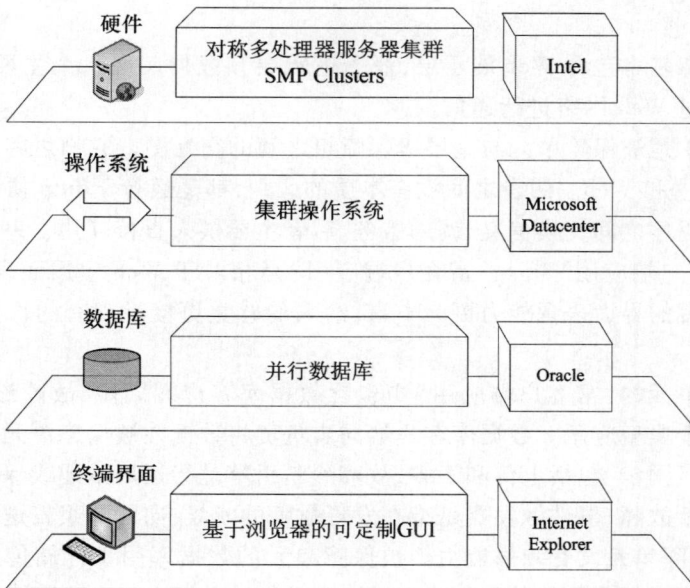

图 6 - 12 硬件系统结构图

推荐的集群是一组通过千兆网连接的使用虚拟接口体系结构(Virtual Interface Ar-chitecture,VIA)[77]的对称的多 CPU(Symmetric Multi Processor,SMP)[78]服务器。VIA 是一种性价比较高的可扩展的硬件结构。该项目研究者进一步建议每个应用提供一个 4 路或 8 路的 SMP 以满足计算负载。在响应速度方面,Oracle 数据库可能是整个体系结构中的瓶颈,因此,他们建议整个数据库划分到一个集群中,以便通过分布并行计算来提高查询处理的速度。另外,Oracle 是少数几种可以发掘 SMP 集群的并行查询处理能力的软件之一,因此,这种搭配应该是比较理想的。

5)安全

系统架构的三大部分是软件、硬件、人。保护计算机系统不但包含软硬件的安全,还包括使用者的可信度。对于未来的 IDGE 系统,关键性的安全问题包括应用程序级和用户层的安全、互联网和内部网络的安全、访问控制。

6)分析

各种各样的决策支持和预测会产生大量的数据。分析一般基于上下文以及上下文所需要的数据。几种用于显示趋势和模式的可视化算法可以集成到架构中来。更多的高级的数据挖掘算法如序列模式分析,神经网络和自适应聚类也可以轻易的集成到体系结构中来。

2. N 层体系结构的节点交互图

基于 6.3.1 节中对 IDGE 系统的节点的定义,结合上节设想的基于 Web 的 N 层体系结构,研究者们绘制了如图 6 – 13 和图 6 – 14 所示的基于技术体系结构的节点交互图。

每个节点基本包含 Web 展示层,业务逻辑层和数据库层 3 个主要层次,不同节点之间通过 Web 网络进行通信。

图 6 – 13 是被保障单元与基层级保障组之间的交互图。它们之间由两种交互方式:SOAP[79]和 Web。两者之间没有本质的区别,都是运行于 http 协议之上。前者主要用于程序之间交换信息、调用服务,后者主要供人直接使用。基于 SOAP 可以构建"富客户端应用"[80]。"富客户端应用"是相对于 Web 应用而言的,其主要区别在于前者的界面表现能力更为丰富,给人的感觉更接近现有的许多桌面程序的体验。

被保障单元的"富客户端应用"中包含数据库客户端同步、故障诊断引擎、事件触发器 3 个典型应用。数据库客户端同步负责将数据在被保障单元和基层级保障组之间进行同步,包括上传和下载;故障诊断引擎是指运用本地或保障组的故障诊断功能诊断故障;事件触发器是指在发现故障的时候,向保障组发送故障报告信息,因为被保障单元没有维修能力。被保障单元的数据库用于存储传感器记录的信息以及从保障组获取的信息。

基层级保障组首先有两个服务器:SOAP Server 和 Web Server,分别接受来自

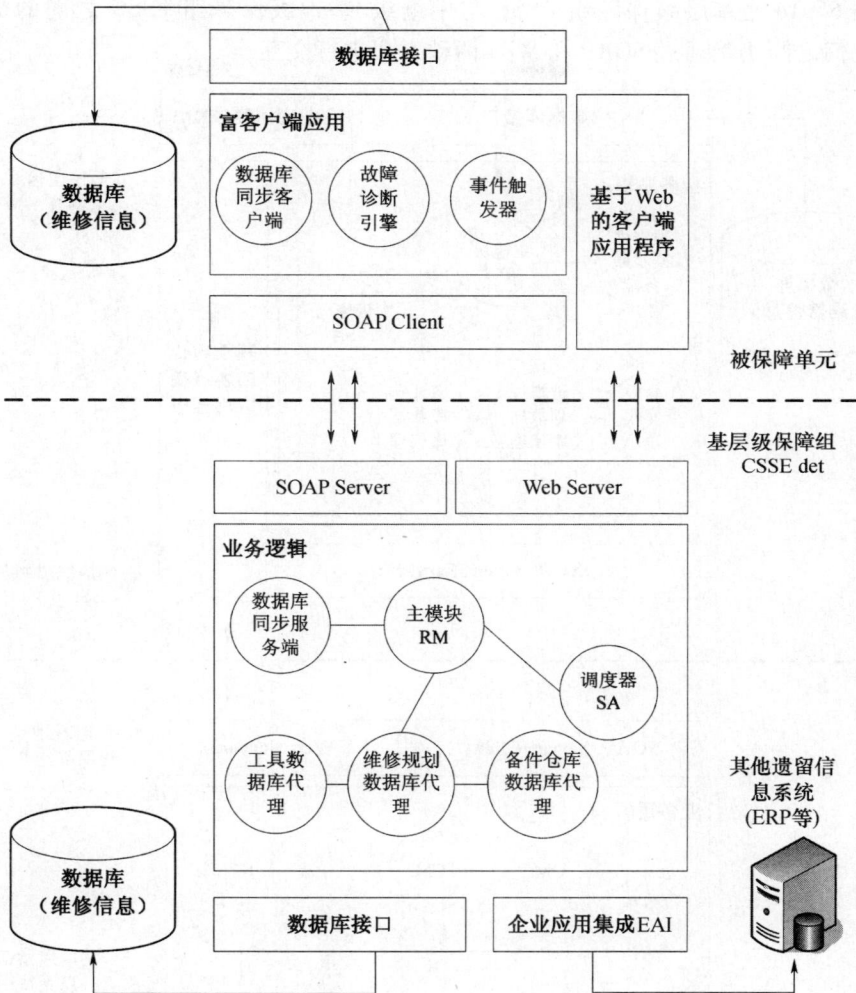

图 6 – 13　基于技术体系结构的节点交互图一

被保障单元的 SOAP 请求和 Web 请求,并将其转发到相应的内部业务模块。内部业务模块包括主模块 RM(Request Manager,请求管理器)、数据库同步服务端、调度器 SA(Scheduler Agent,调度器代理)、工具数据库代理、维修规划数据库代理、备件仓库数据库代理等模块,这些模块合作实现 6.3.4 节中介绍的需求管理系统、工单管理系统、能力管理系统和作业管理系统的功能。这些内部模块所访问的数据来自两个数据源,其一是维修保障系统新建的数据库,包含各类维修保障信息,如器材、工具、维修规划、维修作业等;其二是其他已有系统中的信息,如装备信息、装备动用信息等,一般通过企业应用集成(Enterprise Application Integration,EAI)的方式将其纳入到系统中。

图 6-14 是基层级保障组 CSSE 与中继级/基地级保障组 FSSG 之间的交互图。它们之间仍然通过 SOAP 和 Web 两种方式进行交互。

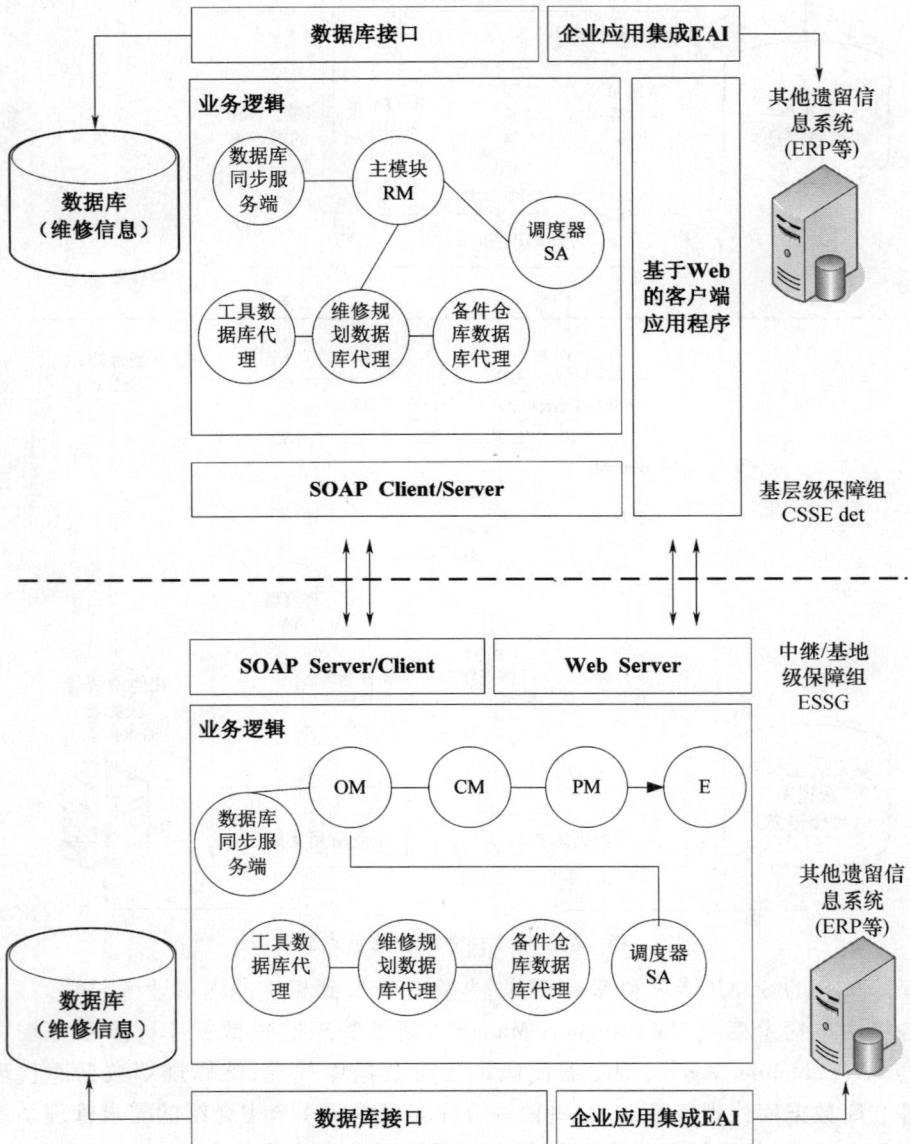

图 6-14　基于技术体系结构的节点交互图二

CSSE 的模块组成结构与图 6-13 中相似,只是添加了一个"基于 Web 的客户端应用",这是因为相对于 FSSG,CSSE 可以作为客户端访问其应用或 Web 数据。

FSSG 的模块组成相对更为复杂。除了 CSSE 已有的数据库同步服务端、调度器 SA(Scheduler Agent,调度器代理)、工具数据库代理、维修规划数据库代理、备件仓库数据库代理等模块,还将 RM 扩展成了工单管理 OM、能力管理 CM、作业管理 PM、维修实施 E 等几个模块,其中 OM 是中心模块,负责连接和调用其他模块。与 CSSE 类似,FSSG 也通过两种途径保存和获取数据:新建数据库和基于 EAI 的遗留信息系统。

另外,由于 CSSE 和 FSSG 之间需要双向通信,所以它们之间是互为 SOAP 客户端和服务端的。

6.4.2 技术标准

1. 集成问题

应用程序和数据库集成在商业界是炙手可热的话题。许多公司、学者和非盈利研究机构都在开发新兴的技术来集成开发在不同平台上,分布于整个企业的系统。集成地面装备的诊断维修和自主保障的概念需要开发一组新的系统。根据预算约束和组织意向,USMC 可能替换某些或者全部遗留系统。不论是全部或部分遗留系统将替代还是移植到新系统都将带来诸多挑战。

移植可以通过两种不同的方式来完成,一是构建一个全新的基础设施,二是替换某些遗留系统。不论哪种方式,集成问题都不可回避。

第一种情况下,USMC 需要确保当前可用的数据从遗留系统中转换到新系统中来。目前这一点还不能通过自动化的方式完成。遗留系统和新系统中数据库的数据模式的差异给数据移植带来困难。尽管移植可以通过半自动化或者人工的方式完成,但还是可能带来错误,而且过程是枯燥的。所以现有的数据库中的数据必须清晰的映射到新系统的数据模式上。大多数的企业采用 XML 模式来表达数据。这种事实的标准应当在将要开发的未来系统中使用。

第二种情况下,遗留系统和新兴系统共存,为未来需求开发的应用程序应当能访问新旧两种数据库。因为这些数据库中接口类型的差异,需要开发一组应用程序接口来集成系统。另一种方法是封装遗留系统生成新的接口,使新应用可以基于该接口访问遗留系统。

在 CBM 系统中,传感器信号和相关的诊断/预测信息必须存储且和保障系统集成。当用来存储传感数据的数据库的结构和模式的类型与保障系统中的差别显著时,这也是一项新的挑战。大部分日常健康监控系统还没有和保障系统绑定,但为了实践自主保障的思想,这一点必须做到。

细致的分析当前的技术表明,将来基于 Web 的应用需要定义足够多的元数据,以便兼容 XML 规范。当前开发的大多数数据集成和模式匹配工具都是基于 XML 数据,所以采用这种方法将简化将来系统间的信息集成。

2. 分布式 VS 集中式信号处理

预想的 IDGE 系统需要传感器安装在地面装备上。从传感器上检测到的信号可以机载处理或者发送到集中的数据仓库中进行分析。由于环境的高度动态性和地面设备的高度移动性,一种分布式的传感信号处理模式可能更适合于 IDGE 系统。每个终端设备需要处理由传感器产生的信号,检测信号异常,如果发现异常就产生维修请求,并将其发送给相关的需求管理节点 RM。采用分布式计算模式,需要终端设备具有许多额外的能力,比如足够的电源、足够的内存以及最重要的网络的可连接性。与连接性相关的通信需求在下节讨论。

3. 通信负载

在前述的用例图中产生和使用的数据需要在不同的节点之间传输。这些传输过程意味着大量通信可能在被保障单元和基层级之间产生。一个需要考虑的因素是通信用户数的问题,在基于通信负载分析进行通信基础设施设计决策制定之前,需要进一步通过仿真或者一大组用户输入进行验证可行性。另一个需要考虑的因素是通信信息量的突发性的问题。

4. 通信通道的抗毁性和特定的军事考虑

在系统部署中首要考虑的问题是需要实时的收集地面设备的健康信息,并触发相关的维修行动。IDGE 系统依赖于通信网络来传输由传感器收集的信息。通信网络的可靠性在 IDGE 系统功能的有效性中充当了重要的角色。必须注意的是通信网络中需要进行足够的冗余设计,以保证地面设备可以通过可选的途径将信息传递给需要的节点。另外,建议 I/O 端口设置到机载系统中以便当通信通道不可用时,维修人员能通过连接手持设备和 I/O 端口来收集相关的数据。

5. IDGE 推进方案

预想的 IDGE 系统的建设推进方案至少可以从 3 个方面展开。

(1)增量式。增量式策略可通过多种方式实施,但是某些武器平台可能更适合预想中的 IDGE。比如,研究报告中的 LAV 平台可能更适合,因为它具有较长的服役历史,包括服务年限延长计划以及较长的服役年限。

(2)基于应用场景设计框架。它是需要依据应用场景设计从简单到复杂进行演化的方案。然而某些设计思路是应该设计稳定而持续的系统架构。这种思路在基于用例分析的早期阶段是可行的。但是我们的设计思路应该是基于早期的架构,使其具备不断演化的能力。例如,当最优先方案(比如无线网络)不可用时,我们需要调整相应的用例。

(3)应对工作流程变化。预想中的 IDGE 应该在组织的底层加入更多的智能,以便支持可能变化的工作流程。这种方式往往和确定的指挥控制机制形成鲜明的对比。像工作流管理、协作系统等相关的研究成果可加以借鉴和利用。

附　录

附录 A　维修保障规划活动模型

1. 面向维修保障对象的规划(Logistics Chain Planning – Customer Facing Planning,LCPLAN – CUST/CFP)

面向维修保障对象的规划 LCPLAN – CUST/CFP 具体的活动流程如图 A –1 所示。

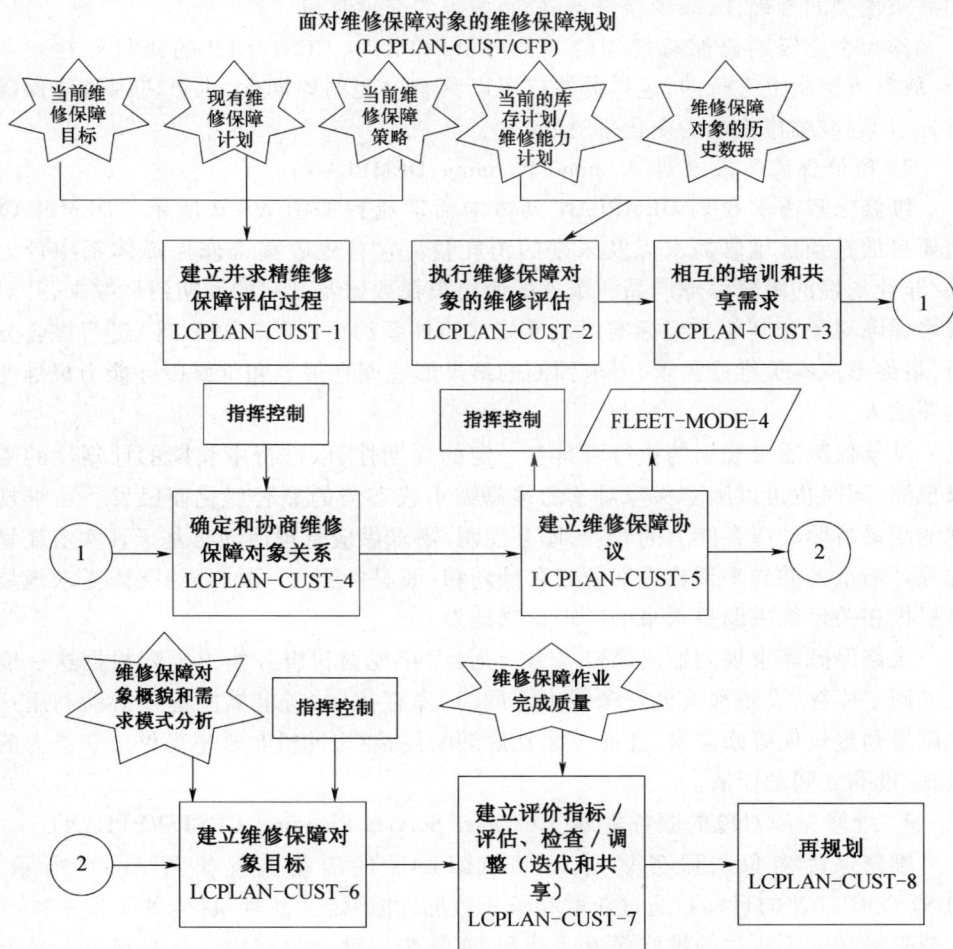

A –1　面向维修保障对象的企业级维修保障规划活动流程图

LCPLAN – CUST/CFP 是基于维修保障对象的维修需求和任务优先级,建立相应的维修保障协议以支持维修保障对象实现作战与训练目标。通过这样的规划活动,可帮助精炼所建立的维修保障活动实施计划,从而更好地理解维修保障对象的维修需求并根据维修保障对象的反馈及时改进。LCPLAN – CUST/CFP 是在维修保障体系的最高级别上执行的,目的是优化整个维修保障体系内提供给维修保障对象的产品和服务。LCPLAN – CUST/CFP 包括:企业级的需求规划过程,利用有关的历史数据和预测数据来预测产品和服务的需求,进而驱动企业级的库存和能力规划过程,从而在战略层上为维修保障资源进行定位和分配。CFP 同时包括维修保障对象的服务规划和召回规划,从而改善提供给维修保障对象的产品和服务质量。实施这一过程将能提高维修保障体系中维修保障供应链前端的效率,增加需求预测的准确性,减少维修器材/服务等的交付时间。

作为企业级维修保障规划的一部分,LCPLAN – CUST/CFP 的执行是在企业级/战略级层次上进行的,这样的执行可以具有一定的周期性,也可应因维修保障目标、计划或维修策略的变化来触发。

2. 维修保障需求规划(Demand Planning,DEMPLAN)

维修保障需求规划 DEMPLAN 具体的活动流程如图 A – 2 所示。DEMPLAN 主要目的是预计维修需求以及未来的消耗量。它首先收集维修保障体系中计划性/非计划性的维修保障产品和服务的历史消耗数据及已知的预期消耗数据,并对维修保障对象和其他分组标准以及维修保障体系约束(预算、规章等)进行综合分析,最终形成有关维修需求,需求预测的结果形成库存规划和维修服务能力规划的主要输入。

维修保障需求规划的执行可具有一定的周期性,以进行中长期的计划性的需求预测,同时也可以因应保障对象的维修需求或态势的显著变化而触发。需求规划的结果将驱动库存能力的管理,库存控制/需求供应管理活动将基于真实消耗量和预计需求的差异来调整短期的库存计划和/或服务能力,同时维修保障需求规划可根据相关反馈来调整未来的需求预测结果。

维修保障需求规划输出维修需求计划,库存规划和服务能力规划根据这一输入来确定库存、设备和其他资源需求。同时,库存控制/需求供应管理活动利用这一结果确定短期维修需求,并通过建立短期的调整/缓冲机制来平衡供应和能力的短缺/过剩之间的矛盾。

3. 维修保障对象的服务规划(Customer Service Planning,CUSTSVRPLAN)

维修保障对象的服务规划 CUSTSVRPLAN 的活动流程如图 A – 3 所示。CUSTSVRPLAN 的目标是通过获取和分析数据,并确定预防性/优先的手段来减少或消除潜在的不成功的维修保障活动和/或维修保障对象需求。其实现方式是分析所有导致或与服务失败相关的数据,包括维修保障对象的反馈数据、维修保障规

维修保障需求规划
（DEMPLAN）

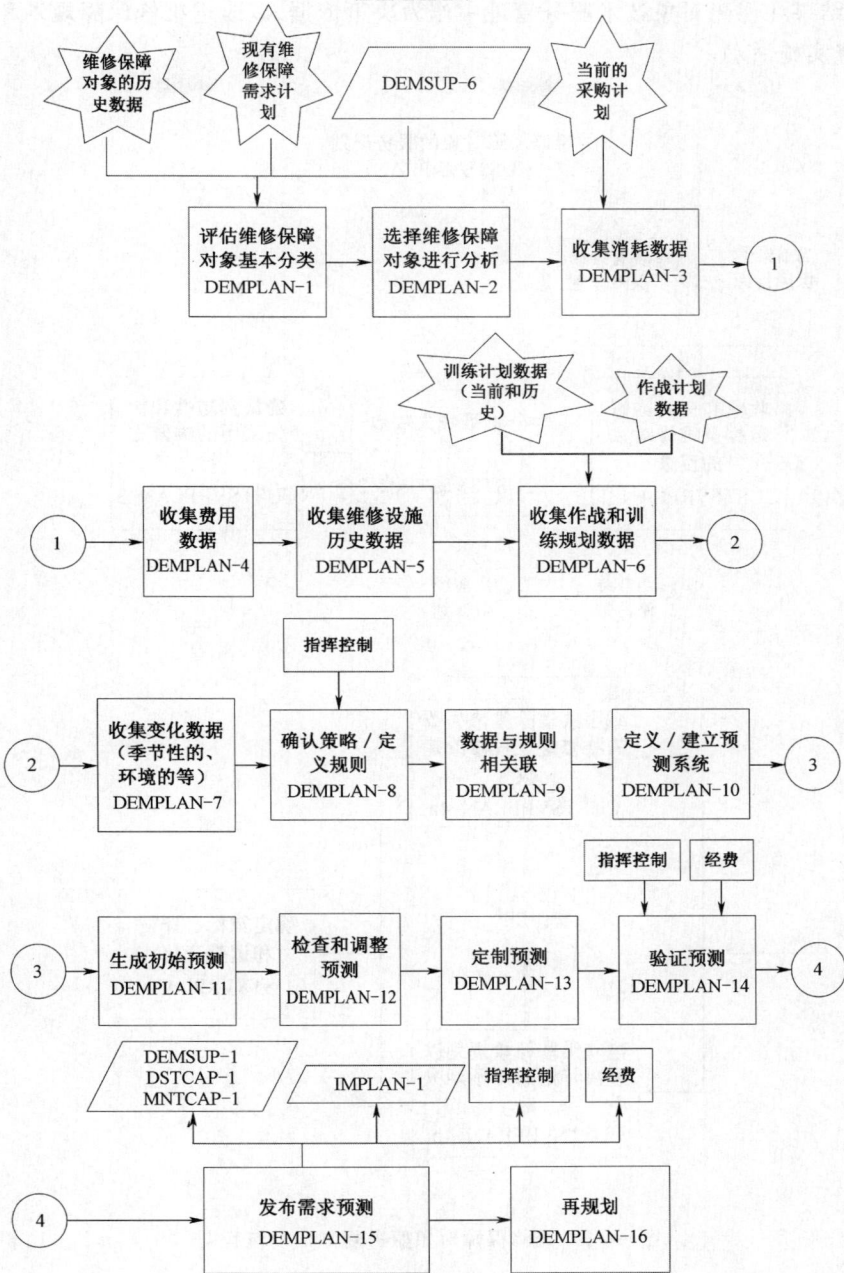

图 A－2　维修保障需求规划活动流程图

划的数据以及保障对象技术服务管理过程的数据。这一活动是不间断连续进行的,其结果在保障对象技术服务管理中作为决策依据,以改进维修保障规划和具体的维修实施活动。

维修保障对象的服务规划
(CUSTSVRPLAN)

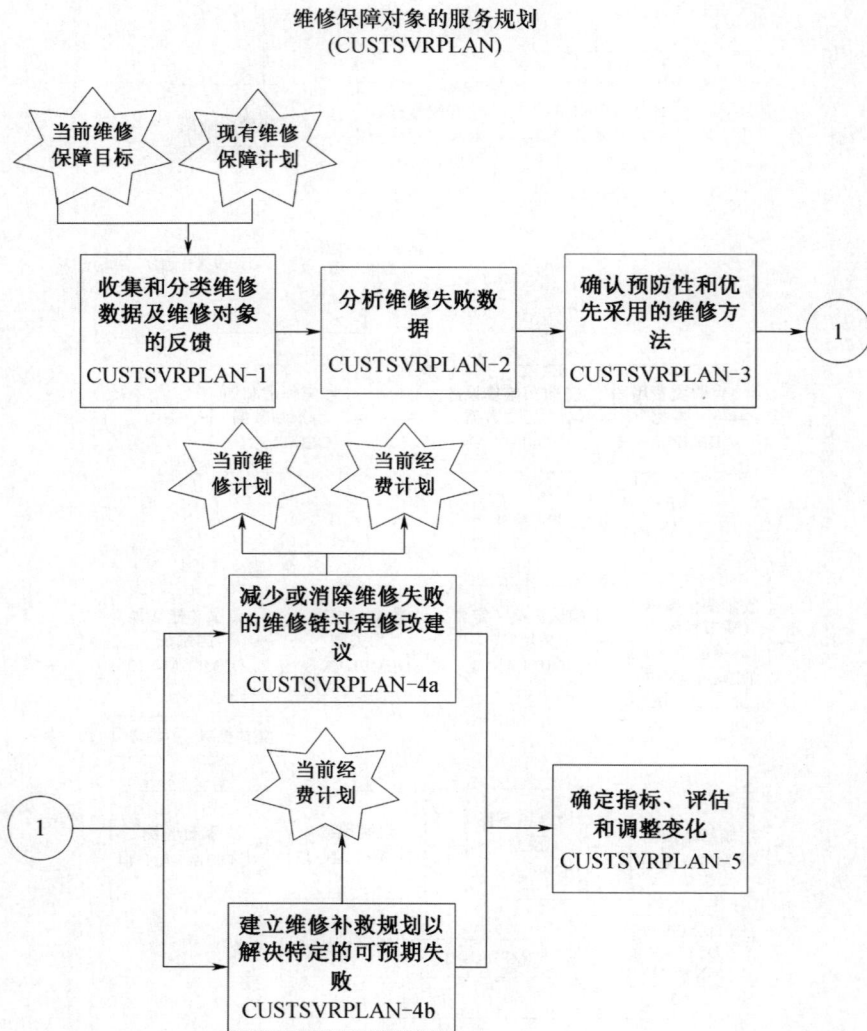

图 A-3 维修保障对象服务规划活动流程图

4. 召回规划(Returns Planning:Products and Services,RETPLAN)

召回规划具体的活动流程如图 A-4 所示。

230

召回规划
(RETPLAN)

维修保障对象的历史数据 → 现有召回计划 → DEMSUP-6

评估维修保障对象基础
RETPLAN-1

选择维修保障对象进行分析
RETPLAN-2

收集召回数据
RETPLAN-3 → 1

训练计划数据（当前和历史）

作战计划数据

1 → 收集费用数据
RETPLAN-4

收集维修设施历史数据
RETPLAN-5

收集作战和训练规划数据
RETPLAN-6 → 2

指挥控制

2 → 收集变化数据（季节性的、环境的等）
RETPLAN-7

确认策略／定义规则
RETPLAN-8

数据与规则相关联
RETPLAN-9

定义／建立预测系统
RETPLAN-10 → 3

3 → 生成初始预测
RETPLAN-11

检查和调整预测
RETPLAN-12

定制预测
RETPLAN-13 → 4

指挥控制　经费

DEMSUP-1
DSTCAP-1

IMPLAN-1　指挥控制　经费　DRP

4 → 验证预测
RETPLAN-14

发布召回预测
RETPLAN-15

再规划
RETPLAN-16

图 A−4　召回规划活动流程图

231

RETPLAN 针对的是计划性的召回和诸如故障维修、缺陷产品的召回等非计划性召回。

召回规划的实现途径是基于维修保障对象和其他相关指标标准来预计未来的召回需求。在应用相关的约束(预算、规章等)后,满足维修保障对象需求的预计结果将被用于库存规划和服务能力规划过程来预计相应的库存和能力需求。为预测中长期的召回需求,应周期性执行召回规划,也可以因维修保障对象的需求或态势的显著变化而执行。

召回规划输出的结果作为库存规划和需求/供应规划过程的输入,以预计和规划召回库存的期望水平,从而可基于真实的维修服务消耗量来确定短期的需求差异以及平衡维修服务供应与能力之间相对不足和过剩的矛盾。

5. 维修保障网络设计(Logistics Chain Planning – Network Design,NETDES)

维修保障网络设计 NETDES 具体的活动流程如图 A – 5 所示。

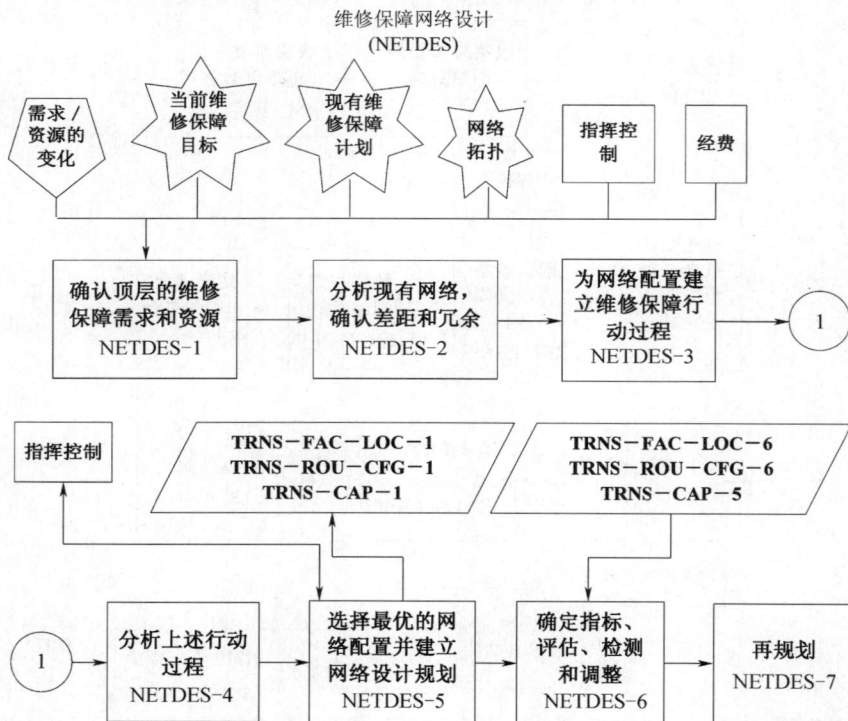

图 A – 5 维修保障网络设计活动流程图

NETDES 是维修保障体系管理其维修保障基础设施的位置、能力和效能及其布局的规划过程。维修保障网络是为维修保障对象提供产品和服务的物理通道,通过这一规划过程可以配置或重新配置维修保障网络中所使用的节点和资源,进

232

而优化效率。

该过程作为企业级维修保障规划的一部分,可以周期性执行,也可以在维修保障目标和计划发生重大改变时进行。

6. 面向维修保障供应商的规划(Logistics Chain Planning - Provider Facing, LCPLAN - PRO)

面向维修保障供应商的规划 LCPLAN - PRO 具体的活动流程如图 A - 6 所示。

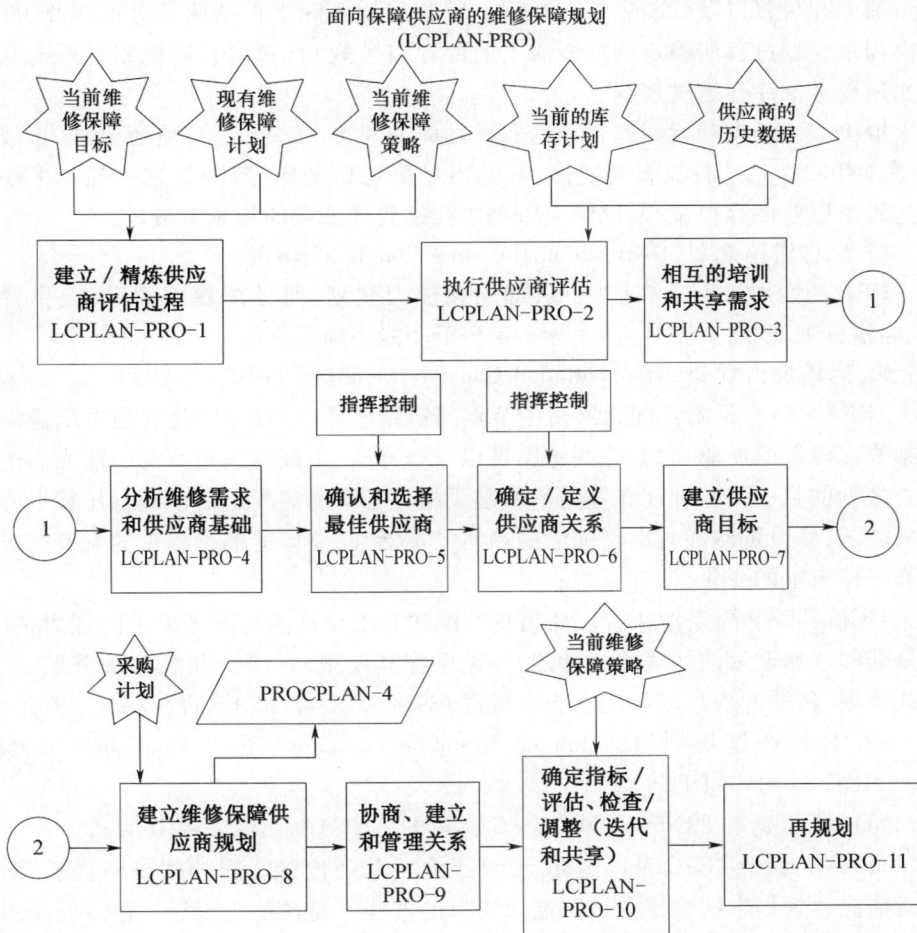

图 A - 6　面向维修保障供应商的规划活动流程图

LCPLAN - PRO 的目的是将供应商进行分类并建立合适的供应商关系以降低总的采购费用和增加协作能力。它是 LCM 中规划、管理和评估 Sn 的过程。LCPLAN - PRO 面向维修保障产品和服务的供应商,试图建立整个维修保障体系与其供应商之间的互惠关系,以促进不同维修保障单位之间以及维修保障对象和维修保障单位之间的协作、可视化和降低总的维修费用。在此活动中,为比较不同供应商的效能建立了公共标准,从而可根据通用指标来对供应商进行分级和评估,以节省采购费用和降低维修保障体系对产品与服务供应源的依赖性。

7. 库存规划(Inventory Planning,IMPLAN)

库存规划 IMPLAN 具体的活动流程如图 A-7 所示。

IMPLAN 目的是根据当前和未来的维修需求,规划所需的库存品种和种类、库存量和库存位置以及订购和补充时间。库存规划实际上包括两部分的规划,即满足由需求规划过程所确定的维修需求的库存需求规划,和由召回规划过程确定的召回所要求的库存需求规划。

取决于中长期和近期库存计划所选的时间尺度、需求性质、使命要求、作战环境等,IMPLAN 的执行具有周期性,其输出是修正后的库存计划,它将确定采购和配送需求以及库存控制/需求供应管理中持续管理库存的控制参数。

8. 配送资源规划(Distribution Resource Planning,DRP)

DRP 功能由 4 个子功能组成,即运输能力规划、路径配置规划、设施位置规划、运输分配规划,如图 A-8 所示。4 个子功能将随后介绍。

9. 运输能力规划(Transportation Capacity Planning,TRNS-CAP)

TRNS-CAP 是确定配送网络中节点间链路所需能力的过程,它是由配送需求和维修保障策略所驱动的,这些链路可以进行修改、增删以满足所需的能力。运输能力规划的目的是检查现有链路的基础设施并与预测的配送需求进行比较以确定未来需求,修改链路能力以增强配送网络的灵活性,响应运输过程中的突发情况和维修保障需求的变化。

TRNS-CAP 周期地执行以评估现有配送基础设施满足配送需求的能力,其结果是新的或修改后的运输能力计划,并被用作其他规划过程(包括运输分配、运输方式规划、路径配置规划和配送能力规划)的输入,具体活动流程如图 A-9 所示。

10. 路径配置规划(Distribution Resource Planning: Route Configuration Planning,TRNS-ROU-CFG)

路径配置规划 TRNS-ROU-CFG 具体的活动流程如图 A-10 所示。

TRNS-ROU-CFG 是确定起点/终点或一系列位置之间的主要路径,以满足在运输能力规划中所确定的链路能力需求的过程。路径配置规划过程需要使用许多参数,诸如所需的配送数量、待运输的产品和服务的类型和具体内容以及路径的特征,如路径的可用时间长度、载运工具的兼容性等。

路径配置规划需要考虑所需的配送数量和频率以及与特定运输链路有关的其他处理或配送需求。例如,特定的产品和服务由于其尺寸或重量、危险品限制,可能会约束路径的选择。考虑到不同产品和服务可能混合运送的情况,路径配置规划必须持续执行,以便为每个链路进行连续的规划。基于所规划道路的性质,可能

234

库存规划
(IMPLAN)

现有库存
种类和分
类

RETPLAN-1、5
DEMPLANV-1、5
MNTALC-5
MNTPLAN-5

现有库
存计划

确定 / 检查
库存种类和
分类
IMPLAN-1

调整分类 /
种类或定义
新的分类
IMPLAN-2

确定 / 修订
应用到新的
库存分类所
需的业务规
则
IMPLAN-3

确定库存
控制参数
IMPLAN-4

1

获取规划所需数
据、库存管理资
源历史数据

指挥控制

经费

1

选择库存计
算逻辑
IMPLAN-5

建立新的库
存计划
IMPLAN-6

应用约束
IMPLAN-7

2

INVCAPOPS-1

经费

DEMSUP-1

INVCAPOPS-5

DEMSUP-5

PROCPLAN-2

DRP

指挥
控制

2

生成库存规划
IMPLAN-8

测度、评估、调
整
IMPLAN-9

再规划
IMPLAN-10

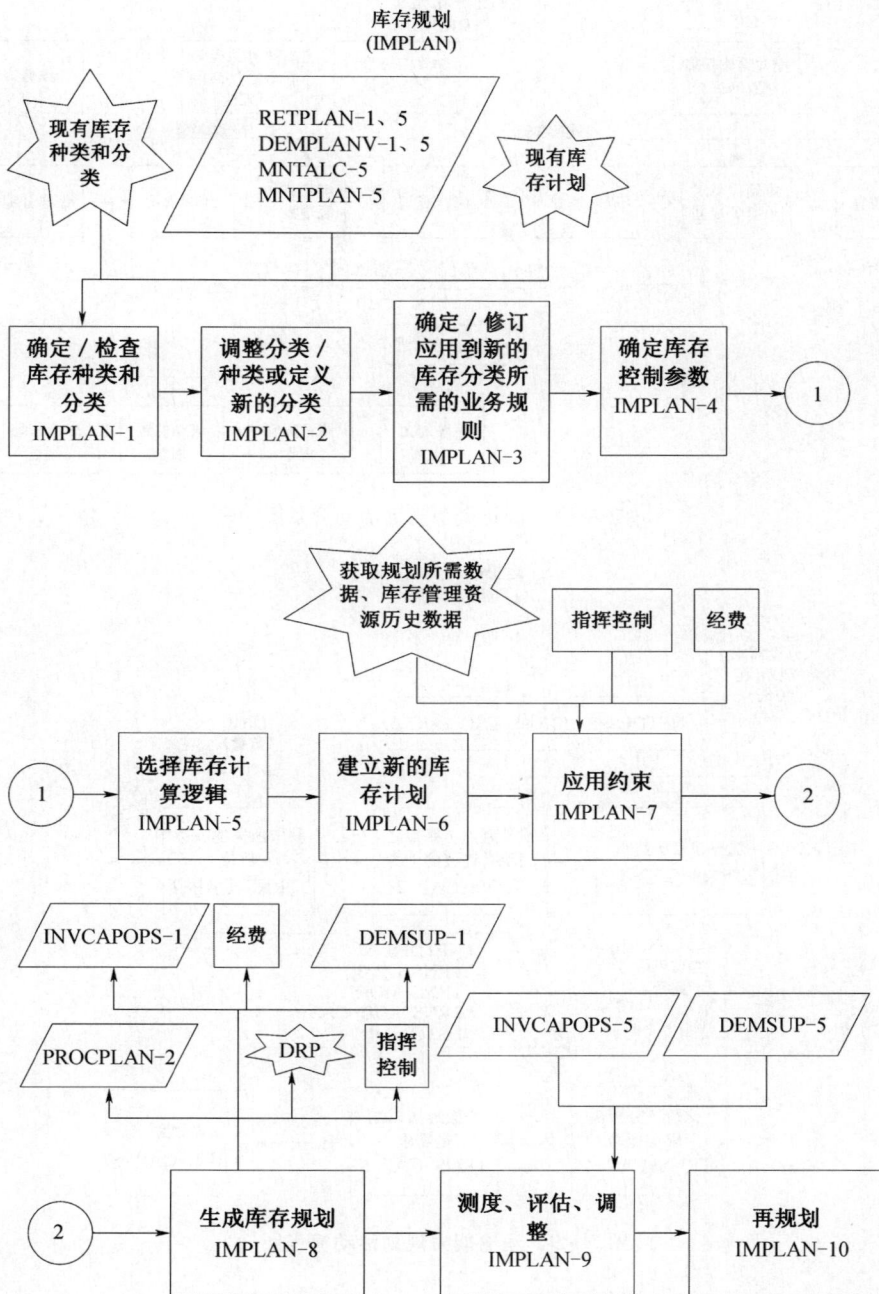

图 A - 7 库存规划活动流程图

配送资源规划
(DRP)

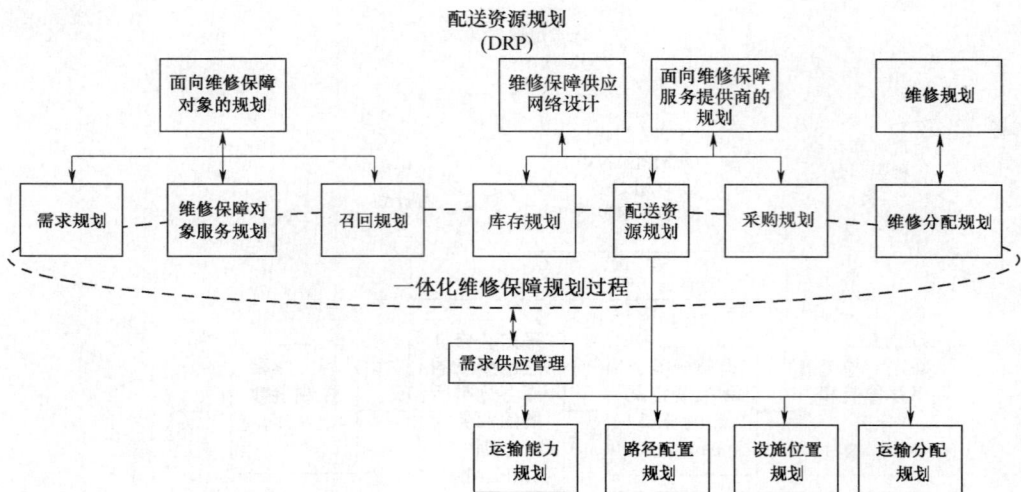

图 A-8　配送资源规划活动背景图

运输能力规划
(TRNS-CAP)

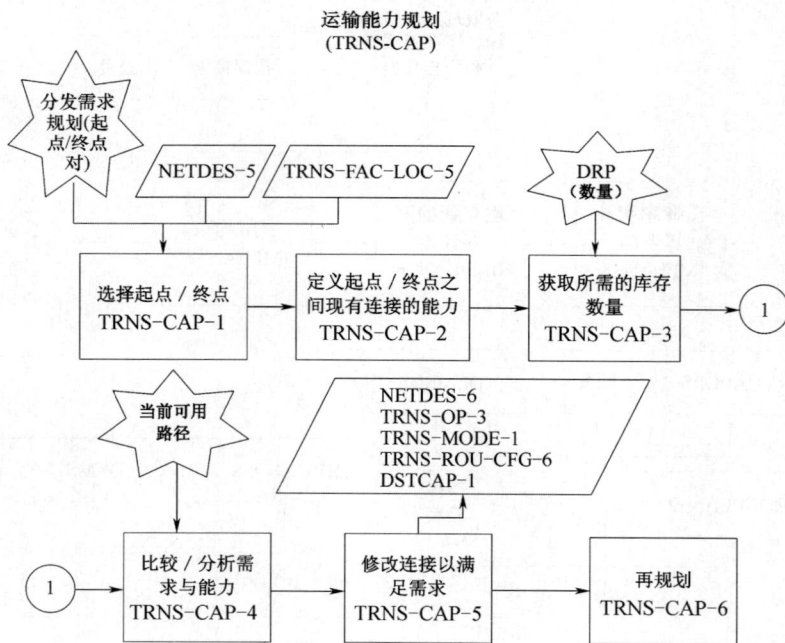

图 A-9　运输能力规划活动流程图

会存在主要和次要路径,当能力、路径性质、约束、安全性级别、所需的服务级别或来自 DRP 的输入发生变化时,即会启动再次进行规划。这一动态规划过程的输出确定了进行运输时所使用的主要路径,它影响配送能力规划中所执行的服务能力

236

路径配置规划
(TRNS-ROU-CFG)

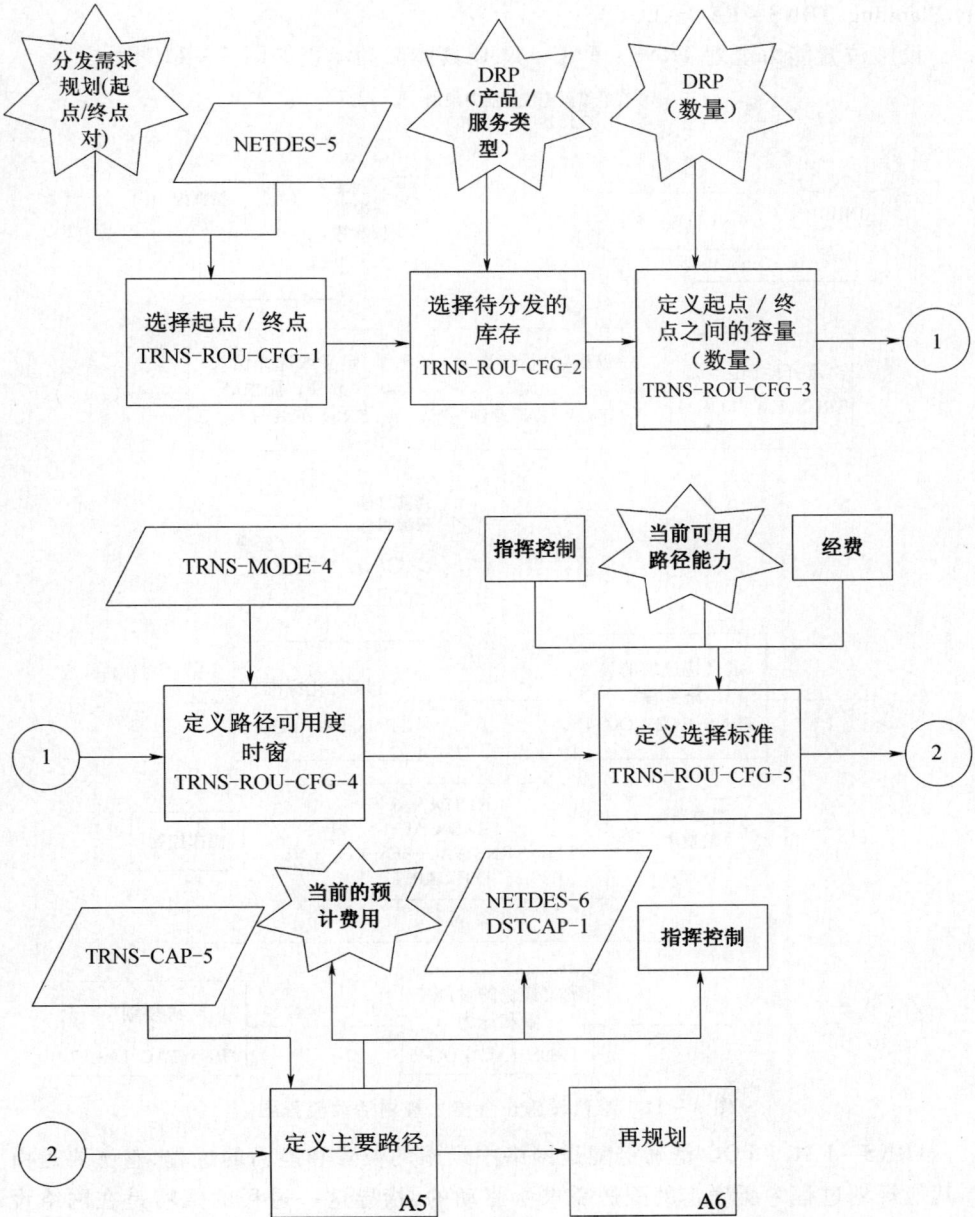

图 A-10 路径配置规划活动图

分析,并且会影响运输方式优化规划时配送方式的选择。

11. 设施位置能力规划(Distribution Resource Planning：Facility Location Capacity Planning,TRNS – FAC – LOC)

设施位置能力规划 TRNS – FAC – LOC 具体活动流程如图 A –11 所示。

维修设施位置能力规划
(TRNS-FAC-LOC)

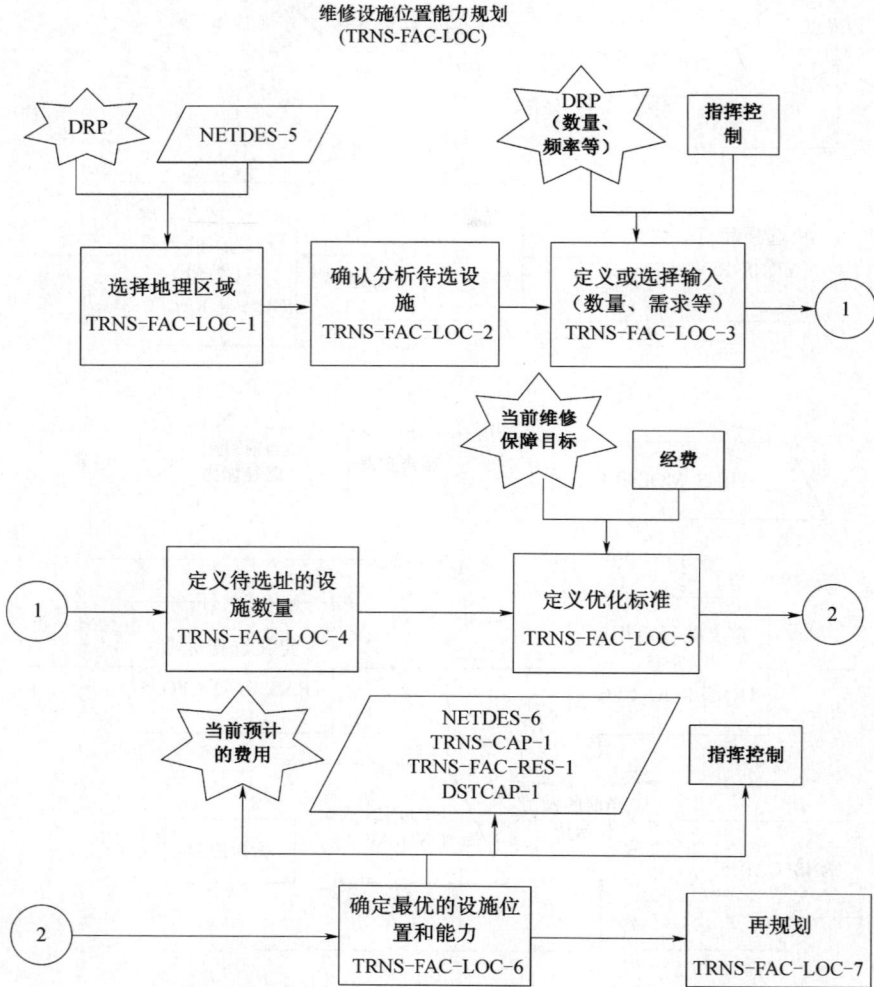

图 A –11　维修设施位置能力规划活动流程图

TRNS – FAC – LOC 是确定配送网络中设施的位置和能力的过程,它主要是由在其他规划过程中所确定的配送需求所驱动的,指导这一过程的策略是在网络设计规划中定义的。设施位置能力规划的目的是规划运输链路上的设备和基础设施以满足特定地理区域内的投送配给需求,检查现有基础设施的能力并与需求进行比对从而确定差距,调整现有基础设施以响应维修保障对象、供应商、维修保障需

238

求模式以及安全等级的变化。

设施位置能力规划过程仅限于配送规划中确定的配送服务规划的初期阶段。维修保障区域或配送需求的变化、供应商或维修保障对象需求模式的变化,都会触发设施位置能力规划。即使配送需求没有变化,也应当每年定期执行,以确保配送设施网络能提供期望的服务水平。设施位置能力规划的结果会对运输能力规划中运输链路的分析、设施资源规划过程中设施的分析以及配送能力规划中的设施能力分析形成约束。

12. 设施资源规划(Distribution Resource Planning:Facility Resource Planning,TRNS‐FAC‐RES)

设施资源规划 TRNS‐FAC‐RES 具体活动流程如图 A‐12 所示。

图 A‐12　设施资源规划活动流程图

TRNS－FAC－RES 确定满足配送服务需求所必需的设施资源需求,需要考虑多种不同的因素,诸如流量要求、可用资源、可用设施预算等从而实现最佳的资源规划。设施资源规划的目的是规划和确定实施配送服务所需的设施资源,以满足设施间链路的能力要求。资源包括人员、维修装备、经费预算和其他资源等,资源的数量取决于配送数量、期望目标以及设施属性。

设施资源规划过程对于承担配送服务的每个设施而言都是必需的,当配送服务需求发生显著变化时,即需重新规划。设施资源规划的结果将影响配送能力规划中的服务能力分析,同时也会约束路径和行程规划中的决策。具体活动流程如图 A－12 所示。

13. 运输分配规划(Transportation Planning：Transportation Allocation Planning, TRNS－OP)

运输分配规划 TRNS－OP 具体活动流程如图 A－13 所示。

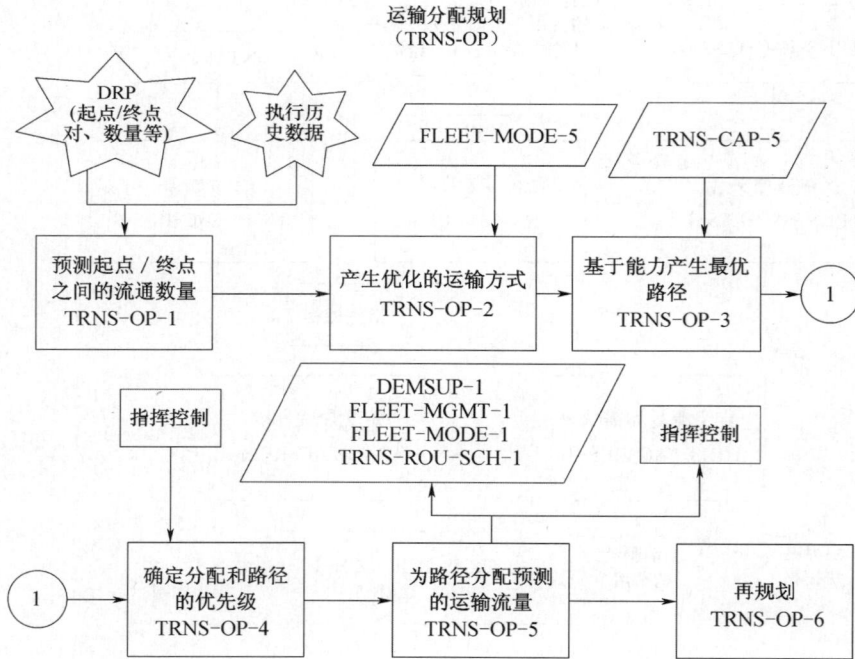

图 A－13 运输分配规划活动流程图

TRNS－OP 是为一段时期内配送服务的路径分配预计的配送数量的过程。由于配送数量是综合不同运输链路预测而得的,而每个链路都可能有多个路径,因此就必须为每个链路的所有可能路径都分配配送能力。运输分配规划的目的是使用路径配置计划和运输模式优化方案来求精运输能力规划,从而确定每个路径所需的能力。运输分配规划涉及费用代价、路径可用条件、资源分配的优先级、保障态势与运输模式等约束。

运输分配规划是周期性执行的，与之相关的一些变化会改变再次规划的周期。同时运输分配计划也要随着需求和路径可用度的变化而变化，因此即时的分配计划相对时间间隔较长的规划而言更为精确。运输分配规划的结果将会用在其他过程中，主要是路径和行程规划以及配送作业管理过程。

14. 运输模式优化规划（Transportation Planning：Mode Optimization Planning，FLEET - MODE）

运输模式优化规划 FLEET - MODE 具体活动流程如图 A - 14 所示。

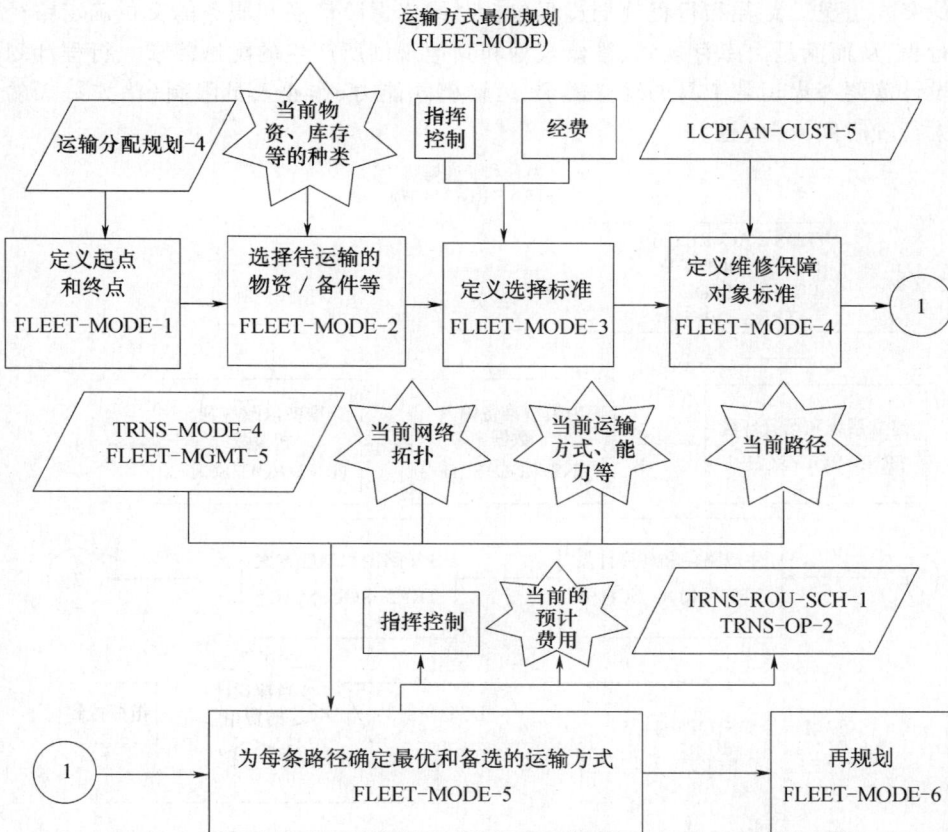

图 A - 14　运输模式优化规划活动流程图

FLEET - MODE 是基于配送要求为配送网络中的起点和终点对、一系列位置或通道确定最优和备选运输方式的过程。这些配送要求产生自配送服务的预计需求和保障对象需要。与运输模式规划过程不同的是，在此过程中考虑了一些附加的标准,包括投送对象的运送标准、编组的配置计划以及其他一些约束。

运输模式优化规划过程执行的频率随保障对象、运输模式、编组或路径配置的变化而变化,其结果是不同位置间运载输送的最优或备选模式,这些结果将会影响运输分配规划和路径与调度规划过程中的决策。

15．路径和行程规划(Transportation Planning：Route and Schedule Planning, TRNS – ROU – SCH)

路径和行程规划 TRNS – ROU – SCH 具体活动流程如图 A – 15 所示。

TRNS – ROU – SCH 是在确定了位置、设施操作性质、主要路径、运输编组以及运输数量后,为配送任务或交付的执行建立行程规划,并应对未预期的数量变化或其他突发情况。路径和行程规划过程包括对维修保障产品和服务的交付确定路径和行程,从而满足由库存规划、维修规划和其他规划所产生的配送需求。行程计划的设计需要考虑运载工具的维修需求、运输模式能力、作业人员限制(诸如每天的最大行驶时间)等问题。

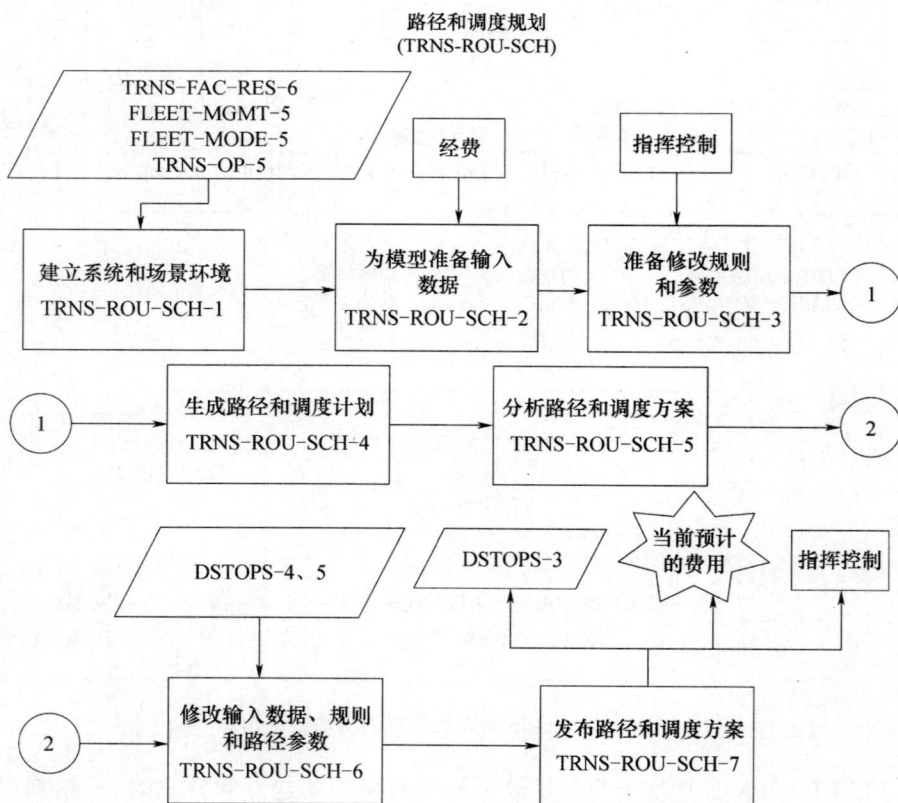

图 A – 15　路径和行程规划活动流程图

为响应需求和能力随时间的变化,路径和行程规划应该频繁执行,当配送数量、能力、路径性质、可用模式、所需的服务层次、设施位置发生变化或接收到新的需求时即可进行再次规划。路径和行程规划的结果是产品或服务交付的行程计划以及其执行路径,这一结果将指导配送作业管理和配送服务执行过程中的决策。

16. 采购规划(Procurement Planning ,PROCPLAN)

采购规划 PROCPLAN 具体流程如图 A – 16 所示。

PROCPLAN 的目的是建立采购计划,该计划包括了增加维修保障供应能力而采取的一系列采购活动,诸如供应商的资格认证、确定新采购方式、调整供应商合同/协议、确认新产品和服务、人员技能的训练等。

采购规划应周期执行以产生中长期和近期的规划,但是当需求发生变化时也需启动该过程以调整现有采购计划。采购规划的结果在采购能力/作业管理中被用于管理和协调基于保障对象需要的资源需求的实现。库存控制/需求供应规划也会采用采购计划来评估供应商的任务完成情况以确定和分析供应/需求的不平衡,并采取措施来解决供应中的过剩/不足等问题。

17. 维修规划(Maintenance Planning,MNTPLAN)

维修规划 MNTPLAN 具体的活动流程如图 A – 17 所示。

MNTPLAN 是为维修保障体系中的所有资产(武器系统和装备)预测和规划主动的维修即预测需要维修的故障、维修类型和频率,并采取主动的维修以减少被动的修复性维修。维修规划过程通过将采购/工程数据引入到保障链中,并向项目管理者提供反馈,从而与寿命周期管理形成接口。维修规划过程是灵活的,因此可以通过对资产的使用、磨损和失效的情况进行分析,随时调整规划过程。

维修规划实现的途径是基于现有三级维修体制(基层级、中继级和基地级)下的不同级别的维修能力,通过调整维修能力和效能来确保总需求的实现,主要是在不同的层次上具体分配/重新分配维修能力以完成总的维修需求。通过这样的维修规划,即可预测最大化装备可用度所需的维修资源。

维修规划过程涉及满足总维修需求的所有规划工作,它是在维修保障体系的最高层执行的,考虑的是总体维修需求而不是单个装备部件的维修。同时规划过程应具有一定的灵活性以应对寿命周期中维修需求的变化。为有效执行维修,必须定期规划一年或更长时间内的维修活动,同时这样的规划还需要及时调整或重新规划以适应新的需求。

18. 维修分配规划(Maintenance Allocation Planning,MNTALC)

维修分配规划 MNTALC 具体活动流程如图 A – 18 所示。

MNTALC 是为一段时期中维修保障体系内需要维修的资产(武器系统和装备)分配维修资源的过程,通常这种规划的时间尺度是一年。维修规划驱动着维修分配规划,且维修规划和维修需求规划确定了总的维修需求,而维修能力规划则

采购规划
(PROCPLAN)

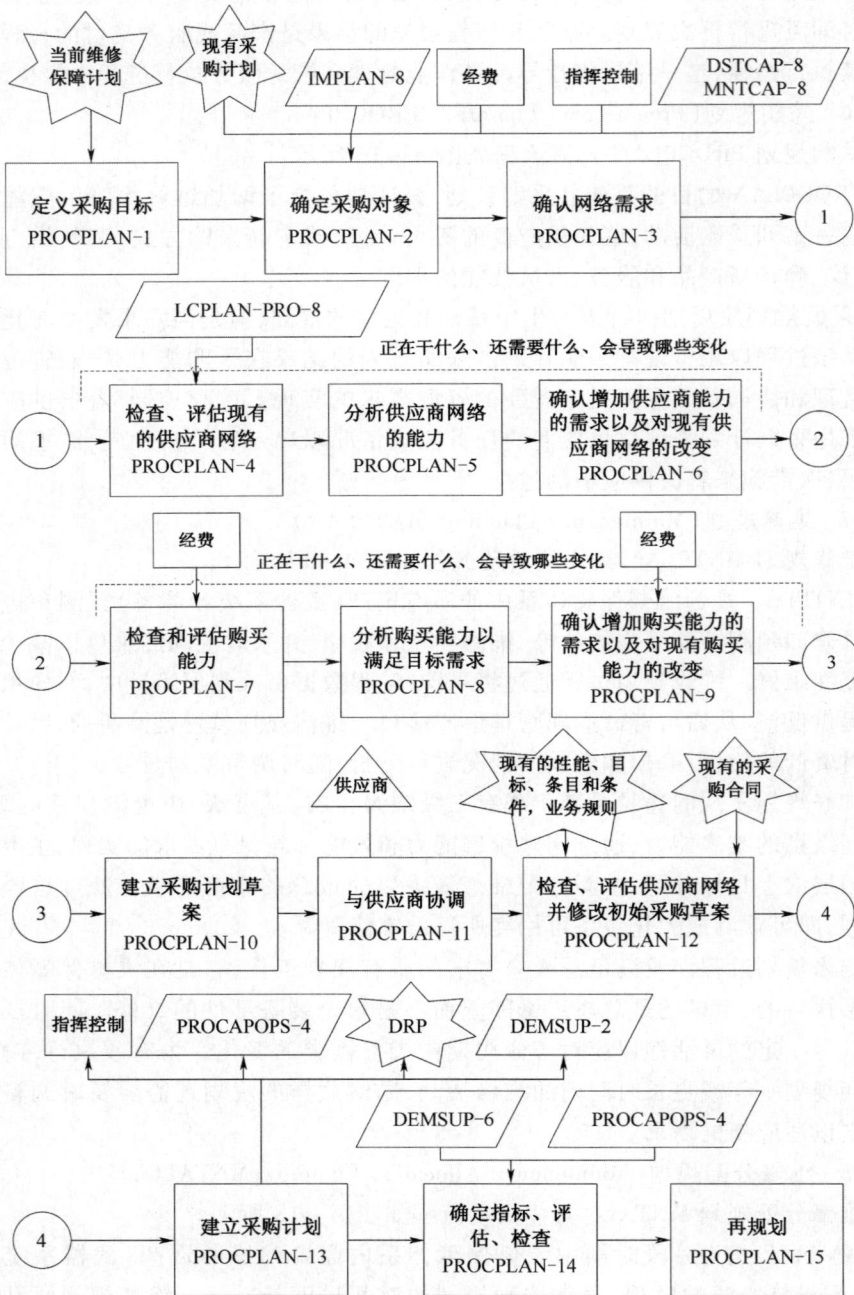

图 A－16　采购规划活动流程图

244

維修規劃
(MNTPLAN)

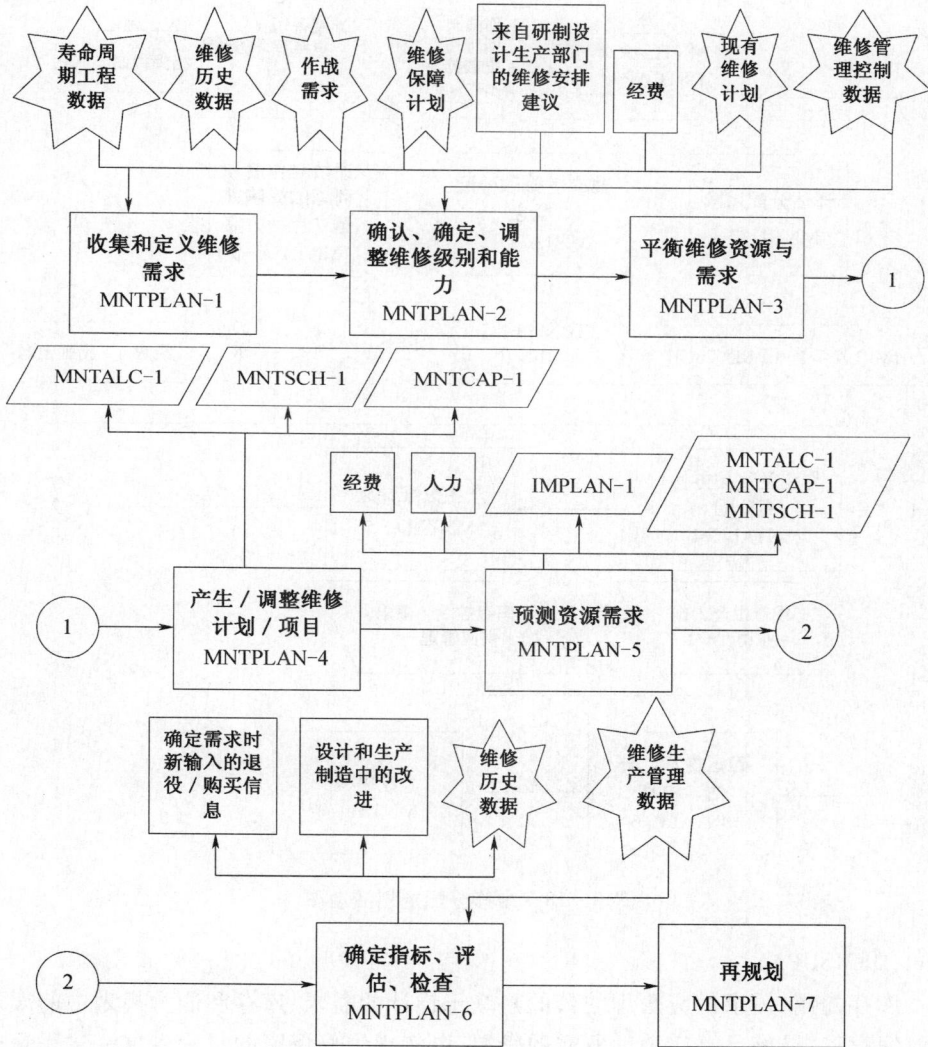

图 A－17　维修规划活动流程图

确定了执行这些需求的可用能力。维修分配规划只是对总体的需求分配资源,实时的规划要比间隔较长时间的规划精确得多。

通常维修分配规划是按月执行的,并以一定的时间间隔重新规划以应对一些变化。

19. 库存控制/需求供应管理（Inventory Control / Demand － Supply Manage-

245

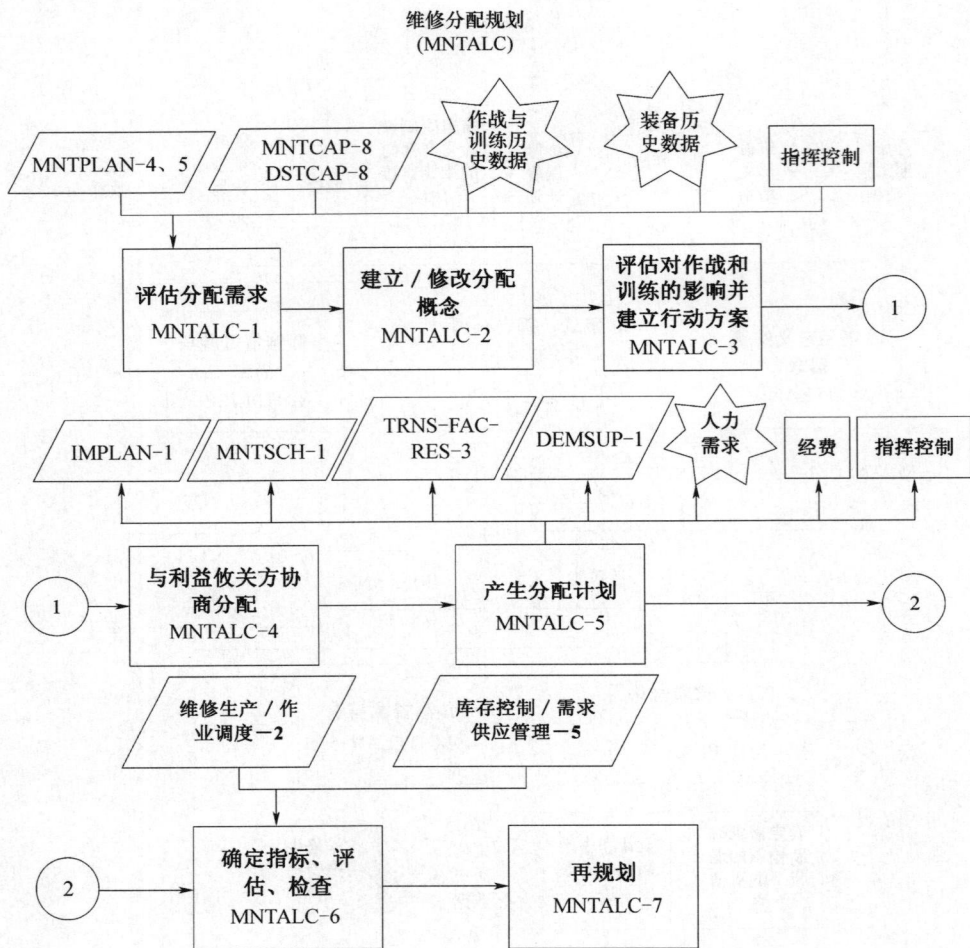

图 A-18　维修分配规划活动图

ment,DEMSUP)

　　库存控制/需求供应管理的目的是基于预计的需求、库存和能力规划中的误差调整库存和/或满足真实消耗所需的资源,以实现维修保障的目标。这一过程是通过操作库存、能力和需求模式以实现平衡,从而消除/减少预计需求与真实需求之间差异的关键规划/管理过程。

　　这一过程是持续进行的,以管理预计和真实需求/消耗之间的差异,可用于响应未预期的差异或短期的保障链再规划。它同时也响应保障对象需求、使命需要、作战环境以及其他的供应或需求中需要进行短期调整的资源。具体活动流程如图 A-19 所示。

库存控制/需求供应管理
(DEMSUP)

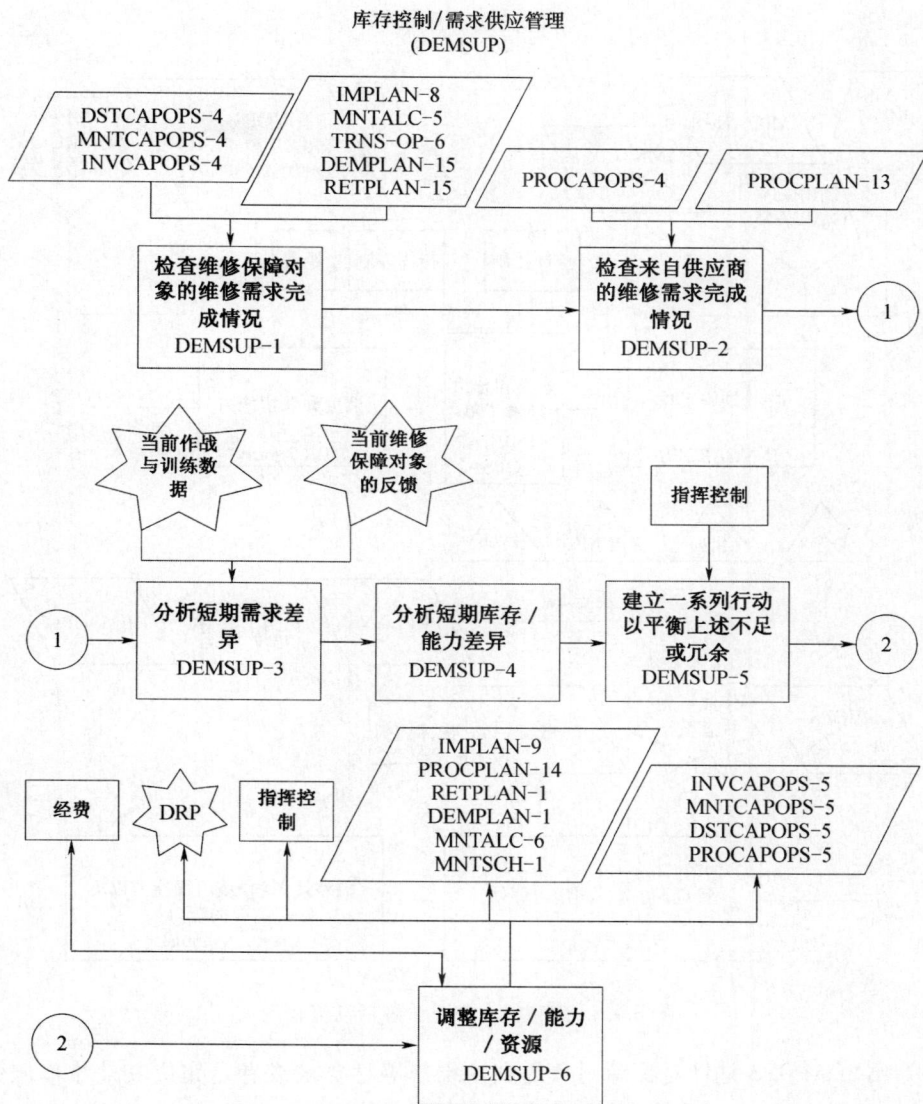

图 A – 19　库存控制/需求供应管理活动流程图

附录 B　维修保障能力管理活动模型

1. **库存能力作业管理**(Inventory Capacity Operations Management , INVCA-POPS)

库存能力作业管理 INVCAPOPS 的基本活动流程如图 B – 1 所示。

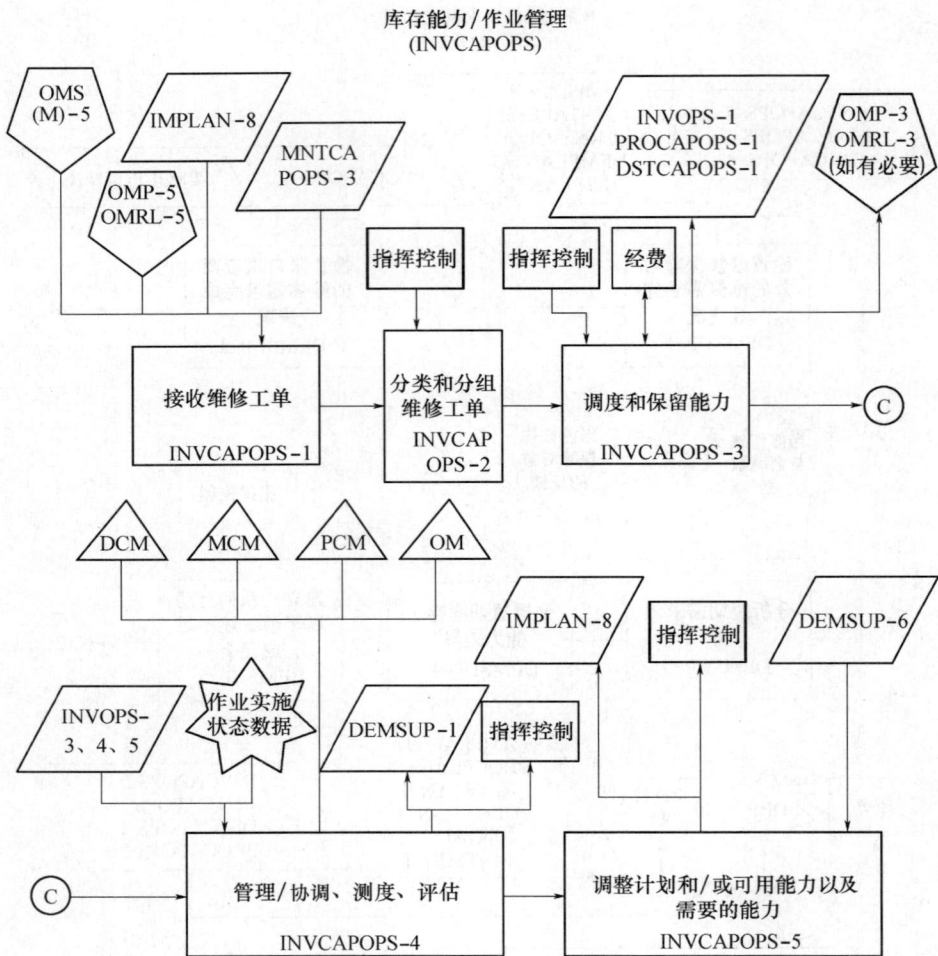

图 B-1 库存能力作业管理活动流程图

INVCAPOPS 是针对保障对象提交的维修器材要求或者是完成其他维修服务所产生的附加需求以及补充请求,安排并保持合理的、持续的器材保障能力。同时,对器材保障能力进行管理,确保可以根据维修需求的变化做出及时调整。库存能力作业管理过程是库存规划和作业管理之间的纽带。

这一过程为保障对象任务清单分配真实的库存能力,通常当产生新的需求或需要时即可启动,且其执行没有固定的时间周期。

2. 维修能力规划(Maintenance Capacity Planning,MNTCAP)

维修能力规划 MNTCAP 基本活动流程如图 B-2 所示。

MNTCAP 是确定当前或将来需要什么样的修理能力(修理类型/种类)、需要

维修能力规划
(MNTCAP)

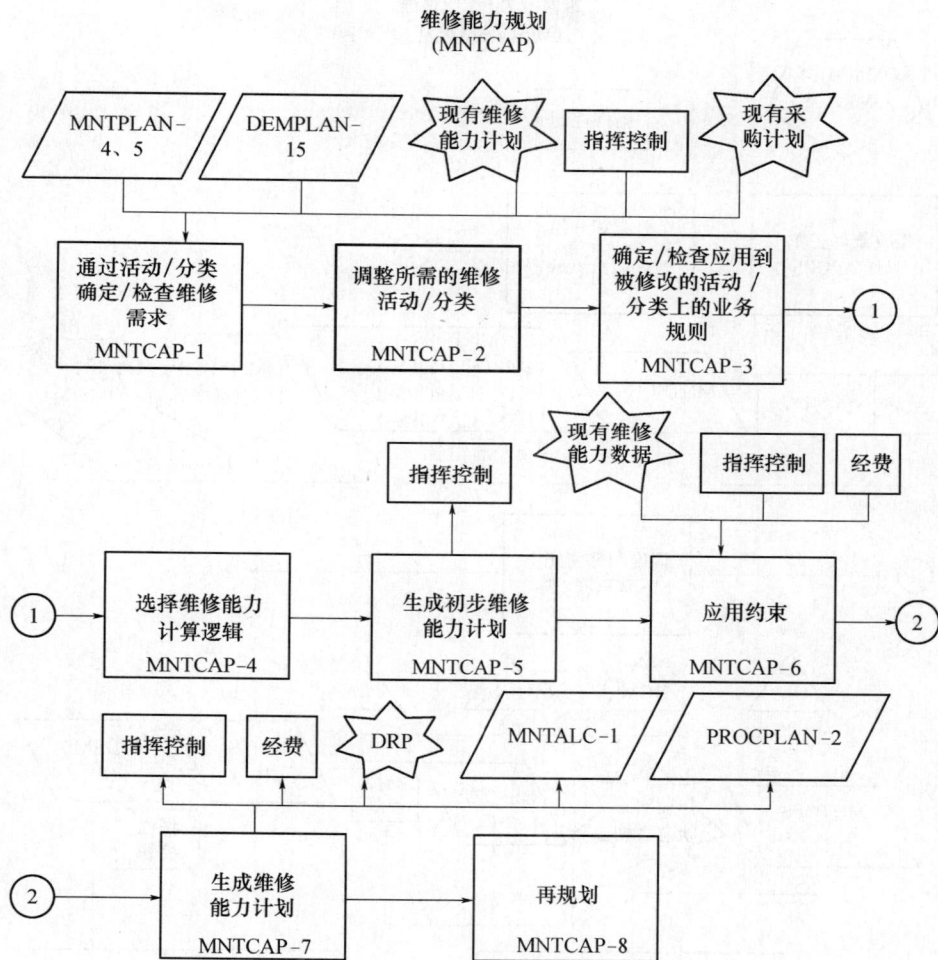

图 B-2　维修能力规划活动流程图

多大的修理能力的过程,包括任务清单频率、交付时间、维修级别等。维修能力规划过程通常具有周期性,以产生中长期或短期的能力计划。

3. 维修能力作业管理(Maintenance Capacity Operations Management ,MNTCA-POPS)

维修能力作业管理 MNTCAPOPS 基本活动流程如图 B-3 所示。

MNTCAPOPS 是为支撑维修服务的实现而安排和保持相应的持续作业能力的过程,这些需求可能是保障对象产生的需求,也可能是在执行其他服务时产生的附加需求。同时,MNTCAPOPS 管理维修作业能力的使用情况,以满足既定的目标或者根据需求的变化及时做出调整。维修能力作业管理过程作为规划和维修作业管

维修能力/作业管理
(MNTCAPOPS)

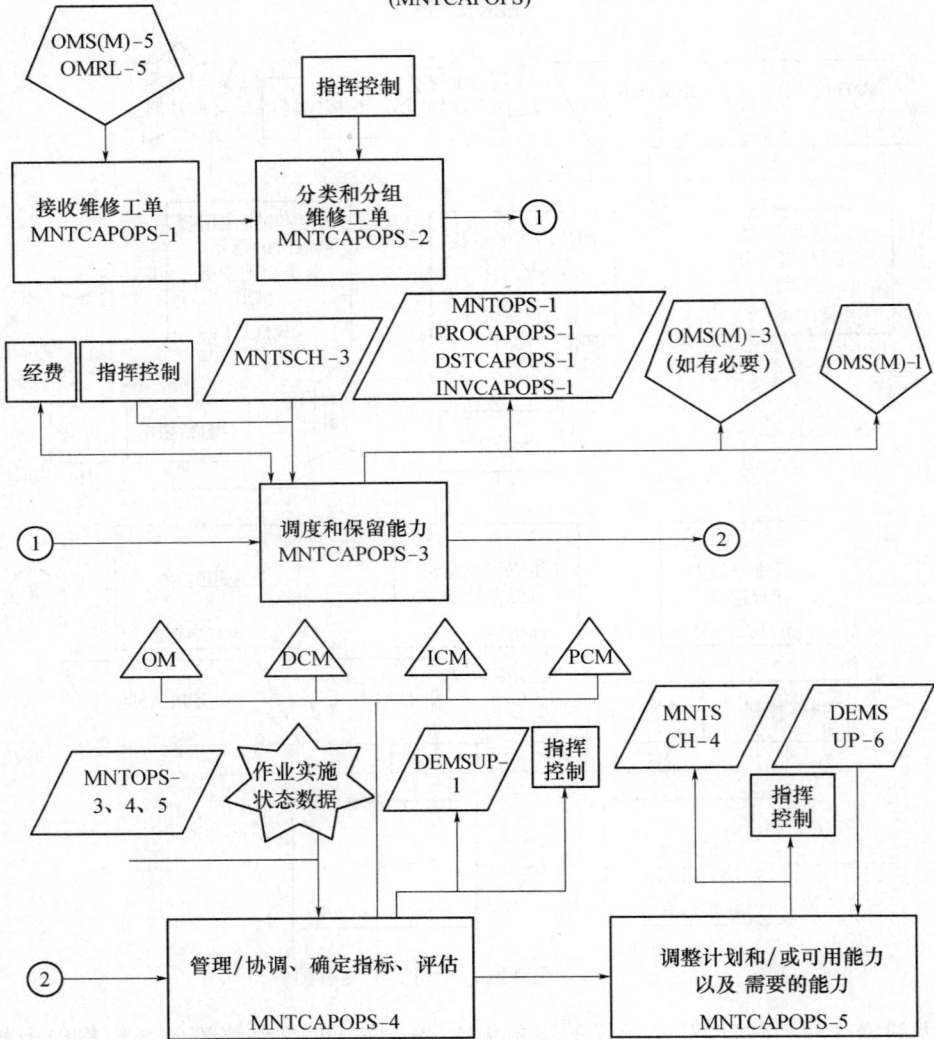

OMS(M)-5
OMRL-5

指挥控制

接收维修工单
MNTCAPOPS-1

分类和分组
维修工单
MNTCAPOPS-2

①

经费   指挥控制

MNTSCH-3

MNTOPS-1
PROCAPOPS-1
DSTCAPOPS-1
INVCAPOPS-1

OMS(M)-3
(如有必要)

OMS(M)-1

①

调度和保留能力
MNTCAPOPS-3

②

OM   DCM   ICM   PCM

MNTS
CH-4

DEMS
UP-6

MNTOPS-
3、4、5

作业实施
状态数据

DEMSUP-
1

指挥
控制

指挥
控制

②

管理/协调、确定指标、评估

MNTCAPOPS-4

调整计划和/或可用能力
以及 需要的能力

MNTCAPOPS-5

图 B-3 维修能力作业管理活动流程图

理过程的纽带驱动着执行/实施过程。

根据需求生成或变化,这一过程为特定维修组织分配维修需求,鉴于需求生成的不确定性和随机性,MNTCAPOPS 的执行没有时间规律性。

4. 配送资源规划(运输规划):运输模式规划(Distribution Resource Planning (Transportation Planning):Mode Planning,TRNS-MODE)

运输模式规划 TRNS-MODE 基本活动流程如图 B-4 所示。

运输模式规划
(TRNS-MODE)

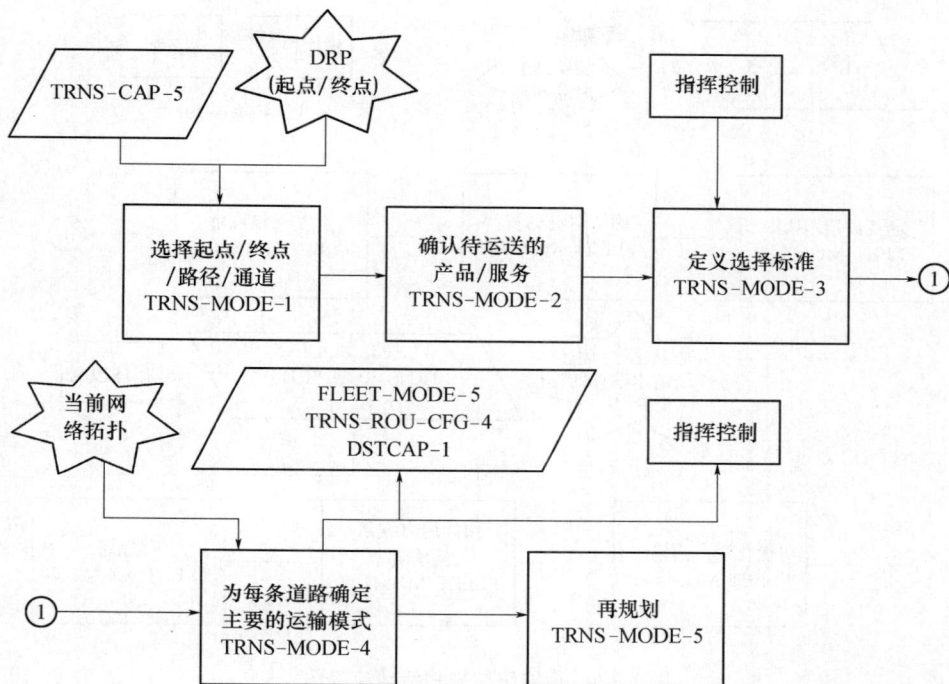

图 B-4 运输模式规划活动流程

TRNS-MODE 是基于预测的配送服务需求,确定配送网络中的起点/终点对链路和通道之间的运输所使用的主要的和备用的运输模式。这一过程的目的在于为运输网络中特定位置间的载运能力大致规划一个最合适的运输模式,并用于指导选择一致的运输路径、运输资源和运输编组配置。除了考虑一般的配送需求,这一过程还检查更详细的 DRP 信息以考虑与特定运输链路有关的配送需求。例如,某些维修器材、设备由于尺寸大小和重量性质或者由于是危险品的原因,会限制运输模式的选择。

运输模式规划通常周期性地执行,以形成中长期规划的周期阶段目标。在此过程中,运输任务的性质和要求、链路的能力、服务级别、DRP 的输入信息、可用运输模式的效能变化等,都会约束运输模式的选择,并有可能触发重新规划。

5. 配送资源规划(运输规划):编组规划(Distribution Resource Planning (Transportation Planning):Fleet Configuration Planning,FLEET-MGMT)

编组规划 FLEET-MGMT 基本活动流程如图 B-5 所示。

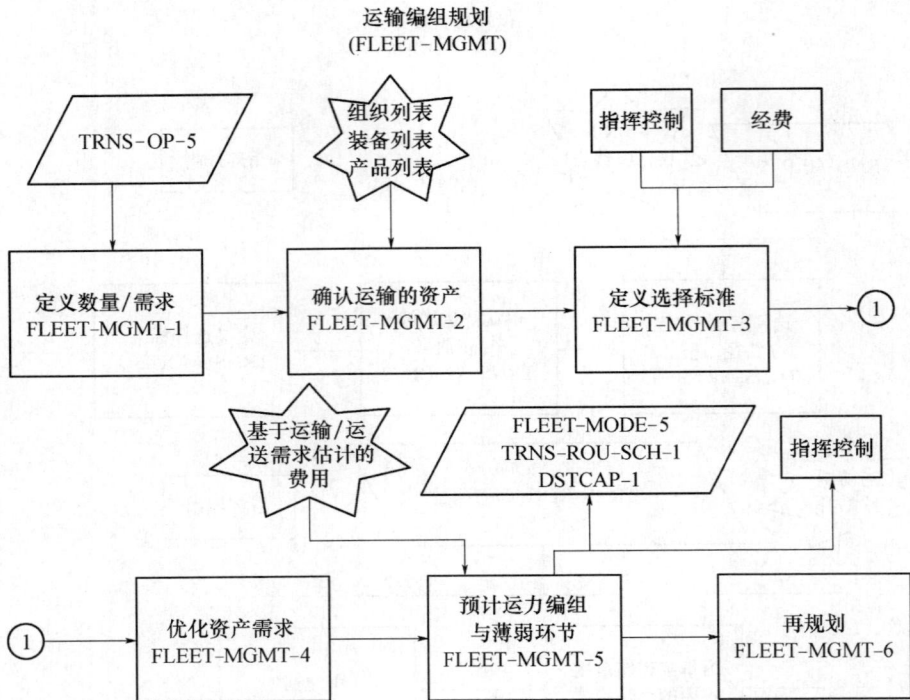

图 B-5 运输编组规划活动流程图

　　FLEET-MGMT 是基于配送规划的其他要求和限制,为满足资产的配送要求确定最佳的装载编组,并分析运输保障网络中各节点的编组能力级别,确认其中的最大/最小能力点以及可能出现能力不足的薄弱点,确定相关器材、设施、设备等维修资源的最佳装载编组方式。

　　编组规划的执行没有固定的时间周期,通常在检查编组的有效性时执行。当配送需求、运输模式、配送能力和要求、DRP 的输入发生变化以及现有编组方式/运输资源不再适用或不能有效利用时,需重新规划。规划结果将作为运输模式优化规划、路径和行程规划以及配送能力规划的输入。

　　6. 配送能力规划(Distribution Capacity Planning,DSTCAP)

　　配送能力规划 DSTCAP 基本活动流程如图 B-6 所示。

　　DSTCAP 是确定满足作战/训练领域内,当前和未来预计需求所需的配送能力以及能力位置和控制参数的过程,主要是配送数量、运输链路、运输模式和能力要求等。根据中长期和短期规划的目标和需要,配送能力规划的执行具有周期性。当目前或预计的配送需求或能力发生变化时,需启动重新规划过程。

配送能力规划
(DSTCAP)

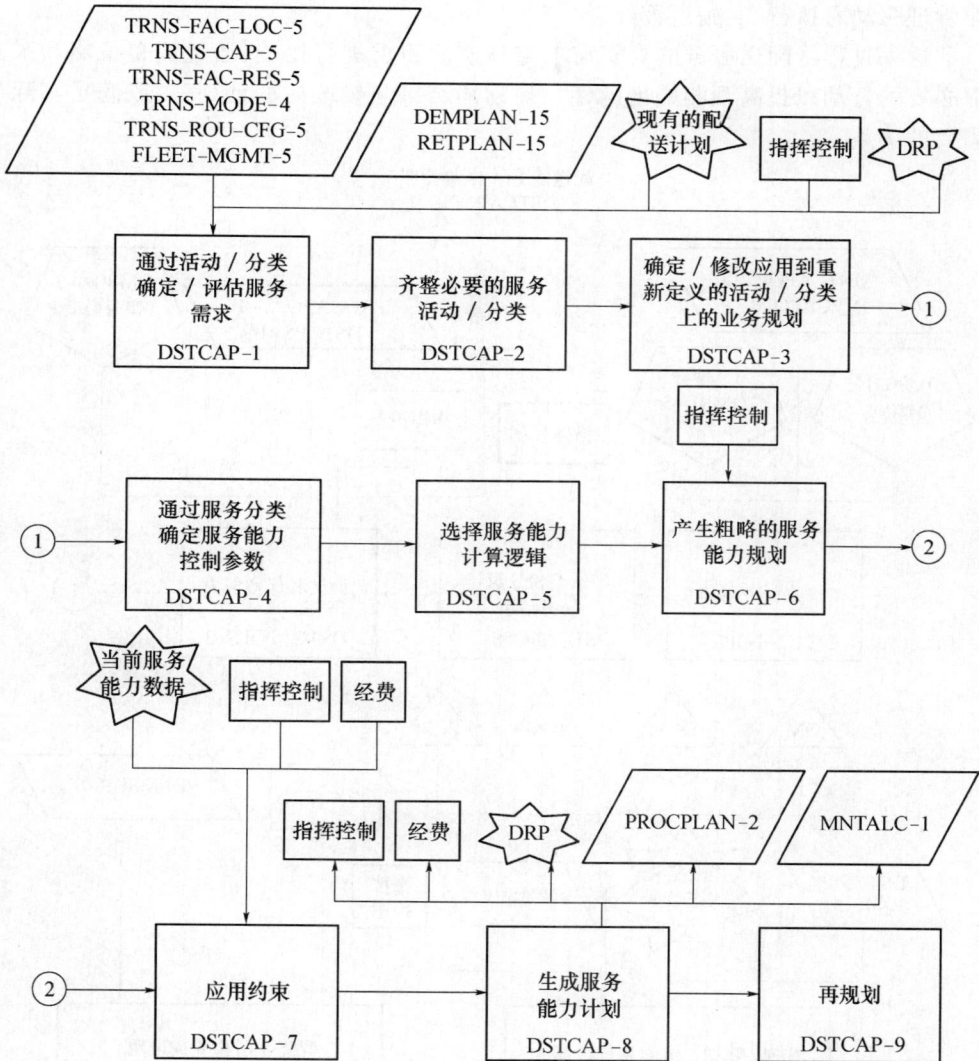

图 B－6　配送能力规划活动流程

7. 配送能力作业管理（Distribution Capacity Operations Management，DSTCA-POPS）

配送能力作业管理 DSTCAPOPS 活动流程如图 B－7 所示。

DSTCAPOPS 是为支持配送服务的实现而安排和保持相应的持续配送能力的过程,这些需求的产生可能是保障对象的需求,也可能是在执行其他服务时产生的附加要求。同时,DSTCAPOPS 管理配送作业能力的使用情况,以满足既定的性能目标或响应需求的变化。作为配送能力规划和配送作业管理的纽带,配送能力作业管理驱动着执行/实施过程。

这一过程将配送服务的真实需求与预期的需求进行比较,通过调整策略和采取必要的行动以提高预测的准确性。规划的结果是修改后的计划和/或满足实际需要的决策。

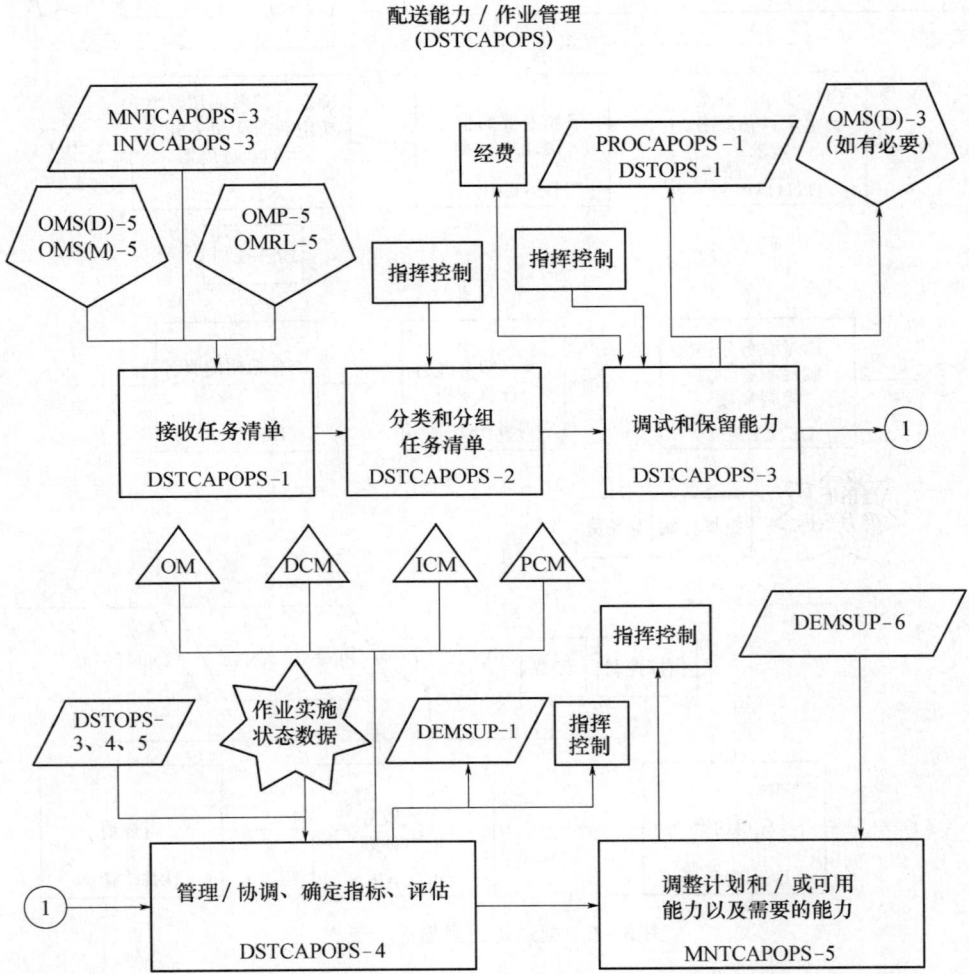

图 B-7　配送能力作业管理活动流程图

8. 采购能力作业管理(Procurement Capacity Operations Management,PROCA-POPS)

采购能力作业管理 PROCAPOPS 活动流程如图 B-8 所示。

254

PROCAPOPS 是为满足所有的维修资源采购和补充需求而安排和保持相应的持续采购能力的过程,这些需求的产生可能是保障对象的需求也可能是在执行其他服务时产生的附加要求。同时,PROCAPOPS 管理采购能力的使用情况,以满足既定的性能指标或响应需求的变化。作为采购规划和采购作业管理的纽带,采购能力作业管理驱动着执行/实施过程。

这一过程为资源采购和补充需求分配真实采购能力,通常当产生新的需求或需要时即可启动,且其执行没有固定的时间周期。

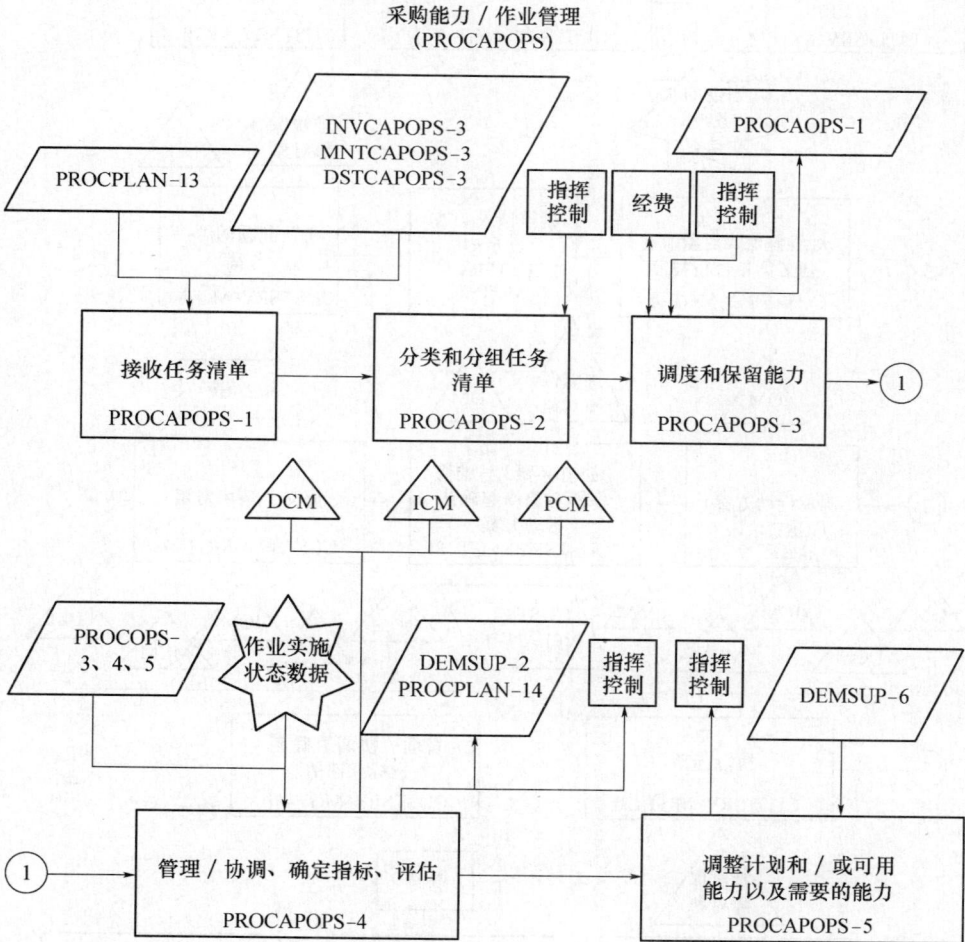

图 B-8 采购能力/作业管理活动流程图

9. 维修保障对象技术服务管理(Customer Service Management ,CUSTSRV - MGT)
维修保障对象技术服务管理 CUSTSRV - MGT 活动流程如图 B-9 所示。

维修保障对象技术服务管理
（CUSTSRV－MGT）

第三方的新通知

维修保障对象的投诉或查询

源自 CIP 的偏差的 CM 确认

维修保障对象的请求（与产品或服务完成无关）

维修保障对象

接收查询／请求／投诉
CUSTSRV-MGT-1

验证查询／请求／投诉
CUSTSRV-MGT-2

建立维修保障对象服务任务清单
CUSTSRV-MGT-3

①

当前的服务级别协议

①

对维修保障对象服务任务清单进行排序
CUSTSRV-MGT-4

确认请求／查询类型
CUSTSRV-MGT-5

维修保障对象

OM

确认问题的解决方案
CUSTSRV-MGT-6

②

OM

维修保障对象

OM

经费

②

确定行动方案
CUSTSRV-MGT-7

（如有必要）与维修保障对象一起确认行动方案
CUSTSRV-MGT-8

提交／请求费用
CUSTSRV-MGT-9

③

OM

DCM

ICM

MCM

PCM

CUSTSRVPLAN-1

DCM

OM

ICM

MCM

PCM

③

执行行动
CUSTSRV-MGT-10

管理／协调／确定指标、评估
CUSTSRV-MGT-11

④

维修保障对象

经费

④

（如有必要）与维修保障对象一起确认方案
CUSTSRV-MGT-12

开支清算费用
CUSTSRV-MGT-13

结束维修保障对象任务清单
CUSTSRV-MGT-14

图 B－9　维修保障对象技术服务管理活动流程图

CUSTSRV – MGT 是指为实现维修保障服务的持续改进,对有关的维修保障需求及其相应方案进行管理和分析,从而改善和提高维修保障服务的质量和效能。主要包括来自保障对象的查询与任务清单执行有关的问题,同时也处理与维修技术服务有关的其他保障供应商的通知。

维修保障对象技术服务管理执行周期以天为单位,从而确保及时解决保障对象的技术服务需求以及相关的技术问题。

附录 C 维修保障作业管理活动模型

1. 库存作业管理(Inventory Operations Management,INVOPS)

库存作业管理 INVOPS 活动流程如图 C – 1 所示。

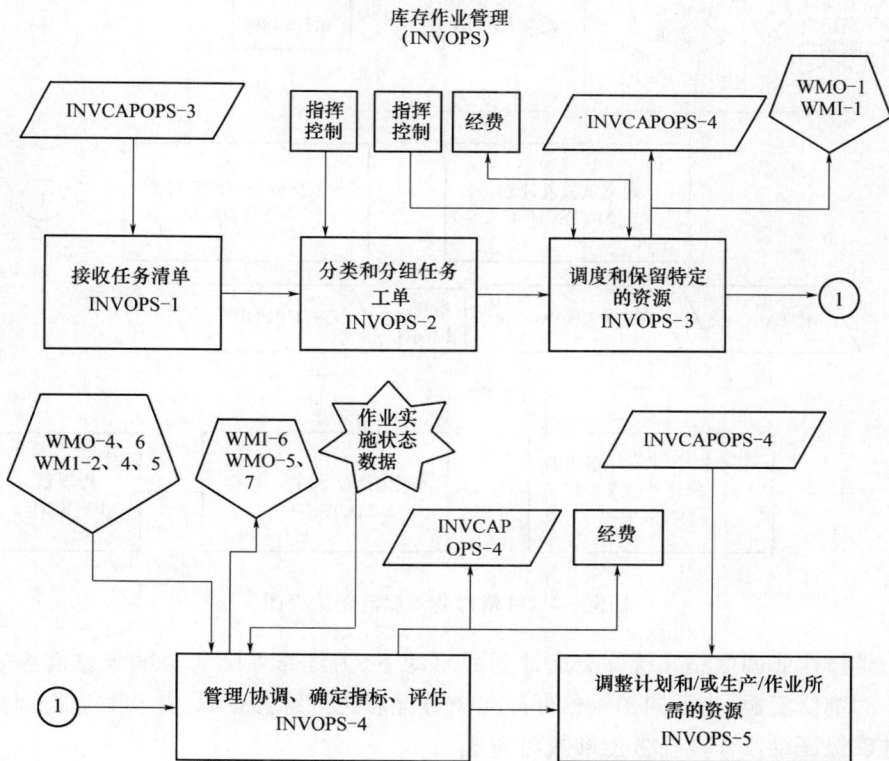

图 C – 1 库存作业管理活动流程图

库存作业管理是针对维修保障对象的维修备件/器材采购、供应、补充、消耗需求,或者是完成其他维修服务所产生的附加需求,安排和维持合理的库存资源数量,并根据执行中的反馈及时调整库存计划和/资源的过程。同时,对库存的使用情况进行监控和管理,确保可以及时响应库存需求的变化,充当着库存能力作业管理和库存执行之间的纽带。

库存作业管理接收有关的器材/备件等维修资源供应需求,并为之进行决策和响应供需之间不平衡的矛盾。

2. 维修作业调度(Maintenance Production /Operations Scheduling ,MNTSCH)

维修作业调度 MNTSCH 活动流程如图 C-2 所示。

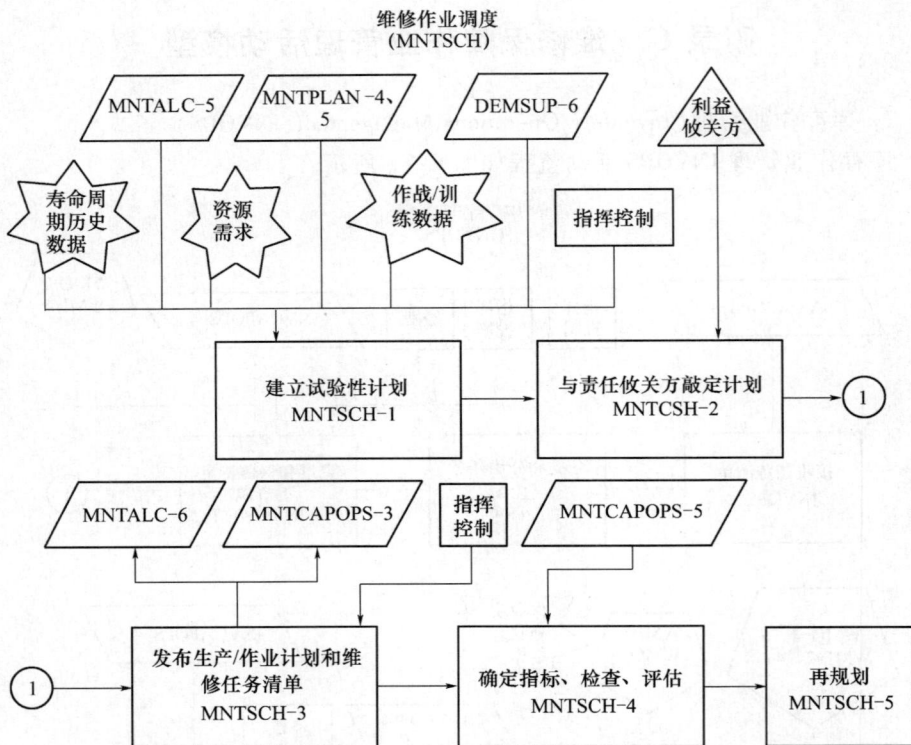

图 C-2　维修作业调度活动流程图

维修作业调度是在维修分配计划的驱动下,为维修保障对象的维修需求安排合适的维修资源,为不同的维修保障对象分配和调配维修资源,并及时进行调整和改进以保证维修作业任务能够按时完成。

通常维修作业调度是逐月进行的,例如月度维修计划等。当然在某些规定的时间点上会进行若干次重新规划或调整以响应调度过程中的参数和变量的改变。

3. 维修作业过程管理(Maintenance Operations Management,MNTOPS)

维修作业过程管理 MNTOPS 活动流程如图 C-3 所示。

维修作业过程管理是针对维修保障对象的维修作业需求或者是在完成其他维

修服务时所产生的附加维修作业需求,安排和保留相应维修作业资源,并根据作业执行过程中的反馈调整作业计划和作业资源的过程。维修作业过程管理同时管理维修作业资源的使用/执行情况,充当着维修能力作业管理和维修执行之间的纽带,并管理维修保障任务清单的执行状态。

维修作业过程管理接收维修作业需求,为之进行决策从而响应和解决作业过程中的问题。

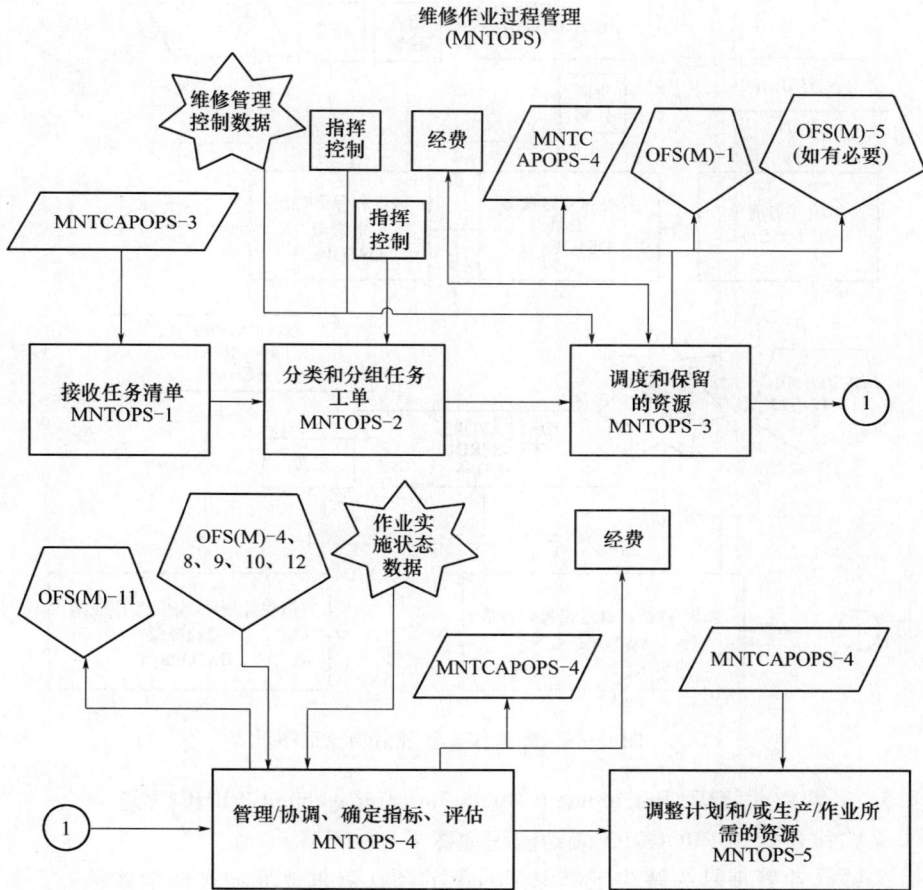

图 C-3　维修作业过程管理活动流程图

4. 配送作业管理(Distribution Operations Management,DSTOPS)

配送作业管理 DSTOPS 活动流程如图 C-4 所示。

配送作业管理是针对维修保障对象的配送服务需求或者完成其他服务所产生的附加的配送需求和采购需求,安排和保留合适的配送资源,并根据执行中的反馈调整配送计划或资源的过程。同时,配送作业管理配送资源的使用情况,并合理决策和调度以响应配送需求变化和实现精确保障。配送作业管理过程充当配送能力作业管理和配送执行之间的联系纽带,并管理配送服务任务的执行状态。

这一过程接收配送服务需求,为之进行决策从而响应和解决配送作业过程中的问题。

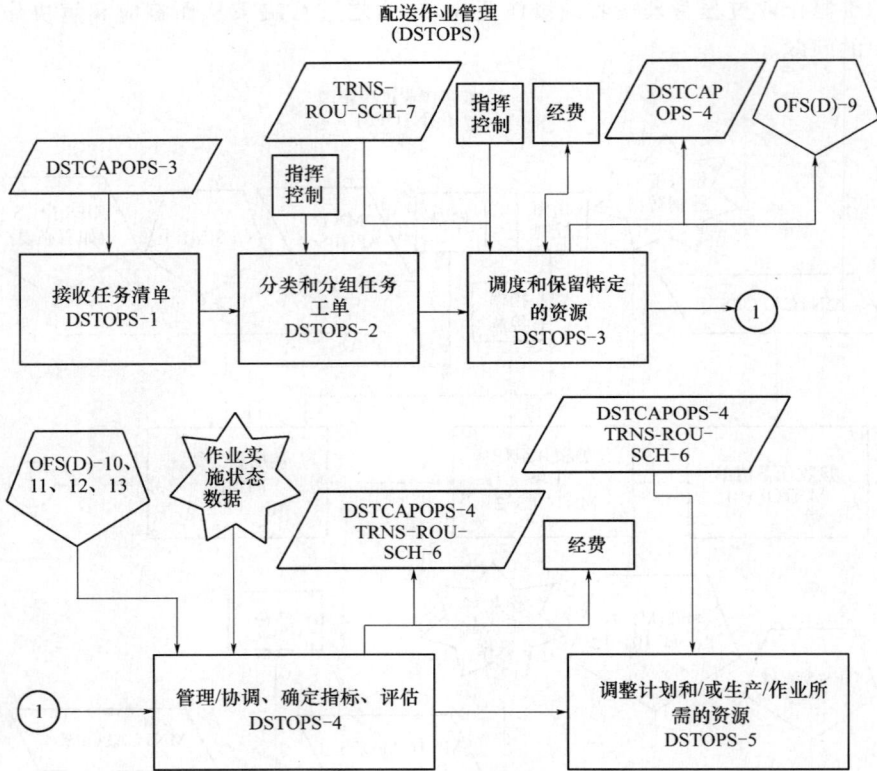

图 C-4 配送作业管理活动流程图

5. 采购作业管理(Procurement Operations Management,PROCOPS)

采购作业管理 PROCOPS 活动流程如图 C-5 所示。

采购作业管理是为解决维修保障对象的预计需求或完成其他维修保障任务时所产生的附加需求(包括采购需求和补充需求)与真实消耗之间的差异和供需的不平衡现象,合理和有效利用采购资源执行采购活动,并根据执行过程中的反馈及时调整采购计划和/或资源的过程。同时,采购作业管理还监控采购资源的使用,通过有效控制实现期望的性能指标和服务级别要求,并响应维修保障需求的变化。在此过程中,采购管理充当着采购能力管理和采购执行之间的联系纽带。这一过程接收采购需求,为之进行决策从而响应和解决采购实施过程中的问题。

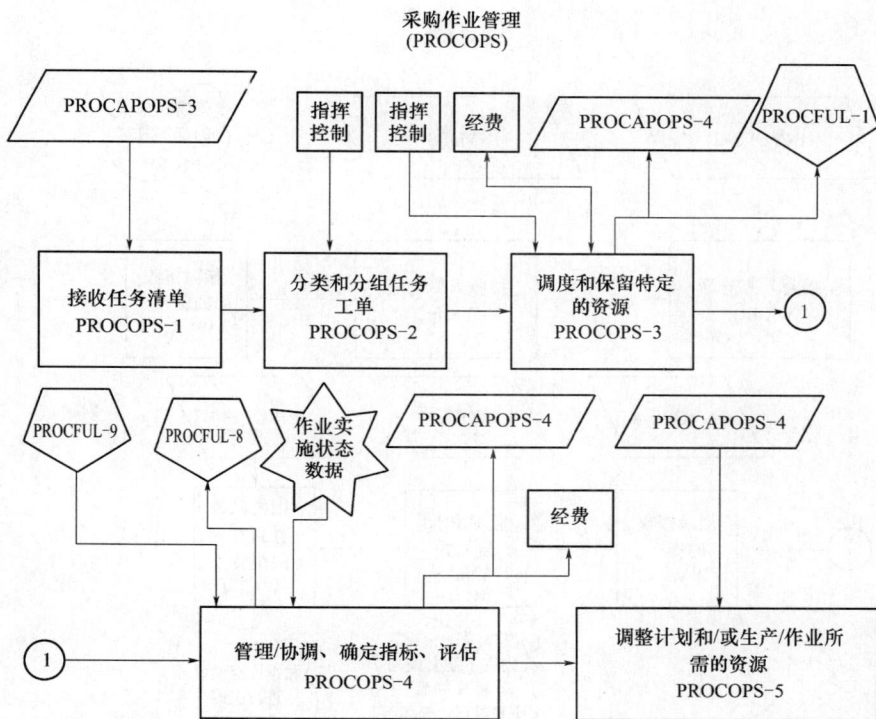

采购作业管理
(PROCOPS)

图 C-5　采购作业管理活动流程图

附录 D　维修保障作业实施活动模型

1. 仓库管理(入库)(Warehouse Management(Inbound),WMI)

仓库管理(入库)WMI 基本活动流程如图 D-1 所示。

WMI 是为确保预期的维修保障对象任务清单能及时进行,负责从供应商处接收物资、验收和记录所接收的资产、记录并报告实际入库数量与需求之间的差异、存储物资以及完成现有维修任务所需的大修或改进性维修作业。

这一过程是在用于接收、储存、管理完成维修保障任务所需的资源以及被召回物资的任意位置上执行的。所召回的物资储存在这些位置上,以等待进行配送、召回至供应商或(根据处置意见)进行抢修。

2. 仓库管理(出库)(Warehouse Management(Outbound),WMO)

仓库管理(出库)WMO 基本活动流程如图 D-2 所示。

WMO 是根据维修保障对象的任务需求或其他位置上的供应商的补充要求,出库管理负责库存物资的挑选、包装和运送等活动。

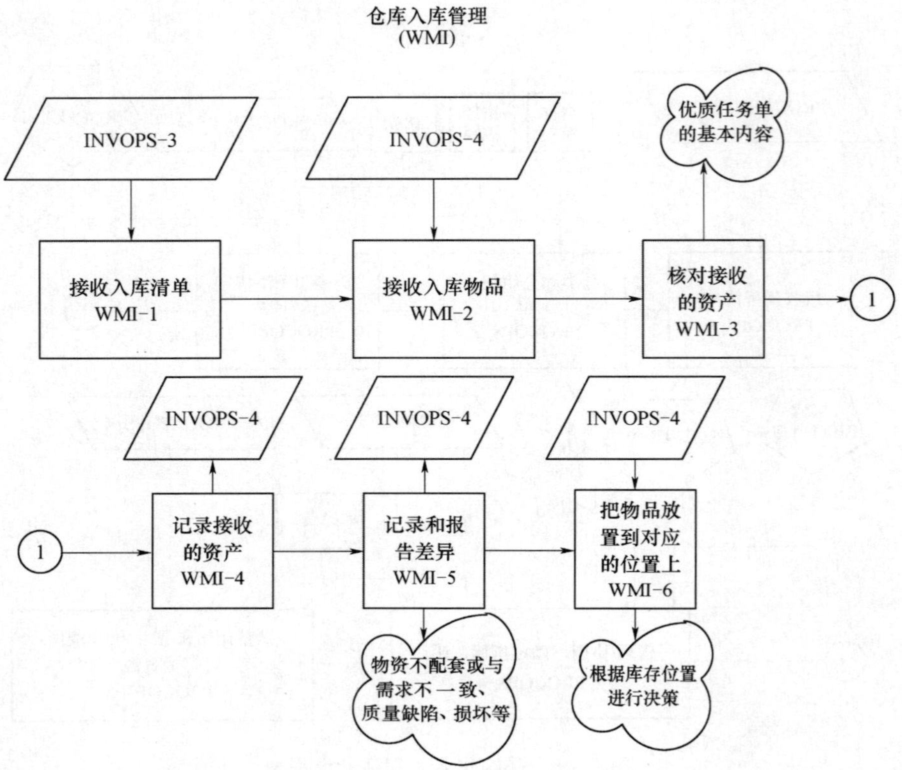

仓库入库管理
(WMI)

图 D-1　仓库入库管理活动流程图

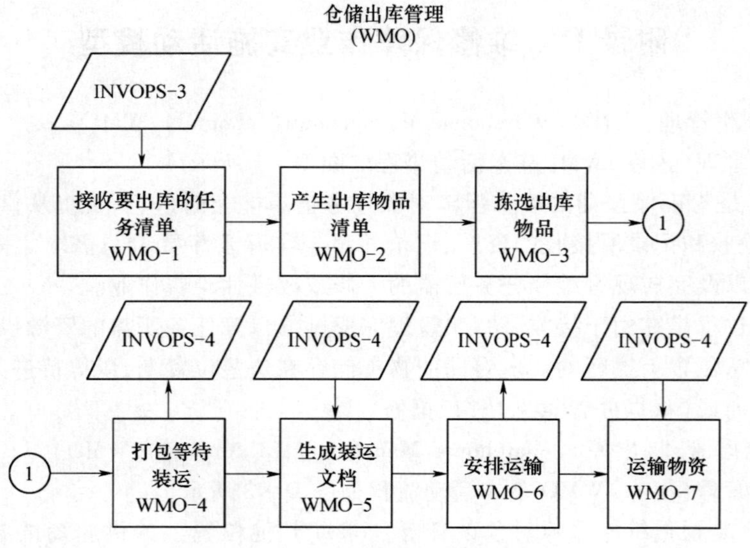

仓储出库管理
(WMO)

图 D-2　出库管理活动流程图

262

出库管理过程是在用于完成维修保障任务以及其他地点的库存补充任务所需物资的任意地点上执行的挑选、包装、运送活动。

3. 维修实施（Maintenance Fulfillment, OFS(M)）

维修实施 OFS(M) 基本活动流程如图 D-3 所示。

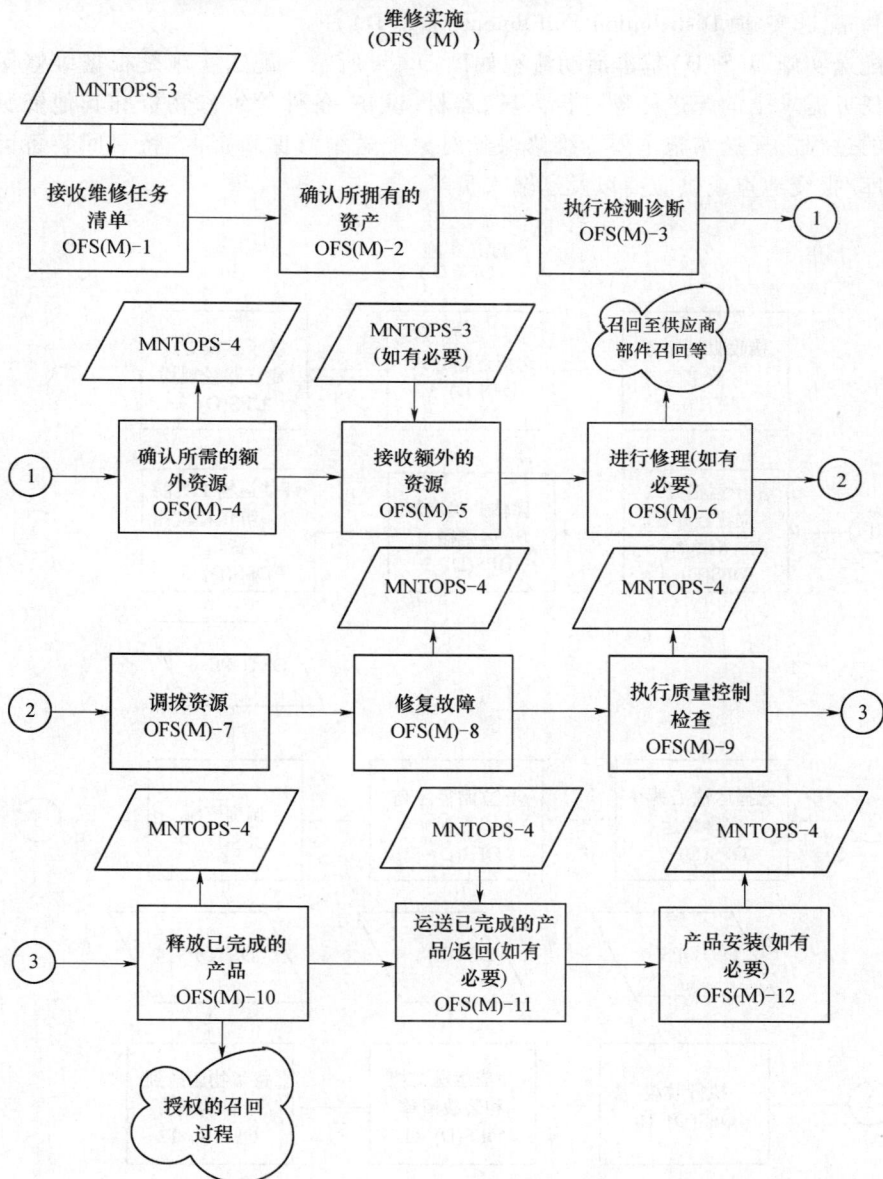

维修实施
(OFS(M))

MNTOPS-3

| 接收维修任务清单 OFS(M)-1 | → | 确认所拥有的资产 OFS(M)-2 | → | 执行检测诊断 OFS(M)-3 | → | ① |

MNTOPS-4   MNTOPS-3（如有必要）   召回至供应商部件召回等

| ① | → | 确认所需的额外资源 OFS(M)-4 | → | 接收额外的资源 OFS(M)-5 | → | 进行修理(如有必要) OFS(M)-6 | → | ② |

MNTOPS-4   MNTOPS-4

| ② | → | 调拨资源 OFS(M)-7 | → | 修复故障 OFS(M)-8 | → | 执行质量控制检查 OFS(M)-9 | → | ③ |

MNTOPS-4   MNTOPS-4   MNTOPS-4

| ③ | → | 释放已完成的产品 OFS(M)-10 | → | 运送已完成的产品/返回(如有必要) OFS(M)-11 | → | 产品安装(如有必要) OFS(M)-12 |

授权的召回过程

图 D-3　维修实施活动流程图

263

维修实施是与完成维修保障对象的维修服务任务有关的维修活动的执行过程,是执行预防性维修和修复性维修所必需的过程,其过程与在中继级维修和基层级维修所执行的活动是一样的。

这一过程应用于所有的维修活动,包括预防性维修和修复性维修。

4. 配送实施(Distribution Fulfillment,OFS(D))

配送实施 OFS(D)基本活动流程如图 D-4 所示。配送实施是根据维修保障对象任务需求中的配送任务进行人员、器材、设备、备件等维修物资和其他资源的运输的过程。配送实施主要为维修保障对象配送维修保障资源、将召回装备运输至仓库/报废地点或供应商以及运输人员等。

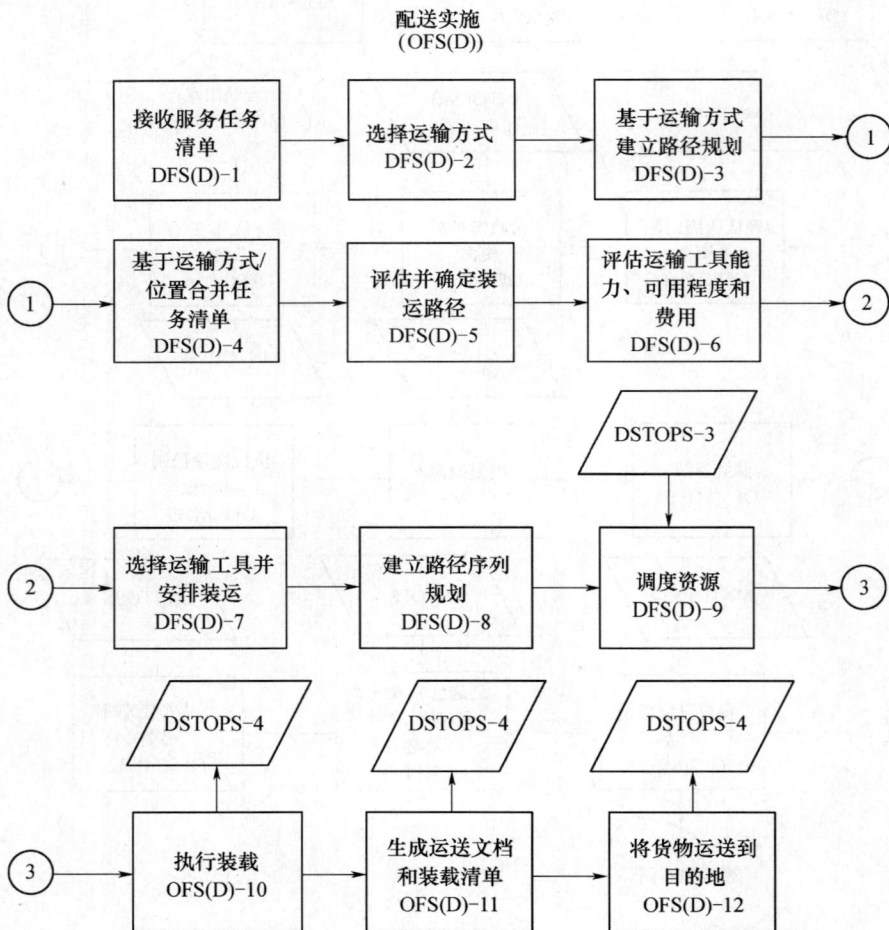

配送实施
(OFS(D))

接收服务任务清单
DFS(D)-1 → 选择运输方式
DFS(D)-2 → 基于运输方式建立路径规划
DFS(D)-3 → ①

① → 基于运输方式/位置合并任务清单
DFS(D)-4 → 评估并确定装运路径
DFS(D)-5 → 评估运输工具能力、可用程度和费用
DFS(D)-6 → ②

DSTOPS-3

② → 选择运输工具并安排装运
DFS(D)-7 → 建立路径序列规划
DFS(D)-8 → 调度资源
DFS(D)-9 → ③

DSTOPS-4   DSTOPS-4   DSTOPS-4

③ → 执行装载
OFS(D)-10 → 生成运送文档和装载清单
OFS(D)-11 → 将货物运送到目的地
OFS(D)-12

图 D-4 配送作业实施活动流程图

264

5．采购实施(Procurement Fulfillment,PROCFUL)

采购实施 PROCFUL 基本活动流程如图 D-5 所示。

采购实施是为完成维修保障任务所需的维修资源或库存补充需求而进行采购的过程。一般通过选择最佳的供应商和采购方案,并跟踪采购过程状态以实现所需的维修保障资源需求。

为应对维修保障任务的资源需求,采购实施是不间断地每天执行的;而计划性的库存补充所需的采购活动只需周期性执行即可。

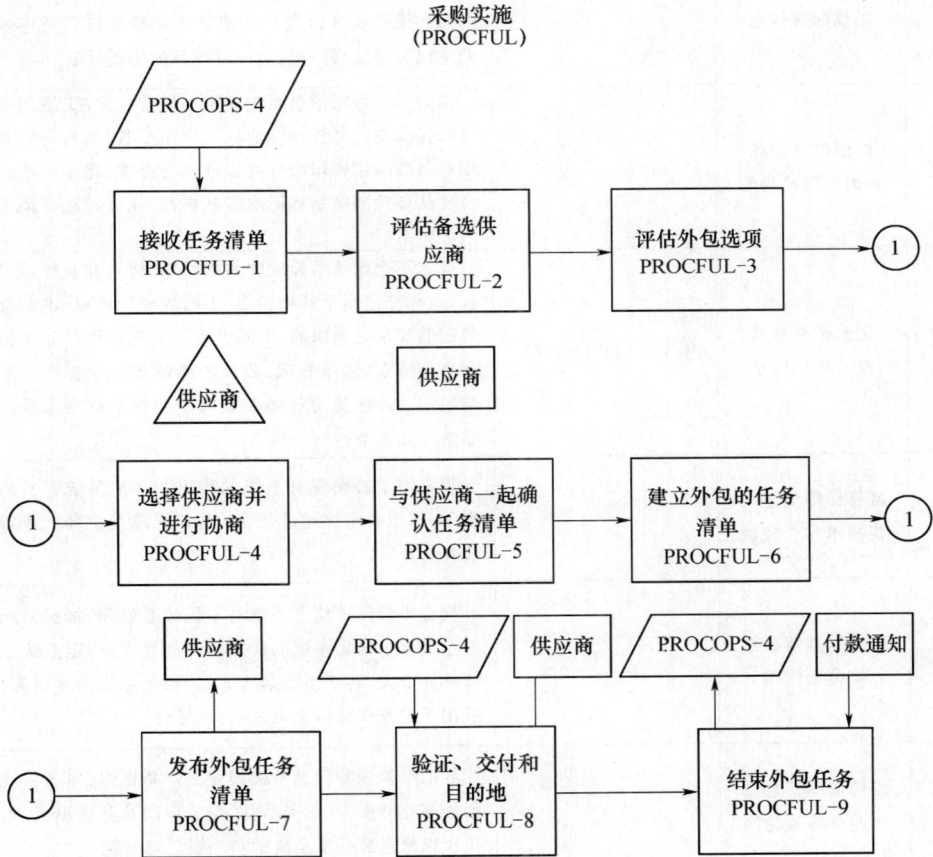

图 D-5　采购实施活动流程图

265

附录 E 标准体系表

序号	标准名称	参考标准	备注
100	总体标准		
101	总体框架标准		
1	维修保障信息系统标准体系		规定标准体系框架,确定维修保障信息系统标准体系中强制执行和推荐执行的标准目录。适用于维修部门在维修保障信息系统建设中对标准进行适应性调整以及制定、修订急需标准项目的实施计划
2	维修保障信息系统标准化指南		规定维修保障信息系统建设的标准化要求,适用于维修保障部门开发相应的标准应用工具,推行与装备维修保障应用密切结合的标准试行方式,建立标准符合性认证检测机制和标准实施机制,完善标准咨询与服务体系
3	企业标准体系技术标准体系	GB/T 15497—2003	规定了企业技术标准体系的结构、格式和制修订要求;本标准适用于各种类型、不同规模的企业;本标准规定的要求是通用的,不同类型企业可根据产品类型和生产特点,适用剪裁,剪裁不能影响企业提供产品与适用法律法规责任的要求和企业技术标准体系的系统性和有效性
4	维修保障信息系统技术参考模型		规定用于协调现有系统的集成和未来系统开发的框架,以便各组织通过开放式维修保障信息环境进行相互工作
5	维修保障信息系统体系结构		规定维修保障信息系统的系统体系框架,根据系统的业务要求确定系统的性能和功能要求,确定系统总体结构方案、各子系统结构方案、相互之间的接口等,适用于维修保障信息系统的顶层设计与开发
6	维修保障信息系统业务体系结构		规定维修保障信息系统的业务体系框架,描述系统处理的业务类型、业务活动、相关部门及其信息流,适用于维修保障信息系统的顶层设计与开发
7	维修保障信息系统技术体系结构		规定维修保障信息系统的技术体系框架,描述为实现系统功能需采用的技术路线及解决方案等,适用于维修保障信息系统的顶层设计与开发
8	标准体系表编制原则和要求	GB/T 13016—1991	适用于编制全国、行业、专业、企业及其他系统标准体系表,也适用于编制综合标准体系表

序号	标准名称	参考标准	备注
9	维修保障信息系统工程建设渐进获取法指南		规定了维修保障信息系统工程建设渐进获取的主要方法,适用于维修保障信息系统工程设计、建设与管理
10	维修保障信息系统互操作性等级及评估		规定维修保障信息系统互操作性等级的确定和评估办法,适用于维修保障信息化互操作环境的设计、建设与评估
11	维修保障信息系统业务规划指南	参考 OSA – EAI、OSA – CBM 系列规范	规定维修保障业务框架设计的总体技术要求、组织结构图表及分工描述方法、业务流程描述方法、数据流程描述方法以及框架设计描述方法,适用于作为维修部门维修保障业务框架设计的方法指导,其使用对象主要是维修保障部门业务管理、信息化推进、维修保障网络建设、系统集成、软件开发等组织机构
12	维修保障信息系统技术框架标准		规定维修保障信息系统的技术总体框架以及各个组成部分之间的关系,适用于与维修保障信息系统建设相关的各部门规划、设计和建设维修保障应用时的技术参考
13	维修保障信息系统业务梳理规范		规定了维修保障业务梳理的方法及要求,适用于维修保障规划部门为规范、优化和改善维修保障业务工作或建立维修保障信息系统而开展的维修保障业务梳理工作
14	维修保障信息系统互操作性框架	参考美陆军企业体系框架指导文件 www.atsc.army.mil/itro	规定维修保障应用间所有互操作的形式、技术指导方针和技术标准,适用于维修保障各部门间信息的无缝传输
15	通用信息处理平台通用要求		规定了通用信息处理平台的技术参考模型、主要技术要求、系统结构要求、各服务域的功能要求和应遵循的标准,适用于军事信息系统公共网络化计算环境的建设
16	通用信息处理平台集成与运行指南		规定了通用信息处理平台的集成方法、集成与运行流程、平台开发环境和运行环境等技术内容,适用于平台部件的开发,为平台的集成与运行过程提供指导,基于平台进行二次开发时,也可以参照使用
17	维修保障信息系统集成应用平台通用要求		规定维修保障信息系统集成应用平台的技术参考模型、主要技术要求、系统结构要求、各服务域的功能要求和应遵循的标准,适用于维修保障信息系统集成环境的建设

（续）

序号	标准名称	参考标准	备　注
18	维修保障信息系统集成应用平台集成与运行指南		规定维修保障信息系统集成应用平台的集成方法、集成与运行流程、平台开发环境和运行环境等技术内容,适用于平台部件的开发,为平台的集成与运行过程提供指导,基于平台进行二次开发时,也可以参照使用
102	基础标准		
1	维修保障信息系统主题词表编制规则		规定维修保障信息系统主题词表(包括综合主题词表和领域主题词表)编制中应遵循的原则、方法和要求,适用于维修保障主题词表的编制和修订工作,其他系统可以参照使用
2	维修保障信息系统主题词表	参考 OSA – EAI 术语词典	规定符合《维修保障信息系统主题词表编制规则》要求的维修保障主体词表,适用于维修保障相关工作参照使用
3	维修保障信息系统专用名词词典	参考 OSA – EAI 术语词典	规定了维修保障信息系统专用名词的统一解释,适用于维修保障相关工作参照使用
200	应用标准		
201	数据元标准		
1	维修保障信息系统数据元的规范与标准化:数据元的规范与标准框架,数据元的分类数据元的基本属性,数据元的命名和标识原则,数据定义的编写规则与指南	参考 OSA – EAI、OSA – CBM 系列规范	规定维修保障信息系统数据元的基本概念和结构、数据元的表示规范以及特定属性的设计规则和方法,适用于维修保障部门编制各种通用的或专用的数据元目录,并为建立数据元的注册和维护管理机制提供了指导
2	用于维修保障信息系统电子数据交换的数据元目录		规定维修保障信息系统数据交换中使用的数据元的标记、名称、表示和使用范围,适用于维修保障数据交换中使用的数据传输
3	用于维修保障信息系统电子数据交换的复合数据元目录	参考 UN/EDIFAC TS.93A	规定维修保障电子数据交换中使用的用户复合数据元标记、功能、结构和检索方法,适用于维修保障电子数据交换中的标准报文的设计及结构化数据的传输

序号	标准名称	参考标准	备 注
4	技术资料储存数据元目录		规定了维修保障技术资料储存过程中使用的用户复合数据元标记、功能、结构和检索方法,适用于维修保障电子数据交换中的标准报文的设计及结构化数据的传输
202	代码标准		
1	维修保障信息系统分类与编码的基本原则与方法		规定维修保障信息系统分类与编码设计的总体技术要求和方法,适用于作为维修部门维修保障相关要素分类和编码设计的方法指导
2	维修保障信息资源分类与编码体系		规定维修保障信息资源的分类方法及编码标准,适用于维修保障部门在信息化建设中对信息资源的分类编码应用
3	基础维修设备（设施）信息分类与编码		规定基础维修设备（设施）的分类原则和方法、编码及定义,适用于维修保障部门在信息化建设中对基础维修设备（设施）的分类编码应用,以保证维修保障单位对维修设备的正确表达与理解
4	装备基础管理组织结构的分类和编码标准		规定装备基础管理组织结构的分类方法及编码标准,适用于维修保障部门在信息化建设中对基础管理组织结构的分类编码应用
5	备件分类和编码标准		规定备品备件及备件分类库的分类方法及编码标准,适用于维修保障部门在信息化建设中对备品备件的分类编码应用
6	故障分类及编码标准		规定对维修保障中装备故障的分类方法及编码标准,适用于维修保障部门在信息化建设中对故障的分类编码应用
7	装备类别的分类和编码标准		规定对维修保障中装备的分类方法及编码标准,适用于维修保障部门在信息化建设中对装备的分类编码应用
8	后勤物资分类与代码高位分类集		规定对维修保障中维修器材的分类方法及编码标准,适用于维修保障部门在信息化建设中对维修器材的分类编码应用
9	维修人员基本信息分类与代码		规定对维修保障中维修人员的分类方法及编码标准,适用于维修保障部门在信息化建设中对维修人员的分类编码应用

序号	标准名称	参考标准	备 注
10	集装箱代码、识别和标记	参考 GB/T16830—1997	规定对维修保障物资运输中集装箱的编码和识别标准,适用于维修保障部门在信息化建设中对集装箱的分类编码应用
11	维修保障信息系统业务编码标准		规定对维修保障中维修业务的分类方法及编码标准,适用于维修保障部门在信息化建设中对维修业务的分类编码应用
12	维修保障信息化资产编码标准		规定对维修保障资产的分类方法及编码标准,适用于维修保障部门在信息化建设中对维修资产的分类编码应用
13	装备全寿命周期费用分类和编码		规定对维修保障中装备全寿命周期费用的分类方法及编码标准,适用于维修保障部门在信息化建设中对装备全寿命周期费用的分类编码应用
203	文件格式标准		
1	基于 XML 的维修保障电子公文格式规范	MIL–PRF–28001、电子公文输出和交互标记需求和通用格式规范	规定基于 XML 的电子公文的通用要求和基本原则
2	用于维修保障各业务领域数据交换的标准报文集目录文件编写规则		规定把可读的报文文件以电子文本形式提交的格式,适用于维修保障各业务相关报文及其支持目录文件的编写
3	维修保障公文使用指南	参考 MIL–STD—1840C、技术信息的自动交互	规定电子公文的制作、存储、显现、交换和发布的技术要求,是维修保障各部门跨平台、跨部门电子公文交换以及信息共享、业务协同的重要基础,适用于各类维修保障部门的电子公文处理工作,也适用于对电子公文相关软件的规范化测试
204	业务流程标准		
1	维修保障业务流程设计方法通用规范	参考 GB/T 19487—2004	规定维修保障信息系统建设中可程序化的业务流程的描述和规范,适用于维修保障信息系统及其他信息化系统在业务分析、业务设计和需求定一阶段的业务建模与需求建模,同时适用于各种管理规范文件的可视化建模
2	XML 业务表示规范	参考美陆军 XML/SGML 注册库,www.asrl.com	规定基于 XML 数据规范的业务表示规范,适用于维修保障部门采用 XML 数据规范对业务进行表示

序号	标准名称	参考标准	备注
3	电子公文存档、交换与处理流程规范	参考 MIL – PRF – 87269，IETM 数据库支持规范	规定电子公文的存档、交换管理与处理流程过程中必须遵循的标准，适用于维修保障信息系统及其他信息化系统对电子公文的管理和处理
205	业务应用标准		
1	持续采办和全寿命支持技术实施指南	参考美军 CALS 系列标准	规定装备持续采办和全寿命支持技术的实施方针、政策、关键流程和方法，适用于维修保障计划部门对采办和装备全寿命管理的信息化工作
2	状态监测技术要求和监测方法	参考 VPP – 4.3，VXI plug & play（VPP）Systems Alliance 虚拟仪器标准结构（VISA）库，VPP – 2，VXI plug & play System Alliance 系统框架规范	规定装备状态监测的主要技术要求和方法，包括硬件设施要求和软件设置要求，适用于维修保障人员实行状态基维修时的技术规范要求
3	状态监测专用通信应用接口定义	参考 ANSI/IEEE 1076，IEEE 标准 VHDL 语言参考手册，IEEE 1451.1 – 1999，1451.2 – 1997，1451.3 – 2003，1451.4 – 2004 传感器及激励器智能传输接口	规定装备状态监测系统的专用通信应用接口，适用于装备状态监测系统的开发
4	便携式辅助维修工具 PMA 体系框架		规定便携式辅助维修工具 PMA 的应用公共框架结构、框架组成要素，适用于便携式辅助维修工具 PMA 的研制、开发
5	便携式辅助维修工具 PMA 通用技术要求		规定便携式辅助维修工具 PMA 的业务种类、接口、网络管理、互通、安全保密等主要性能要求及可靠性、电磁兼容性、环境适应性、人机工程设计、包装、供电等一般要求，适用于便携式辅助维修工具 PMA 的设计、研制、集成、生产和使用
6	装备测试性大纲		规定了制定实行工作计划、确定诊断方案和测试性要求、进行测试性设计与评价、实施测试性评审的统一方法，适用于各类有测试性要求的系统和设备
7	技术状态管理		规定了技术状态管理的内容、要求和方法，适用于武器装备技术状态项目在研制、生产中的技术状态管理

序号	标准名称	参考标准	备 注
8	智能辅助决策开发工具		规定了通用信息处理平台共性应用支撑软件中智能辅助决策开发工具的组成、功能、接口、运行和支持环境、软件的质量和测试、验证方法等内容,适用于军用智能辅助决策开发工具的开发和验收,也适用于利用该工具进行智能辅助决策软件开发
9	装备系统与远端模块间专用传输设备技术条件	参考 VPP-3.2,VXI 插件及运行系统:仪器驱动器功能实体规范,IEEE 1232-1995、1232.1-1997、232.2-1998、1232-2002,依赖于自动测试装备的人工智能和专家系统(AI-ESTATE)	规定装备系统与远程控制及故障诊断,专家系统模块的传输设备要求,适用于远程监测及远程技术支持系统的开发
10	物资自动识别和数据采集技术条码符号规范	ANSI/AIM-BC1-1995、统一符号规范代码 GB/T12908-2002	规定维修保障物资自动识别和数据采集的技术条码,适用于器材和物资管理系统的开发
11	装备技术资料储存管理规范	MIL-HDBK-1222,陆军工作包技术手册通用样式和格式开发指南	规定装备技术资料电子化储存管理要求,主要基于信息共享考虑,适用于装备技术支持系统的开发
12	基于 XML 的 IETM 设计指南	参考 MIL-PRF-87268,IETM 一般目录,格式,用户交互需求,MIL-STD-2361 数字化出版物开发标准,MIL-STD-40051 IETM 数字技术信息表示规范	规定基于 XML 的 IETM 设计要求,适用于电子技术手册的开发
13	装备预防性维修大纲的制订要求与方法		规定了制订装备预防性维修大纲的要求及所采用的"以可靠性为中心的维修分析"方法
14	远程数据库(RDA)访问		规定一种提供应用程序的服务,描述应用的局部处理和有关通信部分之间的界限,RDA 服务及其较低层服务可用于传递数据库语言的语句与客户应用和数据库服务器之间的数据,使远程数据库读和更新数据的应用成为可能

序号	标准名称	参考标准	备注
15	装备维修器材保障通用要求		规定了武器装备寿命周期各阶段维修器材规划以及使用阶段组织实施维修器材筹措、储备、供应及其管理的要求和方法,适用于各类装备维修器材保障工作
16	备件供应规划要求		规定了装备寿命周期内备件供应规划的目的、要求和方法,适用于新研装备和重大改型装备
17	装备综合保障通用要求		规定了装备寿命周期综合保障的要求和工作项目,适用于新研装备和重大改型装备
18	故障模式、影响及危害性分析程序		规定了对产品进行故障模式、影响及危害性分析(FMECA)的要求和程序
19	故障树分析指南		规定了产品(系统)故障树分析的一般程序和方法,适用于在产品的研制、生产、使用阶段进行故障树建造和对单调故障树进行定性、定量分析
20	装备初始训练与训练保障要求		规定了装备初始训练与训练保障的通用要求、工作内容和程序,适用于新研制装备和改型装备的厨师训练及其包装要求的确定以及训练保障资源的规划、筹措和开发
300	应用支撑标准		
301	信息交换		
1	维修保障信息系统信息交换用代码		规定了维修保障信息系统中信息交换用字符、图片型编码环境下的代码结构、标识方法和图片描述指令的编码,适用于维修保障信息系统的研制、开发,可作为该系统信息交换的技术基础,同时也可作为制定其他有关标准的参考
2	电子数据交换标准化应用指南	GB/T 17539—1998	规定了电子数据交换(EDI)标准化所涉及的 EDI 标准体系、EDI 标准的管理维护及其在实施中的选择和使用等内容,适用于 EDI 应用系统的设计开发、EDI 标准的制修订及管理维护,为 EDI 应用系统开发人员和应用人员正确选择和使用 EDI 标准及开展 EDI 标准化工作提供指导
3	装备基础信息数据交换规范	参考 MIL – STD – 1840 技术信息的自动交互	规定装备基础信息数据结构及其 XML 描述等,适用于进行装备基础信息共享与交换的信息化工作领域

序号	标准名称	参考标准	备注
4	CALS 数据交换标准	参考 MIL－PRF－28001C（CALS SGML），GB/Z19257－2003	规定装备采办和全寿命工作中所涉及的数据结构及其 XML 描述等,适用于进行装备采办与全寿命信息共享与交换的信息化工作领域。
5	维修设备(设施)与维修实力信息数据交换的应用级语法规则		规定装备维修设备(设施)与维修实力信息数据结构及其 XML 描述等,适用于进行装备维修设备(设施)与维修实力信息共享与交换的信息化工作领域
6	状态监测专用通信信息交换的内容及格式	参考 IEEE 1445－1998,数字测试交互格式(DTIF)标准	规定装备状态监测系统专用通信方法以及信息数据结构及其 XML 描述等,适用于进行装备状态监测信息共享与交换的信息化工作领域
7	系统间远程通信和信息交换		规定装备远程监控系统专用通信方法以及信息数据结构及其 XML 描述等,适用于进行装备远程监测信息共享与交换的信息化工作领域
8	维修过程信息数据交换的应用级语法规则	参考 MIMOSA 系列标准	规定装备维修过程中涉及信息数据结构及其 XML 描述等,适用于进行维修信息共享与交换的信息化工作领域
9	装备技术资料储存系统文件体系结构和信息交换格式	参考 MIL－STD－38784,技术手册,通用格式和样式需求	规定装备技术资料储存系统的信息数据结构及其 XML 描述等,适用于进行装备技术资料信息共享与交换的信息化工作领域
302	置标语言		
1	XML 在维修保障信息系统中的应用指南	参考 W3C XML 系列标准	对维修保障信息系统不同层次的不同模块进行共性需求的归纳和总结,给出可以采用的 XML 技术指南,并对相关技术进行分析和比较,适用于维修保障信息系统业务操作人员,软件开发人员,系统集成人员等
2	维修保障领域专用标准 XML 语言	参考 W3C XML 系列标准	规定维修保障领域专用的 XML 语言,给出标准的 XML 表达方式,适用于维修保障信息系统数据交换以及其他方式的数据通信
304	其他		
1	维修保障信息系统二次开发接口标准		规定维修保障信息系统在通用平台上二次开发技术要求和接口要求,适用于维修保障信息系统的二次开发

序号	标准名称	参考标准	备注
2	维修保障信息系统应用软件通用要求		规定维修保障信息系统应用软件开发、验收、使用与维护的基本要求,适用于维修保障信息系统应用软件开发、验收、使用与维护,其他应用软件亦可参照执行
3	维修保障信息系统指标体系		规定维修保障信息系统建设所需达到的技术指标体系,适用于维修保障信息系统的开发与建设
4	维修保障信息系统质量保证通用要求		规定维修保障信息系统的质量保证通用要求和系统使用、承制单位对保证系统研制质量应采取的措施,适用于维修保障信息系统论证、设计、工程研制、试用、鉴定(或定型)与验收、使用维护阶段的质量控制与管理
5	维修保障信息系统统一用户界面标准	参考 ISO/IEC9945	规定了维修保障信息系统统一的用户界面开发要求,适用于开发统一的维修保障信息系统用户界面
6	维修保障信息系统开放系统互联标准	参考 GB/T17143.4—1997	规定信息系统间集成互联操作的一般操作要求,主要包括公共管理信息服务的定义、公共管理信息协议、系统管理等方面,适用于维修保障信息系统间或维修保障信息系统与其他系统间的集成互操作实现
7	维修保障信息系统集成建模指南	参考 FIPS PUB183,FIPS PUB184,FIPS PUB185	规定维修保障信息系统集成建模可用工具、层次和结构,适用于维修保障信息系统集成实现
8	维修保障信息系统消息处理业务		规定维修保障信息系统消息处理的总系统与业务
9	功能建模语言 IDEF0 的句法和语义		规定了支持 IDEF0 技术的建模语言的句法和语义以及如何正确使用该句法和语义来构造 IDEF0 模型和图的要求,适用于开发一个系统或主题领域的结构化图形表示,也适用于分析现有系统或主题领域执行的功能及记录它们执行功能时采用的手段
400	基础支撑标准		
401	网络基础标准		
1	维修保障信息系统网络建设规范		规定维修保障信息系统网络基础设施建设、日常运行维护等相关管理规范,适用于维修保障信息系统网络基本设施的搭建
402	安全设施标准		
2	维修保障信息系统安全体系要求		规定维修保障信息系统安全体系的建设和安全管理规范,适用于维修保障信息系统安全体系的建立
3	信息技术安全通用要求		规定了涉密技术系统信息安全的通用技术要求,适用于涉密系统的研制、开发和使用

参 考 文 献

［1］美国陆军官方网站. 标准陆军维修系统（SAMS）［EB/OL］.（2010 - 10 - 04）［2010 - 11 -
09］. http://www. almc. army. mil/ALU_COURSES/551F33 - MAIN. htm.

［2］US Naval Education and Training Command. 舰船 3M 系统使用手册［EB/OL］.（2000 - 05）
［2010 - 01 - 09］. https://nslcweb37. nslc. navy. mil/i/apps/oars/files/Ships' 3M Version 6
Quick Start Guide. pdf.

［3］维基百科. CBM 状态基维修概念［EB/OL］.（2010 - 01 - 02）［2010 - 01 - 09］. http://en.
wikipedia. org/wiki/Condition-based_maintenance.

［4］George Vachtsevanos,Frank Lewis Michael Roemer et al. Intelligent Fault Diagnosis And Progno-
sis For Engineering Systems［M］. New Jersey:JOHN WILEY & SONS, INC, 2006.

［5］Moubray John. Reliability-centered maintenance［M］. New York:Industrial Press Inc, 1992:
2nd Edition.

［6］Marvin Rausand, Jirn Vatn. Reliability Centred Maintenance［C］. Berlin:Complex System Main-
tenance Handbook Springer Series in Reliability Engineering, 2008, Part B: 79 - 108.

［7］ManTech Advanced Technology Systems. Interactive Electronic Technical Manual Standardization
Migration Alternative and Strategy Report for DOD CALS IDE PROJECT［R］. Washionton:US
DOD, 1996.

［8］US Navy. IETM: From Research to Reality［EB/OL］.（1994）［2010 - 12 - 16］. http://www.
dt. navy. mil/tot-shi-sys/des-int-pro/tec-inf-sys/etm/rep-pap-pre/pdf/CALS94F. pdf.

［9］ManTech Advanced Systems International, Inc. Test Analysis Report:EDIFACT ORDERS Proto-
type System FOR THE DoD CALS IDE Project［R］. West Virginia: DoD, 2000.

［10］Virgallito T. Development of the CALS requirements and the status of its introduction and imple-
mentation in the United State and United States Air Force［C］. London:Computer Aided Acqui-
sition and Logistics Support: 8 Jan 1992.

［11］美国国防部. Continuous Acquisition & Life-cycle Support［EB/OL］.（1994 - 09 - 30）［2009 -
03 - 09］. http://www. gao. gov/products/AIMD - 94 - 197R.

［12］美国国防部. Global Combat Support System（GCSS）［EB/OL］.（2004）［2010 - 01 - 12］.
https://acc. dau. mil/GetAttachment. aspx? id = 45381&pname = file&aid = 13239.

［13］美国国防部. CBM + ［EB/OL］.（2003 - 06 - 04）［2010 - 01 - 12］. https://acc. dau.
mil/cbm.

［14］Tripp R S, Amouzegar M A, McGarvey R G,et al. Sense and Respond Logistics［M］. 华盛顿:
兰德公司, 2006.

［15］United States Army Logistics Transformation Agency. Common Logistics Operating Environment SBCT Technical Demonstration［EB/OL］.（2005）［2010 – 02 – 03］. http://www. sae. org/ events/dod/presentations/2005keithmoore. pdf .

［16］NAVSEA Philadelphia, ETATS-UNIS AMSEC, LLC. ICAS ：The center of diagnostics and prognostics for the United States Navy［C］. Orlando：Component and systems diagnostics, prognosis, and health management, 2001.

［17］Faas P D, Miller J O. Impact of an Autonomic Logistics System（ALS）on the sortie generation process［C］. Wright-Patterson AFB, OH, USA：Simulation Conference, 2003.

［18］Holmberg K, Adgar A, Arnaiz A,et al. E-maintenance［M］. Berlin：Springer, 2010.

［19］Olov Candell, Ramin Karim, Peter Soderholm. eMaintenance-Information logistics for maintenance support［J］. Robotics and Computer-Integrated Manufacturing, 2009, 25：937 – 944.

［20］Szymanski J, Bangemann T, Thron M,et al. PROTEUS-a European initiative for e-maintenance platform development ［C］. Nanterre, France：Emerging Technologies and Factory Automation, 2003.

［21］Mimosa. 机器信息管理开放系统联盟组织［EB/OL］.（2010 – 08 – 11）［2010 – 08 – 12］. http://www. mimosa. org/.

［22］Spewak S H. Enterprise Architecture Planning：Developing a Blueprint for Data, Applications, and Technology［M］. Boston ：Boston QED Pub Group,1993.

［23］Zachman. A framework for information systems architecture［J］. IBM SYSTEMS JOURNAL, 1987, 26(3).

［24］维基百科. Zachman Framework［EB/OL］.（2010 – 07 – 11）［2010 – 08 – 13］. http：//en. wikipedia. org/wiki/Zachman_Framework.

［25］André Vasconcelos, Pedro Sousa, José Tribolet. Information System Architectures：Representation, Planning and Evaluation. Systemics,Cybernetics and Informatics, 2003, 1(6).

［26］The Chief Information Officers Council. Federal Enterprise Architecture Framework［R］. Washington：USA GOV, 1999 – 09.

［27］US Department of the Treasury. and published in. Treasury Enterprise Architecture Framework. ［R］. Washington：US Department of the Treasury, July 2000.

［28］维基百科. C^4ISR 概念［EB/OL］.（2010 – 06 – 11）［2010 – 07 – 13］. http://en. wikipedia. org/wiki/C^4ISR.

［29］刘文博, 耿艳栋. 美国 C^4ISR 系统发展及启示［J］. 四川兵工学报, 2009 年, 30(9).

［30］美国国防部. DoD Architecture Framework Version 1. 5［S］. Washington：USA DoD, 2007 – 04.

［31］IEEE. IEEE STD 610. 12 标准［EB/OL］.（1990）［2010 – 07 – 13］. http://standards. ieee. org/findstds/standard/610. 12 – 1990. html.

［32］IEEE. AUSI/IEEE STD1471 – 2000 标准［EB/OL］.（2000）［2010 – 07 – 13］. http:// standards. ieee. org/findstds/standard/1471 – 2000. html.

［33］Open Group. The Open Group Architecture Framework［EB/OL］.（2010）［2010 – 07 – 13］.

http://pubs. opengroup. org/architecture/togaf9 – doc/arch/.

[34] 美国空军. 美国空军地平线体系结构[EB/OL]. (2010)[2010 – 07 – 14]. http://www. af. mil/information/technologyhorizons. asp.

[35] 美国陆军. 美国陆军创业体系结构[EB/OL]. (2010)[2010 – 07 – 14]. http://cecom. ar-my. mil/armyteamc4isr. html.

[36] 美国海军. 美国海军哥白尼体系结构[EB/OL]. (1993)[2010 – 07 – 14]. http://www. dtic. mil/dtic/tr/fulltext/u2/a260575. pdf.

[37] Pressman R S. 软件工程实践者之路[M]. 郑人杰,马素霞,等译. 北京:机械工业出版社,2011:第1版.

[38] Clive Finkelstein. An Introduction to Information engineering : From Strategic Planning to Infor-mation Systems[M]. Sydney:Addison-Wesley, 1989.

[39] LOG – OA 体系结构[EB/OL]. (2011)[2011 – 08 – 16]. http://usmc-exlog. com/initia-tives/logistics-operational-architecture-logoa/.

[40] 萨默维尔. 软件工程[M]. 程成,陈霞译. 北京:机械工业出版社,2007.

[41] MELLOR S J,Scott K, Uhl A,et al. MDA distilled: principles of model-driven architecture [M]. Boston:Addison-Wesley Professional, 2004.

[42] Anneke Kleppe, Jos Warmer, Wim Bast. MDA explained: the model driven architecture: prac-tice and promise[M]. Boston:Addison-Wesley Professional, 2003.

[43] Kropsu-Vehkapera H, Haapasalo H, Harkonen J, et al. Product data management practices in high tech companies[J]. Industrial Management & Data Systems, 2009, 109(6):758 – 774.

[44] 维基百科. ERP 概念[EB/OL]. (2010)[2010 – 07 – 16]. http://en. wikipedia. org/wiki/Enterprise_resource_planning.

[45] 周玉清,周强. ERP 理论、方法与实践. 北京:电子工业出版社,2006.

[46] 维基百科. The Architecture Framework of Information Management [EB/OL]. (2010) [2010 – 07 – 18]. http://en. wikipedia. org/wiki/TAFIM.

[47] 美国国防部. 技术参考模型 TRM[EB/OL]. (2005 – 08)[2010 – 07 – 18]. http://cio - nii. defense. gov/docs/DOD_TRM_V0. 4_10Aug. pdf.

[48] 美国防部先进计划局 DARPA. Ultra Log 项目(2005)[2010 – 07 – 19]. http://www. csl. sri. com/projects/ultralog/.

[49] MBA 智库. 全员生产维修(TPM)[EB/OL]. (2010 – 01 – 26)[2010 – 07 – 18]. http://wiki. mbalib. com/wiki/% E5% 85% A8% E5% 91% 98% E7% 94% 9F% E4% BA% A7% E7% BB% B4% E4% BF% AE.

[50] MIMOSA. OSA-CBM 规范 3. 3. 1[EB/OL]. (2011)[2011 – 07 – 18]. http://www. mimosa. org/? q = resources/specs/osa-cbm-331.

[51] Jiawei Han, Micheline Kamber. 数据挖掘概念与技术[M]. 范明,孟小峰译者. 北京:机械工业出版社,2007.

[52] 李锋刚. 基于案例推理的智能决策技术[M]. 北京:北京师范大学出版集团安徽大学出版社,2011.

278

[53] Varun Grover, Seung Ryul Jeong, William J Kettinger, et al. The implementation of business process reengineering[J]. Journal of Management Information Systems - Special section：Toward a theory of business process change management archive, 1995, 12(1).

[54] 美国国防部. 全资可视化技术(TAV)[EB/OL]. (2010)[2010 - 08 - 19]. http://www. ornl. gov/sci/rf-micro/projects/totalvis. htm.

[55] 美国国防部. 自动识别技术(AIT)[EB/OL]. (2010)[2010 - 08 - 19]. http://www. acq. osd. mil/log/rfid/index. htm.

[56] Steven Shepard. RFID：Radio Frequency Identification[M]. New York：McGraw-Hill Professional；illustrated edition edition, 2004.

[57] 臧艳,方敏. 供应链运作参考模型(SCOR)评析[J]. 现代管理科学, 2002 年, 9.

[58] 维基百科. 电子数据交换 EDI[EB/OL]. (2010)[2010 - 08 - 19]. http://zh. wikipedia. org/wiki/电子数据交换.

[59] Abdelkader Bouti, Daoud Ait Kadi. A State-of-the-Art Review of Fmea/Fmeca[J]. International Journal of Reliability, Quality and Safety Engineering (IJRQSE) ,1994, 1(4):515 - 543.

[60] 刘品. 可靠性工程基础[M]. 北京：中国计量出版社, 2005 年:第 2 版.

[61] 刘晓东. 装备寿命周期费用分析与控制[M]. 北京:国防工业出版社, 2008.

[62] US Army Logistics Transformation Agency. Summary of Report Embedded Diagnostics and Prognostics[R]. Washington：US Army, 2003.

[63] MBA 智库. 修理级别分析 LORA 定义[EB/OL]. (2010)[2010 - 08 - 19]. http://wiki. mbalib. com/wiki/修理级别分析.

[64] Bapst G W,Butcher S W, Clifford RS,et al. Portable Maintenance Aids[R]. Washington：US Logigtics Management Institute, 2001.

[65] 维基百科. 虚拟现实 Virtual reality[EB/OL]. (2010)[2010 - 08 - 19]. http://en. wikipedia. org/wiki/Virtual_reality.

[66] 蔡宗蔚. 实用编码技术. 北京:人民邮电出版社, 1983.

[67] MIMOSA. OSA - EAI 3.2.2 规范[EB/OL]. (2010)[2010 - 08 - 19]. http://www. mimosa. org/? q = resources/specs/osa - eai - 322.

[68] David S Linthicum. Enterprise Application Integration[M]. didian:Addison-Wesley Professional, 1999.

[69] Otte O, Patrick P, Roy M. CORBA 教程:公共对象请求代理体系结构[M]. 李师贤译. 北京:清华大学出版社, 2000.

[70] Bruce Eckel. Java 编程思想[M]. 陈昊鹏译. 北京：机械工业出版社, 2007.

[71] Paul J. Perrone. J2EE 构建企业系统——专家级解决方案[M]. 张志伟,谭郁松,张明杰译. 北京:清华大学出版社, 2001.

[72] Krzysztof Cwalina, Brad Abrams. .NET 设计规范:约定、惯用法与模式[M]. 葛子昂译. 北京:人民邮电出版社, 2010.

[73] Desrosiers S,Harmon S W. Performance Support Systems for Education and Training：Could This be the Next Generation? [EB/OL]. (1996)[2010 - 08 - 20]. http://www2. gsu. edu/ ~ ww-

witr/docs/nextgen/index. html.

[74] Soundar Kumara, Gautam N, Dave Hall, et al. Integration of Diagnostics into Ground Equipment Study(Volume 2)[R]. Pennsylvania:Pennsylvania State Univ University Park, 2003.

[75] 普里斯特. 面向对象设计 UML 实践[M]. 北京:清华大学出版社, 2005.

[76] Liu Xin. Performance Evaluation of a Hardware Implementation of VIA[R]. California :University of California, San Diego, 1999.

[77] 维基百科. 对称多处理器结构[EB/OL]. (2010)[2010－08－21]. http://en. wikipedia. org/wiki/Symmetric_multiprocessing.

[78] 帕派佐格罗. Web 服务:原理和技术 [M]. 龚玲, 张云涛译. 北京:机械工业出版社, 2010.

[79] 维基百科. 富客户端应用 RIA[EB/OL]. (2010)[2010－08－25]. http://en. wikipedia. org/wiki/Rich_Internet_application.